Cândido Rangel Dinamarco

VOCABULÁRIO DO PROCESSO CIVIL

2ª edição

Vocabulário do Processo Civil
© CÂNDIDO RANGEL DINAMARCO

1ª edição, 07.2009.

ISBN 978-85-392-0233-1

Direitos reservados desta edição por
MALHEIROS EDITORES LTDA.
Rua Paes de Araújo, 29, conjunto 171
CEP 04531-940 – São Paulo – SP
Tel.: (11) 3078-7205
Fax: (11) 3168-5495
URL: www.malheiroseditores.com.br
e-mail: malheiroseditores@terra.com.br

Composição
PC Editorial Ltda.

Capa
Criação: Vânia Lúcia Amato
Arte: PC Editorial Ltda.

Impresso no Brasil
Printed in Brazil
04.2014

À memória da inesquecível Mestra
profa. MARIA PRUDÊNCIA DE VASCONCELLOS RESENDE,
cultora do Latim e amiga da cultura,
a quem devo o gosto pela língua latina,

do prof. JOÃO RODRIGUES DE ALCKMIN,
a quem devo o respeito pela língua portuguesa
e a preocupação por bem escrever,

do prof. JOSÉ BATISTA RIOS CASTELLÕES,
humanista profundo e grande conhecedor
da língua portuguesa e da latina,
a quem tantos antigos alunos do Largo de São Francisco
devem o ingresso em nossa Academia.

Agradeço muito a Maurício Giannico
pela profundidade de suas observações,
pelo empenho em aprimorar a obra
e pela precisa revisão dos textos iniciais
— tudo comandado pelo seu talento de processualista,
conhecimentos já demonstrados em obras publicadas
e sobretudo pelo amor com que se entregou a esse trabalho.

SUMÁRIO

apresentação 19

PRIMEIRA PARTE – **VOCABULÁRIO PROCESSUAL (DIREITO ATUAL)**

CAPÍTULO I – *ASPECTOS GERAIS*

1. linguagem e ciência 23
2. a terminologia do Código de Processo Civil 26
3. reparos à terminologia do Código de Processo Civil 29
4. a linguagem trazida pela Lei do Cumprimento de Sentença 34
5. terminologia processual na Constituição e outros textos 38
6. a terminologia do Código de Processo Penal 40
7. palavras e expressões estrangeiras 42
8. o papel da doutrina e dos tribunais 43

CAPÍTULO II – *NOTAS PARA UM DICIONÁRIO DE DIREITO PROCESSUAL CIVIL*

9. abuso de direito e abuso do processo 46
10. ação civil pública, ação coletiva, processo coletivo 49
11. ação contra o réu 51
12. ação de estado 52
13. ação declaratória incidental 54
14. ação dúplice, pedido contraposto, pedidos simultâneos 56
15. ação especial 57
16. ação individual e ação social 58
17. ação procedente, improcedente, acolhida, rejeitada, admissível, inadmissível 59
18. ação real ou pessoal 61
19. acordo, transação e contrato 63
20. adjudicação, adjudicar 64
21. agravo interno, agravo regimental 65
22. agravo retido, recurso especial retido 66
23. ajuizamento e propositura da demanda 69

24. arbitragem, juízo arbitral e arbitramento 71
25. argüição de descumprimento de preceito fundamental 72
26. arquivar e arquivamento 74
27. arresto e seqüestro – busca-e-apreensão 75
28. audiência preliminar (e não *audiência de conciliação*) 76
29. ausência, ausente, curador de ausentes 77
30. autos 78
31. bem de família 78
32. câmara, turma, grupo, seção, plenário, órgão especial 80
33. carta de sentença e cópia 82
34. certeza, liqüidez e exigibilidade 84
35. chamamento ao processo 87
36. citação 88
37. colusão 89
38. competência absoluta ou relativa – competência funcional 90
39. competência concorrente ou exclusiva 94
40. conciliação e mediação 96
41. conclusão, conclusos 97
42. conexidade, conexão 98
43. confissão e reconhecimento do pedido – *confessar a ação* . 99
44. conflito de competência 101
45. conhecer, não conhecer, indeferir, negar seguimento 102
46. Conselho Nacional de Justiça 103
47. Conselho Nacional do Ministério Público 106
48. contradita 106
49. credor e devedor 107
50. cumprimento de sentença e execução 109
51. de-ofício 113
52. decisório (*decisum*) 114
53. demanda 114
54. denunciação da lide 118
55. depositário e fiel depositário 119
56. desconsideração da personalidade jurídica 120
57. desentranhamento, juntada, juntada por linha 122
57-A. deserção 123
58. desistência da ação e renúncia ao pedido – *pedir desistência* 123
59. despesas e honorários 126
60. devido processo legal 128
61. direito adjetivo e direito substantivo 131
62. direito processual civil internacional 132

63. direito processual civil intertemporal 133
64. direito processual constitucional 134
65. direitos transindividuais, difusos, coletivos e individuais homogêneos – tutela coletiva 135
66. efeito ativo 136
67. efeito da revelia 137
68. eficácia preclusiva da coisa julgada 138
69. embargos e embargo 140
70. eqüidade 141
71. exceção e objeção 143
72. exceção ou objeção de pré-executividade 144
73. execução específica 145
74. execução mobiliária ou imobiliária 145
75. extinção do processo 146
76. extinção "parcial" do processo 147
77. Fazenda, Fazenda Pública 149
78. foro, fórum, juízo, comarca, seção judiciária, jurisdição e circunscrição judiciária 154
79. hasta pública, praça, leilão, arrematação 158
80. idoso 160
81. impugnação e embargos do executado 160
82. impugnar e "pedir impugnação" 162
83. instância e entrância 162
84. instruir, instrução, prova e provar 164
85. interpor, propor, opor, suscitar, impetrar 165
86. intimação 167
87. juiz leigo 168
88. juiz requerido 169
89. juizados especiais cíveis 170
90. julgamento antecipado do mérito (CPC, art. 330) .. 172
91. julgamento liminar do mérito (CPC, art. 285-A) ... 174
92. Justiças 179
93. lide e mérito 180
94. liqüidez-e-certeza 182
95. litispendência 182
96. mandado de segurança, amparo, *mandamus, writ*, remédio heróico 183
97. medida cautelar 185
98. Meritíssimo Juiz (MM. Juiz) 186
99. mérito 186

100.	modulação	187
101.	multas coercitivas, *astreintes*	189
102.	ônus de impugnação específica dos fatos	191
103.	ouvidorias de Justiça	192
104.	ouvidorias do Ministério Público	193
105.	"parecer" do juiz	193
106.	pedido (*petitum*)	193
107.	pedir e requerer	194
108.	pedir e pedido (o juiz nunca pede)	195
109.	perícia contábil e perícia técnico-econômica	195
110.	pingüim	197
111.	poder (situação jurídica) e Poderes do Estado	198
112.	prazo peremptório ou dilatório	198
113.	prazo próprio ou impróprio	201
114.	prazos (correr, contar e computar)	203
115.	precatória e precatório	206
116.	preceito fundamental	207
117.	preclusão, preclusão hierárquica, preclusão *pro judicato*	207
118.	prejudicial e preliminar	210
119.	preparo	212
120.	prequestionamento, prequestionar	215
121.	prevenção, prevenir	216
122.	prever e previsão	217
123.	procedimento de controle administrativo (CNJ)	218
124.	procedimento sumário e procedimento comum sumário	218
125.	processo civil, processo penal, processo-crime	219
126.	processo ou fase de conhecimento	219
127.	processo ou fase de execução	221
128.	processo ou fase de liqüidação	222
129.	processo, procedimento, autos, causa	223
130.	proferir, prolatar, prolação, prolatação	227
131.	prova e evidência	227
132.	providências preliminares	229
133.	provimento, prover, providência, medida	230
134.	provimento (recursos)	233
135.	publicação, publicar	234
136.	reclamação	236
137.	reconvir	237
138.	"recurso de-ofício"	237

SUMÁRIO

138-A. recursos repetitivos 241
138-B. redirecionamento da execução 243
139. relativização da coisa julgada 243
140. remição 245
141. repercussão geral 246
142. representar e representar contra − representação 249
143. representatividade adequada (*adequacy of representation*) ... 250
144. resolução, solução, resolver 252
145. responsabilidade patrimonial, obrigação e responsabilidade civil 254
146. resposta e responder 255
147. rol de testemunhas 256
148. saneamento do processo 257
149. sentença condenatória, mandamental, executiva *lato sensu* 259
150. sentença de mérito e sentença terminativa 261
151. sentença, decisão, decisão interlocutória, despacho, despacho de mero expediente, provimento, pronunciamento 263
152. sentença, decisão interlocutória e despacho: imperfeições e incoerências do Código de Processo Civil 270
153. substituto processual, substituído, substituir, sucessor, sucedido, sucessão, suceder 273
154. sucumbência, honorários da sucumbência, ônus da sucumbência 275
155. súmulas, súmulas vinculantes e súmulas impeditivas de recurso 276
156. trânsito em julgado 279
157. Tribunais Superiores 279
158. tutela antecipada (e não tutela *antecipatória*) 280
159. venda, alienação, pagamento, preço, usufruto judicial 284
160. veredicto 286
161. vista e pedir vista − retirar da pauta 287
162. voto, voto vencido, voto vencedor, voto condutor 287

Segunda Parte − **O LATIM NO PROCESSO (direito atual)**

Capítulo III − *ASPECTOS GERAIS*

163. o emprego adequado de palavras e expressões latinas 291
164. palavras e expressões latinas banidas do Código de Processo Civil 294

CAPÍTULO IV – **PALAVRAS E EXPRESSÕES LATINAS**

165. a contrario sensu 298
166. a fortiori 298
167. a posteriori 299
168. a priori 299
169. a quo, ad quem 300
170. ab initio 300
171. accessio possessionis 301
172. accessorium sequitur principale 301
173. actio 302
174. actio ex empto 303
175. actio in personam 303
176. actio in rem 303
177. actio nata 303
178. actio quanti minoris 304
179. actio redhibitoria 304
180. actor probat actionem 304
181. ad causam 305
182. ad corpus 305
183. ad exitum 305
184. ad hoc 305
185. ad impossibilia nemo tenetur 306
186. ad judicia 306
187. ad libitum 306
188. ad mensuram 307
189. ad nutum 307
190. ad perpetuam rei memoriam 307
191. ad quem 308
192. ad referendum 308
193. ad solemnitatem 308
194. ad substantiam 308
194-A. ad terrorem 308
195. affectio societatis 309
196. alea jacta est 309
197. alibi 309
198. aliud pro alio 310
199. aliunde 310
200. allegatio et non probatio quasi non allegatio 310
201. amicus curiæ 311

202. *an debeatur* 312
203. *animus domini* 312
204. *animus novandi* 312
205. *animus possidendi* 313
206. *ars boni et æqui* 313
207. *auctoritas rei judicatæ* 313
208. *auctoritatis ratione* 314
209. *audiatur et altera pars* 314
210. *benigna amplianda, odiosa restringenda* 314
211. *bonum comune* 315
212. *brevi tempore* 316
213. *capitis deminutio* 316
214. *caput* 317
215. *causa petendi* 317
216. *cautio judicatum solvi* (ou caução *judicatum solvi*) 318
217. *cautio pro expensis* (ou caução *pro expensis*) 318
218. *citra petita* 319
219. *cognitio extra ordinem* 320
220. *conditio sine qua non,* ou condição *sine qua non* 320
221. *considerandum* 320
222. *consilium fraudis* 320
223. *contra legem* 321
224. *Corpus Juris Civilis* 321
225. *cum grano salis* 321
226. *cum onere suo* 322
227. *curriculum vitæ* 322
228. *da mihi factum dabo tibi jus* (ou *narra mihi factum dabo tibi jus*) 322
229. *data venia* 323
230. *de cujus* 323
231. *de jure condendo* 324
232. *de jure condito* 324
233. *de lege ferenda* 324
234. *de lege lata* 324
235. *de meritis* 324
236. *de minimis non curet præetor* 325
237. *decisum* 325
238. *dies a quo* 325
239. *dies ad quem* 325
240. *dies interpellat pro homine* 326

241. *dominus litis* 326
242. *dormientibus non succurit jus* 326
243. *dura lex sed lex* 327
244. *electa una via non datur regressus ad alteram* 327
245. *erga omnes* 328
246. *error facti* 328
247. *error in judicando* 329
248. *error in procedendo* 329
249. *error juris* 330
250. *etc.* 330
251. *ex empto* 330
252. *ex facto oritur jus* 330
253. *ex nunc* 331
254. *ex officio* 331
255. *ex post facto* 331
256. *ex tunc* 331
257. *ex vi legis* 331
258. *exceptio* 332
259. *exceptio litis ingressum impediens* 332
260. *exceptio non adimpleti contractus* 332
261. *exceptio plurium concubentium* 333
262. *exceptio plurium litisconsortium* 333
263. *exceptio rei judicatæ* 334
264. *exceptio veritatis* 334
265. *exceptionis ope* 334
266. *exequatur* 334
267. *extra legem* 335
268. *extra petita* 335
269. *extraordinaria cognitio* 336
270. *factum principis* 336
271. *factum probandum* 336
272. *factus infectus fieri nequit* 337
273. *facultas agendi* 337
274. *falsus procurator* 339
275. *fiat justitia pereat mundus* 339
276. *forma dat esse rei* 339
277. *forum* 340
278. *forum delicti commissi* 341
279. *forum destinatæ solutionis* 341
280. *forum rei sitæ* 342

281. *fraus omnia corrumpit* 342
282. *fumus boni juris* 342
283. *habeas corpus* 343
284. *habeas data* 344
285. *hic et nunc* 344
286. *honeste vivere, alterum non lædere, suum cuique tribuere* 344
287. *ibidem* 345
288. *ictu oculi* 345
289. *id., ib* 345
290. *idem* 345
291. *in abstracto* 345
292. *in albis* 345
293. *in articulo mortis* 346
294. *in claris cessat interpretatio* 346
295. *in concreto* 347
296. *in eligendo* 347
297. *in executivis* 347
298. *in fieri* 347
299. *in itinere* 348
300. *in jus vocatio* 348
301. *in limine* 348
302. *in memoriam* 348
303. *in negligendo* 349
304. *in utilibus* 349
305. *in verbis* 350
306. *in vigilando* 350
307. *inaudita altera parte* 350
308. *incidenter tantum* 350
309. *infra* 351
310. *infra petita* 351
311. *initio litis* 351
312. *inter alios* 351
313. *inter nolentes* 351
314. *inter partes* 352
315. *inter pauciores ex pluribus* 352
316. *inter vivos* 352
317. *inter volentes* 352
318. *interest rei publicæ* 353
319. *intuitu familiæ* 353
320. *intuitu personæ* 353

321. *inutiliter datur* 354
322. *ipsis litteris* 354
323. *ipso facto* 354
324. *ipso jure* 355
325. *iter* 355
326. *judex* 355
327. *judex judicare debet secundum allegata et probata partium* 355
328. *judicatum solvi* (caução *judicatum solvi*) 356
329. *jura novit curia* 356
330. *juris et de jure* 357
331. *juris tantum* 357
332. *jus* 358
333. *jus actionis* 358
334. *jus condendum* 358
335. *jus conditum* 359
336. *jus exceptionis* 359
337. *jus gentium* 359
338. *jus in persona* 360
339. *jus in re* 361
340. *jus prælationis* 361
341. *jus sanguinis* 361
342. *jus soli* 362
343. *jus sperniandi* 362
344. *lapsus calami* 363
345. *lapsus linguæ* 363
346. *lato sensu* 363
347. *legem habemus* 364
348. *legitimatio ad causam* 364
349. *legitimatio ad processum* ... 365
350. *lex fori* 366
351. *lex loci* 366
352. *lex majus dixit quam voluit* 366
353. *lex minus dixit quam voluit* 367
354. *lex specialis derogat lege generali* 367
355. *litis contestatio* 368
356. *longa manus* 368
357. *longi temporis* 369
358. *mandamus* 369
359. *manu militari* 369
360. *mens legis* 370

SUMÁRIO

361. *mens legislatoris* 370
362. *meritum causæ* 371
363. *minimis non curet prætor* (ou *de minimis non curet prætor*) 371
364. *modus faciendi* 372
365. *mora accipiendi* 372
366. *mora creditoris* 373
367. *more uxorio* 373
368. *mors omnia solvit* 373
369. *mortis causa* 374
370. *munus* 374
371. *mutatis mutandis* 374
372. *narra mihi factum dabo tibi jus* 375
373. *ne eat judex extra vel ultra petita partium* 375
373-A. *ne sutor supra crepidam* 376
374. *nemo ad agere cogi potest* 376
375. *nemo judex sine actore* 376
376. *nomen juris* 376
377. *non ædificandi* 377
378. *non est inchoandum ab executione* 377
379. *non liquet* 378
380. *nulla executio sine titulo* 378
381. *nullus titulus sine lege* 379
382. *numerus clausus* 379
383. *o tempora, o mores* 380
384. *obiter dictum* 380
385. *odiosa restringenda, favorabilia amplianda* 380
386. *officium judicis* 381
387. *omnis definitio in jure civile periculosa est* 381
388. *onus probandi* 382
389. *op. cit.* 382
390. *ordo judiciorum privatorum* 383
391. *pacta sunt servanda* 383
392. *par condicio creditorum* 384
393. *pari passu* 385
394. *passim* 385
395. *per capita* 385
396. *per relationem* 385
397. *per saltum* 386
398. *periculum in mora* 386
399. *peritus peritorum* 387

400. *persona grata* 387
401. *petitum* 387
402. *pleno jure* 388
403. *plus* 388
404. *plus petitio* 389
405. *præclusio maxima* 390
406. *præter legem* 390
407. *principaliter* 390
408. *prior tempore potior jure* 391
409. *prius* 391
410. *pro domo sua* 391
411. *pro expensis* 392
412. *pro forma* 392
413. *pro labore* 392
414. *pro rata* 393
415. *pro rata temporis* 393
416. *pro societate* 393
417. *pro soluto* 393
418. *pro solvendo* 394
419. *probatio diabolica* 394
420. *probatio vincit præsumptionem* 395
421. *promotor justitiæ* 395
422. *propter rem* 395
423. *provocatio ad agendum* 395
424. *quanti minoris* 396
425. *quantum debeatur* 396
426. *querela nullitatis* 397
427. *quid debeatur* 397
428. *quid inde?* 398
429. *quid juris?* 398
430. *quid pro quo* 398
431. *quis ipsos custodes custodiet?* 399
432. *quisquis ex populo* 399
433. *quod abundat non nocet* 400
434. *quod non est in actis non est in mundo* 400
435. *quod plerumque accidit* 401
436. *quorum* 402
437. *quota litis* 402
438. *ratio legis* 402
439. *ratione loci* 403

SUMÁRIO

440. *ratione materiæ* 404
441. *ratione personæ* 404
442. *rationis auctoritate* 405
443. *rebus sic stantibus* 405
444. *rectius* 406
445. *reformatio in pejus* 406
446. *res derelicta* 407
447. *res in judicium deducta* 407
448. *res inter alios*, ou *res inter alios acta* 407
449. *res judicata aliis non prodest nec nocet* 408
450. *res judicata pro veritate habetur* 408
451. *res litigiosa* 409
452. *res nullius* 409
453. *restitutio in integrum* 410
454. *secundum allegata et probata* 410
455. *secundum eventum litis* 410
456. *secundum eventum probationis* 411
457. *si et in quantum* 411
458. *si vis pacem para bellum* 412
459. *sic* 412
460. *similia similibus curantur* 413
461. *sine qua non* 413
462. *societas sceleris* 413
463. *solve et repete* 414
464. *stare decisis* 414
465. *status quo ante* 414
466. *stricto sensu* 414
467. *sub examine* 415
468. *sub judice* 415
469. *sub specie æternitatis* 415
470. *sublata causa tollitur effectus* 416
471. *summum jus summa injuria* 416
472. *superficies solo cedit* 416
473. *supra* 417
474. *tantum devolutum quantum appellatum* 417
475. *tempus regit actum* 417
476. *tertium genus* 418
477. *tertium non datur* 418
478. *testis unus testis nullus* 418
479. *thema decidendum* 419

480. *thema probandum* 419
481. *ubi commoda ibi incommoda* 419
482. *ubi lex non distinguit nec nos distinguere debemus* 419
483. *ubi lex voluit, dixit, ubi noluit, tacuit* 420
484. *ubi societas ibi jus* 420
485. *ultima ratio* 421
486. *ultimatum* 421
487. *ultra partes* 421
488. *ultra petita* 421
489. *ultra vires hœreditatis* 422
490. *ut singuli* 422
491. *utile per inutile non vitiatur* 423
492. *vacatio legis* 423
493. *venire contra factum proprium* 423
494. *verbi gratia* ou, abreviadamente, *v.g.* 424
495. *verbis,* ou *in verbis* 424
496. *verbo ad verbum* 424
497. *vexata quœstio* 425
498. *v.g.* 425
499. *vi clam aut precario* 425
500. *vice versa* 425
501. *victus victori* 426
502. *vis attractiva* 426
503. *vox legis* 426
504. *vox populi* 427

bibliografia 429

APRESENTAÇÃO

Este não é, não pretende ser e jamais alimentei a ilusão de que pudesse parecer-se com algo como um *dicionário de direito processual*. O que aqui está constitui mero desdobramento de um despretensioso artigo publicado nos anos *oitenta* e incluído na obra *Fundamentos do processo civil moderno*.[1] Lá os verbetes eram somente quarenta e aqui, mais de cento e cinqüenta, sem incluir as palavras e expressões latinas expostas na segunda parte; mas isso ainda é muito pouco e representa muitíssimo menos que um *curso* ou *compêndio* de direito processual, como os muitos de que dispomos na literatura brasileira e estrangeira. Os verbetes que aqui apresento não passam de meros *fragmentos de um dicionário de processo civil*,[2] escolhidos segundo um critério muito pessoal e em face de problemas que me despertam especial interesse; através deles procuro explicar certas escolhas terminológicas relacionadas com o processo civil, louvando umas, censurando outras, esclarecendo o que me parece conveniente e tendo presente a correspondência entre as palavras, mal ou bem empregadas, e as idéias que procuram representar.[3] Associado à segunda parte da obra, onde desenvolvo o estudo do *latim no processo*, o vocabulário contido na primeira visa somente a contribuir para o

1. Denominava-se "Vocabulário de direito processual" e aparecia no vol. I daquele livro.

2. Digo assim por inspiração vinda do título da obra de Santi Romano, *Frammenti di un dizionario giuridico*.

3. Ao compor aquele primeiro estudo tive presente a valiosíssima obra de paciência e aplicação que é o *Vocabulário do Código de Processo Civil,* de Alcides Conejeiro Peres, a qual me facilitou sobremaneira a pesquisa vocabular. Ao tempo em que isso foi feito ainda não era comum o uso dos recursos da informática. Depois, já neste terceiro milênio, o computador ajudou bastante no lavor de ampliação do vocabulário.

emprego adequado de palavras corretas nos lugares corretos, sempre que possível de maneira elegante e de modo aprazível à leitura.[4] E, especialmente nessa segunda parte, não alimento a vontade ou ilusão de inovar, senão a de divulgar conhecimentos hauridos em obras de especialistas, com vista exclusivamente a contribuir para o bom emprego das palavras pelos profissionais do direito. Lembrando que no exercício de nossas funções a palavra é nosso primeiro e mais visível instrumento para convencer quem nos lê, enfatizo a necessidade de captar o espírito do leitor mediante sensações agradáveis que sem o bom emprego da palavra jamais conseguiremos causar. Tenhamos sempre presente a sábia advertência do eterno Machado de Assis, de que "a primeira condição para quem escreve é não aborrecer".

Arcadas de São Francisco, junho de 2009.

---

4. *Cfr.* Dinamarco, *Direito processual civil*, cap. IV, pp. 58-80; Mendonça Lima, *Direito processual civil*, cap. I, pp. 1-26 (neste, são 69 itens considerando o significado de dezenas de palavras e locuções colhidas no Código de Processo Civil).

Primeira Parte
VOCABULÁRIO PROCESSUAL
(DIREITO ATUAL)

Capítulo I – Aspectos Gerais
Capítulo II – Notas para um Dicionário de Direito Processual Civil

CAPÍTULO I
ASPECTOS GERAIS

1. linguagem e ciência. 2. a terminologia do Código de Processo Civil. 3. reparos à terminologia do Código de Processo Civil. 4. a linguagem trazida pela Lei do Cumprimento de Sentença. 5. terminologia processual na Constituição e outros textos. 6. a terminologia do Código de Processo Penal. 7. palavras e expressões estrangeiras. 8. o papel da doutrina e dos tribunais.

1. linguagem e ciência

As palavras são símbolos e valem pela aptidão que tenham, de transmitir ao espírito de quem as recebe a representação da idéia que lhe quer comunicar aquele que as emite. Por isso a língua é apontada como fator de primeira grandeza para a identificação de uma nacionalidade – sendo pois natural que o mundo jurídico de cada nação vá modelando sua própria terminologia, a qual em parte constitui reflexo de modelos estrangeiros ou mesmo de convenções internacionalmente assentadas, mas em boa medida também há de corresponder a formações locais mais ou menos arraigadas. Visto assim, o refinamento maior ou menor do vocabulário empregado em uma ciência constitui válido fator de apreciação de seu próprio grau de refinamento. Onde os conceitos estão mal definidos, os fenômenos ainda confusos e insatisfatoriamente isolados sem inclusão em uma estrutura adequada, onde o método não chegou ainda a tornar-se claro ao estudioso, ali é natural que também a linguagem seja pobre e as palavras se usem sem grande precisão técnica. Inversamente, onde existe um grau mais profundo de conhecimentos e uma estrutura científica mais cuidadosamente modelada, ali a linguagem tende a ser mais técnica e mais precisa.

Também em direito é natural que assim seja. À medida que a ciência jurídica se aperfeiçoa, também o vocabulário do jurista vai acusando os reflexos dessa evolução, tornando-se mais minucioso e apurado. A linguagem do jurista de hoje não é a mesma de seus antecessores dos séculos pretéritos, precisamente porque a ciência do direito se encontra profundamente modificada e muito se aprimorou de lá para cá – assim como a do físico, que nos últimos tempos tantos fenômenos novos vai precisando designar. Pense-se, por exemplo, nas locuções *direito adjetivo, direito substantivo, lei substantiva* ou *adjetiva etc.*, que hoje nos repugnam porque correspondem a idéias definitivamente banidas da mente do jurista moderno. Enquanto, porém, acreditavam os privatistas que a ação outra coisa não fosse senão o próprio direito subjetivo a partir de quando violado, nesse contexto era natural que ela fosse um *direito adjetivo* – e também *adjetivo* o corpo de leis e princípios que a disciplinam. A ação seria um aspecto especial, ou uma qualidade do próprio direito, assim como em gramática *adjetivo* é uma qualidade a modificar determinado substantivo, sem ter vida própria.

Existem, por outro lado, vocábulos e locuções que só têm sentido e cujo surgimento só foi possível a partir do momento em que surgiram os institutos ou fenômenos que eles designam – ou em que se conscientizaram os juristas de sua existência. Falar em *condições da ação*, em *competência absoluta ou relativa*, em *relação jurídica processual*, em *tutela coletiva, acesso à justiça, relativização da coisa julgada, cumprimento de sentença, objeção de pré-executividade, tutela antecipada*, em *audiência preliminar*, em *súmulas vinculantes etc.*, só foi necessário quando essas categorias processuais foram sendo delineadas e o processualista tomou consciência dos objetos que de algum modo precisavam ser designados. Além disso, também as discrepâncias entre diversos sistemas ou ordenamentos jurídicos determinam diferenças mais ou menos acentuadas entre a terminologia dos países. Isso se percebe, por exemplo, quando se faz o confronto entre o direito de países ligados a tradições romano-germânicas e o de países que praticam o sistema da *common law*; a própria locução *civil law* traz, em tais países, sentido bastante diverso do que à primeira vista poderia parecer a um observador integrado em nossa

ASPECTOS GERAIS

mentalidade romanística. A linguagem é, pois, expressão de uma cultura, servindo não só para medir o grau de civilização que através dela se expressa mas também para chegar-se ao conhecimento das peculiaridades de determinada civilização. No dia-a-dia da vida dos profissionais do direito, é indispensável o conhecimento e adequado emprego das palavras, com integral consciência de seu significado, sob pena de mau entendimento dos textos postos em leitura.

Seja na lei, seja nos contratos, em petições, sentenças, seja onde for, o ideal é que a idéia expressada através das palavras chegue ao espírito do outro sujeito precisamente com a idéia ou mensagem que se pretendeu transmitir – constituindo um árduo problema interpretativo o de optar pela intenção de quem disse ou escreveu (CC, art. 112) ou pelo modo como a idéia ou mensagem chegou à mente receptora; tal é a posição de Orlando Gomes, para o qual é imperioso dar primazia ao modo como a declaração chega ao destinatário e lhe alimenta justificadas expectativas.[1] É óbvio que a boa escolha das palavras exerce um papel muito importante para a coincidência entre a intenção de um e a impressão recebida pelo outro.

Muitos autores preocuparam-se com o aspecto terminológico da ciência jurídica e especificamente da ciência do processo civil. Sejam lembradas as elegantes passagens de Carnelutti sobre a palavra, seu importante papel no processo, sobre a *tentação diabólica* de não ouvi-la, sobre o valor da eloqüência na defesa dos direitos.[2] Atente-se igualmente à preocupação que já no século XIX devotava Adolph Wach ao aspecto terminológico do direito processual, incluindo em sua obra fundamental a rubrica "a terminologia e a lei".[3] Nem se olvidem as advertências feitas por Lopes da Costa sobre a necessidade de uma terminologia correta.[4] Monograficamente escreveram sobre o tema da terminologia ju-

---

1. *Cfr. Transformações gerais no direito das obrigações*, esp. pp. 15-17.
2. *Cfr. Diritto e processo*, n. 55, p. 96; n. 65, p. 113; n. 130, pp. 210 211.
3. *Cfr. Handbuch des deutschen Zivilprozeßrechts*, I, cujo § 23, pp. 303 ss., é dedicado a esse tema.
4. *Cfr. Direito processual civil brasileiro*, II, n. 234, p. 168.

rídica diversos autores, destacando-se Couture,[5] Alcalá-Zamora,[6] Eliézer Rosa[7] e Mario A. Oderigo.[8] Ensaio interessante a respeito foi elaborado por Alcides de Mendonça Lima, o qual depois o incluiu como abertura de seu livro institucional.[9] No ano de 2006, havendo entrado em vigor a Lei do Cumprimento de Sentença (lei n. 11.232, de 22.12.05), Barbosa Moreira produziu um estudo da nova terminologia por ela implantada,[10] com a virtude de contribuir para a atualização do linguajar do estudioso e do operador do direito em face do direito vigente, tão cheio de inovações, imprecisões e deselegâncias verbais.

2. a terminologia do Código de Processo Civil

Promulgado o Código de Processo Civil, logo senti que o apuro terminológico era uma de suas características fundamentais, constituindo mesmo uma das preocupações centrais do legislador – e cheguei a alinhavar algumas páginas a esse respeito.[11] Naqueles tempos escrevia também sobre o tema da terminologia processual prestigioso processualista sulino, "sem que um autor tivesse o ensejo de conhecer o [*trabalho*] do outro".[12] Vale a pena, pois, diante desse interesse que o assunto oferece e em face das considerações

5. *Vocabulario jurídico*.
6. *Cuestiones de terminologia procesal*.
7. *Dicionário de processo civil*.
8. *El lenguaje del proceso*.
9. "A nova terminologia do Código de Processo Civil", incluído *in Direito processual civil*.
10. *Cfr.* "A nova definição de sentença (lei n. 11.232)", *in Revista Dialética de direito processual*, vol. 39.
11. *Cfr.* Dinamarco, *Direito processual civil,* cap. IV, pp. 57-58.
12. *Cfr.* Mendonça Lima, *Direito processual civil,* n. 7, p. 5, nota 2. Lembrava o saudoso Mestre gaúcho que, nas duas Exposições de Motivos que fez (uma como autor do Anteprojeto; outra, como Ministro da Justiça), Alfredo Buzaid dedicou especial atenção à linguagem, mostrando-se preocupado em "aplicar os princípios da técnica legislativa, um dos quais é o rigor da terminologia na linguagem jurídica" (*cfr.* Exposição de Motivos, n. 6). Convém lembrar, sempre com Mendonça Lima, que a Exposição de Motivos destacou os substantivos *lide* e *instância* e o adjetivo *cautelar,* que foram objeto de especiais considerações; empregou também a expressão *processo cautelar* (nn. 6-7).

alinhadas logo acima, conhecer o Código de Processo Civil também pelo aspecto da técnica terminológica por ele empregada. Um dos defeitos do diploma antecedente era a imprecisão das palavras e expressões escolhidas, muitas vezes de sentido ambíguo ou equívoco,[13] às vezes inadequadas ao objeto ou à idéia que pretendiam representar[14] ou até de manifesta incorreção.[15] Tudo isso era salientado pela doutrina, que procurava superar os defeitos do Código de 1939, revelando-lhe a imprecisão verbal e esclarecendo qual idéia ou conceito ele pretendia expressar através de tantas palavras mal alinhavadas. Mas aquele Código, como se sabe, era fruto de uma fase já superada da história do direito processual brasileiro, ou seja, de um período anterior à passagem de Enrico Tullio Liebman pelas tribunas da Academia do Largo de São Francisco e, portanto, anterior a esse movimento que se conhece por *Escola Processual de São Paulo*.[16-17]

O Código vigente é expressão de outro momento cultural. A partir dos anos *quarenta*, com a vinda de Liebman, aqui chegaram também as então novas conquistas da ciência processual. Novo método, novos conceitos, novos institutos passaram a integrar o acervo de conhecimentos do processualista civil brasileiro, ocupando definitivamente os postos que lhes são devidos nas lições e nos escritos produzidos a partir de então.[18] Era natural,

13. É o caso da palavra *instância*, que o Código eliminou de sua linguagem. *Cfr.* a substanciosa monografia de Machado Guimarães, "A instância e a relação processual".

14. As palavras *foro* e *juízo* nem sempre eram usadas adequadamente: *infra*, n. 78.

15. Exemplo: recurso *ex officio* (*infra*, n. 138).

16. Sobre Liebman e o processo civil brasileiro ao tempo de sua chegada v. meu ensaio "A formação do moderno processo civil brasileiro", nn. 7-8, *in Fundamentos do processo civil brasileiro*, I, pp. 27 ss.

17. Exemplo sempre lembrado da má redação do Código de 1939 é seu art. 287, que, pretendendo traduzir de forma lingüisticamente elegante o art. 290 do projeto italiano de 1926, suprimiu-lhe algumas palavras e com isso alterou-lhe o sentido e amplitude.

18. Ressalvo que, em substância, o Código de 1973 pouco alterou em relação ao precedente. Essa modernização, que passa pela instituição da tutela cole-

em face disso, que a linguagem de 1973 já não fosse a mesma de 1939. Era também natural que o Código, oriundo de anteprojeto elaborado por um dos discípulos de Liebman, trouxesse a marca da preocupação em expressar idéias, conceitos e normas com a precisão terminológica presente nas melhores obras doutrinárias. Ao empenho do autor do Anteprojeto somou-se o trabalho profícuo do Congresso Nacional, onde o relator-geral do projeto que se fez Código aportou muitas emendas visando a corrigir senões terminológicos até então existentes.

> Tais emendas foram em boa parte sugeridas por Moniz de Aragão ao sen. Accioly Filho, seu conterrâneo paranaense. Mediante elas logrou-se, por exemplo, evitar que se dissesse *ação contra o réu* ou se adjetivasse o vocábulo *ação* segundo critérios civilistas (*ação real*), ou ainda que se empregassem inadequadamente as palavras *foro* ou *circunscrição judiciária*.

Fruto de tais cuidados, o estatuto que em 1973 entrou em vigor é bem superior ao de antes, também pelo aspecto terminológico. Os estudos e conquistas advindos durante a vigência do Código de 1939 propiciaram, por exemplo, o uso adequado dos vocábulos *foro* e *juízo*, como também permitiram empregar nos devidos lugares as palavras *processo*, *procedimento* e *autos*. Antes havia verdadeira promiscuidade no emprego desses vocábulos. Foi possível, também, dizer *conflito de competência*, em vez do superado conflito *de jurisdição*. Não se falou mais em *recurso de-ofício*, preferindo a lei dizer que, em dados casos, o *duplo grau de jurisdição* é obrigatório. Grafou-se corretamente a palavra que designa o resgate do bem penhorado (*remição*, não *remissão*).[19]

---

tiva e empenho pelo acesso à justiça e efetividade da tutela jurisdicional, é obra de diplomas posteriores ao Código, como a Lei das Pequenas Causas (hoje, Lei dos Juizados Especiais), Lei da Ação Civil Pública, Código do Consumidor *etc.*, bem como das leis que integraram as *Reformas do Código de Processo Civil*.

19. O Código de Processo Civil, em sua vigente redação, já não contempla o instituto da *remição do bem penhorado*, havendo sido revogados os dispositivos que o disciplinavam (arts. 787-789 – v. lei n. 11.382, de 6.12.06); ao cônjuge, ascendentes ou descendentes do executado é permitido obter a *adjudicação do bem penhorado*, preferencialmente em relação ao próprio exeqüente e outros

Tais e muitos outros pormenores de linguagem, que revelam a inegável maturidade terminológica do legislador, por certo valorizaram o Código de 1973, cuja linguagem se colocou no nível do aprimoramento institucional por ele buscado.

Mas o Código encontra-se ilhado ainda entre diplomas não tão bem cuidados terminologicamente. Apesar de ter estado empenhado o legislador da época em adaptar alguns destes ao sistema do Código (v. leis nn. 6.014, de 27.12.73 e 6.071, de 3.7.74), muito ainda restou sem fazer, sendo lamentável o advento de leis posteriores com o uso de terminologia incompatível com a deste (desordem legislativa!).[20-21] Muitas incertezas terminológicas trouxe também a chamada Lei do Cumprimento de Sentença (lei n. 11.232, de 22.12.05), a qual, rompendo com a linguagem do próprio Código de Processo Civil e com longevas tradições vocabulares brasileiras, criou sérios problemas de linguagem que a doutrina está desafiada a resolver. Deplorável é a terminologia do Código de Processo Penal, que inclusive por esse aspecto está clamando por criteriosa reforma. Aliás, sequer o próprio Código de Processo Civil, mesmo em sua versão original, conseguira atingir plenamente aquele nível de aprimoramento terminológico proposto, sendo passível de muitas críticas também por esse aspecto.

3. *reparos à terminologia do Código de Processo Civil*

O Código de Processo Civil de 1973, apesar das circunstâncias favoráveis em que foi editado, obviamente muita coisa encontrou diante de si para demolir, da velha estrutura representada por seu antecessor. Propôs-se o autor do Anteprojeto, como veio a dizer enfaticamente na Exposição de Motivos, a pôr abaixo

possíveis pretendentes (art. 685-A, §§ 2º e 3º). Permanece contudo a *remição da execução*, consentida ao próprio exeqüente ou, em certos casos, ao responsável (art. 651).

20. A Lei dos Registros Públicos, por exemplo, em dois dispositivos emprega os vocábulos *jurisdição e circunscrição* erradamente, para significar *foro* ou *comarca* (lei n. 6.015, de 31.12.73, arts. 109, § 5º, e 110, § 1º); v. *infra*, n. 78.

21. Sobre alguns desacertos terminológicos da emenda n. 7, de 13 de abril de 1977, e da Lei Orgânica da Magistratura Nacional, v. *infra*, n. 44. O *Substitutivo Accioly Filho* era também por esse aspecto bem mais consistente, forrando-se a cometer qualquer erro terminológico.

todo o edifício antigo, consciente embora de que, por mais velho que este seja, "sempre se obtêm, quando demolido, materiais para construções futuras".[22] É pois compreensível que do entulho aproveitado algum resíduo viesse a ficar aparente – resíduos que talvez imperceptivelmente foram aplicados nas colunas da reedificação de 1973.

Realmente, muitos dispositivos do outro Código foram reproduzidos neste, ainda que nem sempre compatíveis com a terminologia adotada. É o caso do (hoje revogado) art. 715, que no *caput* e no § 2º falava em *sentença de adjudicação* embora tal ato se enquadrasse no conceito de decisão interlocutória e não de sentença, proposto no próprio estatuto de 1973 (art. 162, §§ 1º e 2º); e também o art. 915, § 2º, chamando de *sentença* o ato que julga procedente a ação de prestação de contas em sua primeira fase, desatendeu ao conceito de sentença como ato que põe fim ao processo, contido na redação então vigente do art. 162, § 1º. Engana-se também o Código em seu art. 307, que manda o excipiente indicar o *juízo* para o qual declina, quando a exceção declinatória visa exclusivamente a colocar a questão do *foro* e não do juízo competente (esse dispositivo está preso ao art. 168, § 2º, do CPC-39); o uso da palavra *juízo*, aliás, foi feito sem a desejada precisão em vários outros dispositivos, como são os arts. 265, inc. III, 741, inc. VII, e 742. No art. 237, inc. II, fala-se em pessoa que resida *fora do juízo*, cometendo-se com isso uma impropriedade tão grave quanto era a do Código anterior, cujo art. 168, § 2º, falava em pessoas que *estiverem fora da jurisdição do juiz*; nem o foro nem a jurisdição tem dimensões físicas, de modo que pudesse alguma pessoa ou coisa situar-se fora ou dentro deles (*infra*, n. 78).

Grave também, posto que compreensível, é o engano do art. 578, que, reproduzindo com bastante fidelidade o art. 3º do dec-lei n. 960, de 17 de dezembro de 1938 (sobre executivos fiscais), refere-se ao demandado como *réu*, sem lembrar que estamos no processo de execução, onde o próprio Código chama as partes de *credor* e *devedor* (autor e réu, só no processo de conhecimento).

---

22. *Cfr.* Exposição de Motivos, n. 2, parte final.

Falava também o Código, inadequadamente, em *despacho saneador*, quando o ato de saneamento do processo é uma decisão interlocutória e não um despacho. Lei promulgada ainda na *vacatio* do estatuto processual cuidou de corrigir o engano e o resultado é que o Código diz *saneamento do processo* nos arts. 22, e 264, par.; o art. 338 continuou falando em *despacho saneador* mas uma lei ulterior veio a fazer a correção (lei n. 11.280, de 16.2.06). Essas imperfeições constituem efeito do peso que os velhos hábitos trazem consigo. Apesar da consciência de ser necessário o emprego rigorosamente adequado da palavra, sempre alguma coisa acabou passando.

Constitui mérito do Código o empenho em fugir ao linguajar privatista, impróprio para o direito processual, fazendo-o especificamente quando mais de uma vez falou em *alienação* para evitar o vocábulo *venda* (*v.g.*, arts. 647, inc. I, e 667, inc. II). Mas o peso do direito privado fez-se sentir, quando os arts. 716 a 726 instituíram o chamado *usufruto judicial*, instituto que bem poderia ter sido denominado de outra maneira (*infra*, n. 159). Vê-se também o Código falar em *pagamento*, ao referir-se ao ato judicial de satisfação executiva do direito do exeqüente (art. 708) – sabendo-se no entanto que pagamento é típico ato de direito material, através do qual a satisfação é feita pelo próprio obrigado ou por terceiro, jamais pelo juiz (*infra*, n. 159).

Outra fonte de imperfeições terminológicas, mais sérias porque mais profundas, é a coexistência, no mesmo diploma legal, de dispositivos presos à *teoria da lide*, com outros pertinentes à *teoria da ação*. Esses conceitos são inconciliáveis porque revelam métodos diferentes e é desaconselhável que o mesmo Código oscile entre um e outro. O estatuto brasileiro do processo civil filia-se declaradamente a uma doutrina muito conhecida sobre a ação e suas condições, fazendo-o principalmente quando alude a estas e as discrimina nos termos da lição aceita (possibilidade jurídica, legitimidade, interesse: arts. 267, inc. VI, e 295, incs. II e III e par., inc. III); fala em *ações reais imobiliárias, ações fundadas em dívidas contraídas pelo marido* (art. 10º, par., incs. I-III) e emprega o vocábulo *ação* em mais de uma centena de dispositivos;

define a conexidade, coisa julgada e litispendência segundo os cânones dos três *eadem* (partes, causa de pedir, pedido – arts. 103 e 301, §§ 1º e 2º). Esse linguajar é absolutamente incompatível com o sistema *carneluttiano* que gira em torno da *lide*, mas em outros dispositivos o Código vale-se desta como critério para uma série de preceitos (arts. 5º, 46, inc. I, 325, 330, 462 *etc.*).[23] Merecem referência especial o art. 330, que fala do julgamento antecipado *da lide*, e o art. 128, que manda o juiz ater-se, no julgamento que fará, aos *limites em que a lide foi proposta* – muito embora considere, no art. 263, proposta *a ação* e não a lide, através do ajuizamento da petição inicial. Teria sido muito melhor se ele falasse na propositura *da demanda*.

> Em sua redação original o Código não empregou uma só vez a palavra *demanda*, nesse sentido correto de ato de provocação ao Poder Judiciário. Tal é o sentido subjacente ao vocábulo italiano *domanda* e ao alemão *Klage*, ambos expressando o movimento com que alguém rompe a inércia dos órgãos da jurisdição ao postular um provimento pela via do processo. Quando o Código empregou tal vocábulo, fê-lo à moda portuguesa, emprestando-lhe o significado de *processo*, ou *causa* (é quando ele fala em *custear a demanda*, ou em *demanda pendente* – arts. 70, inc. III, 595, inc. II, 835, 852, par., e 1.073). O Anteprojeto havia usado a locução *chamamento à ação*, ao transpor para o direito brasileiro o instituto lusitano do *chamamento à demanda*, mas em Portugal *demanda* tem o significado de *processo* e não de *ação* ou mesmo de ato de iniciativa do processo (do contrário, a locução do estatuto português seria inteiramente destituída de sentido, porque é incompreensível chamar-se alguém *à ação*). O emprego da palavra *demanda*, no sentido que se lhe dá na Itália e Alemanha, certamente haveria de enriquecer o Código[24] –

---

23. Que a Exposição de Motivos afirma ser o objeto do processo (*cfr.* n. 6): "o projeto só usa a palavra *lide* para designar o mérito da causa..."; "a lide é, portanto, o objeto principal do processo e nela se exprimem as aspirações em conflito de ambos os litigantes". Já muito antes o autor do Anteprojeto sustentava tais idéias (*cfr.* Buzaid, *Agravo de petição*, esp. n. 49: "o mérito é a lide"). Depois, no primeiro semestre de 1980 o prof. Alfredo Buzaid ofereceu no curso de pós-graduação da Faculdade do Largo de São Francisco uma disciplina cuja denominação bem expressava seu consolidado pensamento a respeito (*a lide como objeto do processo civil*).

24. *Cfr.* Dinamarco, *Instituições de direito processual civil*, II, n. 430, p. 106, e n. 432, pp. 109-111.

ASPECTOS GERAIS

isso realmente veio a acontecer quando, por força de leis ulteriores, passou este a empregar as locuções *réus da demanda* (art. 253, inc. II), *natureza da demanda* (art. 277, § 4º) e *fundamento da demanda* (art. 461, § 3º).

Mal redigido é também o art. 458, inc. III do Código de Processo Civil, o qual, ao definir o *decisório sentencial*, diz textualmente que nessa parte da sentença "o juiz resolverá as *questões* que as partes lhe submeterem". Esse dispositivo não é fiel à própria linguagem de Carnelutti e à teoria da lide por ele proposta e pelo autor do Anteprojeto louvada, pois diz *questão* onde deveria dizer *lide*. Sendo notório que *questões* são pontos duvidosos de fato ou de direito, resulta com toda clareza que sua solução ocorre na motivação da sentença e jamais no decisório; segundo a linguagem e sistema *carneluttianos*, que o Código tantas vezes declarou adotar, seria correto dizer que no decisório o juiz julga a *lide*; as questões já estarão resolvidas na motivação e, ao concluir, o juiz declara que acolhe ou rejeita a pretensão inicial do autor (e isso não é resolver *questões*). Também não é correta a redação do § 2º do art. 162, onde a decisão interlocutória é conceituada como "ato pelo qual o juiz, no curso do processo, resolve questão incidente". *Questões*, como dúvidas quanto aos fatos ou à interpretação jurídica, o juiz decide na *motivação* de todo e qualquer ato; seria mais correto dizer que as decisões interlocutórias contêm a decisão de *matéria incidente* (preliminares, requerimento de provas, pedidos de medida urgente *etc.*).[25]

Outros deslizes terminológicos foram cometidos também, no uso dos vocábulos *intimação* e *citação*. Afasta-se o Código algumas vezes da sua própria linguagem, como ao determinar a "citação" do Ministério Público em certos casos (arts. 999 e 1.105). É também imperfeita a adjetivação dos prazos como *dilatórios*, em oposição a *peremptórios* (arts. 181-182 – *infra*, n. 112). Esses, porém, são pecadilhos de menor tomo, que não criaram grandes dificuldades interpretativas.

---

25. *Id., ib.*, n. 652, pp. 509-510.

Dificuldades foram criadas pelo emprego da locução *juiz requerido*, posta no art. 747 do Código de Processo Civil: os embargos (ou impugnação – arts. 475-L ss.) à chamada *execução por carta* seriam da competência do juiz deprecante ou do deprecado? Qual deles seria o *juiz requerido*? A resposta definitiva só veio a ser dada pela lei n. 8.953, de 13 de dezembro de 1994, com a nova redação que trouxe ao art. 747. Outro deslize verbal, esse até curioso, foi o contido no art. 223, que falava da remessa postal visando a *intimar o citando*. Se *citando* é aquele que deve ser citado, como falar em sua *intimação*? Esses defeitos foram também eliminados pela *Reforma*, que deu redação adequada aos dois dispositivos.

Como se vê, há muito a criticar nos cinco livros que compõem o Código de Processo Civil, pelo aspecto vocabular; são falhas de diversas ordens, aqui indicadas mediante simples amostragem. Mas, apesar das presentes críticas, elas não desmerecem o sério esforço do legislador (particularmente o de 1973) por aperfeiçoar a linguagem do direito positivo brasileiro, que antes era muito mais imperfeita. Muito mais imperfeita que a do Código de Processo Civil continua sendo a de vários diplomas legislativos vigentes, notadamente a do Código de Processo Penal. A preocupação pela linguagem foi um dos marcos fundamentais da reforma operada pela edição do Código de 1973 e absolutamente não se pode dizer que o intuito do legislador esteja frustrado.

4. *a linguagem trazida pela Lei do Cumprimento de Sentença*

A lei n. 11.232, de 22 de dezembro de 2005, que trouxe relevantíssimas alterações ao Código de Processo Civil, com profunda reformulação do próprio modelo processual do país, foi também portadora de uma quantidade significativa de inovações terminológicas, nem todas felizes. Dentre elas, a mais importante foi aquela consistente na nova conceituação de *sentença*. Como nessa nova ordem o julgamento do *meritum causæ* ou mesmo o acolhimento de uma razão para negar esse julgamento não significam necessariamente que o processo será extinto, a sentença não pode mais, na fase de conhecimento, ser definida como o "ato pelo qual o juiz põe termo ao processo, decidindo ou não o mérito da causa" (CPC, art. 162, § 1º, red. anterior à lei n. 11.232, de 22.12.05); ela é agora conceituada como "o ato do juiz que implica alguma das situações previstas nos arts. 267 e 269 desta lei" (art. 162, § 1º, red. lei n. 11.232, de 22.12.05). Essa foi uma alteração terminológica necessária em face do sistema implantado pela nova lei, mas imperfeita mesmo nesse sistema porque gera uma quebra da unidade conceitual antes existente: a sentença pronunciada ao cabo da execução forçada limita-se a pôr fim ao processo (CPC, art. 795) e nada decide acerca das situações previstas nos arts. 267 e 269 do Código de Processo Civil, não se enquadrando pois no conceito legal agora inserido em seu art. 162, § 1º. Nesse contexto de tanta confusão e indesejável atecnia, a única fórmula aceitável para a conceituação de sentença consiste em afirmar que ela é o *ato que define a causa* – ou seja, o ato com que o juiz dispõe sobre o destino a ser dado a esta, negando-lhe o julgamento do mérito ou julgando-lhe o mérito de determinado modo (*infra*, nn. 151 e 152).

> Anota-se também o desastrado e inexplicável emprego do verbo *implicar* na nova redação do art. 162, § 1º, que não faz o menor sentido no contexto; qual insondável intenção oracular teria levado o sábio redator do dispositivo a empregar tal verbo? A doutrina vem fazendo seus esforços para descobrir nesse fraseado um significado ao menos compreensível (*infra*, n. 150).

Correlata a essa, veio também uma outra alteração substancial e de grande impacto no sistema, que foi aquela consistente em não mais se falar em *processo de execução*, quando se trata da efetivação do preceito contido em sentença produzida no processo civil. As atividades jurisdicionais destinadas a essa efetivação não mais se realizam em um autônomo e distinto processo, mas em uma nova fase do mesmo processo no qual a sentença houver sido proferida; esse processo, híbrido ou sincrético, começa para o conhecimento e decisão da causa, prosseguindo depois da sentença, sem solução de continuidade, em uma mera *fase*, que é a de execução ou *cumprimento da sentença* (*infra*, n. 50).

Ao lado dessas, outras novidades terminológicas vieram, que teria sido melhor se não tivessem vindo. A mais ampla de todas consiste na implantação da própria locução *cumprimento de sen-*

tença, com o intuito de designar as atividades mediante as quais o juiz providencia a efetivação do que houver sido decidido na sentença condenatória. Em todo o mundo ocidental ligado às raízes romano-germânicas do direito, essa atividade chama-se *execução* e soa até estranho pensar que o juiz *cumpra*. Quem cumpre é o obrigado ou algum terceiro por ele. O juiz *executa*, ou seja, impõe imperativamente o sacrifício do patrimônio do devedor para satisfazer o direito do credor (reintegração na posse da coisa, penhora, alienação em hasta pública, atos de sub-rogação em geral). Até se compreende que as medidas de *coerção* impostas pelo juiz visem a *provocar* o cumprimento pelo obrigado mas, quando se passa às atividades sub-rogatórias, o que se busca é a satisfação do julgado, ou do direito da parte vencedora, independentemente do cumprimento pelo obrigado ou de sua disposição a cumprir (*infra*, n. 50). Essa foi uma alteração verbal inteiramente desnecessária, além de destoante de um linguajar correto, preciso e assentado há muitos séculos.

Alterou-se ainda o nome da resistência formal oposta pelo devedor à execução fundada em sentença civil, que antes levava o nome de *embargos* e agora se chama *impugnação* (CPC, art. 475-J, § 1º, e art. 475-L, *caput*); por que essa desnecessária mudança, que não tem qualquer sentido prático e somente serve para confundir? A defesa formal do executado nas execuções por título extrajudicial prossegue com o nome de *embargos* (arts. 736 ss.) e assim também a da Fazenda Pública na execução onde figura como demandada (art. 741, *caput*). Diferença fundamental, certamente não meramente casual: os embargos da Fazenda têm ordinariamente efeito suspensivo e a impugnação dos particulares às execuções por título judicial, em princípio não. Por que? Mas, se na prática a intenção era fazer essa anti-isonômica discriminação, para isso seria necessário alterar o nome?

Igualmente indesejável é o emprego da locução *resolução do mérito* onde antes se dizia *julgamento do mérito* (arts. 267 e 269); a mesma impropriedade está no art. 475-M, § 3º, onde se fala na "decisão que resolver a impugnação" (*infra*, n. 150). Segundo entendimento assente em doutrina, na motivação o juiz *resolve questões* e depois, no decisório, *decide a causa* (Carnelutti). Por que mudar o que estava correto, sem qualquer razão sistemática ou qualquer efeito prático? E por que falar agora em *resolução do mérito* e não julgamento do mérito? Essa inovação, além de incorreta, é de extrema deselegância estilística.

Quando teve início esse importantíssimo movimento chamado *Reforma do Código de Processo Civil* os reformadores proclamaram expressamente que o objetivo de tudo era a agilização do processo, sem preocupações conceituais. "Pautaram-se os reformadores por não interferir na estrutura do Código nem propor aprimoramentos conceituais ou sistemáticos: sempre no método das *guerrilhas*, limitaram-se a buscar pontos sensíveis e identificar focos de retardamento na produção da tutela jurisdicional, propondo soluções simplificadoras, aceleradoras e, portanto, propícias à integridade e efetividade desta".[26] Mas as recentes inovações, especialmente aquelas aportadas pela *Lei do Cumprimento da Sentença*, afastaram-se indesejavelmente dessa linha.

O art. 475-A, § 1º, fala em *requerimento* de liquidação e o § 2º do mesmo artigo diz que a liquidação será *requerida*, quando o correto seria falar em *pedido* ou *pedir*. Do mesmo modo, segundo o art. 475-B "o credor requererá o cumprimento da sentença". Renunciou-se com essas alterações a um preciso apuro terminológico há muito tempo conquistado e praticado em processo civil, sabendo-se que na linguagem assentada em direito processual *requerimento* é apenas a postulação de impulso processual ou de providências instrutórias, não de uma tutela jurisdicional. A parte *pede* a condenação do adversário, *pede* a liquidação, *pede* a execução *etc.*, mas *requer* a produção de provas, o adiamento da audiência, a expedição de editais *etc.* (*infra*, n. 107).

Mal ou bem, as alterações aí estão e, como *legem habemus*, cumpre agora à doutrina e a todos os operadores do direito conviver com elas, empenhando-se na busca de significados coerentes e harmoniosos. Renunciemos aos nossos gostos pessoais, faça-

---

26. *Cfr.* Dinamarco, *A Reforma da Reforma*, n. 9, esp. p. 35; v. também *A Reforma do Código de Processo Civil*, n. 6, esp. p. 32.

mos abstração das imprecisões, deselegâncias e desacertos que criticamos e dediquemo-nos a trabalhar pela consecução do nobre objetivo dos reformadores, que foi a agilização do sistema executivo brasileiro.

5. terminologia processual na Constituição e outros textos

Vinham as Constituições brasileiras, antes da vigência do atual Código de Processo Civil, falando em *conflito de jurisdição* em vez de *conflito de competência*; mas, vigente o diploma processual de 1973, que passou a usar a terminologia correta (pois o antigo também dizia *conflito de jurisdição* – art. 802), já não se justificava que textos constitucionais posteriores continuassem inadvertidos e perseverassem no erro. A boa lição foi acolhida no Congresso Nacional quando em 1977 se cogitava de reformar pela via constitucional o Poder Judiciário, tanto que o *Substitutivo Accioly Filho* adotava linguagem adequada todas as vezes que se referia ao fenômeno. Mas veio depois, em um triste episódio político-institucional que todos conhecemos, a emenda n. 7, outorgada aos 13 de abril de 1977 pelo General Geisel. Também os clamores doutrinários que encontraram eco no substitutivo foram desprezados pela emenda, que em dois dispositivos alterados na Constituição continuou a dizer impropriamente *conflito de jurisdição* (arts. 119, inc. I, *e*, e 122, inc. I, *e*). A Constituição Federal de 1988 corrigiu essas impropriedades, falando corretamente em *conflitos de competência* em seus arts. 102, inc. I, letra *o* e 105, inc. I, letra *d* – competência do Supremo Tribunal Federal e do Superior Tribunal de Justiça para julgá-los.

Menos técnica era também, nos textos constitucionais ab--rogados, a alusão a *ação regressiva*, feita no parágrafo do art. 107 da Constituição de 1967. Na realidade, tem o Estado o *direito de regresso* perante seu funcionário por danos causados culposa ou dolosamente a terceiros (direito subjetivo material), cabendo--lhe a ação, como a qualquer pessoa, em caso de não obter pelas vias suasórias o reembolso pretendido.[27] Também nisso o texto

---

27. *Cfr.* Dinamarco, *Instituições de direito processual civil*, II, n. 602, esp. p. 413.

de 1988 está melhor, ao indicar o *direito de regresso* dos entes estatais perante seus agentes (art. 37, § 6º).

Mas todos os textos constitucionais, inclusive o vigente, empregaram e empregam o vocábulo *instância*, no sentido de *grau de jurisdição*. Assim está nos arts. 102, inc. III, e 105, inc. III, da Constituição de 1988, que no trato do recurso extraordinário e do especial aludem a decisões proferidas *em única ou última instância* pelos tribunais locais. Esse linguajar não é incorreto nem inconveniente, mas discrepa das razões que teve o Código para eliminar o uso do vocábulo *instância*.

A Lei Orgânica da Magistratura Nacional, ainda parcialmente em vigor, fala em *conflito de jurisdição* (lei compl. n. 35, de 14.3.79, arts. 89, § 1º, letra *c*, e § 5º, letra *b;* 101, § 3º, *b*). Ela fala também em *instância*, no sentido de *grau de jurisdição* (art. 118), tanto quanto os textos constitucionais do passado e do presente. Também assim é o *Regimento Interno do Supremo Tribunal Federal*, que grafa *conflito de jurisdição ou competência* (arts. 163-168). O Regimento apresenta imperfeição, também, ao cuidar das *ações originárias* (arts. 230 ss.), empregando a palavra *ação*, como faz o Código de Processo Penal, no sentido de *processo*. O Regimento Interno do Superior Tribunal de Justiça é mais técnico ao falar em *conflito de competência* (arts. 193 ss.) mas também comete a impropriedade consistente no emprego da locução *ações originárias* (arts. 217 ss.).

Muitas leis ordinárias apresentam imperfeições de linguagem também dessa ordem e outras, como a *Lei do mandado de segurança* (lei n. 1.533, de 31.12.51), que no art. 7º, inc. I fala em *notificar* em vez de *citar*. Tal impropriedade é também cometida pela Consolidação das Leis do Trabalho (arts. 774 e 841).

Esses são meros exemplos, não sendo necessário nem possível alinhar exaustivamente ou catalogar todas as impropriedades terminológicas existentes em todas as leis deste país. O que releva notar é que, com o advento do Código de Processo Civil de 1973 e com o despertar para a técnica processual, que ele suscitou, também quanto à linguagem houve um alento para se aprimorar a legislação. Primeiro, foram as duas leis que adaptaram diplomas anteriores ao sistema do Código (leis nn. 6.014, de 27.12. 73 e 6.071, de 3.7.74), nas quais se vê, em primeira plana, a preocupação de eliminar a inexplicável locução *recurso de-ofício*. Outros diplomas legislativos vieram, como a *Lei dos Registros Públicos* (lei n. 6.015, de 31.12.73), a *Lei do Divórcio* (lei n. 6.515, de 26.12.77), a *Lei da Ação Civil Pública* (lei n. 7.347, de 24.7.85), o *Código de Defesa do Consumidor* (lei n. 8.078, de 11.9.90), a *Lei dos Juizados Especiais* (lei n. 9.099, de 26.9.95) *etc.*, que apresentam traços dessa influência benéfica do Código de Processo Civil. As leis integrantes da *Reforma do Código de Processo Civil*, que tiveram origem em anteprojetos redigidos por processualistas modernos, empregam corretamente os vocábulos inerentes à linguagem processual.

6. a terminologia do Código de Processo Penal

Dentre os muitos defeitos do diploma processual penal de 1941, chamam desde logo a atenção os que se referem à terminologia. A pobreza da ciência processual penal brasileira do tempo em que o Código foi elaborado reflete-se não só em sua estrutura mal alinhavada, na má constituição de seus institutos e na disciplina arcaica de alguns destes (*v.g.*, o capítulo das nulidades), mas também na pobreza e inadequação de sua linguagem – espelho, como se disse na abertura deste estudo, do estágio menos evoluído de uma ciência.

O capítulo da competência, por exemplo, falando em *competência pelo domicílio ou residência do réu* (arts. 72-73), em *competência pela natureza da infração* (art. 74) *etc.*, ignora por completo a linguagem científica a que se atém o Código de Processo Civil de hoje ao cuidar da competência territorial, funcional e objetiva – sem falar na menção a uma competência por conexidade, continência ou prevenção, quando se sabe que tais não são critérios determinativos da competência mas regras de *modificação* desta. O art. 88 fala em *juízo da Capital*, sem atentar à impropriedade de dizer *juízo* onde de *foro* se trata. A palavra *foro* não é familiar ao Código de Processo Penal.

Constitui também erro grave o uso, muito praticado pela imprensa, da locução *foro privilegiado* para designar a competência originária do Supremo Tribunal Federal ou do Superior Tribunal de Justiça. Estamos muito longe do verdadeiro significado do vocábulo *foro*, que, em direito processual, é indicativo da *base territorial* de exercício da jurisdição por um juízo ou tribunal (comarca, seção judiciária). Pior que o erro cometido por jornalistas ignorantes em temas jurídicos é a aceitação e prática do mesmo erro, por operadores do direito.

Fala também o Código de Processo Penal, sempre erroneamente, em *conflito de jurisdição* (arts. 113-117). O adjetivo *cautelar* também lhe é estranho, tanto quanto era ao Código de Processo Civil de 1939: ele diz *medidas assecuratórias* e despreza o adjetivo correto (arts. 125-144). O Código de Processo Penal trata ainda do *recurso de-ofício* (arts. 574, 746) e não fala em procedimentos, mas *processos em espécie* (L. II, arts. 394 ss.). O substantivo *ação* é empregado também no sentido de *processo* (art. 64, par.). A extinção do processo crime sem julgamento do mérito chama-se *trancamento da ação penal*.

Era muito mais preciso na linguagem o Anteprojeto José Frederico Marques, que foi ao Congresso Nacional em mensagem do Executivo, obteve aprovação da Câmara dos Deputados com emendas e foi retirado do Senado Federal pelo Poder proponente (projeto nos termos do texto aprovado na Câmara foi reapresentado, em 1979, pelo dep. Sérgio Murilo). A linguagem daquele anteprojeto bastante se aproximava à do Código de Processo Civil, o que inclusive refletia uma aproximação ao próprio sistema adotado por este. Ele manuseava os conceitos de *sentença*, *decisão* e *despacho*, à moda do Código de Processo Civil, quando no Código de Processo Penal, ainda vigente, é bem mais complicada e artificial a classificação dos atos do juiz. O Anteprojeto falava também em *saneamento do processo*, bem como em *formação*, *suspensão* e *extinção* deste.

Apesar de tudo, augura-se que em uma possível reforma do processo penal brasileiro, retome força e vigor a orientação do frustrado Anteprojeto. A ciência processual penal brasileira da atualidade conta com estudiosos de primeira linha, especialmente aqueles ligados à Faculdade do Largo de São Francisco, que são profundos conhecedores de sua própria ciência e da teoria geral do processo. O próprio reconhecimento da existência de uma teoria geral já constitui, por si só, poderoso fator de unificação do método e da terminologia, podendo contribuir para facilitar em muito o trabalho de intérpretes e profissionais. Pelas mesmas razões, também a Consolidação das Leis do Trabalho merece uma reforma com vista a aprimorar-lhe a técnica e o vocabulário processuais.

7. *palavras e expressões estrangeiras*

Tanto quanto o latim, o uso imoderado de palavras e expressões estrangeiras é condenável, embora em alguma medida possa ser fator de elegância no fraseado e, em alguns casos, até muito conveniente. Certas expressões ou vocábulos incorporados à linguagem jurídica brasileira chegam a ser quase indispensáveis, como o francês *sursis*, o inglês *leading case* ou *common law*,[28] o italiano *fattispecie*.[29] Em linguagem doutrinária ou pretoriana admite-se ainda o emprego do francês *Parquet* para designar o Ministério Público e do alemão *Streitgegenstand* que se traduz por *objeto do processo*. É também elegante o emprego da clássica locução *laissez faire, laissez passer*, que foi o mote do Estado liberal do século XIX. Outras palavras e expressões, de emprego mais recente, também vão se firmando e seu emprego não é um mal – como *leasing, e-mail, due process of law, class action, legal opinion*. Há também, por influência da terminologia da informática, certas palavras inglesas que ingressaram decididamente na linguagem deste país, ora com a grafia original, ora em sua tradução vernácula, como *site, lap top, mouse, pen drive, hardware, software, bite, kilobite, megabite, gigabite, video game, deletar*.[30]

---

28. É relativamente corrente, mas não aconselhável, o emprego da expressão *civil law* em contraposição a *common law*. É justo referir-se ao sistema jurídico anglo-norte-americano mediante o nome que lhes é dado nos países de origem mas não há por que tratar nosso próprio sistema pelo nome que ingleses e norte-americanos lhe dão. Esse é um estrangeirismo a ser evitado. Digamos simplesmente *sistema de direito escrito*, ou algo parecido.

29. Esse vocábulo é *invariável*, ou seja, grafa-se de modo igual tanto no singular como no plural.

30. *Curioso*. O verbo inglês *delete*, que gerou o nosso *deletar*, é por sua vez oriundo de *deleo, delere*, verbo latino com o significado de *apagar* ou *destruir*. É

Também estão presentes nos escritos dos processualistas brasileiros certas palavras ou expressões latinas que aqui vieram ter devido a seu constante emprego na literatura norte-americana, como *certiorari, stare decisis, affidavit, forum non conveniens*; elas são usadas para designar os institutos do direito americano a que se referem.

O emprego de algumas palavras ou expressões estrangeiras com moderação e no momento certo pode até enriquecer o escrito, aprimorando o estilo e tornando agradável a leitura. Mas cuidado. O exagero nos estrangeirismos pode comprometer o estilo, oscilando entre o ridículo e o pernóstico, sendo por isso desaconselhável. É o caso daqueles que dizem *anyway*, quando bem poderiam dizer *de todo modo*.

8. o papel da doutrina e dos tribunais

O Código de Processo Civil constitui-se sem dúvida, apesar dos senões apontados e de outros que possa ter, em um valioso instrumento didático e modelo para os diplomas legislativos menores que vão surgindo e para os trabalhos profissionais ligados ao processo. Sente-se, a partir de sua vigência, o empenho dos profissionais em praticar uma linguagem consentânea com o vocabulário instituído pelo Código, o que não acontecia antes da vigência deste, quando o próprio estatuto da época era bem menos técnico. Nesse lavor de aprimoramento, cabe à doutrina um papel de destaque, sendo inadmissível que descuidassem desse importantíssimo aspecto técnico da ciência processual justamente aquelas pessoas que assumem a tarefa de transmitir tal ciência.

Também os tribunais e juízes arcam com grande responsabilidade didática, o que lhes cria o dever de compor seus julgados com mãos de artífice, esmerando-se na linguagem. Um período mal estruturado, uma palavra menos adequada ou posta onde não tem cabimento, poderão em primeiro lugar trazer dúvidas mais ou menos sérias na interpretação do pronunciamento judicial ou

histórica a frase de Catão, o Africano, no Senado Romano: *delenda est Carthago* (Cartago deve ser destruída).

mesmo desviá-lo por inteiro das intenções do julgador. Além disso, pela força que tem a jurisprudência, a linguagem empregada nos acórdãos passa em breve tempo a ser repetida nas ementas e súmulas, daí para as razões das partes, para novos acórdãos *etc.*, o que favorece a generalização de seu uso. A força que têm os atos judiciais, expressão do prestígio do próprio Poder Judiciário, assim como pode servir de poderoso fator educativo, oferece também o risco de enganar, criando falsas idéias e conceitos através do uso de linguagem menos adequada. Também essa é uma grande responsabilidade dos juízes e tribunais.

Merece repúdio o mau costume de empregar a locução *julgar no estado do processo*[31] para designar especificamente o julgamento antecipado do mérito, como se, no sistema do Código, não constituísse julgamento conforme o estado do processo também a sua *extinção* (art. 329) ou o *saneamento* (arts. 331, 338, 264, par.). Há quem diga ainda, no mesmo sentido e com igual impropriedade, *julgar no estado dos autos*, revelando desconhecimento do significado dessa locução no ordenamento jurídico que a consagra.[32]

---

31. Ou simplesmente *julgar no estado*.
32. No processo civil alemão, a *Entscheidung nach Lage der Akten* (ZPO, § 251, letra *a*) é o julgamento do mérito dado antecipadamente em caso de ausência de ambas as partes à audiência inicial, ou de apenas uma delas (requerendo a outra): esse julgamento é feito com base no material probatório que os autos contiverem, sem que a contumácia gere o efeito de presunção de veracidade das alegações adversárias (*cfr*. Rosenberg-Schwab, *Zivilprozeßrecht*, § 109, I, p. 539). Os pressupostos, como se vê, são diferentes daqueles a que está condicionado nosso julgamento antecipado do mérito (*cfr*: ainda Lent, *Zivilproceßrecht*, § 68, II, p. 267; Schönke, *Lehrbuch*, § 80, pp. 268, ss.). Em uma conhecida e tradicional expressão popular interiorana, as pessoas que têm notícia da existência de uma expressão como essa mas a empregam inadequadamente *ouviram cantar o galo mas não viram onde*.

CAPÍTULO II
NOTAS PARA UM DICIONÁRIO
DE DIREITO PROCESSUAL CIVIL

9. abuso de direito e abuso do processo. 10. ação civil pública, ação coletiva, processo coletivo. 11. ação contra o réu. 12. ação de estado. 13. ação declaratória incidental. 14. ação dúplice, pedido contraposto, pedidos simultâneos. 15. ação especial. 16. ação individual e ação social. 17. ação procedente, improcedente, acolhida, rejeitada, admissível, inadmissível. 18. ação real ou pessoal. 19. acordo, transação e contrato. 20. adjudicação, adjudicar. 21. agravo interno, agravo regimental. 22. agravo retido, recurso especial retido. 23. ajuizamento e propositura da demanda. 24. arbitragem, juízo arbitral e arbitramento. 25. argüição de descumprimento de preceito fundamental. 26. arquivar e arquivamento. 27. arresto e seqüestro – busca-e-apreensão. 28. audiência preliminar (e não *audiência de conciliação*). 29. ausência, ausente, curador de ausentes. 30. autos. 31. bem de família. 32. câmara, turma, grupo, seção, plenário, órgão especial. 33. carta de sentença e cópia. 34. certeza, liqüidez e exigibilidade. 35. chamamento ao processo. 36. citação. 37. colusão. 38. competência absoluta ou relativa – competência funcional. 39. competência concorrente ou exclusiva. 40. conciliação e mediação. 41. conclusão, conclusos. 42. conexidade, conexão. 43. confissão e reconhecimento do pedido – *confessar a ação*. 44. conflito de competência. 45. conhecer, não conhecer, indeferir, negar seguimento. 46. Conselho Nacional de Justiça. 47. Conselho Nacional do Ministério Público. 48. contradita. 49. credor e devedor. 50. cumprimento de sentença e execução. 51. de-ofício. 52. decisório (*decisum*). 53. demanda. 54. denunciação da lide. 55. depositário e fiel depositário. 56. desconsideração da personalidade jurídica. 57. desentranhamento, juntada, juntada por linha. 57-A, deserção. 58. desistência da ação e renúncia ao pedido – *pedir desistência*. 59. despesas e honorários. 60. devido processo legal. 61. direito adjetivo e direito substantivo. 62. direito processual civil internacional. 63. direito processual civil intertemporal. 64. direito processual constitucional. 65. direitos transindividuais, difusos, coletivos e individuais homogêneos – tutela coletiva. 66. efeito ativo. 67. efeito da revelia. 68. eficácia preclusiva da coisa julgada. 69. embargos e embargo. 70. eqüidade. 71. exceção e objeção. 72. exceção ou objeção de pré-executividade. 73. execução específica. 74. execução mobiliária ou imobiliária. 75. extinção do processo. 76. extinção "parcial" do processo. 77. Fazenda, Fazenda Pública. 78. foro, fórum, juízo, comarca, seção judiciária, jurisdição e circunscrição judiciária. 79. hasta pública, praça, leilão, arrematação. 80. idoso. 81. impugnação e embargos do executado. 82. impugnar e "pedir impugnação". 83. instância e entrância. 84. instruir, instrução, prova e provar. 85. interpor, propor, opor, suscitar, impetrar. 86. intimação.

87. juiz leigo. 88. juiz requerido. 89. juizados especiais cíveis. 90. julgamento antecipado do mérito (CPC, art. 330). 91. julgamento liminar do mérito (CPC, art. 285-A). 92. Justiças. 93. lide e mérito. 94. liqüidez-e-certeza. 95. litispendência. 96. mandado de segurança, amparo, *mandamus*, *writ*, remédio heróico. 97. medida cautelar. 98. Meritíssimo Juiz (MM. Juiz). 99. mérito. 100. modulação. 101. multas coercitivas, *astreintes*. 102. ônus de impugnação específica dos fatos. 103. ouvidorias de Justiça. 104. ouvidorias do Ministério Público. 105. "parecer" do juiz. 106. pedido (*petitum*). 107. pedir e requerer. 108. pedir e pedido (o juiz nunca pede). 109. perícia contábil e perícia técnico-econômica. 110. pingüim. 111. poder (situação jurídica) e Poderes do Estado. 112. prazo peremptório ou dilatório. 113. prazo próprio ou impróprio. 114. prazos (correr, contar e computar). 115. precatória e precatório. 116. preceito fundamental. 117. preclusão, preclusão hierárquica, preclusão *pro judicato*. 118. prejudicial e preliminar. 119. preparo. 120. prequestionamento, prequestionar. 121. prevenção, prevenir. 122. prever e previsão. 123. procedimento de controle administrativo (CNJ). 124. procedimento sumário e procedimento comum sumário. 125. processo civil, processo penal, processo-crime. 126. processo ou fase de conhecimento. 127. processo ou fase de execução. 128. processo ou fase de liqüidação. 129. processo, procedimento, autos, causa. 130. proferir, prolatar, prolação, prolatação. 131. prova e evidência. 132. providências preliminares. 133. provimento, prover, providência, medida. 134. provimento (recursos). 135. publicação, publicar. 136. reclamação. 137. reconvir. 138. "recurso de-ofício". 138-A. recursos repetitivos. 138-B. redirecionamento da execução. 139. relativização da coisa julgada. 140. remição. 141. repercussão geral. 142. representar e representar contra – representação. 143. representatividade adequada (*adequacy of representation*). 144. resolução, solução, resolver. 145. responsabilidade patrimonial, obrigação e responsabilidade civil. 146. resposta e responder. 147. rol de testemunhas. 148. saneamento do processo. 149. sentença condenatória, mandamental, executiva *lato sensu*. 150. sentença de mérito e sentença terminativa. 151. sentença, decisão, decisão interlocutória, despacho, despacho de mero expediente, provimento, pronunciamento. 152. sentença, decisão interlocutória e despacho: imperfeições e incoerências do Código de Processo Civil. 153. substituto processual, substituído, substituir, sucessor, sucedido, sucessão, suceder. 154. sucumbência, honorários da sucumbência, ônus da sucumbência. 155. súmulas, súmulas vinculantes e súmulas impeditivas de recurso. 156. trânsito em julgado. 157. Tribunais Superiores. 158. tutela antecipada (e não tutela *antecipatória*). 159. venda, alienação, pagamento, preço, usufruto judicial. 160. veredicto. 161. vista e pedir vista – retirar da pauta. 162. voto, voto vencido, voto vencedor, voto condutor.

9. abuso de direito e abuso do processo

Abuso de direito é a realização de atos aparentemente inerentes ao exercício de um direito subjetivo mas na realidade excedente aos poderes ou faculdades que esse direito legitimamente autoriza exercer. A pretexto de exercer um direito, poder ou faculdade, o sujeito vai além e realiza atos estranhos a estes. Na linguagem comum, abuso é "exorbitância de atribuições ou poderes" (*Dicio-*

nário Aurélio). Também se afirma que abuso do direito é a manipulação do direito *objetivo*, sob a falsa aparência de adotar condutas aprovadas por este. Superadas essas filigranas conceituais ou terminológicas, é correta a afirmação de que "abusar de um direito equivale a extrapolar os *limites* do poder ou da faculdade (*facultas agendi*) que o direito objetivo (*normas agendi*) confere ao indivíduo como sujeito de direitos".[1]

O *abuso do processo* é, a partir desse conceito mais amplo, o emprego excessivo das faculdades ou poderes ordinariamente autorizados pela lei processual, ingressando o sujeito na ilicitude a partir de quando for além dos limites permitidos. Em dois dispositivos o Código de Processo Civil emprega esse vocábulo e uma vez emprega o advérbio *abusivamente*, mas não são poucas as normas que, embora com outra linguagem, reprimem o abuso do direito no processo.

> São explícitas no Código de Processo Civil (a) a disposição que, entre outras situações, autoriza a antecipação de tutela jurisdicional quando "fique caracterizado o abuso de direito de defesa ou o manifesto propósito protelatório do réu" (art. 273, inc. II); b) a que determina a cessão da fé do documento particular "quando, assinado em branco, for abusivamente preenchido" (art. 388, inc. II); c) a que logo em seguida esclarece: "dar-se-á abuso quando aquele que recebeu documento assinado com texto não escrito no todo ou em parte, o formar ou o completar, por si ou por meio de outrem, violando o pacto feito com o signatário" (art. 388, par.).

Fora dos casos expressamente previstos e sancionados pela lei, reputam-se também abusivos do processo todos os atos que a lei inclui no conceito de *litigância de má-fé* (CPC, art. 17), sendo usual falar-se em *abuso do direito de recorrer* (art. 17, inc. VII); os atos atentatórios à dignidade da justiça (*contempt of court* – art. 600); os como *atentatórios ao exercício da jurisdição* (art. 14, inc. V e par.) *etc*.

A definição dos atos abusivos e as sanções impostas a ele constituem manifestações do empenho do Código de Processo

---

1. *Cfr.* Helena Najjar Abdo, *O abuso do direito no processo*, n. 6.1, p. 32.

Civil, desde o início de sua vigência, pela preservação da *ética no processo* e repúdio aos atos de deslealdade processual. Mas as exigências de ética e lealdade não podem ir além do que permite a garantia constitucional do contraditório, sendo indispensável avaliar em cada caso as circunstâncias da conduta da parte, em busca de traços reveladores de eventual má-fé mas sempre sem preconceitos ou exacerbações. Na lição do Mestre Liebman, "o processo civil, com sua estrutura contraditória em que a cada uma das partes se atribui a tarefa de sustentar as suas próprias razões, é essencialmente refratário a uma rigorosa disciplina moralista do comportamento daquelas".[2]

"É indispensável ter presente a segura advertência de Enrico Tullio Liebman, sempre presente nos grandes temas do direito processual. Ele recomenda muita prudência na afirmação de uma deslealdade processual, a partir da observação de que o processo, como realidade dialética em que o contraditório é essencial, comporta medidas de inteligência e astúcia que lhe são essenciais e não podem ser censuradas ou reprimidas – sob pena de, a título de reprimir uma suposta má-fé processual, *reprimir-se o próprio exercício do contraditório*. Não se pode prodigalizar reprimendas ou sanções, sem o cuidado de manter o caminho aberto para legítimos expedientes defensivos. Afinal, a *ampla defesa* constitui objeto de uma explícita garantia constitucional do processo, ao lado do *contraditório* (art. 5º, inc. LVI)".[3]

Ao dispor sobre o dever de lealdade, litigância de má-fé, atentado à jurisdição *etc.*, o Código de Processo Civil preocupa-se primordialmente com a conduta das partes, muito pouco se referindo à do juiz. Mas, como é natural, também este está adstrito ao dever de lealdade no processo e eventuais desvios ou abusos são ultrajantes à garantia constitucional do *due process of law* – entendida esta como um sistema de limitações aos poderes do juiz no processo (*infra*, n. 60). Ir além dessas limitações é *abusar*.[4]

2. *Cfr. Manual de direito processual civil*, I, n. 60, esp. p. 166 trad.

3. *Cfr*: Dinamarco, *Fundamentos do processo civil moderno*, II, n. 489, p. 927.

4. *Cfr*. Helena Najjar Abdo, *O abuso do direito no processo*, n. 6.1, pp. 32-34.

Ainda que de modo muito tímido, o art. 14 estende ao juiz os deveres inerentes à boa-fé processual enumerados em seus incisos, ao estabelecer que "são deveres das partes e *de todos aqueles que de qualquer forma participam do processo...*".

10. ação civil pública, ação coletiva, processo coletivo

Pouco se falava em *ação civil pública* antes do advento da lei que se convencionou chamar *Lei da Ação Civil Pública* (lei n. 7.347, de 24.7.95). Desde as primeiras edições do livro *Teoria geral do processo*, designávamos com aquela expressão todas as hipóteses em que o Ministério Público fosse legitimado a atuar em juízo na condição de autor, como a ação de nulidade de casamento (CC-16, art. 208, par., inc. II; CC-02, art. 1.549), a ação de dissolução de sociedade civil (dec-lei n. 9.085, de 25.3.46) e a própria ação direta de inconstitucionalidade, para a qual o *Parquet* era, no regime constitucional anterior, o único legitimado (Const-69, art. 118, inc. I, letra *l*).[5] Depois, implantados no país os microssistemas de tutelas relacionadas com direitos transindividuais (Lei da Ação Civil Pública, Código de Defesa do Consumidor *etc.*), surgiu a tendência a confinar o emprego da locução *ação civil pública* ao campo das ações fundadas em tais direitos ou interesses. E também se enquadram no conceito, segundo o que vem dessas leis, as ações movidas pelas demais entidades legitimadas à tutela dos direitos individuais em geral, entre as quais, de modo muito especial, as *associações* portadoras dos requisitos legalmente exigidos (LACP, art. 5º; CDC, art. 82, inc. IV). Desse modo, será lícito falar em *ações civis públicas em sentido estrito*, que são essas ligadas à tutela coletiva, sem abandonar o conceito lato no qual se enquadram tais ações e mais todas as outras para as quais o Ministério Público seja legitimado (nulidade de casamento, dissolução de sociedade civil, ação direta de constitucionalidade ou inconstitucionalidade).

Como é notório, as ações civis públicas brasileiras (*stricto sensu*) têm origem e inspiração nas *class actions* do direito an-

---

5. *Cfr.* Cintra-Grinover-Dinamarco, *Teoria geral do processo*, n. 191, esp. p. 320.

glo-norte-americano, as quais integram uma técnica processual destinada a oferecer tutela a um número significativo de pessoas, seja para satisfação de direitos individuais conglomerados, ou homogêneos, seja para a preservação de valores do interesse geral. No conceituadíssimo *Black's law dictionary* está expressamente consignado que o primeiro dos requisitos para qualquer demanda de classe é "that the persons constituting the class must be so numerous that it is impracticable to bring them all before the court" (*devem ser tão numerosas que seja impraticável trazer todas ao tribunal*). E isso porque, como lá mesmo está dito, é inerente ao próprio conceito de *class action* a possibilidade de processar-se "without needing to join every member of the class".[6]

> Fala Ada Pellegrini Grinover, ainda, nas *relator actions* do direito britânico e australiano, ao lado de medidas de outra natureza, mas sempre voltadas a interesses difusos, existentes na França e Alemanha.[7]

Mas essa notória e indiscutível origem em uma ordem jurídico-processual metodologicamente tão diversa da brasileira faz das ações civis públicas algo de institucionalmente *excepcional* no sistema romano-germânico de direito processual, ao qual se filia o brasileiro. O individualismo dos romanos chega até nós de modo bastante veemente e quase intransigente, sendo a raiz mais remota e profunda de disposições como a do art. 6º do Código de Processo Civil (legitimidade *ad causam* individual). Foi somente quando a sociedade de massa passou a impor regras de um *direito de massa*, que surgiu a consciência da necessidade de medidas integrantes de um verdadeiro *processo civil de massa*, caracterizado na ordem jurídica brasileira mediante medidas como o mandado de segurança coletivo e a ação civil pública destinada à tutela dos valores ambientais, dos consumidores como comunidade, dos deficientes físicos e das *crianças e adolescentes*.

---

6. *Cfr.* Henry Campbell Black, *Black's law dictionary*, verbete *class or representative action*, p. 249.

7. *Cfr.* "A tutela jurisdicional dos interesses difusos no direito comparado", n. 2, esp. p. 79.

Tais medidas vieram a ser adotadas em resposta ao clamor de doutrinadores brasileiros impressionados com a existência de verdadeiros *bolsões de ilegalidade*. Grassava a sistemática e incontrolável violação a bens e interesses que, justamente porque indivisíveis e insuscetíveis de personificação em sujeitos identificáveis (interesses difusos), não podiam ser objeto da tradicional tutela jurisdicional preconizada nas regras de legitimidade *ad causam* individual (CPC, art. 6º) e da rígida limitação dos efeitos da sentença e *auctoritas rei judicatæ* exclusivamente a quem tenha sido parte no processo (art. 472).[8]

Fala-se também em *ações coletivas*, particularmente quando se trata daquelas relacionadas com os direitos do consumidor, mas seria um inconveniente preciosismo verbal a distinção entre elas e as ações civis públicas. Essas duas locuções são sinônimas entre si e ambas expressam uma só idéia, que é a de ações destinadas à tutela relacionada com direitos transindividuais em geral. Também é uma ação civil pública a do Ministério Público visando a obter sanções à improbidade administrativa (lei n. 8.429, de 1.6.92), embora haja alguma tendência a não situá-la na esfera das ações civis públicas *stricto sensu*.[9]

11. *ação contra o réu*

O Código de Processo Civil, também por esse aspecto aprimorado no Senado Federal, esmerou-se em não falar em ação a ser movida *contra* alguém, como se ela fosse um direito subjetivo, ou poder, tendo por titular passivo o adversário do demandante. Havia no Projeto expressões assim (*ação contra todos os condôminos, contra o espólio*), mas foram expurgadas porque a ação tem por titular o Estado e não o adversário; ao Estado é apresentada *(pro-posta)* a demanda através da qual o direito de agir é

---

8. Se "ninguém pode pleitear em nome próprio direito alheio" (art. 6º) e se a ninguém pertencem por direito esses bens e interesses difusos, concluía-se pelo rigoroso estrangulamento das vias de ingresso em juízo e *acesso à justiça* em relação a eles.

9. Ada Pellegrini Grinover chega a incluir essas ações no âmbito da *ação popular*: *cfr*. "Uma nova modalidade de legitimação à ação popular, possibilidade de conexão, continência e litispendência", n. 1, pp. 23 ss.

exercido.[10] Em seguida a essa propositura, será feita a citação do demandado, o qual ficará sujeito à autoridade do juiz, sendo depois, ao fim do procedimento, dado um provimento jurisdicional que atingirá as esferas de direitos do demandante e dele. Por isso é lícito dizer que a demanda é proposta *com relação a alguém*, ou, conforme locução italiana muito usual e bastante expressiva, *em face* do demandado (*nei suoi confronti*).[11] É evidente que ao demandar (pedir, solicitar, postular) nada pede o autor *ao réu;* pede ao Estado um provimento jurisdicional que há de recair sobre a situação jurídica de ambos.

Por isso, onde estavam aquelas expressões buscou o Código outras fórmulas de redação, falando em *citação de todos os condôminos* (arts. 949 e 974, § 1º) e modelando a locução *processo em que o espólio for executado* (art. 1.021). Mas ao menos um senão ficou, que foi no trato da *oposição* (que, no fundo, é uma demanda), a qual, segundo o art. 56, será proposta *contra* ambas as partes originárias do processo.[12]

Mas, apesar de tudo, não se pode dizer que o emprego da expressão *ação contra* constitua um erro grave porque, na realidade, não implica nem revela compromisso algum com aqueles conceitos superados. Se tivermos a consciência de que o demandado não é titular passivo do direito de ação, poderemos prosseguir nesse uso profundamente arraigado em nossa linguagem e isso em nada prejudicará o aprimoramento da ciência processual.

12. *ação de estado*

Chamam-se *ações de estado* os litígios referentes ao estado ou capacidade das pessoas. Versam geralmente matéria de direi-

10. Arts. 965, 990, § 1º, e 1.037 da mensagem presidencial.
11. Que a ação tenha por titular passivo o Estado e não o adversário, é ponto já conquistado definitivamente e pacífico na doutrina contemporânea do direito processual; e, mesmo assim, a afirmação de um direito de ação *contra* o Estado "supporrebbe un conflitto d'interessi fra Stato e cittadino, mentre il dar ragione a chi l'ha è interesse dello Stato medesimo" (Chiovenda, *Principii di diritto processuale civile*, § 1º, IV, 2, p. 56).
12. *Demanda*: palavra mal usada pelo Código e só em tempos mais recentes utilizada em seu verdadeiro significado pela doutrina brasileira (*infra*, n. 53).

to de família, como casamento, separação judicial, conversão de separação em divórcio, divórcio direto, guarda de filhos, tutela, curatela, interdição *etc.* Como os direitos relacionados com esses temas são havidos por *indisponíveis*, o Código Processo Civil parece excluir que a revelia do réu, em tais processos, gere o efeito da revelia, ou seja, a presunção de serem verdadeiras as alegações de fato feitas na inicial (arts. 319 e 320, inc. II); do mesmo modo, a contestação apresentada mas omissa quanto a alguma dessas alegações não gera a presunção estabelecida no art. 302 (v. art. 302, inc. I).

Mas há forte jurisprudência, posto que não pacífica, admitindo o efeito da revelia nas ações de separação ou divórcio. Partem muitos arestos da idéia de que, se o resultado final pode ser obtido por consenso das partes, isso significa que não se trata de direitos indisponíveis, com a conseqüência de que também a omissão da defesa pode propiciar ao adversário aqueles mesmos resultados finais.[13]

Diz também o Código que "não vale como confissão a admissão, em juízo,[14] de fatos relativos a direitos indisponíveis" (art. 351). Que significaria essa locução *não vale como confissão*? Muito provavelmente partiu o Código da incorretíssima premissa de que a confissão seria um ato de disposição de direitos, ou que ela vinculasse o juiz, como se fora uma suposta *prova plena*. Mas isso não é assim e hoje todos bem compreendem que a confissão apenas pesa no espírito do juiz como elemento de convicção, mas um elemento de convicção também sujeito, como todos, ao crivo do livre convencimento assegurado pelo art. 131 do Código Processo Civil. Desse modo, a confissão feita em uma ação de estado difere das demais somente pela ausência do efeito, que em outras causas a confissão teria, de dispensar a prova do fato alegado pelo adversário (art. 334, inc. II) – o que não significa que o juiz, no exercício de seu poder de livre convencimento, fique impedido de levar em conta a confissão, sua verossimilhança, coerência com

---

13. *Cfr.* Negrão-Gouvêa, *Código Processo Civil e legislação processual em vigor*, nota 6 ao art. 320, pp. 468-469.
14. Deslize redacional do Código: por que só a confissão feita *em juízo* não valeria, mas a extrajudicial sim?

o conjunto probatório e com as alegações da própria parte que confessou *etc*.[15]

Por não terem natureza patrimonial, em tese os direitos versados nas ações de estado seriam insuscetíveis de transação – sabido que esta só se admite em relação a direitos patrimoniais de caráter privado (CC, art. 841). As leis processuais e o próprio direito de família admitem e estimulam amplamente o acordo para a separação judicial, para a conversão desta em divórcio ou para o divórcio direto (lei n. 6.515, de 26.12.77, arts. 34 e 40, § 2º – Lei do Divórcio) mas, quanto à anulação de casamento, é absolutamente excluída qualquer possibilidade de acordo.

> Embora não seja usual, é rigorosamente adequado incluir entre as ações de estado, recebendo da lei processual análoga regência, os pleitos judiciais nos quais estejam em litígio os direitos políticos de uma pessoa. O direito de votar e de ser votado é inerente à personalidade política do cidadão, sendo de ordem pública e tão indisponível quanto aqueles regidos pelo direito de família. Mas nem por isso vá o principiante pensar que *ação de estado* é ação em que o Estado figure como parte.

13. ação declaratória incidental

Ação declaratória incidental, ou ação declaratória incidente, é uma demanda formulada no curso de processo pendente, tendo por objeto a declaração de existência ou inexistência de uma relação jurídica prejudicial à causa originariamente instalada no processo. O emprego do adjetivo *incidental* indica apenas que a *propositura* dessa demanda é, como dito, incidente ao processo, ou seja, ela é proposta na pendência de um processo já em curso. Essa demanda é julgada na própria sentença com que a causa prejudicada o será e portanto (a) seu julgamento não é feito *incidentemente* ao processo, ou em meio ao curso do procedimento, mas ao fim deste, como é natural entre os julgamentos de mérito em geral; b) sua propositura não provoca uma dualidade de julgamentos no processo, um para a causa prejudicada e outro para a

---

15. *Cfr.* minhas *Instituições de direito processual civil*, III, n. 1.199, pp. 656 ss.

prejudicial (tratar-se-á apenas de um capítulo da sentença única). *A demanda é incidente, não a sentença*; o art. 325 do Código de Processo Civil comete uma impropriedade verbal, ao falar erradamente em *sentença incidente*, dando com isso a entender que a ação declaratória incidental abriria ensejo a uma sentença declaratória a ser proferida no curso do processo.

Uma relação jurídica é prejudicial a outra, quando do teor de seu julgamento dependerá o teor do julgamento da relação prejudicada (*infra*, n. 118).[16] Exemplo típico é a ação declaratória da validade ou invalidade de um contrato, proposta incidentemente ao processo em que o autor pede a condenação do réu a pagar uma das obrigações instituídas por esse contrato. Trazendo a resposta do réu a alegação de que o contrato é nulo, poderá o próprio autor ou o réu, este em reconvenção, propor ação declaratória incidental com o pedido de declarar que ele é válido, ou de que é inválido (CPC, arts. 5º e 325).

Para o autor, o prazo para propor a demanda incidente é de dez dias, contado de quando houver sido intimado da contestação trazida aos autos (art. 325). A demanda incidental do réu é proposta pela via da reconvenção (art. 5º c/c art. 315).

A sentença que a julgar trará *em seu dispositivo* a declaração de existência ou inexistência da relação jurídica controvertida. Esse capítulo declaratório da sentença, consistindo autêntico julgamento de mérito, é apto a obter a autoridade da coisa julgada material (art. 468), diferentemente do que aconteceria se a ação declaratória incidental não houvesse sido proposta – caso em que o reconhecimento da existência da relação jurídica seria feito *incidenter tantum*, ou seja, somente na motivação sentencial e não no *decisum* (CPC, art. 469).

Outra impropriedade verbal e conceitual do Código de Processo Civil é aquela consistente em incluir a ação declaratória entre as *providências preliminares*, quando se sabe que estas são medidas a cargo do juiz e aquela, uma iniciativa da parte (*infra*, n. 132).

16. Sobre a prejudicialidade v., por todos, Clarisse Frechiani Lara Leite, *Prejudicialidade no processo civil, passim*.

14. ação dúplice, pedido contraposto, pedidos simultâneos

Ações dúplices são aqueles litígios ou procedimentos nos quais a lei permite ao réu deduzir, sem o formalismo de uma reconvenção, um *pedido contraposto* ao do autor; na própria contestação é deduzido um novo *petitum*, com o qual o demandado postula para si uma tutela jurisdicional fora dos limites do pedido constante da petição inicial. Tais são os chamados *judicia duplicia*, nos quais a contestação pode ampliar o objeto do processo e tornar absolutamente inócua eventual reconvenção – a qual, nessas causas, só terá utilidade quando veicular pedido de declaração incidente (CPC, art. 325). Não existe qualquer diferença funcional entre o pedido contraposto e a reconvenção. A diferença existente é meramente formal e pouco mais que nominal, porque o resultado a que ambos conduzem é o mesmo: ampliação do objeto do processo pela introdução de mais um pedido, necessidade de dar ao autor oportunidade para impugnar o pedido deduzido pelo réu, instrução conjunta, sentença única. A razão da inadmissibilidade da reconvenção nesses processos é sua absoluta incapacidade de proporcionar ao réu algum benefício maior do que aquele que pode ser obtido mediante uma iniciativa mais simples e menos formal, afirmada pela lei como adequada e admissível em alguns casos bem identificados (falta o interesse-adequação).

A idéia dos pedidos contrapostos *simultâneos* está presente no art. 17 da Lei dos Juizados Especiais (lei n. 9.099, de 26.9.95) e conta com o respaldo de prestigiosas legislações estrangeiras. Na França o *nouveau code de procédure civile* admite a *requête conjointe*, análoga ao que existe no processo dos juizados especiais, a qual vem ali definida como "o ato comum pelo qual as partes submetem ao juiz suas respectivas pretensões e os pontos sobre os quais estão em desacordo, bem como os respectivos meios de prova" (art. 57). No *code judiciaire* belga o art. 706 consagra dispositivo análogo. Em Portugal o dec-lei n. 211, de 14 de junho de 1991, instituiu a *petição conjunta*, de declarada inspiração gaulesa. No sistema do Código de Processo Civil brasileiro, conquanto não haja o instituto da petição conjunta (pedidos contrapostos simultâneos), o pedido contraposto deduzido em contestação produz resultados práticos análogos. Trata-se do pedido contraposto *ulterior*, também presente no sistema dos juizados cíveis (lei n. 9.099, de 26.9.95, art. 31).

São casos de ações dúplices no direito brasileiro: a) todas as causas que se processam pelo *rito sumário* (art. 278, § 1º); b) a ação de *consignação em pagamento* e a de *prestação de contas*, onde cabe ao juiz condenar o próprio autor a pagar ao réu o saldo eventualmente apurado contra ele (arts. 899, § 2º, e 918); c) as *ações possessórias*, nas quais se permite ao réu pedir proteção possessória em contestação, mediante alegação de ter sido ele ofendido em sua posse (art. 922); d) a *ação de desapropriação*, onde o juiz fixa a final o valor a ser pago, ainda que acima do oferecido pelo expropriante, desde que em contestação o expropriado haja impugnado a oferta (dec-lei n. 3.365, de 21.6.41, arts. 20 e 24); e) nos processos dos *juizados especiais cíveis*, nos quais são expressamente autorizados os pedidos contrapostos (lei n. 9.099, de 26.9.95, art. 31).[17]

15. *ação especial*

A mesma ordem de raciocínios que proscreve as locuções *ação real* e *ação pessoal* aconselha que também se banisse o uso de todas outras expressões que, de alguma forma, tratassem a ação à moda civilista, associando a ela atributos que são do direito subjetivo material e não dela própria. Por isso, extraindo daquelas premissas todas as conseqüências que elas seriam capazes de gerar, o Senado Federal eliminou certas expressões que, embora tradicionais, têm algum sabor privatista.

Pretendeu aquela Casa Alta substituir *ação de depósito* por *ação fundada em depósito* (art. 901); *ação de prestação de contas*, por *ação para prestar ou exigir contas* (art. 914); *ação de reconhecimento do domínio*, por *ação para a declaração do domínio* (art. 923); *ações de divisão ou de demarcação*, por *ações que visem à divisão ou demarcação* (art. 1.047, inc. I). Tinha razão o Senado, porque nessas impropriamente chamadas *ações especiais* o que é especial é o procedimento e não a ação mesma, a qual permanece sempre como o poder de exigir o provimento de mérito e não se confunde nem com o procedimento nem com o direito

---

17. *Cfr.* minhas *Instituições de direito processual civil*, III, n. 1.098, pp. 523-525.

subjetivo material que o demandante alega; em boa ciência, não tem sentido qualificá-la com atributos que pertencem a esse direito (sobre *ações* e procedimentos, v. *infra*, n. 129).

Mas, na volta à Câmara dos Deputados, todas essas alterações foram rejeitadas, voltando-se às formulações tradicionais que o projeto continha. Embora tecnicamente incorretas, tais expressões tinham atrás de si a força de uma tradição e são suficientemente capazes de transmitir a idéia dos institutos a que se referem. Talvez por isso tenham prevalecido, mas teria sido muito melhor manter as enriquecedoras alterações aportadas pelo Senado Federal.

16. ação individual e ação social

Ao discorrer acerca da responsabilidade civil de diretores de sociedades anônimas, estabelece a doutrina comercialista uma distinção entre (a) o *prejuízo direto* suportado pelos acionistas em seu próprio patrimônio por um ato da companhia e (b) o *prejuízo indireto* decorrente de danos causados a esta, com repercussão no patrimônio de todos e cada um dos que participam do capital social. Invoca-se o § 7º do art. 159 da Lei das Sociedades Anônimas, o qual alude expressamente ao "acionista ou terceiro *diretamente prejudicado* por ato do administrador" e têm apoio nessa disposição as considerações então desenvolvidas sobre essa relevante distinção. A propósito do *prejuízo indireto*, enfatiza essa doutrina que "todo lucro da companhia pode indiretamente transformar-se – sob a forma de dividendo ou de rateio do acervo líquido – em aumento dos patrimônios dos seus acionistas, e o ato do administrador que causa prejuízo ao patrimônio da companhia, diminuindo o lucro social, pode ser causa de prejuízo indireto ao acionista – na medida em que diminua o dividendo a ele distribuído ou a quota-parte no acervo líquido por ele recebido em caso de liqüidação" (Bulhões Pedreira).[18] Esse dano indireto não se confunde com aquele, tratado no referido § 7º, que o acionista sofre mediante um ataque direto ao seu patrimônio, sem qualquer consideração a eventual prejuízo causado à sociedade. Um prejuízo de grande monta à companhia

18. *Cfr.* "Responsabilidade civil do diretor de S.A.", n. 3, esp. p. 599.

pode ter funestas repercussões sobre a esfera de direitos de cada um dos acionistas, os quais correm o risco de uma responsabilidade patrimonial pelas obrigações daquela (penhora *etc.*).

Decorre dessa uma outra distinção, entre a *ação individual*, facultada a cada sócio para a defesa dos danos sofridos diretamente, em oposição à *ação social*, que é a reação da companhia aos prejuízos causados ao patrimônio social. Em resumo: a) prejuízo direto, *ação individual*; b) prejuízo indireto, *ação social*.[19] A ação dos sócios legitimados pelo art. 159 da lei societária em relação aos diretores é, tanto quanto a do art. 246, que cuida da autorização a tomar iniciativas processuais em face do controlador, a *ação social* de um substituto processual – sendo *substituída* a companhia. Diz-se que é uma *ação social*, porque está precisamente no lugar daquela que a própria companhia poderia exercer – sendo essa a característica fundamental de toda legitimidade extraordinária (CPC, art. 6º). Na ação por prejuízo direto, o acionista comparece como legitimado ordinário, defendendo direito que, se houver, será seu.

> Tenho plena consciência de que essa distinção e essa terminologia não contam com um preciso enquadramento na ciência processual, porque a ação é sempre um poder que cada pessoa tem em nome próprio – independentemente de quem seja o beneficiário da ação que exerce. Quando esta é exercida por alguém em nome próprio, mas para a defesa de interesses alheios, quem a exerce é um substituto processual e a legitimidade deste para a causa é uma legitimidade extraordinária; o acionista que propõe uma demanda em prol da companhia atua na condição de *substituto processual* desta (*infra*, n. 153). Animo-me apesar disso a consignar a distinção entre *ação individual* e *ação social*, porque é esclarecedora de pontos relevantes relacionados com certas causas de fundo societário.

17. *ação procedente, improcedente, acolhida, rejeitada, admissível, inadmissível*

É tradicional e arraigado o emprego, na doutrina e nos tribunais brasileiros, das locuções *procedência da ação, ação proce-*

---

19. *Op. cit.*, n. 4, pp. 599 ss.

dente, improcedência da ação e *ação improcedente*. Na realidade, o que procede ou deixa de proceder não é a ação, direito de agir, mas a *demanda* – lembrando-se sempre que esse é o nome correto da iniciativa de postular um provimento em juízo, como faz o autor em sua petição inicial (*infra*, n. 53). Demanda procedente é demanda amparada pelo direito e pelos fatos. Julgá-la procedente é acolhê-la, atendendo às aspirações do autor; julgá-la improcedente é rejeitá-la diante do entendimento de que o autor não tinha o direito postulado. O ato judicial que acolhe a demanda, julgando-a procedente, ou a que a rejeita, julgando-a improcedente, é sempre uma sentença de mérito (CPC, art. 162, § 1º, c/c art. 269). Não temos o hábito de falar em *acolhimento* ou *rejeição* da demanda, mas esse emprego dos dois vocábulos é rigorosamente correto e é assim que se diz em língua italiana (*accoglimento della domanda, rigetto della domanda*). No Código de Processo Civil brasileiro, uma única vez se fala em *ação acolhida*, nesse sentido (art. 466-C).

Proceder, do latim *pro-cedere*, é caminhar avante, progredir. Demanda procedente é, pois, aquela que progride, que é bem sucedida e atinge seu objetivo.

Também se costuma falar em *ação inadmissível*, para designar a demanda sem requisitos para ser julgada pelo mérito. Na realidade, também aqui se trata da admissibilidade ou inadmissibilidade *da demanda* e não da ação, pois aquela e não o direito de agir é que comportará ou não comportará tal julgamento, conforme o caso. O autor carece *de ação* quando faltar um daqueles requisitos, mas o julgamento do mérito gira em torno daquela e não desta. Melhor dizer, portanto, *demanda* admissível ou inadmissível.

Liebman: "quando, em determinado caso, faltam as condições da ação ou mesmo uma delas (*interesse* e *legitimação para agir*), dizemos que ocorre *carência de ação*, devendo o juiz negar o julgamento do mérito e então declarar inadmissível a demanda".[20]

20. *Cfr. Manual de direito processual civil*, I, n. 73, p. 200 trad.

18. ação real ou pessoal

Em uma classificação verdadeiramente científica, as ações são de conhecimento ou executivas, subclassificando-se as primeiras em meramente declaratórias, constitutivas e condenatórias; e há também as ações cautelares, que se opõem às principais na mesma medida em que o provimento cautelar é acessório, ligado ao principal por um nexo de instrumentalidade hipotética.[21] Essa classificação apóia-se exclusivamente na natureza do provimento jurisdicional postulado, a saber: a) sentença meramente declaratória, constitutiva ou condenatória; b) provimento satisfativo do direito, no processo de execução ou na fase executiva do processo; c) medidas cautelares.

Fala-se também em sentenças *mandamentais* e sentenças executivas *lato sensu*; na medida em que esses conceitos altamente discutíveis sejam aceitos, abre-se caminho para o reconhecimento de *ações* com as correspondentes adjetivações. Há também as *ações monitórias*, cujo exercício dá formação ao processo monitório e ao provimento que dele se espera (mandado monitório).

É porém tradicional, e tão tradicional quanto a visão privatista da ação, adjetivar esta segundo os critérios do direito civil; e assim, tanto quanto existem direitos (subjetivos materiais) reais ou pessoais, costuma-se ver também a existência de ações com tais conotações. Ação, nessa perspectiva superada, seria nada mais que o direito subjetivo que, quando violado, transformar-se-ia no direito a obter sua própria proteção por via judiciária; e, por isso, havia plena coerência terminológica e conceitual nas afirmações de que *a cada direito corresponde uma ação* (CC-16, art. 75) e de que *cada ação terá as mesmas conotações do direito de que provém*. Por essa razão é que o Código Civil de 1916, muito anterior aos progressos da ciência processual no Brasil, falava tranqüilamente em *ações pessoais* (art. 177), sem cometer com isso qualquer incongruência perante o sistema que então gozava

---

21. *Cfr.* Calamandrei, *Introduzione allo studio sistematico dei provvedimenti cautelari*, n. 9, pp. 21-22; Cintra-Grinover-Dinamarco, *Teoria geral do processo*, n. 161, pp. 283-284.

de credibilidade geral.[22] Estava, de certo modo, fiel ao linguajar romano, do qual herdamos as locuções *actio in persona* e *actio in re* (*infra*, nn. 175 e 176).

Hoje, que a teoria civilista da ação está definitivamente afastada em nome da autonomia da ação e do próprio direito processual, conseqüentemente tal classificação já não pode subsistir. As únicas tecnicamente corretas são aquelas, apontadas de início, que se colocam em perspectivas exclusivamente processuais. Mas a classificação civilista tem a seu favor a força da tradição, daí decorrendo que, mal ou bem, as locuções *ação real* ou *ação pessoal* são expressivamente aptas a transmitir a idéia desejada (bem como qualquer outra que apresente a ação adjetivada à moda civilista – *v.g.*, *ação mobiliária, pecuniária etc.*).

A doutrina brasileira do processo civil, por isso, embora criticando essas adjetivações tecnicamente incorretas, é obrigada a levá-las em conta porque *legem habemus* e todo trabalho dogmático há de ser construído sobre o que existe no direito positivo.[23] Deparando com uma expressão como *ação real*, não pode o processualista nem o profissional desprezá-la simplesmente ou ignorar seu significado; eles entenderão que se trata de uma *locução elíptica*, que por extenso significa *demanda cujo fundamento é um direito real*, ou, como diz o Código de Processo Civil, *ação fundada em direito real* (*cfr.* arts. 94, 95, 593, inc. I, 744).[24] O Código, como se vê, procurou fugir das impropriedades acima comentadas, afastando-se do antecessor, que as usava com bastante freqüência.[25]

22. O Código Civil e os civilistas vêem a ação no quadro da *defesa dos direitos*: *cfr.* Silvio Rodrigues, *Direito civil*, I, n. 56, esp. p. 56; Barros Monteiro, *Curso de direito civil*, I, pp. 174-178, o qual, no entanto repudia a teoria imanentista da ação (*supra*, n. 15 e *infra*, n. 146).

23. José Frederico Marques, *Instituições de direito processual civil*, II, n. 275, pp. 43-45.

24. O *caput* do art. 10º fala em ações *que versem sobre bens imóveis ou direitos reais sobre imóveis alheios*, sendo esse um palavreado destinado a evitar a impropriedade de que se está falando.

25. Mas o que tem por fundamento um direito real é a *demanda*, como ato de postular em juízo a satisfação de uma pretensão; e não a *ação*, que é o direito a receber o provimento jurisdicional.

Mesmo assim e apesar do trabalho desenvolvido no Senado Federal pelo relator-geral, ao menos uma vez ficou no texto definitivo algo como *ações reais imobiliárias* (art. 10º, par., inc. I); o Senado havia feito a correção, mas na volta do projeto à Câmara dos Deputados para a apreciação das emendas nascidas naquela Câmara alta, ocorreu a reversão à forma original do projeto. Deve ter sido sentido, pelos representantes do povo, o peso da tradição e do desconhecimento de conceitos já estabelecidos na doutrina. A *Reforma do Código de Processo Civil* melhorou essa redação, falando "ações que versem sobre direitos reais imobiliários" (CPC, art. 10º, § 1º, inc. I – red. lei n. 8.952, de 13.12.94).

19. acordo, transação e contrato

Na linguagem de tradutores mal informados vem nos últimos tempos sendo empregado o vocábulo *acordo* para designar aquilo que adequadamente se chama *contrato*. Fala a imprensa, p.ex., em um *acordo* entre duas empresas para a exploração de uma atividade, do acordo celebrado para a aquisição de um bem *etc.* O mau uso desse vocábulo tem origem, provavelmente, na palavra inglesa *agreement*, derivada do verbo *agree*, cujo significado é concordar; e aqueles tradutores de meia-ciência, iludidos pelo dicionário e sem saber que em inglês *agreement* é empregado para dizer o que nós chamamos *contrato*, vertem essa palavra ao português como *acordo*. Acordo é, linhas gerais, sinônimo de *conciliação*, ou mesmo *transação* (*infra*, n. 40): depois de surgida uma divergência entre duas ou mais pessoas ou empresas, e estando ou não pendente um processo em razão dessa divergência, os sujeitos fazem um acordo para pôr fim a esta. Aí, sim *acordo*. O acordo tem sempre o sabor de uma *conciliação* entre sujeitos que em um momento divergiram ou principiaram a litigar – e por isso o encontro de vontades em um negócio não precedido de controvérsias ou divergências não é, no português jurídico, um acordo, mas *contrato*. Segundo clássico e universal entendimento, o encontro de vontades em relação a um bem, valor ou atividade qualifica-se como *contrato*, não *acordo*; a lei civil não inclui uma modalidade com essa denominação entre os negócios jurídicos. Os que dizem *acordo* querendo dizer *contrato* são provavelmente os mesmos desinformados que traduzem *evidence* por *evidência* (*infra*, n. 131).

Agreement é, segundo o mais qualificado dos léxicos jurídicos norte-americanos (*Black's law dictionary*), a "convergência de entendimento e intenção entre duas ou mais pessoas em relação ao efeito, sobre seus respectivos direitos e obrigações, de certos fatos ou comportamentos passados ou futuros" – ou, em outras palavras, o "ato de duas ou mais pessoas que se unem para expressar um objetivo mútuo e comum, com vista a alterar seus direitos ou obrigações".[26] E tal é, precisamente, o conceito de *contrato*, que a doutrina em geral define como "acordo de vontades, na conformidade da lei e com a finalidade de adquirir, resguardar, transferir, conservar, modificar ou extinguir direitos" – ou, mais sucintamente, o "acordo de vontades com a finalidade de produzir efeitos jurídicos" (Caio Mário).[27]

20. adjudicação, adjudicar

Em direito, adjudicar significa *atribuir*. Esse verbo e seu cognato *adjudicação* aparecem em direito processual civil para designar especificamente a atribuição do bem penhorado ao exeqüente, ao cônjuge, descendentes ou ascendentes do executado, a um credor com garantia real ou a quirografários que em outro processo hajam obtido a penhora do mesmo bem (CPC, arts. 685-A e 685-B). No direito vigente, a adjudicação prefere a todas as outras modalidades de expropriação do bem penhorado, como a alienação por iniciativa privada (art. 685-C) e a alienação em hasta pública (art. 686).

Em alguns outros dispositivos do próprio Código de Processo Civil tal vocábulo e tal verbo cuidam da atribuição de bens a alguém, a outro título que não esse de obtenção do bem penhorado. É o caso do art. 674 (bens que em algum outro processo forem adjudicados ao sujeito que na execução figura como demandado), dos arts. 978 e 979, inc. I (adjudicação de glebas ou benfeitorias a condôminos em ação divisória), do art. 1.017, § 3º (adjudicação de bens ao credor do espólio, em vez de pagamento em dinheiro *etc.*).

---

26. *Cfr.* Henry Campbell Black, *Black's law dictionary*, 6ª ed., St. Paul, Minn., West Publishing, 1990, verbete *agreement*, p. 67, 1ª col.

27. *Cfr. Instituições de direito civil*, III, n. 184, p. 7.

No sistema dos contratos da Administração Pública, *adjudicação* é a atribuição ou outorga de um serviço ou bens a um pretendente – em princípio o vencedor do certame mas, em algumas hipóteses muito especiais, independentemente de licitação (lei n. 8.666, de 21.6.93, art. 24, inc. VII).

21. *agravo interno, agravo regimental*

Nos tempos em que bem menor era a competência do relator nos processos e recursos processados perante um tribunal, não se preocupava o legislador federal em instituir recursos destinados a impugnar decisões monocráticas por ele proferidas – por ele, relator, ou por algum ocupante de cargo de direção do órgão colegiado (presidente, vice-presidente); omissa a lei, o espaço era ocupado pelos regimentos internos, os quais, no âmbito de cada tribunal, instituíam agravos cabíveis nos casos que indicavam. E, porque esses agravos tinham sempre por fonte normativa um *regimento* interno, a eles se dava o nome de *agravos regimentais*. É o caso do chamado *agravinho*, criado pelo Regimento Interno do Supremo Tribunal Federal contra atos do relator negando seguimento ao recurso extraordinário ou ao agravo de instrumento interposto contra decisão denegatória proferida nos tribunais locais.

Hoje, que o relator tem o poder de decidir monocraticamente em muitas situações – seja para *negar seguimento* a recursos, seja para converter o agravo de instrumento em agravo retido ou para antecipar a tutela recursal *etc.* (CPC, art. 527, inc. II, art. 544, §§ 2º, 3º e 4º, e art. 557, *caput* e § 1º-A) – o próprio Código de Processo Civil cuida de disciplinar a recorribilidade desses atos, criando *agravos internos* a serem interpostos contra eles (art. 557, § 1º, e art. 545). Não são mais agravos *regimentais*, mas *legais*, porque vêm da lei e não dos regimentos. E vêm sendo chamados de agravos *internos*, porque têm por objeto sempre um ato de membro do tribunal e se destinam a serem julgados por um colegiado também integrante deste. Mas a locução *agravo regimental* ainda tem razão de ser, limitadamente aos casos em que, inexistindo algum recurso autorizado na lei, a previsão continue tendo origem nos regimentos (*v.g.*, decisões liminares proferidas em processos da competência originária dos tribunais).

Sempre foi muito incerta a jurisprudência dos tribunais locais sobre a admissibilidade ou inadmissibilidade de agravo regimental contra as decisões com que o relator suspende efeitos de medida antecipatória concedida em primeiro grau ou concede, mediante antecipação de tutela recursal, a medida negada pela decisão recorrida (efeito ativo). Houve pronunciamentos do Supremo Tribunal Federal no sentido de que a recorribilidade constitui penhor da própria legitimidade constitucional dessas decisões, porque o contrário seria privar a parte de seu juiz natural em sede de recurso, que é o órgão colegiado e não o relator. Mas o vigente art. 527, par., do Código de Processo Civil, ao estabelecer que a decisão do relator "somente é passível de reforma no momento do julgamento do agravo", está claramente a afirmar sua irrecorribilidade. Seria constitucionalmente legítima essa disposição?

22. *agravo retido, recurso especial retido*

Em sua redação original, vigente até quando começaram as *Reformas do Código de Processo Civil*, concedia este ao recorrente, nos agravos interpostos contra decisões interlocutórias de primeiro grau, a livre escolha entre o processamento de seu recurso como agravo de instrumento ou como agravo retido. Hoje não é mais assim. Sucessivas alterações nos arts. 522 e 523 do Código de Processo Civil impuseram um sistema em que a recorribilidade das decisões interlocutórias por agravo retido passou a ser regra e, por agravo de instrumento, exceção. Diz o atual art. 522: "das decisões interlocutórias caberá agravo, no prazo de 10 (dez) dias, *na forma retida*, salvo quando se tratar de decisão suscetível de causar à parte lesão grave e de difícil reparação, bem como nos casos de inadmissão da apelação e nos relativos aos efeitos em que a apelação é recebida, quando será admitida a sua interposição por instrumento". Como era desde a vigência do Código de Processo Civil, a admissibilidade do agravo retido depende sempre da reiteração a ser feita pelo agravante quando arrazoa ou contra-arrazoa a apelação interposta por ele ou pela parte contrária contra a sentença que julgar a causa; o tribunal não conhecerá desse agravo quando isso não houver sido feito (art. 523, *caput* e § 1º).

Para fazer observar a regra da excepcionalidade do agravo *de instrumento*, manda ainda o Código de Processo Civil que o relator converta esse agravo em *retido* quando entender que não é o caso daquele, mas deste – sempre com a cláusula "salvo quando se tratar de decisão suscetível de causar à parte lesão grave e de difícil reparação, bem como nos casos de *inadmissão da apelação* e nos relativos aos efeitos em que a apelação é recebida" (art. 527, inc. II). Há uma evidente razão lógica no que diz respeito às decisões com que o juiz indefere o processamento da apelação ou estabelece os efeitos desta, porque essas decisões são proferidas depois da apelação já interposta e não haveria como interpor o agravo pela forma retida e depois reiterá-lo... em apelação (art. 523, *caput*); daí ser, em tais hipóteses, admissível o agravo de instrumento.

No art. 527, inc. III, *lex minus dixit quam voluit* porque não só em caso de indeferimento da apelação ou definição de seus efeitos podem ocorrer impasses dessa ordem. Também na execução, onde muito raramente ocorrem apelações, não há como reter o agravo à espera de que o agravante ou o agravado venha a apelar.

Quanto às *decisões suscetíveis de causar à parte lesão grave e de difícil reparação*, que constituem um conceito jurídico indeterminado, cumpre ao relator apreciar a alegação da parte com muita atenção e equilíbrio: de um lado, evitar a proliferação de agravos de instrumento mediante abuso dessa alegação de urgência, mas, de outro, não se negar a atender a situações em que a urgência realmente exista. Nem tornar ineficaz a regra da excepcionalidade do agravo de instrumento nem negar à parte o acesso à justiça mediante julgamento pelo seu juiz natural, que é o órgão colegiado.

O parágrafo do art. 527 do Código de Processo Civil declara irrecorríveis os atos do relator, quando portadores de conversão de agravo de instrumento em agravo retido ou concessivos de antecipação de tutela recursal (suspensão de efeitos ou efeito ativo). Diz: "a decisão liminar, proferida nos casos dos incisos II e III do *caput* deste artigo, somente é passível de reforma no momento do julgamento do agravo, salvo se o próprio relator a reconsiderar"; Mas a constitucionalidade dessa disposição é ao menos discutível, porque a recorribilidade de atos monocráticos como esses é um imperativo do sistema de colegialidade inerente ao julgamento dos recursos e praticado no sistema processual romano-germânico mediante longeva tradição; confiar a um só julgador a decisão de um recurso muitas vezes vital para a vida ou para a economia de uma pessoa ou empresa, sem a possibilidade de obter o pronunciamento do órgão colegiado competente, soa como contrariedade às garantias do juiz natural e do *due process of law*. Além disso, qual seria esse *momento de julgamento do agravo*, se o agravo retido não opera devolução imediata e só será conhecido quando o for a apelação? O relator converte o agravo de instrumento em retido, remete o instrumento ao juiz inferior e a partir daí, obviamente, quando ocorrer o julgamento do agravo já não haverá como reformar a decisão do relator, reconvertendo o agravo retido em agravo de instrumento.

Foi provavelmente o agravo retido a fonte inspiradora do legislador a instituir o *recurso extraordinário ou especial retido* – recursos de devolução mediata como aquele e pertinentes aos casos de acórdão de caráter interlocutório proferido pelos tribunais locais (CPC, art. 542, § 3º). Reputam-se *interlocutórios* os acórdãos que decidem matéria incidente ao processo sem decidir-lhe o mérito (aplicação analógica do CPC, art. 162, § 2º). Quando interpostos ou recebidos na modalidade *retido*, esses recursos só poderão consumar seu efeito devolutivo (a) quando fluir o prazo para interpor recurso contra futuro e eventual acórdão dotado da eficácia de extinguir o processo e, cumulativamente, (b) se nesse prazo a parte reiterar o recurso que ficara retido.[28] Ainda não se pacificou a jurisprudência quanto ao modo adequado para o recorrente pleitear a devolução imediata de seu recurso especial ou extraordinário – se uma demanda cautelar ao Supremo Tribunal Federal ou ao Superior Tribunal de Justiça, se o *agravo de instrumento*, mediante uma aproximação analógica entre a decisão que manda processar o recurso especial como retido e a denegatória de seguimento. Aquela é uma via mais ágil porque vai diretamente ao órgão destinatário, mas o agravo parece ser mais adequado porque a retenção do recurso especial ou extraordinário é, em

---

28. *Cfr*. Dinamarco, *Nova era do processo civil*, n. 72, pp. 143-144.

substância, uma decisão denegatória do seguimento ao órgão *ad quem*.

23. ajuizamento e propositura da demanda

Propor é verbo que vem do latim *pro* + *pono*, que significa *pôr diante, pôr diante dos olhos, expor, expor à vista*. Como a ação tem por sujeito passivo o Estado e não o adversário, é àquele e não a este que a demanda se propõe; o demandante expõe ao Estado a sua pretensão através da demanda que lhe apresenta (*propõe*) e esse é o modo pelo qual postula em juízo uma tutela jurisdicional, ou um provimento favorável.[29]

> *Ajuizar* significa *levar a juízo, pôr em juízo*, ou seja, colocar diante dos órgãos do Poder Judiciário. A demanda é posta em juízo, ou seja, *ajuizada*, no exato momento em que seu autor entrega ao Poder Judiciário a petição inicial, quer levando-a ao distribuidor, quer diretamente ao juiz para despachar. Nos juizados especiais a demanda pode ser proposta oralmente, perante a secretaria do órgão – sem se consubstanciar, portanto, em uma petição inicial (LJE, art. 14).

Dissipando dúvidas e mal-entendidos imputáveis ao Código anterior,[30] o vigente art. 263 dispôs com clareza que *a demanda se considera proposta no momento em que é ajuizada a petição inicial* (ajuizada, entenda-se, por uma das duas formas indicadas acima). Nesse momento o demandante está pondo sua pretensão diante dos olhos do órgão judiciário, dando com isso vida a um processo (*infra*, n. 53): ajuizada a inicial e portanto proposta a demanda, nesse exato momento nasce uma relação jurídica entre o demandante e o Estado-juiz, ao qual incumbe invariavelmente,

---

29. *Demandante* e *demandado* são palavras de alcance maior que *autor* e *réu*, pois estas valem apenas para o processo cognitivo e aquelas abrangem também as partes da execução. Deveria tê-las empregado o Código, p. ex., no art. 213 (*infra*, n. 53).

30. Refiro-me ao art. 196 do Código de 1939, que cometia um erro ao definir o momento no qual tem início o processo e outro, ao dizer quando ele termina ("a instância começará pela citação inicial válida e terminará por sua absolvição ou cessação ou pela execução da sentença". A propósito, Lopes da Costa, *Direito processual civil brasileiro*, II, n. 453, p. 352, e Dinamarco, *Instituições de direito processual civil*, II, n. 405, pp. 54-57, e *Execução civil*, n. 75, pp. 136 ss.

por força do ajuizamento, o dever de prover *despachando* a petição que lhe é proposta.[31] Essa relação é a relação jurídica processual, que através da citação do demandado se tornará tríplice e, sem essa triplicidade, não deverá prosseguir validamente em direção ao objetivo preestabelecido – porque o provimento jurisdicional postulado há de influir nas esferas jurídicas de duas pessoas e não seria legítimo que só uma delas participasse do processo destinado a sua formação (garantia constitucional do *contraditório*).

Eis por que o art. 263 condiciona à realização da citação válida a sujeição do demandado aos efeitos da instauração do processo (v. art. 219). Mas isso não quer dizer que a relação jurídica processual inexista antes da citação: uma coisa é sua existência, outra a aptidão a produzir efeitos sobre o demandado. E tanto é verdade que a relação jurídica existe antes da citação (a demanda está *proposta* – art. 263), que ela pode até ser extinta (art. 267, inc. I) e, no caso de indeferimento da petição inicial, terá o demandante o poder de recorrer, que é tipicamente processual e, portanto, inerente a um processo pendente.[32] Essa colocação tem importantíssimas *conseqüências práticas*, pois se o processo se considera iniciado e a demanda proposta com o ajuizamento da petição inicial, é nesse momento que relevantes efeitos se produzem, como o de impedir que se consume a prescrição ou a decadência.

31. O art. 268 do Código de Processo Civil, após permitir expressamente o ajuizamento de nova demanda igual a uma primeira que não tenha sido julgada pelo mérito, diz a seguir: "a petição inicial, todavia, não será despachada sem a prova do pagamento ou do depósito das custas e dos honorários de advogado" (v. também art. 28). Existe aí um exagero de redação, pois na realidade o que acontece é que o juiz *indefere* a petição inicial desacompanhada dessa comprovação; com isso, ele atende à garantia constitucional do direito *de demandar*, que é abstratíssimo e absolutamente incondicionado (*cfr*. Liebman, "L'azione nella teoria del diritto processuale civile", n. 5, esp. pp. 41-42 e Dinamarco, *Instituições de direito processual civil*, III, n. 1.021, pp. 408-409, sobre a distinção entre *ação* e *direito de demandar*). Se a petição realmente não fosse sequer despachada, ao demandante não estaria sendo assegurado o livre acesso ao Poder Judiciário e, no caso de erro do juiz (pagamento comprovado nos autos, assistência judiciária concedida no primeiro processo), não haveria sequer como apelar.

32. Há no entanto quem fale em *formação gradativa do processo*: Moniz de Aragão, *Comentários ao Código de Processo Civil*, II, n. 446, p. 426.

Há décadas pacificou-se a jurisprudência do Supremo Tribunal Federal no sentido de que a prescrição se interrompe quando é praticado o ato de demandar, ou seja, no momento em que a petição inicial é ajuizada, saindo das mãos do demandante e passando para o poder dos órgãos judiciários.[33] A partir daí, não importa qualquer demora para distribuir ou para despachar ("apresentada em juízo a petição inicial antes de transcorrido o tempo da prescrição, não importa que, por causa pertinente ao serviço judiciário, o despacho que ordenou a citação haja sido proferido depois de tal prazo, pois é ressabido que a parte postulante não responde pela demora da invencível burocracia forense" – disse um daqueles antigos arestos do Supremo Tribunal Federal.[34] Depois disso, pela *Reforma do Código de Processo Civil* o art. 219, § 2º passou a incluir claríssima ressalva, que consagra essa orientação pretoriana ("...não ficando prejudicada pela demora imputável exclusivamente ao serviço judiciário").

24. *arbitragem, juízo arbitral e arbitramento*

Juízo arbitral é o processo realizado pelo árbitro, pessoa de escolha das partes, e não pelo juiz, agente da jurisdição estatal; o vocábulo *juízo* está nessa locução em seu sentido etimológico de *processo* e, conseqüentemente, juízo arbitral é o mesmo que *processo arbitral*. O processo arbitral constitui um meio alternativo de solução dos conflitos, sendo realizado com o mesmo escopo de pacificação que comanda o exercício da jurisdição pelos juízes do Poder Judiciário; daí a tendência no sentido de considerar *jurisdicional* a atividade do árbitro (Carlos Alberto Carmona).[35] *Arbitragem* é, no uso generalizado entre nós, o próprio juízo arbitral, ou processo arbitral; essa palavra aparece, inclusive, na denominação dada à lei que rege a matéria no Brasil (*Lei da Arbitragem* – lei n. 9.307, de 23.9.96).

Arbitramento tem um significado inteiramente diferente. É a atribuição de um valor determinado a uma obrigação ou esco-

33. *Cfr.* STF, 1ª T., RE 78.435, j. 3.12.74, rel. Rodrigues de Alckmin, v. u., *RTJ* 73/243; 1ª T., RE 84.045, j. 1.6.76, rel. Antonio Neder, v. u., *RTJ* 78/631.

34. V. também STF, 2ª T., RE 91.412, rel. Xavier de Albuquerque, *DJU* 21.9.79, p. 7.038.

35. *Cfr. Arbitragem e processo: um comentário à lei n. 9.307/96*, n. 22, pp. 45-46.

lha de uma solução adequada pelo juiz, segundo seus próprios critérios ou mediante participação do *arbitrador*. O juiz arbitra, p.ex., os honorários da sucumbência entre o mínimo e o máximo preestabelecidos em lei (CPC, art. 20, §§ 3º e 4º); arbitra o valor dos alimentos, levando em conta as necessidades de quem os pede e a possibilidade daquele que os fornecerá (CC, art. 1.694, § 1º). Nesses casos, arbitrar é avaliar.

Caso muito típico e bastante conhecido de arbitramento é o que tem lugar na *liquidação por arbitramento* – uma série de atividades destinadas à fixação do valor de uma obrigação (*quantum debeatur*), sempre que não o haja feito a própria sentença condenatória (sentença ilíqüida, ou genérica – CPC, arts. 475-C e 475-D); para tanto, vale-se o juiz dos serviços de um auxiliar da Justiça, que a lei chama de *perito* (art. 475-D) mas que, mais especificamente, é o *arbitrador*.

O Código de Processo Civil manda que o juiz nomeie arbitradores também no processo da ação demarcatória, com a função de "levantarem o traçado da linha demarcanda" (art. 956).

25. argüição de descumprimento de preceito fundamental

A argüição de descumprimento de preceito fundamental é um instrumento jurídico de resguardo à integridade da Constituição Federal, inserido na ordem constitucional pela vigente Constituição (art. 102, § 1º)[36] e integrante do arsenal de remédios processuais que compõem a chamada *jurisdição constitucional das liberdades* (*infra*, n. 64). Ao lado das ações diretas de inconstitucionalidade e de constitucionalidade, tem a missão de efetivar o controle constitucional abstrato, ou concentrado. É disciplinada em seus aspectos procedimentais por uma lei especial (lei n. 9.882, de 3.12.99) sem que no entanto nem a Constituição nem a lei conceituasse ou delimitasse o significado de *preceito fundamental*; é esse portanto um *conceito juridicamente indeterminado*, cujos

---

36. Antes da emenda constitucional n. 3, de 17 de março de 1993 esse texto figurava como parágrafo do art. 102 mas tinha precisamente a mesma redação do atual § 1º.

contornos o próprio Supremo Tribunal Federal se encarrega de esclarecer, naturalmente levando em conta os subsídios aportados pela doutrina. A tendência é assimilá-lo ao *de preceito constitucional*, mas sem muito rigor. Disse a propósito a Corte Suprema: "compete ao STF o juízo acerca do que se há de compreender, no sistema constitucional brasileiro, como preceito fundamental".[37] Em doutrina, Gilmar Mendes propõe um conceito extensivo e afirma categoricamente: "a lesão a preceito fundamental não se configurará apenas quando se verificar possível afronta a um princípio fundamental, tal como assente na ordem constitucional, mas também a disposições que confiram densidade normativa ou significado específico a esse princípio".[38] Nos termos dessa colocação, preceito fundamental será portanto toda norma dotada de relevância essencial para o sistema, como o são, p.ex., os princípios fundamentais da Constituição, os fundamentos e objetivos da República, ali definidos (art. 3º), os direitos fundamentais (art. 5º), as normas constitucionais qualificadas como *cláusulas pétreas* e também as normas infraconstitucionais capazes de conferir *significado específico* ou densidade normativa a esses preceitos. Assumida tal dimensão, pode-se entender a argüição de descumprimento de preceito fundamental como um remédio subsidiário da ação direta de inconstitucionalidade, autêntica *via de escape* a ser utilizada quando não se tratar de questão constitucional. Mas tem-se por certo que esse remédio processual-constitucional não é subsidiário dos *writs* voltados à proteção individual (mandado de segurança, *habeas-corpus*), sendo partes legítimas, segundo está em texto legal expresso, somente aqueles sujeitos ou entidades que a própria Constituição Federal legitima à ação direta de inconstitucionalidade (lei n. 9.882, de 3.12.99, art. 2º, inc. I).

O art. 2º da lei especial contém somente o *caput* e um inciso, dizendo apenas que "podem propor argüição de descumprimento de

---

37. *Cfr.* STF, Pleno, ADPF n. 1, j. 3.2.00, rel. Néri da Silveira, v.u., *DJU* 7.11.03, *apud* Negrão-Gouvêa, *Código de Processo Civil e legislação processual civil em vigor*, nota n. 1 ao art. 1º da lei n. 9.882, de 3.12.99, p. 1.189, 1ª col.

38. Gilmar Ferreira Mendes, *Argüição de descumprimento de preceito fundamental*, p. 84.

preceito fundamental: os legitimados para a ação direta de inconstitucionalidade". O projeto aprovado nas Casas do Congresso trazia também um inc. II, pelo qual a legitimidade ativa incluiria "qualquer pessoa lesada ou ameaçada por ato do Poder Público", mas esse dispositivo foi vetado, entre outras razões, em virtude da superposição às garantia constitucionais do mandado de segurança e do *habeas corpus*.

É do Supremo Tribunal Federal a competência originária e exclusiva para o processo da argüição de descumprimento de preceito fundamental (Const., art. 102, § 1º).

26. *arquivar e arquivamento*

Em processo civil, *arquivar os autos* nada mais é do que uma providência puramente material consistente em abrigá-los no arquivo. As instituições judiciárias (tribunais, juízos inferiores) dispõem de arquivos aonde vão os autos nos quais não haja providência alguma a tomar, ao menos em breve tempo. Quando o processo é extinto, é natural que os autos sejam arquivados; mas também eles o serão em caso de demora das partes a providenciar o que lhes cabe, mesmo sem a extinção processual, como quando o credor deixa passar mais de seis meses sem requerer a execução (CPC, art. 475-J, § 5º).

A palavra *arquivamento* aparece em um significado menos adequado no art. 314, onde o Código estabelece que o tribunal determinará o arquivamento dos autos da exceção de suspeição ou impedimento quando verificar que ela "não tem fundamento legal"; *determinar o arquivamento* está aí por *julgar improcedente a exceção*. Manda também que, em caso de abandono do processo (art. 267, incs. II-III), o juiz ordene o arquivamento dos autos, "declarando a extinção do processo", se a parte, intimada, não providenciar o que lhe cabe: não seria necessário falar em arquivamento nesse caso, porque o destino natural dos autos de um processo extinto é mesmo o arquivo. Mas o § 5º do art. 475-J do Código de Processo Civil, dispondo que "não sendo requerida a execução no prazo de seis meses, o juiz mandará arquivar os autos, sem prejuízo de seu desarquivamento a pedido da parte", está realmente determinando o mero arquivamento de autos, não a extinção processual. Em processo penal, *arquivar o inquérito policial* é extingui-lo quando o Ministério Público opta por não oferecer denúncia.

27. arresto e seqüestro – busca-e-apreensão

Arresto é medida cautelar consistente na captação de um bem e sua predestinação a uma futura penhora; concede-se quando, existindo em favor do demandante um título executivo, corre este o risco de nada mais encontrar no patrimônio do devedor no momento adequado para penhorar (CPC, arts. 813 ss.). Tanto quanto a penhora, o arresto incide sobre bens responsáveis pela obrigação a ser levada à execução; bens impenhoráveis não são suscetíveis de serem arrestados (*infra*, n. 145).

Há também o arresto disciplinado pelo art. 653 do Código de Processo Civil, que não se sujeita ao pressuposto do risco de perecimento do bem, ou *periculum in mora*. O oficial de justiça é autorizado a realizá-lo sempre que não encontre o executado para citá-lo, ainda que não haja qualquer suspeita de ocultação. O objetivo dessa medida não é cautelar, mas de aceleração da tutela jurisdicional.

Diferentemente, o *seqüestro* consiste na tomada, pelos auxiliares da Justiça, do próprio bem litigioso ou que esteja em via de ser posto em litígio (arts. 822 ss.). Visa a assegurar uma futura execução específica sobre esse bem (entrega de coisa certa), ao contrário do arresto, que se faz em preparação a uma execução por quantia.

Às vezes a lei confunde esses dois conceitos, dizendo *arresto* quando quer dizer *seqüestro*. O próprio Código de Processo Civil, no trato da execução contra a Fazenda Pública, emprega aquele primeiro vocábulo para designar a separação "da quantia necessária para a satisfação do débito" (art. 731); tal redação constitui reflexo do que, do mesmo modo, diz o art. 100, § 2º da Constituição Federal. Mas isso é *arresto*, porque o objetivo é separar importâncias para a satisfação de um crédito em dinheiro. Do mesmo modo, a lei n. 6.024, de 13 de março de 1974, que disciplina a intervenção e liqüidação extrajudicial de instituições financeiras, fala de um *seqüestro* de bens de administradores, destinado a assegurar a efetividade de uma futura execução pelos prejuízos que houver causado (art. 45); também aí temos um arresto, não seqüestro.

A *busca-e-apreensão* tem finalidade muito semelhante à do seqüestro, podendo incidir não somente sobre coisas mas também sobre pessoas (CPC, arts. 839 ss.): daí a busca-e-apreensão de menor, como medida destinada a resguardar a efetividade de uma futura determinação sobre guarda de filhos. Há também a busca-e-apreensão de bens alienados fiduciariamente, a qual nada tem de cautelar; é uma medida principal e autônoma, sendo objeto de sentença proferida em processo de conhecimento (dec-lei n. 911, de 1.10.69, art. 3º). Além disso, "por vezes a demanda principal tem por objeto a reivindicação de posse, mas o autor, por equívoco, denomina-a, impropriamente de busca-e-apreensão, inclusive atribuindo-lhe natureza cautelar" – mas nem por isso essa medida será cautelar, porque é plenamente satisfativa e tem autonomia própria, não servindo de preparação a uma outra.[39]

28. *audiência preliminar (e não* audiência de conciliação*)*

Chama-se *audiência preliminar* aquela regida pelo vigente art. 331 do Código de Processo Civil, trazido com a *Reforma* (lei n. 8.952, de 13.12.94). Essa foi uma inovação inspirada diretamente no Código Modelo Para a América Latina e tem a tríplice finalidade (a) de tentar a conciliação entre as partes, (b) de sanear o processo, resolvendo-se durante sua realização as questões processuais ainda pendentes e (c) de organizar a instrução, especialmente mediante a fixação dos pontos de fato a serem provados e a determinação das provas a serem realizadas (art. 331, *caput* e §§ 1º e 2º). Não é, portanto, somente uma audiência *de conciliação*.[40] Ela foi inserida na ordem jurídica processual com vista não só a promover uma solução negociada entre os litigantes, com as vantagens da aceleração dos resultados do processo e pacificação integral mediante a solução querida por ambos, mas também a preparar (em caso de não se obter a conciliação) um encaminhamento correto e consciente da causa pelo juiz.

Infelizmente, os juízes não receberam com agrado a novidade e desde o início tratam essa audiência como se fosse destinada unicamente a promover a conciliação – de modo que, não conse-

---

39. *Cfr.* Carlos Alberto Alvaro de Oliveira, *Comentários ao Código de Processo Civil,* VIII, t. II, n. 62, esp. p. 189.

40. *Cfr.* Dinamarco, *A Reforma do Código de Processo Civil,* nn. 84 ss., pp. 117 ss.

guida esta, nada mais realizam no curso da audiência e preferem chamar os autos para o saneamento da causa por escrito, à moda antiga. Essa pouca receptividade levou o legislador a restringir os casos em que se realiza a audiência preliminar, excluindo-a quando se tratar de direitos insuscetíveis de transação ou quando "as circunstâncias da causa evidenciarem ser improvável sua obtenção" (art. 331, § 3º). E os juízes, que já não tinham simpatia por essa audiência (vista por eles como perda de tempo e não como fator de aceleração e aprimoramento da tutela jurisdicional), arrimam-se nesse novo dispositivo para levar longe demais a dispensa de sua realização – particularmente nas causas em que é parte a Fazenda Pública, em relação às quais prepondera o falso dogma da generalizada indisponibilidade de direitos. É uma pena. Praticamente retrocedeu-se ao sistema formal e burocrático dos saneamentos mediante ato escrito nos autos, como era antes da primeira *Reforma*.[41]

29. ausência, ausente, curador de ausentes

Não é do instituto da ausência, disciplinado no Código Civil (arts. 22 ss.), que cuida o dispositivo com o qual o Código de Processo Civil manda dar curador especial ao revel citado por edital ou com hora-certa (art. 9º, inc. II). O réu, nessa situação, é *processualmente ausente* e as antigas leis do Ministério Público paulista atribuíam a essa instituição o encargo de exercer uma *curadoria de ausentes*.[42] Hoje inexistem tais curadorias e o juiz nomeia advogados para o *munus* da defesa dos ausentes processuais. O curador especial é substituto processual do ausente e sua atuação limita-se ao processo em relação ao qual houver sido nomeado e investido.

---

41. *Cfr*. Dinamarco, *A Reforma da Reforma*, n. 63, pp. 108-110.
42. Era usual no direito brasileiro a locução *curador à lide* (CPC-39, art. 80, § 1º), que o estatuto vigente procurou, com toda razão, substituir por esta de que tratamos (*curador especial*); *lide* não é sinônimo de *processo*, como muitas palavras e expressões mais antigas dão a impressão de que fosse (*infra*, n. 93). No entanto, em dois dispositivos continua a lei a dizer *curador à lide* (CPC, arts. 1.179 e 1.182, § 1º).

Existe também um curador nomeado *ad hoc* pelo juiz para o citando incapaz de receber a citação (CPC, art. 218). Não se trata de instituir uma autêntica curatela, ou de instituir um curador, com toda a amplitude de atribuições e deveres inerentes à curatela regida pelo Código Civil (art. 1.767); a intenção do legislador limita-se a oferecer ao impossibilitado um representante que o defenda em contraditório no processo. Isso está bem claro na lei, ao estabelecer que na hipótese de demência do citando, ou de qualquer outra causa de impossibilidade de receber a citação, "a nomeação é restrita à causa" (CPC, art. 218, § 2º).

30. autos

Autos são o fascículo de papéis que corporificam o processo e documentam os atos realizados. A linguagem processual já evoluiu suficientemente no sentido de não se confundir essa materialização documental de atos, com o processo em si mesmo. Este é uma realidade imaterial consistente nos atos realizados pelos diversos sujeitos (procedimento) e na relação que os interliga (relação jurídica processual). Os autos são somente o corpo físico desses atos, dotado de uma existência material que os atos em si mesmos e a relação processual não podem ter. É inadequado, por isso, falar em um suposto *arquivamento do processo*, porque somente os autos são suscetíveis de arquivamento, perda, destruição, restauração *etc.*; o processo, em si mesmo, é suscetível de *extinção*.

31. bem de família

Bem de família, na linguagem praticada em processo civil, é o "imóvel residencial próprio do casal ou da entidade familiar", que a lei n. 8.009, de 29 de março de 1999 põe a salvo da responsabilidade executiva, sendo pois absolutamente impenhorável (art. 1º); inclui-se nesse conceito o próprio solo e mais "a construção, as plantações, as benfeitorias de qualquer natureza e todos os equipamentos, inclusive de uso profissional, ou móveis que guarnecem a casa, desde que quitados" (art. 1º, par.); "excluem-se os veículos de transporte, obras de arte e adornos suntuosos" (art. 2º), porque não são bens estritamente ligados ao valor *moradia*, que essa lei visa a resguardar e que está incluído pela Constituição Federal entre os direitos fundamentais do ser humano (art. 6º). A lei esclarece ainda: "considera-se residência um único imóvel utilizado para moradia permanente" (art. 5º) e o devedor não deve ser favorecido pela impenhorabilidade quando houver mudado residência para um imóvel de maior valor, com vista a furtar-se aos credores (art. 4º).[43]

A impenhorabilidade do *bem de família* abrange em princípio dívidas e execuções de qualquer natureza, como as civis, comerciais, trabalhistas, previdenciárias ou fiscais (arts. 1º e 3º, *caput*), com algumas exceções postas na própria lei (art. 3º, incs. I-VII). Essas exceções significam que a Lei do Bem de Família teve a intenção de balancear valores, privilegiando o valor *moradia* mas ressalvando que o *bem de família* será penhorável em benefício dos credores por alimentos, ou por verbas devidas aos trabalhadores da própria residência, ou por garantia real constituída pelo devedor residente no imóvel *etc.*; predomina na jurisprudência o entendimento de que o bem de família responde também por débitos decorrentes da fiança prestada ao locatário (responsabilidade patrimonial sobre a casa residencial do fiador).

Como as impenhorabilidades absolutas em geral, também esta comporta reconhecimento nos embargos do executado ou na impugnação à execução por título judicial; quando a alegação não depender de prova a ser constituída em juízo, ela poderá ser reconhecida também mediante mera iniciativa informal no curso da execução. O *bem de família* não é inalienável e por isso reputa-se eficaz a renúncia do devedor à impenhorabilidade, especialmente mediante sua nomeação à penhora; mas esse ponto é posto em questão pelo Superior Tribunal de Justiça, cuja jurisprudência se divide a respeito.

---

43. O art. 4º da Lei do Bem de Família dá um tratamento em termos de fraude contra credores ou fraude de execução aos casos em que o devedor insolvente adquire um imóvel de maior valor, para nele fixar residência, "desfazendo-se ou não da moradia antiga". Fala no entanto, incorretamente, em *anular* a alienação, quando hoje é pacífico e notório que por fraude não se anula o ato, mas simplesmente se proclama sua ineficácia perante os credores.

O *bem de família* assim chamado na lei n. 8.009, de 29 de março de 1999, não se confunde com o *bem de família* instituído e regido pelo direito civil (CC, arts. 1.711 ss.). Este é o prédio residencial, urbano ou rural, destinado à habitação de uma família por ato de vontade do instituidor, expresso em escritura pública e eficaz perante terceiros a partir de quando feito o registro imobiliário. Enquanto durar a vinculação, esse bem de família só pode ser alienado com o consentimento de todos os interessados e é por lei declarado absolutamente impenhorável (CC, arts. 1.715 e 1.717).

"O *bem de família* de que cuida a lei especial e aquele regido no Código Civil são institutos semelhantes, mas não o mesmo e um só. O bem de família do Código Civil é *impenhorável porque inalienável* e esse outro é *impenhorável apesar de alienável por ato do proprietário* – e, por ser inalienável, a impenhorabilidade do bem de família regido pelo Código Civil não comporta as ressalvas que a Lei do Bem de Família estabelece. O do Código Civil deve ter sido formalmente constituído como tal e assim constar do registro imobiliário, mas esse outro decorre de mera situação de fato e não depende de formalidade alguma, ou de registro".[44]

32. câmara, turma, grupo, seção, plenário, órgão especial

Todos os órgãos superiores da Magistratura são estruturados mediante uma divisão em organismos internos aos quais a Constituição, a lei e os regimentos atribuem competências diferenciadas. Tanto as causas de sua competência originária, quanto os recursos, são organicamente atribuídos a cada um desses colegiados internos, os quais se apresentam em uma variada composição numérica, sendo mais ou menos constante a atribuição de competências mais elevadas aos órgãos integrados por um número maior de juízes, com poder de revisão sobre as decisões dos colegiados menos numerosos nos casos em que a lei especifica.

O plenário e o órgão especial. O maior e mais elevado entre todos os organismos internos de um tribunal é o *plenário*, composto por todos os integrantes do próprio tribunal. A ele a Cons-

---

44. *Cfr.* minhas *Instituições de direito processual civil*, IV, n. 1.546, esp. p. 392.

tituição Federal atribui, p.ex., a competência para a declaração incidente da inconstitucionalidade de lei ou ato normativo do Poder Público (Const., art. 98; CPC, art. 481, 2ª parte); no âmbito das Justiças dos Estados, as respectivas Constituições atribuem também ao plenário a competência para certas causas envolvendo altas autoridades estaduais (mandado de segurança contra ato do Governador, do Prefeito da Capital *etc.*). Mas desde a vigência da Lei Orgânica da Magistratura Nacional (lei compl. n. 35, de 14.3.79) toda a competência jurisdicional dos plenários foi transferida, em relação aos tribunais mais numerosos, ao seu *órgão especial*, o qual é composto, conforme as dimensões de cada tribunal, por um número de desembargadores que varia entre onze e vinte-e-cinco (LOMN, art. 16, par.); essa disposição veio com o claríssimo objetivo pragmático de evitar os males e dificuldades dos julgamentos proferidos por um número muito grande de desembargadores. Pelo que dispunha a Lei Orgânica da Magistratura Nacional, os órgãos especiais dos tribunais eram integrados pelos desembargadores com maior antiguidade no cargo, mas a *Reforma do Poder Judiciário* alterou tal composição, para que eles sejam compostos, em uma metade, pelos mais antigos e, em outra, por desembargadores eleitos pelo plenário (Const., art. 93, inc. XI). Essa é uma disposição extremamente polêmica, que vem sendo questionada perante o Conselho Nacional de Justiça.

> Existem colegiados dessa natureza nos Tribunais de Justiça e nos Tribunais Regionais Federais, bem como no Superior Tribunal de Justiça, cuja *Corte Especial* é composta por vinte-e-dois de seus trinta-e-três Ministros (RISTJ, art. 2º, inc. I e § 2º). No Supremo Tribunal Federal, que é composto de apenas onze Ministros, inexiste algo análogo.

Câmaras e turmas. O menor de todos os órgãos fracionários dos tribunais locais é a câmara ou, conforme o tribunal, a turma. Segundo a linguagem empregada na lei e corrente no dia-a-dia das atividades judiciárias, *câmara* é o órgão fracionário menor dos tribunais estaduais e *turma*, dos federais. O Código de Processo Civil, elaborado sem atenção às realidades da Justiça Federal, falava somente em *câmaras* sem nada dizer sobre as *turmas* em que se dividem os Tribunais Regionais Federais; após a *Reforma da Reforma* ao menos uma vez se vê no Código a alusão a *câmaras ou turmas* (art. 555, *caput* e § 1º). Cada turma dos Tribunais Regionais Federais é composta de cinco desembargadores federais; nos Tribunais de Justiça, as Câmaras são de cinco ou quatro desembargadores, variando de Estado a Estado conforme o número de integrantes do Tribunal.

Nos tribunais estaduais costuma ser dado o nome de *turma julgadora* ao conjunto dos desembargadores que concretamente participam do julgamento de determinada causa ou recurso, votando (o que pode acontecer no seio de uma câmara ou grupo de câmaras). Nas apelações e agravos de instrumento a turma julgadora compõe-se de três desembargadores, ainda quando a câmara seja composta por cinco deles, porque só três terão voto conforme está disposto no art. 555, *caput* do Código de Processo Civil; nos embargos infringentes a turma julgadora será mais numerosa, prevalecendo o que a propósito dispuser cada regimento interno. No Supremo Tribunal Federal e no Superior Tribunal de Justiça fazem parte da turma julgadora todos os Ministros da turma à qual competir o julgamento, porque todos eles terão voto.

Grupos de câmaras. Os tribunais estaduais agrupam duas ou mais câmaras para o fim de determinados julgamentos, como o dos embargos infringentes, tendo-se aí os *grupos de câmaras*. Grupo de câmaras é, portanto, um órgão fracionário mais amplo que as câmaras e terá a competência que o regimento interno lhe atribuir.

Seções. Estas são os colegiados fracionários mais amplos de todos, em cada tribunal. Câmaras ou turmas são agrupados em *seções*, geralmente dotadas de competências diferentes entre si, como é o caso das seções do Superior Tribunal de Justiça – Seção de Direito Público (1ª e 2ª Turmas), Seção de Direito Privado (3ª e 4ª Turmas) e Seção de Direito Penal (5ª e 6ª Turmas). O Supremo Tribunal Federal não é dividido em seções; seus colegiados são somente o Plenário e as Turmas.

33. *carta de sentença e cópia*

Das diversas disposições em que o Código de Processo Civil falava em *carta de sentença* e exigia o formalismo burocrático e irracional de sua expedição, apenas um remanesce após as sucessivas alterações pelas quais vem ele passando. Trata-se do art. 484, segundo o qual "a execução [*fundada em sentença estrangeira homologada*] far-se-á por carta de sentença extraída dos autos da homologação e obedecerá às regras estabelecidas para a sentença nacional da mesma natureza". Carta de sentença é um instrumento composto de cópias de peças dos autos, extraídas pelo escrivão e pelo juiz assinadas, destinado a servir de apoio documental à execução fundada no título documentado. Era exigida não só para a execução fundada em sentença estrangeira homologada, mas também para a execução provisória (arts. 545, 589 e 590, todos revogados).[45]

Está agora em vigor o novo art. 475-O, § 3º, segundo o qual "ao requerer a execução provisória, o exeqüente instruirá a petição com cópias autenticadas das seguintes peças do processo, podendo o advogado valer-se do disposto na parte final do art. 544, § 1º" – ou seja, podendo o advogado atestar, sob responsabilidade pessoal, a autenticidade das cópias. Análoga disposição está no art. 475-A, referente a cópias a serem extraídas para a liqüidação de sentença na pendência de recurso sem efeito suspensivo.

> Quando era exigida a carta de sentença para a execução provisória, tinham as partes a impressão e alguns juízes certeza de que a extração desse instrumento já seria o início da própria execução. Chegavam a indeferir o pedido de extração, antecipando com isso um juízo sobre a admissibilidade de uma execução que sequer havia sido pedida. Com o repúdio a essa exigência arcaica e obsoleta, as cópias passaram a ser o que realmente são, a saber, *meras cópias* a serem utilizadas como documento para as providências que depois se pedirão ao Poder Judiciário. Pelo disposto no art. 475-O, § 3º, para a execução forçada exigem-se cópias da sentença ou acórdão exeqüendo, das procurações outorgadas pelas partes a seus defenso-

---

45. O art. 545 do Código de Processo Civil, integrante da disciplina do recurso extraordinário, foi revogado pela lei n. 8.038, de 28 de maio de 1990 (Lei dos Recursos), ulteriormente também revogada pela lei n. 8.950, de 13 de dezembro de 1994, a qual repôs no Código outro art. 545, com outra redação. Os arts. 589-590 foram revogados pela lei n. 11.232, de 22 de dezembro de 2005 (Lei do Cumprimento de Sentença).

res, da interposição de recurso destituído de efeito suspensivo e de eventual habilitação de sucessores, bem como outras que caso a caso se mostrem indispensáveis. Mais sintético, o art. 475-A, § 2º, exige "cópias das peças processuais pertinentes".

34. certeza, liqüidez e exigibilidade

Certeza, liqüidez e exigibilidade são predicados indispensáveis às *obrigações* a serem satisfeitas em via judiciária (execução, cumprimento de sentença) e não ao título executivo, como em sua redação original erroneamente o Código de Processo Civil dava a entender. Dizia ele, em inescusável erro, que "a execução para cobrança de crédito fundar-se-á sempre em *título líqüido, certo e exigível*" (art. 586); dizia também que "é nula a execução (...) se *o título executivo* não for líqüido, certo e exigível" (art. 618). Esse palavreado foi corrigido pela lei n. 11.382, de 6 de dezembro de 2006, onde corretamente se diz que "a execução para cobrança de crédito fundar-se-á em título de obrigação certa, líqüida e exigível" (CPC, art. 586) e que o processo executivo se extinguirá "se o título executivo extrajudicial não corresponder a obrigação certa, líqüida e exigível" (art. 618, inc. I); mas, para bem entender em seus termos corretos essa tríplice exigência e saber bem por que a certeza, a liqüidez e a exigibilidade dizem respeito às obrigações e não ao título, são necessários alguns esclarecimentos sistemáticos, como a seguir.

Certeza e liqüidez. Seja para o cumprimento de sentença condenatória por obrigação específica (fazer, não-fazer, entregar – CPC, arts. 461 e 461-A), seja para a execução por crédito em dinheiro (arts. 475-J e Livro II), é sempre indispensável conhecer com precisão todos os elementos da obrigação a ser satisfeita. É esse conhecimento que indica qual a espécie de atividades adequadas a cada caso (cumprimento de sentença ou execução) e, tratando-se de obrigação de dar coisas quantificáveis (dinheiro *etc.*), qual a quantidade, peso, volume das coisas que o exeqüente tem o direito de receber. Esse é o significado das exigências de certeza e de liqüidez das obrigações a serem levadas à satisfação em via judiciária.

Certeza. Em primeiro lugar, é preciso saber qual a natureza da relação jurídica, quais os seus sujeitos e qual o seu objeto – se de pagar dinheiro, se de fazer, de não-fazer, de entregar coisa (obrigações específicas). A precisa definição desses elementos é o que se chama *certeza* da obrigação e, em direito processual, diz-se que uma obrigação é certa, não quando inexistam motivos para duvidar de sua existência, mas quando seus elementos estiverem perfeitamente delimitados (elementos objetivos e subjetivos). É um erro, infelizmente muito praticado, esse consistente em pensar na certeza das obrigações, para fins de processo civil, como inexistência de dúvida quanto à sua existência.[46] Para os fins de execução ou *cumprimento de sentença*, o que importa é conhecer todos os contornos da obrigação a ser satisfeita.

Não é sequer concebível uma obrigação absolutamente incerta, sem a definição de seus sujeitos, de sua natureza nem de seu objeto. O grau máximo de indefinição, ou de falta de certeza nas obrigações, é o que se vê nas *obrigações alternativas*, às quais falta somente a configuração de um de seus elementos – ordinariamente o objeto. Essas obrigações só podem ser levadas à execução ou cumprimento quando o elemento inicialmente indefinido vier a ser definido (escolha pelo credor ou incidente de concentração).[47]

Liqüidez. Nas obrigações com objeto quantificável pela medida, peso, volume ou número de unidades (dinheiro *etc.*) é indispensável ainda, além do conhecimento de seus sujeitos, natureza e objeto, a determinação da quantidade. *Obrigação líqüida* é aquela cujo objeto está quantificado, seja mediante perfeita determinação do *quantum debeatur* no próprio título executivo, seja pela possibilidade de se chegar a essa determinação mediante meras contas aritméticas (CPC, art. 475-B).

O atributo da *certeza* é pois exigido em relação a todas as obrigações a serem postas em execução ou em cumprimento de sentença,

---

46. Venho fazendo insistentes advertências nesse sentido, apoiado na melhor doutrina moderna do processo civil: *cfr.* Dinamarco, *Instituições de direito processual civil*, IV, n. 1.449, p. 229; *Execução civil*, n. 328, pp. 508-510. Em boa hora o vigente Código Civil absteve-se de reproduzir o dispositivo no qual o de 1916 falava em obrigações certas quanto à existência (art. 1.533).

47. *Cfr.* ainda *Execução civil*, n. 328, p. 510.

enquanto que da *liqüidez* só se cogita quando a obrigação tem objeto quantificável (dinheiro *etc.*). Reconfirma-se pois que é um erro falar em *título* líqüido e certo, porque tanto a certeza quanto a liqüidez são predicados próprios à obrigação e não ao título. Que seria um título incerto? E como falar em *liqüidez do título*, quando não se trata de fazer uma quantificação de títulos?

O requisito da liqüidez-e-certeza, indispensável para a concessão do mandado de segurança, nada tem a ver com a *certeza das obrigações*, de que aqui se trata: ali, sim, cuida-se da certeza quanto aos fatos constitutivos do direito do impetrante a obter tal tutela diferenciada (*infra*, n. 94).[48]

Exigibilidade. A exigibilidade, em uma conceituação de nobre linhagem doutrinária (Carnelutti), consiste na *ausência de impedimentos para que o devedor satisfaça a pretensão do credor*.[49] O crédito não-exigível existe, mas não importa *dever de satisfação* enquanto não afastado o impedimento, que pode decorrer da lei ou do contrato e pode consistir em um termo, condição, dever de contraprestação *etc*. Enquanto não exigível a obrigação, o credor carece de ação executiva porque lhe falta a necessidade da tutela jurisdicional (ausente o interesse-necessidade). Ao impor o *inadimplemento* como requisito para realizar qualquer execução (arts. 580-582), o Código de Processo Civil está implicitamente colocando o requisito da exigibilidade, porque obviamente só se pode cogitar do descumprimento do dever de adimplir a partir do momento em que esse dever exista – ou seja, a partir de quando a obrigação se torne *exigível*. Mas o Código de Processo Civil incorria e continua a incorrer em imperdoáveis deslizes verbais envolvendo o adjetivo *exigível* ou o vocábulo *exigibilidade*, como estava nos antigos arts. 583, 586 e 618, inc. I (felizmente corrigidos pela lei n. 11.382, de 6.12.06) e como está: a) no vigente art. 475-L, inc. II, no qual se diz que "a impugnação somente poderá versar sobre (...) *inexigibilidade do título*; b) no § 1º do mesmo artigo, segundo o qual "considera-se também *inexigível o título judicial* fundado em lei ou ato normativo declarados inconstitucionais" (v. também

---

48. *Cfr.* Dinamarco, *Instituições de processual civil*, IV, n. 1.447, p. 225.
49. *Cfr. Lezioni di diritto processuale civile*, V, n. 520, pp. 263-265.

art. 741, inc. II e par.). Qual seria um título exigível, ou seja, título suscetível de ser exigido? Títulos não se exigem, exigem-se obrigações ou, ainda mais precisamente, o objeto destas.

Esses mal redigidos dispositivos não estão sequer aludindo à inexigibilidade da obrigação exeqüenda, mas à inexistência do próprio título. O inc. II do ar. 475-L coloca a *inexistência do título* como fundamento para a impugnação do executado, porque obviamente sem que haja um ato como tal tipificado em lei, nada se executa; não se admite a execução, p. ex., com fundamento em um *e-mail* reconhecendo uma dívida, ou em uma sentença que aplicou uma lei declarada inconstitucional (art. 745-L, § 1º). Não se trata de exigibilidade do crédito e sequer da existência ou inexistência deste.

35. chamamento ao processo

Chamamento ao processo é a iniciativa com a qual o réu provoca a intervenção de um terceiro portador de legitimidade passiva para figurar também como réu, mas que o autor havia omitido. Trata-se, pois, de uma intervenção provocada, somente admissível no processo de conhecimento e que somente o réu pode pôr em ato – porque o autor, obviamente, se pretendesse um litisconsórcio passivo, já haveria endereçado a ambos a sua demanda, formando desde logo um litisconsórcio passivo. Ao ser citado, o *chamado* passa a integrar a relação processual, no pólo passivo, em litisconsórcio com o *chamador*. A utilidade prática do chamamento é definida pelo art. 80 do Código de Processo Civil, segundo o qual "a sentença, que julgar procedente a ação, condenando os devedores, valerá como título executivo, em favor do que satisfizer a dívida, para exigi-la por inteiro, do devedor principal, ou de cada um dos co-devedores a sua cota, na proporção que lhes tocar" (CC, arts. 283 e 831).

Às vezes a locução *chamamento ao processo* ou a construção *chamar ao processo* são utilizadas, em escritos forenses, com um significado menos técnico – a saber, com o significado bastante amplo de trazer alguém ao processo como réu ou *mover ação a alguém*. Diz-se, p. ex., que, em caso de litisconsórcio facultativo, o autor pode chamar ao processo somente um dos legitimados ou todos eles. Esses modos de dizer não são propriamente errados, porque realmente quem move uma demanda a alguém, provocando-lhe a citação, está a chamá-lo ao litígio, ou a litigar. A citação é, etimologicamente, um *convite* a litigar. Mesmo assim é desaconselhável falar na citação como um *chamamento* porque a expressão *chamamento ao processo* tem no Código de Processo Civil o seu significado bastante técnico e, para a clareza dos escritos forenses, convém que ela seja reservada para designar o instituto regido pelos arts. 77 a 80 desse diploma legal.

36. citação

Citação é o ato pelo qual o demandado recebe ciência da demanda proposta em face dele e se torna parte no processo. Dar ciência e integrar ao processo são, pois, as duas funções da citação. Antes dela, o sujeito figurava como parte somente na petição do demandante (autor, litisdenunciante, exeqüente); citado, deixa de ser parte somente na demanda e passa a figurar como sujeito da própria relação processual, ocupando o pólo passivo desta na condição de demandado (réu, litisdenunciado, executado).

O Código de Processo Civil conceitua a citação como "o ato pelo qual se chama a juízo o réu ou o interessado a fim de se defender" (art. 213), mas essa definição é por mais de um aspecto defeituosa. Logo à primeira vista percebe-se que foi concebida com vista exclusiva ao processo de conhecimento e, mais especificamente, ao processo de conhecimento de rito ordinário. Nesse processo, sim, o réu é chamado a defender-se, respondendo à demanda inicial. Já no procedimento sumário ele é chamado a comparecer à audiência e participar dela em todos seus atos – e não, simplesmente, a defender-se (art. 277). Na execução, chama-se o executado a cumprir a obrigação constante do título, pagando o dinheiro devido, entregando a coisa certa, realizando a conduta devida *etc*. – e não a defender-se (arts. 621, 629, 632 e 652). Na realidade, toda citação é acompanhada de uma *intimação* a defender-se, a comparecer, a pagar, a entregar, a fazer alguma coisa ou abster-se de determinada conduta *etc*. Os mandados e as cartas de citação não explicitam a existência dessa intimação, mas ela ali está indiscutivelmente, presente nessas convocações a ter determinada conduta; tudo quanto passar da mera ciência da demanda proposta e integração ao processo está fora da citação e dentro dessa intimação que um simples exercício de abstração mental permite ver que ali está encaixado.[50]

> Uma demonstração prática. O réu é citado em um processo de procedimento sumário e comparece com seu defensor ao fórum no dia e hora designados para a audiência, mas esta não se realiza porque o juiz está ausente. Depois, feita nova designação, ele é novamente intimado a comparecer; *intimado e não citado*, porque a ninguém ocorreria a necessidade de fazer nova citação a quem já está ciente da demanda e integrado ao processo. Essa intimação é repetição daquela outra que já estava na citação e apenas não era visível a olho nu.

37. colusão

Colusão, palavra de pouco uso na língua portuguesa, significa "ajuste secreto e fraudulento entre duas ou mais partes, com prejuízo para terceiros; *conluio*".[51] Foi introduzida na linguagem do direito positivo brasileiro pelo Código de Processo Civil de 1973, o qual, ao disciplinar a ação rescisória, por duas vezes dela fez uso (arts. 485, inc. III, e 487, inc. III, letra *b*). No momento em que o Código trouxe para o direito brasileiro a hipótese de ação rescisória descrita em dito inc. III, de inspiração na lei italiana (CPC, arts. 395, n. 1, e 397, n. 2), era natural que também fosse conveniente usar a linguagem empregada nesta (*collusione*). Se todo o processo for fruto de uma controvérsia simulada pelas partes, ter-se-á o *processo simulado*; e podem ocorrer também colusões entre as partes no curso do processo. Para evitar que simulações dessa ordem (colusões) produzam o efeito desejado pelas partes maliciosas, o Código de Processo Civil dá ao juiz os poderes inquisitórios descritos no art. 129.[52]

---

50. *Cfr.* ainda uma vez minhas *Instituições de direito processual civil*, II, n. 661, p. 522 e III, n. 1.033, pp. 425-427.

51. *Cfr. Novo dicionário Aurélio*, p. 349, 2ª col. (verbete *colusão*).

52. *Cfr.* Barbosa Moreira, *Comentários ao Código de Processo Civil*, V, n. 76, p. 125.

38. competência absoluta ou relativa – competência funcional

Também essas expressões, embora usuais na doutrina, só através do Código de 1973 foram introduzidas na linguagem do direito processual civil positivo. Emprega-as a lei no sentido técnico de competência sujeita a modificação em certas situações (relativa) ou insuscetível de qualquer modificação (absoluta). Seu art. 113, por exemplo, diz que a competência absoluta será declarada a qualquer tempo e de-ofício, ou seja, quer o réu a alegue ou não (art. 301, inc. II); ao contrário da relativa, que há de ser alegada em exceção declinatória (art. 112 – *cfr.* também arts. 304 e 307). Fala o art. 485, inc. II, em "juiz (...) absolutamente incompetente", nesse sentido técnico aqui considerado.

Embora não defina essas duas modalidades de competência, cuida a lei de fornecer dados que conduzem à elucidação dos conceitos, estabelecendo quando ela é prorrogável e quando não o é. Para entender os dispositivos a respeito, é preciso ter presente que o Código de Processo Civil, havendo adotado a chamada *divisão tríplice* da competência, no desdobramento desta fala em competências de quatro ordens: material, hierárquica (ou funcional),[53] territorial ou por valor.[54] Eis como ele disciplina a prorrogabilidade da competência:

53. O Projeto, embora usando a rubrica *da competência funcional* (seção II, encabeçando seu art. 98 – v. art. 93 do Código), preferiu dizer *competência em razão da hierarquia* em todos os dispositivos em que cuidava daquela (v. arts. 87, 111 e 209, inc. II, do Código de Processo Civil). O art. 93 do Código é o único dispositivo dizendo *competência funcional* e, mesmo assim, a redação original (art. 98 do Projeto) encarava a competência funcional como se fosse o mesmo que competência hierárquica: o segundo período do art. 93 atual não constava do Projeto e o primeiro período, que lá estava, indicava apenas as regras de competência originária e de competência recursal (ambas, hierárquicas). O segundo período foi acrescido por uma emenda do Senado Federal.

54. Ao apresentar mediante rubricas o quadro das espécies de competência, bem como ao disciplinar a prorrogabilidade desta, a fidelidade do Código ao modelo *chiovendiano* adotado impediu-o de trazer qualquer referência à *condição das pessoas* como critério relevante: mas não faltam dispositivos em que tal critério aparece, seja na Constituição Federal (Justiça Federal competente para as causas em que for parte a União e suas entidades descentralizadas: art. 125, inc. I), nas leis de organização judiciária (competência das varas fazendárias)

a) a convenção das partes pode, em princípio, derrogar as normas da competência territorial ou em razão do valor (art. 111), não podendo, *a contrario sensu*, fazer o mesmo com a competência firmada pela matéria ou hierarquia;[55]

b) a competência (territorial) do foro *rei sitæ* só pode ser derrogada por eleição, ou a favor do foro pessoal, se não se tratar de litígio que recaia sobre direito de propriedade, vizinhança, servidão, posse, divisão de terras ou nunciação de obra nova (art. 95);[56]

c) prorroga-se também a competência territorial (fora daquelas hipóteses indicadas no art. 95) se, proposta a ação em foro incompetente, o demandado não opuser tempestivamente a respectiva exceção (art. 114); isso jamais acontece quando se trata de incompetência absoluta (art. 113);

d) a conexidade e a continência prorrogam a competência territorial ou por valor (art. 102), entendendo-se, também *a contrario sensu*, que a competência material ou a hierárquica não são suscetíveis de serem atingidas por aquelas.

Dos dados assim fornecidos pelo próprio Código depreende-se que é *absoluta* (pois improrrogável) a competência fixada em razão da matéria ou da hierarquia; e *relativa* (prorrogável) a competência territorial e a competência por valor. Entende-se também que a competência territorial do *forum rei sitæ* é em princípio absoluta (falam os italianos em competência territorial funcional), sendo relativa apenas fora das hipóteses enumeradas no art. 95 e acima reproduzidas.[57] Ser absoluta significa que pode e deve ser

---

ou no próprio Código (separação judicial e divórcio, a condição de mulher: art. 100, inc. I).

55. Mas a própria competência resultante da eleição de foro comporta algum controle *ex officio*, devendo o juiz declarar, quando for o caso, a nulidade da cláusula eletiva inserida em contrato de adesão (CPC, art. 112, par.).

56. Sobre a chamada *competência territorial funcional*, que é absoluta, v. Liebman, *Manual de direito processual civil*, I, n. 30, p. 104 trad., com minha nota n. 62; v. também Dinamarco, *Instituições de direito processual civil*, I, n. 314, esp. p. 615.

57. Sobre a prorrogabilidade da competência, v. Amaral Santos, *Primeiras linhas de direito processual civil*, I, nn. 204-207, pp. 251 ss. (trato específico

controlada de-ofício pelo juiz ou pelo tribunal, a qualquer tempo ou grau de jurisdição (CPC, art. 113); ser relativa significa que o controle pelo juiz só se dá se o réu opuser exceção, prorrogando-se a competência quando isso não acontecer (art. 114). Dispõe a propósito a Súmula n. 33 do Superior Tribunal de Justiça: "a incompetência relativa não pode ser declarada de ofício".

> Aquele mesmo estagiário de que venho falando procurou ser muito gentil quando o juiz lhe disse que era *absolutamente incompetente* para a causa cuja petição inicial ele foi levar a despacho. "Modéstia sua, Excelência".

Mas o Código de Processo Civil foi parcialmente alterado também nessa parte, dispondo agora que "a nulidade da cláusula de eleição de foro, em contrato de adesão, pode ser declarada de ofício pelo juiz, que declinará de competência para o juízo de domicílio do réu" e acrescentando que a competência territorial se prorroga se o juiz não declinar da competência e o réu não opuser a exceção de incompetência relativa (CPC, arts. 112, par., e 114, *caput*). Como essas disposições foram declaradamente ditadas com vista à proteção do aderente e, mais especificamente, do consumidor, entende-se que só se aplicam quando este for réu; em demandas propostas pelo próprio aderente continua em vigor o que antes se dispunha, ou seja, o juiz não fará de-ofício a verificação de sua competência territorial e competirá ao réu excepcionar, sob pena de prorrogação. Nesses casos, bem como em todos os demais (ou seja, quando não se tratar de cláusula eletiva em contrato de adesão), prevalece a jurisprudência sumulada do Superior Tribunal de Justiça e a competência se prorrogará se o réu não opuser a exceção – continuando vedado ao juiz o controle *ex officio* da competência relativa.

> Mas fica ainda uma dúvida. Ao dizer que "o juiz declinará da competência para o juízo de domicílio do réu", o novo parágrafo do art. 112 parece desconsiderar que o foro competente, segundo o próprio Código de Processo Civil, pode ser outro e não o comum (domi-

da matéria, bastante além do interesse meramente terminológico que motiva o presente capítulo).

ciliar). Deve-se ler essa nova disposição literalmente, segundo suas próprias palavras (interpretação exegética), ou será mais adequada e inteligente sua interpretação sistemática, entendendo-se que o juiz, ao repudiar a cláusula de eleição de foro e declinar da competência dela decorrente, remeterá o processo ao foro competente segundo a lei (local do dano, local do pagamento, foro domiciliar *etc.*)?

O conceito de competência funcional situa-se em outra dimensão, não nessa da oposição entre competências que se prorrogam ou que não se prorrogam (relativas ou absolutas). *Competência funcional* não é, como pretendeu dizer o legislador no art. 2º, *caput* da Lei da Ação Civil Pública, sinônimo de *competência absoluta*.

Embora a competência funcional seja em princípio absoluta (e ela o é), falar em competência funcional é falar em um especialíssimo critério de determinação da competência, ao lado da condição das pessoas, natureza material do litígio, situação da coisa *etc.* Por isso, não tem sentido dizer que uma certa competência territorial é funcional. Ou ela é territorial, ou funcional. Leia-se corretamente aquele dispositivo: a competência territorial definida no art. 2º da Lei da Ação Civil Pública é *absoluta*, ou seja, não comporta prorrogação.

Ela é a competência de um juízo ou tribunal, estabelecida pela lei com fundamento no fato de esse órgão já haver exercido a jurisdição em relação ao mesmo litígio. É levada em conta a *função já exercida* em um processo, para estabelecer a quem compete algum outro processo interligado funcionalmente a este ou a quem compete outra fase do mesmo processo. Por isso é que ela se chama competência *funcional* – ou seja, por ser determinada em razão da *função* já exercida. Para sua determinação desprezam-se todos os outros elementos ordinariamente determinantes da competência (domicílio, local de cumprimento, condição da pessoa *etc.*) e simplesmente se considera o prévio exercício da jurisdição em dado processo – de modo que a competência para o segundo processo ou para uma fase ulterior daquele primeiro já fica desde logo determinada, *automaticamente* e sem mais perquirições a fazer.

O Código de Processo Civil chega a ser enigmático ao dizer, sob a rubrica *da competência funcional*: "regem a competência dos tribunais as normas da Constituição da República e de organização judiciária. A competência funcional dos juízes de primeiro grau é disciplinada neste Código" (art. 93). Sem dizer quais são as disposições que "neste Código" disciplinam a competência funcional, esse art. 93 é rigorosamente inócuo e inútil, podendo ser pura e simplesmente desconsiderado, sem fazer falta alguma.[58]

> "A locução *funktionelle Zuständigkeit* foi lançada na doutrina alemã para designar a distribuição de atribuições entre dois ou mais órgãos jurisdicionais, no mesmo processo. Passou ao mundo latino através da obra dos italianos, especialmente de Chiovenda, o qual lhe emprestou um *duplo significado* para incluir também a competência territorial do lugar onde o exercício da jurisdição possa ser mais fácil e eficiente. Essa ampliação é responsável pelas incertezas que ainda hoje minam o conceito de competência funcional. [...] Sem a necessária maturidade conceitual, a categoria *competência funcional* vai sendo usada um pouco desordenadamente e, muitas vezes, com exageros que levam a enquadrar nela certas normas de competência que são satisfatoriamente explicadas segundo os critérios comuns da teoria geral da competência (competência originária dos tribunais *etc.*)."

39. *competência concorrente ou exclusiva*

Diz-se *exclusiva* a competência quando atribuída a um juiz ou corpo de juízes com exclusão de todos os demais; *concorrente*, quando atribuída a dois ou mais juízes ou corpos de juízes, à escolha de quem vier a juízo propor sua demanda. Essa dicotomia terminológica é bastante visível e praticada no trato da *competência internacional*, não sendo tão comum quando se cuida da competência interna. É exclusiva a competência da autoridade judiciária brasileira nos casos indicados pelo art. 89 do Código de Processo Civil ("compete à autoridade judiciária brasileira, *com exclusão de qualquer outra...*"), não sendo válida no Brasil uma sentença dada no exterior, por exemplo, em causas de qualquer natureza que tenham por objeto imóvel situado no país (art. 89, inc. I). Nas

---

58. *Cfr.* ainda uma vez as *Instituições de direito processual civil*, I, n. 207, pp. 445-448 (onde se inclui também o trecho que logo a seguir transcrevo entre aspas).

hipóteses do art. 88 a competência do juiz brasileiro é concorrente com a que eventualmente tenha o de outro país, podendo o autor optar validamente entre o juiz nacional e o estrangeiro; é o caso de uma demanda sobre obrigação que deveria ser cumprida aqui (art. 88, inc. II) mas que, se for proposta e julgada alhures, a sentença estrangeira será apta a receber homologação pelo Superior Tribunal de Justiça.

Na teoria e disciplina da *competência interna* fala-se em *foros concorrentes* em casos nos quais também fica a critério do demandante a livre escolha entre dois foros igualmente competentes segundo a lei. É assim nas demandas de indenização por danos sofridos em acidentes de veículos, as quais serão propostas, indiferentemente, no foro do autor ou do acontecimento (art. 100, par.); o mesmo, quando há dois réus, tendo o autor plena liberdade para escolher entre o foro de domicílio de qualquer deles (art. 94, § 4º). Não é usual falar em competência exclusiva no plano interno, mas a competência interna será realmente exclusiva sempre que nenhuma norma legal dê ao autor a liberdade de escolha – como sucede, por exemplo, com a competência da Justiça Federal (Const., art. 109) ou com a competência do *forum rei sitæ* para demandas envolvendo direito de propriedade sobre imóveis (CPC, art. 95) *etc.* Mas, mesmo nas causas movidas à União Federal, suas autarquias *etc.*, que são da competência da Justiça Federal, o autor escolherá o foro de seu próprio domicílio, o do fato, o da situação da coisa ou o do Distrito Federal (Const., art. 109, § 2º); foros concorrentes, pois.

> Não há coincidência entre os conceitos de competência exclusiva ou concorrente e os de competência absoluta ou relativa. Uma coisa é a existência de dois órgãos judiciários igualmente competentes segundo a lei e portanto fungíveis entre si (competências concorrentes) e outra coisa é a competência de um órgão competente que, em dadas circunstâncias, pode ser alterada em casos concretos (competência relativa – *supra*, n. 38). A competência territorial do foro da residência da mulher para as ações de separação judicial (CPC, art. 100, inc. I) é exclusiva porque a lei não dá escolha alguma ao demandante; mas é relativa porque, se essa demanda for proposta em outro foro e a ré não opuser a exceção de incompetência, o foro

em que houver sido proposta se prorroga e por ali correrá o processo (art. 114). Quando os foros são concorrentes o réu não terá o poder de, com a exceção declinatória, impugnar a escolha feita pelo autor.

40. conciliação e mediação

Entre os *meios alternativos de solução dos conflitos*, de crescente prestígio no processo civil moderno, figuram, ao lado da arbitragem, *a conciliação e a mediação*. Trata-se de atividades destinadas a persuadir pessoas em conflito a chegarem a uma autocomposição. "Conciliação e mediação distinguem-se porque na primeira o conciliador, após ouvir os contendores, sugere a solução consensual do litígio, enquanto na segunda o mediador trabalha mais o conflito, fazendo com que os interessados descubram as suas causas, removam-nas e cheguem assim, por si sós, à prevenção ou à solução da controvérsia."[59] Nem o conciliador nem o mediador tem o poder de julgar, cabendo às próprias partes, com a ajuda de um ou de outro, buscar a solução para o litígio que as envolve.

No processo civil a tentativa de *conciliar* os litigantes é um dever do juiz, a ser exercido "sempre que sentir a possibilidade de obter uma solução negociada entre as partes (art. 125, inc. IV). Os momentos mais específicos para tanto, ditados no Código de Processo Civil, são a própria audiência de instrução e julgamento (art. 447) e, antes dela, a audiência preliminar regida pelo art. 331".[60] No processo dos juizados especiais a atividade conciliatória é realizada pelos conciliadores, sob a supervisão do juiz (lei n. 9.099, de 26.9.95, arts. 21-26).

"O vocábulo *conciliação* não tem sentido unívoco em direito processual. As partes estão conciliadas quando realizam a *transação* ou quando o réu *reconhece o pedido* ou o autor *renuncia ao direito afirmado* – e a homologação de um desses atos é, segundo a lei, um julgamento do mérito (art. 269, incs. II, III e V). Conciliam-se

---

59. *Cfr. Exposição de Motivos* do "Projeto de lei sobre a mediação e outros meios de pacificação", n. 3, esp. p. 610; v. também Cintra-Grinover-Dinamarco, *Teoria geral do processo*, n. 5, esp. p. 34.

60. *Cfr.* minhas *Instituições de direito processual civil*, III, n. 1.140, p. 586.

também mediante a simples *desistência da ação*, que causa a extinção do processo e não impede a repropositura da demanda (arts. 28 e 268), ou até mesmo pelo acordo feito para o fim de *suspender o processo* por algum tempo, à espera de uma possível negociação (art. 265, inc. I) *etc.* Como ato de disposição de direitos, a *conciliação autocompositiva* (transação, reconhecimento e renúncia) só se admite quando o direito em litígio for disponível, segundo o art. 840 do Código Civil".[61]

A *mediação obrigatória*, que ainda não existe no processo civil brasileiro, constitui objeto de um projeto de lei apresentado à Câmara dos Deputados (proj. n. 4.827/98),[62] o qual está atualmente em curso de tramitação.

41. conclusão, conclusos

O Código de Processo Civil não é um primor de coerência no emprego do vocábulo *conclusão*. Ao falar em conclusão ao juiz ou ao relator, dá a tal vocábulo o significado de *remessa dos autos*. A remessa dos autos ao juiz ou relator chama-se conclusão (art. 159, § 2º); *termo de conclusão* é o termo de remessa a um ou a outro (art. 168). Nessa linha, *autos conclusos* são autos remetidos a eles (arts. 542, § 1º, 551, 1.126 e 1.117). Mas às vezes fala também o Código em mandar os autos "à conclusão do juiz" (art. 141, inc. IV, letra *a*) ou "à conclusão do relator" (art. 549); nesses casos *conclusão* não significa a própria remessa mas o *exame*, entendendo-se pois que os autos são remetidos ao exame do juiz ou relator.

Mas nunca se faça como o estagiário, que sendo informado pelo cartório de que os autos estavam *conclusos*, voltou ao escritório dizendo ao advogado que o processo já tinha acabado.

É muito usual o despacho "j. conclusos", lançado em petições, ofícios, laudos periciais *etc.*, com o qual o juiz determina que se faça a juntada aos autos e, em seguida, lhe venham estes para exame. Despachando assim, o juiz evita o açodamento de to-

---

61. Art. 840: "só quanto a direitos patrimoniais de caráter privado se permite a transação".
62. No Senado tal projeto tramitou sob n. 94/02 (PLC).

mar alguma medida sem conhecimento de tudo quanto nos autos está – mas, em casos urgentes e não havendo muito a verificar nos autos, é aconselhável despachar desde logo.

Às vezes é lançado o despacho "j. sim, em termos", significando que o pedido ou requerimento feito é em um primeiro momento deferido, mas com a ressalva de uma ulterior verificação da realidade dos autos; o cartório informará o juiz e, se o pedido não estiver em termos, cumpre a este revogar o decidido.

> Diferente do juiz de direito é o árbitro de futebol, que é obrigado a decidir tudo em frações de segundo, sem poder despachar *j. conclusos*. E dificilmente volta atrás quando seu auxiliar, o *bandeirinha*, lhe dá alguma informação relevante para decidir.

42. *conexidade, conexão*

Conexidade é a relação existente entre duas ou mais demandas que tenham em comum algum de seus elementos constitutivos – partes, causa de pedir, pedido. Essa é uma das possíveis *relações entre ações*, de que falava Calamandrei[63] – sabendo-se que duas ou mais demandas podem também ser ligadas por relações de outra natureza e maior intensidade, como a de litispendência (coincidência integral), continência (litispendência parcial), prejudicialidade, acessoriedade, sucessividade *etc.*[64] Para os fins de prorrogação da competência, admissibilidade do litisconsórcio ou reunião de causas, apenas a *conexidade objetiva* tem relevância perante a lei, ou seja, aquela decorrente do fato de duas ou mais demandas terem em comum a causa de pedir ou o pedido (art. 103 c/c arts. 46, inc. III, 102 e 105). A mera conexidade subjetiva (mesmas partes) não recebe da lei o mesmo tratamento, mas conceitualmente não deixa de ser uma espécie de conexidade; só não é uma *conexidade juridicamente relevante*, como aquela decorrente da coincidência entre as causas de pedir ou os pedidos.[65]

---

63. *Cfr. Istituzioni di diritto processuale civile secondo il nuovo codice*, I, § 41, pp. 141 ss.

64. *Cfr.* Dinamarco, *Instituições de direito processual civil*, II, n. 459, pp. 152-153.

65. *Id, ib.*, n. 460, p. 154.

Conexidade é o atributo de dois ou mais seres que sejam conexos entre si, ou interligados. *Conexão* é o ato de ligar dois ou mais seres. O Código de Processo Civil, porém, na linha de um costume bastante arraigado, emprega o vocábulo *conexão* para designar a própria relação existente entre demandas. Esse uso não é incorreto, mas leva os menos preparados a confundir a própria relação de conexidade, ou conexão, com a reunião de duas ou mais causas em um só processo – quando essa reunião é uma conseqüência da conexidade, não a própria conexidade. É errado, pois, dizer que "o juiz deferiu ou indeferiu a conexão pedida pela parte": o que é suscetível de deferimento ou indeferimento nesse caso é a *reunião de causas* (art. 105), porque o próprio nexo de conexidade é uma realidade que pode existir ou não existir em cada caso mas não comporta qualquer decisão do juiz ou de quem quer que seja.

43. *confissão e reconhecimento do pedido* – confessar a ação

Reconhecimento do pedido (art. 269, inc. II) é o ato dispositivo através do qual o réu renuncia expressamente à resistência que viesse opondo à pretensão do autor, colocando diante do juiz uma vontade concreta do direito, que a este apenas cumpre chancelar, homologando o ato (a decisão homologatória de tal *submissão* é definida pela lei como *sentença de mérito*).[66] O reconhecimento do pedido não se refere aos fatos alegados pelo demandante como fulcro de sua pretensão, pois quem reconhece prescinde inteiramente deles, limitando-se a submeter-se à pretensão deduzida na demanda inicial e, por esse meio, ocasionando a extinção do conflito antes existente; ainda quando negue os fatos, o que importa é o ato de submissão, ou seja, a conduta consistente em depor as armas.

É o caso típico do inquilino que, pedindo prazo para a purga da mora, reconhece o pedido sem sequer cogitar da veracidade ou falsidade das alegações de fato contidas na demanda. É também possível

---

66. Tratar-se-á verdadeiramente de uma sentença de mérito? V. resposta negativa e crítica ao Código, *apud* Ada Pellegrini Grinover, *Direito processual civil*, p. 33; v. também Moniz de Aragão, *Comentários ao Código de Processo Civil*, II, n. 552, pp. 537-539. O reconhecimento é um ato de *submissão* do réu à pretensão do autor no processo de conhecimento, enquadrando-se na categoria da *autocomposição* (Cintra-Grinover-Dinamarco, *Teoria geral do processo*, n. 216, pp. 360-362); v. também a preciosa monografia de Alcalá-Zamora, *Proceso, autocomposición y autodefensa*.

que o réu, mesmo negando os fatos alegados pelo autor, realize esse ato de submissão, reconhecendo o pedido por razões de sua própria conveniência que sequer precisam ser invocadas.

Confissão é declaração de conhecimento de fatos contrários ao interesse de quem a emite; trata-a o Código de Processo Civil, impropriamente, como meio de prova (arts. 348-354).[67] Quem admite a veracidade de uma alegação controvertida de fato contrário a seus interesses (art. 348) está oferecendo ao juiz elementos para formar sua própria convicção, livremente (art. 131), podendo este até concluir de forma diversa se o contexto das provas a isso conduzir (no Código de Processo Penal, há norma expressa nesse sentido, de plena aplicação analógica ao processo civil – art. 197). Pode também o réu, ao lado de confessar o fato constitutivo alegado pelo autor, alegar outro (extintivo, modificativo, impeditivo) com o objetivo de obter a improcedência da demanda. Tudo isso é muito diferente do que sucede no *reconhecimento do pedido*, com o qual o réu apresenta ao juiz uma vontade concreta do direito, produzida por ato de sua livre vontade e que o órgão jurisdicional não pode deixar de homologar; ao juiz cabe apenas, em uma atividade de pura *delibação*, verificar os requisitos formais, capacidade, representação *etc.* – e nunca o conteúdo desse volitivo ato do réu.[68]

O Código de 1973 fez questão de distinguir muito bem esses conceitos, aperfeiçoando notavelmente o linguajar do direito positivo com relação a seu antecessor, que os confundia indese-

---

67. *Cfr.* ainda minhas *Instituições de direito processual civil*, III, n. 1.195, pp. 650-652.

68. Embora o Código inclua a confissão entre os meios de prova, é melhor entendê-la como mera *declaração de conhecimento*, sendo que essa declaração virá ao processo através de algum meio de prova que realmente o seja: i.é, através do depoimento pessoal, documentos, prova testemunhal *etc.* Do contrário, teríamos uma superposição incompreensível, ao afirmarmos que a confissão, como admissão de fatos desfavoráveis (art. 348), é um meio de prova que vem para os autos no depoimento pessoal, que é outro meio de prova. Por outro lado, feita a confissão quando o réu não impugnou o fato confessado, ela não serve e não é necessária sequer para provar coisa alguma, porque esse fato se considera incontroverso (art. 302) e por isso fica de fora do objeto da prova (art. 334, inc. I). Ele era incontroverso antes da confissão e continua a sê-lo depois dela.

javelmente. A força didática que o novo Código teve e tem está levando ao esquecimento certas locuções arcaicas e notoriamente erradas, como *confessar a ação* ou *confessar o pedido*, que são bem um reflexo da fase nebulosa, já felizmente superada, no direito processual dos tempos presentes; *confessar a ação* equivalia, naquele linguajar superado, a *reconhecer o pedido*.

Nem assim, porém, ficou o Código acima de qualquer crítica. No art. 485, inc. VIII, admite a ação rescisória "quando houver fundamento para invalidar confissão". Seria razoável esperar-se que dissesse *invalidar o reconhecimento do pedido*, até porque o vocábulo *confissão* vem ali enunciado em uma relação que contém outros atos de disposição, não meios de prova ou elementos de convicção do juiz. Tal dispositivo está intimamente relacionado com o art. 352, inc. II, que também dispõe sobre a "revogação da confissão" por via da ação rescisória – o que soa muito estranho porque não casa com o sistema a rescisão de um elemento de prova.[69]

44. conflito de competência

A jurisdição é expressão do poder nacional, que o Estado exerce através de seus variados órgãos e mediante atividades diferenciadas. Assim como é uno e indivisível o próprio poder estatal, embora exercido diversificadamente com vista a funções diferentes, assim também *una é a jurisdição*, cujo exercício, sim, se distribui entre inúmeros órgãos; distribui-se o exercício das *atividades jurisdicionais*, mas o poder jurisdicional em si mesmo não comporta divisões.[70]

Acontecerá, às vezes, que dois órgãos jurisdicionais se afirmem competentes para a mesma causa, ou ambos se recusem a processá-la por se considerarem incompetentes. Haverá aí um conflito (positivo ou negativo, conforme o caso), que a lei e a doutrina costumavam denominar *conflito de jurisdição*.[71] Não

---

69. *Cfr.* Barbosa Moreira, *Comentários*, V, n. 82-83, pp. 141 ss. Entende o comentarista que apesar de tudo deve-se ter por incluídos na previsão do art. 485, inc. VIII, não só a confissão como o reconhecimento do pedido.

70. *Cfr.* Cintra-Grinover-Dinamarco, *Teoria geral do processo*, n. 10, pp. 44 ss. e ainda, n. 60, pp. 147-148.

71. *Cfr.*, por todos, José Frederico Marques, *Instituições de direito processual civil*, I, n. 251, p. 382.

faltaram vozes, todavia, a mostrar a falácia de tal locução, que inconscientemente partia do falso pressuposto da pluralidade de jurisdições no seio do mesmo Estado soberano.[72] Foi nesse clima que o Código de Processo Civil, rompendo um costume terminológico enraizado em nossas leis e julgados, passou a falar em *conflito de competência* (arts. 115-123). A expressão é correta, inclusive quando se trata de conflito entre Justiças diferentes, pois nenhuma delas é órgão de uma *jurisdição* distinta, exercendo todas o poder jurisdicional nacional, que é uno e indivisível.

A boa lição do Código de Processo Civil foi acolhida no Congresso Nacional quando em 1977 se cogitava de reformar o Poder Judiciário pela via constitucional, tanto que o *Substitutivo Accioly Filho* adotava linguagem adequada todas as vezes que se referia ao fenômeno. Mas veio depois, em um triste episódio político-institucional que todos conhecemos, a emenda constitucional n. 7, outorgada aos 13 de abril de 1977. Também os clamores doutrinários que encontraram eco naquele substitutivo foram desprezados por essa emenda, que em dois dispositivos alterados na Constituição continuou a dizer impropriamente *conflito de jurisdição* (arts. 119, inc. I, e, e 122, inc. I, *e*). A Constituição Federal de 1988 corrigiu essas impropriedades, falando corretamente em *conflitos de competência* (arts. 102, inc. I, letra *o*, e 105, inc. I, letra *d* – competência do Supremo Tribunal Federal e do Superior Tribunal de Justiça para julgá-los). No entanto, como já ficou consignado (*supra*, nn. 2 e 5), a expressão errônea continua no Código de Processo Penal (arts. 113-117), na Lei Orgânica da Magistratura Nacional (arts. 89, § 1º, letra *c*, e § 5º; art. 101, § 3º, letra *b*) e no Regimento Interno do Supremo Tribunal Federal (arts. 163-168).

45. conhecer, não conhecer, indeferir, negar seguimento

Conhecer de um recurso é proferir juízo positivo de sua admissibilidade, passando o órgão destinatário (*ad quem*) a examinar-lhe o mérito; não conhecer é proferir juízo negativo, excluindo-se portanto o julgamento do mérito do recurso. Conhecer ou não conhecer é sempre uma decisão do órgão *ad quem*. Nos recursos

---

72. *Cfr.* José Frederico Marques, *Instituições de direito processual civil*, *ib.*; Dinamarco, nota n. 56 à tradução do *Manual de direito processual civil* de Enrico Tullio Liebman, I, p. 96.

interpostos perante o órgão *a quo* (apelação, recurso ordinário, recurso especial, recurso extraordinário) o primeiro juízo de admissibilidade é da competência desse órgão, mas também é notório que o juízo positivo ali exarado não vincula o tribunal *ad quem*, de modo que: a) se o primeiro juízo de admissibilidade for positivo, devolvendo-se o recurso ao tribunal, ainda assim proferirá este seu próprio juízo de admissibilidade, conhecendo ou não conhecendo do recurso; b) se for negativo, a parte recorrente contará ainda com um recurso de agravo de instrumento contra tal decisão, a ser julgado pelo tribunal destinatário do recurso indeferido. Na linguagem comum fala-se em *dar ou negar seguimento*, quando se trata do recurso de apelação; a lei fala também em *recebimento* da apelação pelo juízo recorrido (CPC, art. 521). Com relação ao recurso extraordinário ou ao especial, diz-se que o presidente do tribunal *a quo* o defere ou indefere, conforme seja positivo ou negativo o juízo de admissibilidade que proferir; o agravo de instrumento cabível em caso de juízo negativo de admissibilidade desses recursos chama-se *agravo contra decisão denegatória de recurso especial ou extraordinário* (CPC, art. 544).

> Observações específicas: a) é inadequado falar no conhecimento ou não-conhecimento de ações da competência originária dos tribunais (mandado de segurança, ação rescisória), porque o juízo de inadmissibilidade dessas ações conduz à extinção do processo sem julgamento do mérito, sendo preferível reservar aos recursos aquela linguagem do *conhecer* ou do *não-conhecer*; b) ao dizer que o relator negará seguimento ao recurso em determinados casos, o art. 557 do Código de Processo Civil está dando a essa expressão uma dimensão mais ampla que a usual, porque tal negativa de seguimento não se reserva somente aos casos em que for por ele proferido um juízo negativo de admissibilidade (negar seguimento a um recurso por improcedência equivale, na linguagem daquele dispositivo, a negar-lhe provimento).

46. Conselho Nacional de Justiça

O controle constitucional do Poder Judiciário, ou *autogoverno da Magistratura*, é exercido superiormente pelo Conselho Nacional de Justiça, um órgão judiciário sem competência jurisdicional composto por quinze conselheiros e, entre eles, nove magistrados;

graças a essa composição majoritariamente judiciária, a vigilância a ser exercida por esse órgão censório e disciplinar da Magistratura (Const., art. 92, inc. I-A), não é um autêntico *controle externo*, e portanto não tem o sabor de uma perversa ingerência de outros Poderes na vida dos juízes e de suas instituições. O controle por um órgão controlado por outros Poderes seria o germe dessa intromissão espúria e um Conselho controlado por eles seria um verdadeiro *cavalo de Tróia*, a levar para dentro do Poder Judiciário, com poder de decisão e intimidação, pessoas sem a formação ética preponderante entre juízes, escolhidos sem uma necessária depuração e possivelmente dotados de habilidade e malícia suficientes a inquinar de corrupção os organismos cuja lisura eles supostamente viriam a controlar. É notório o comportamento corrupto ou ao menos oportunista dos mais acirrados críticos do Poder Judiciário na atualidade brasileira.

Nesse quadro, ao contrário de ser um fator de supressão da independência dos juízes, o Conselho Nacional de Justiça constitui eficiente esteio para essa independência, especialmente lá onde notoriamente os juízes reverenciam os arrogantes e oportunistas caciques políticos. Uma de suas primeiras funções é, por definição constitucional, a de "zelar pela autonomia do Poder Judiciário e pelo cumprimento do Estatuto da Magistratura" (art. 103-B, § 4º, inc. I).

> Integram o Conselho Nacional de Justiça um Ministro do Supremo Tribunal Federal, um do Superior Tribunal de Justiça, um do Tribunal Superior do Trabalho, um desembargador (Justiça Estadual), um juiz estadual de primeiro grau, um juiz de Tribunal Regional Federal, um juiz federal de primeiro grau, um juiz de Tribunal Regional do Trabalho, um juiz do trabalho de primeiro grau, um membro do Ministério Público Federal, um do Ministério Público estadual, dois advogados e "dois cidadãos de notável saber jurídico e reputação ilibada", indicados pelo Senado Federal e pela Câmara dos Deputados (Const., art. 103-B). Só estes últimos são representantes da área política. Preside o Conselho o Ministro do Supremo Tribunal Federal que o integrar, exercendo a Corregedoria-Geral um Ministro do Superior Tribunal de Justiça (art. 103-B, §§ 1º e 5º).

Ao Conselho Nacional de Justiça compete basicamente, como está disposto no § 4º do art. 103-B da Constituição Federal, "o controle da atuação administrativa e financeira do Poder Judiciário e do cumprimento dos deveres funcionais dos juízes" *etc.* Isso significa que ele exerce o controle não somente do Poder Judiciário como um todo e de todas as instituições judiciárias do país, mas também dos juízes em particular e da conduta de cada um. A Constituição manda que ele zele, na área do Poder Judiciário, pela observância dos "princípios de legalidade, impessoalidade, moralidade, publicidade e eficiência", que são valores democráticos inerentes ao Estado-de-direito (art. 103-B, § 4º, inc. II, c/c art. 37). Isso é feito primordialmente mediante o *procedimento de controle administrativo*, cabível "sempre que restarem contrariados os princípios estabelecidos no art. 37 da Constituição, especialmente os de legalidade, impessoalidade, moralidade, publicidade e eficiência" (RICNJ, art. 95), sendo o Conselho Nacional de Justiça competente para, ao final desse procedimento, determinar, se for o caso, "a sustação da execução do ato impugnado" (art. 96, inc. I) ou "a desconstituição ou revisão do ato administrativo" (art. 96, inc. II). A Constituição Federal outorga-lhe também, entre outras, a competência para "receber e conhecer das reclamações contra membros ou órgãos do Poder Judiciário, inclusive contra seus serviços auxiliares" *etc.* (art. 103-B, § 4º, inc. III), com o poder de aplicar penalidades.

No plano infraconstitucional o Conselho Nacional de Justiça é regido por seu próprio *Regimento Interno*, o qual contém normas sobre a estrutura do órgão e competência do Plenário, da Presidência, da Corregedoria e das comissões permanentes ou temporárias que este poderá criar; define também a composição e funcionamento de sua Secretaria Geral e a ordem dos processos. Existem ainda o Regulamento Geral da Corregedoria e o Regimento Geral da Secretaria do Conselho Nacional de Justiça.

> Por ser integrante do Poder Judiciário nacional, o Conselho Nacional de Justiça é um *órgão judiciário* (disposição expressa do art. 92, inc. I-A, da Constituição Federal). Não é porém *jurisdicional*, porque não tem a função de atuar em processos ou causas envolven-

do conflitos de interesses entre dois ou mais sujeitos. O Conselho Nacional de Justiça não tem qualquer competência recursal, não lhe cabendo pois examinar decisões jurisdicionais com o objetivo de confirmá-las, reformá-las ou anulá-las.[73]

47. Conselho Nacional do Ministério Público

De modo muito análogo ao que dispõe com referência à Magistratura, manda a Constituição Federal que o Ministério Público seja submetido a controle pelo *Conselho Nacional do Ministério Público*, um colegiado misto do qual participam oito membros da própria Instituição, entre os quais o Procurador-Geral da República, ao lado de outros seis conselheiros de outras origens institucionais (dois magistrados, dois advogados e dois indicados pelas Casas do Congresso Nacional). Compete-lhe zelar pela autonomia do *Parquet* e regularidade no exercício de suas funções, com poder censório e disciplinar sobre os promotores (Const., art. 130-A). Sempre em paralelismo com o Conselho Nacional de Justiça, o Conselho Nacional do Ministério Público não é um órgão de atuação no processo, ou um *órgão de execução*, mas puramente censório e administrativo.[74]

48. contradita

Contradita é a recusa prévia de uma testemunha pelo advogado que não a arrolou. Deve fundar-se em algum motivo concreto do qual se possa inferir a *incapacidade, impedimento ou suspeição* da testemunha, definidos nos §§ 1º a 3º do art. 405 do Código de Processo Civil. Dizer que se trata de uma *recusa prévia* significa que a contradita deve ser formulada antes do depoimento da testemunha; depois de qualificada esta pelo auxiliar da Justiça, o advogado pede a palavra e expõe suas razões de contradita. O juiz, indagando a testemunha sobre os motivos trazidos pelo advogado, decide de pronto, seja no sentido de excluir o depoimento, seja de indeferir a contradita, seja ainda de mandar que a testemunha seja ouvida sem prestar o compromisso a que se refere o art. 415 do Código

---

73. *Cfr.* minhas *Instituições de direito processual civil*, I, n. 189, pp. 418 ss.
74. *Op. loc. cit.*, n. 373-A, p. 706.

de Processo Civil (v. art. 405, § 4º, e art. 414, § 1º). Não constitui contradita e não tem o efeito de excluir o depoimento já prestado a impugnação que, depois de prestado este, vier a ser feita à própria testemunha ou ao teor de seu depoimento. Mas, prudentemente, o juiz deve levar em conta o que durante o depoimento a testemunha vier a dizer, quando ali ficar evidenciada a existência de algum motivo de sua incapacidade, impedimento ou suspeição – de modo a dar ao próprio depoimento os descontos disso decorrente.

49. credor e devedor

É da tradição legislativa luso-brasileira o emprego dos vocábulos *exeqüente* e *executado*, para designar as partes do processo executivo. Já assim era ao tempo das Ordenações do Reino, passando o uso para o Regulamento 737, de 25 de novembro de 1850 (arts. 494, 502, 504 e 508), daí para o Código paulista (arts. 940, 953 e 955, § 1º), para o baiano (arts. 1.060, 1.063, 1.077 e 1.084) e finalmente para o Código de Processo Civil nacional de 1939. Mas o Código vigente inovou nessa matéria, aderindo à terminologia preferida por alemães (*Gläubiger, Schuldner*), italianos (*creditore, debitore*) e franceses (*créancier, débiteur*), ou seja, designando as partes da execução forçada por *credor* e *devedor* e procurando não mais falar em *exeqüente* e *executado* (arts. 600, 601, 612, 615, 629, 633).

Na prática, essa opção terminológica é irrelevante, pois a linguagem é sempre uma convenção e bastaria que os intérpretes e operadores do direito se acostumassem com ela, sem qualquer problema de comunicação; esses vocábulos foram em alguma medida assimilados na linguagem forense, sem maiores dificuldades – embora houvesse muitos que preferissem prosseguir dizendo *exeqüente* e *executado*, não havendo nisso mal algum. Teoricamente, porém, era preferível a terminologia tradicional brasileira, de *sabor mais processual* que a do Código: falar em exeqüente e executado (assim como em autor e réu) dá mais a idéia das partes *processuais*, sem cogitar de sua situação perante o direito material, ao passo que a referência a *credor* e *devedor* já sugere a existência efetiva de uma relação de crédito e débito, que até pode não existir. Se exigíssemos realmente a qualidade de *credor* para que se possa tomar a iniciativa da execução, então a ação executiva seria concreta e os embargos (ou impugnação) do executado, pelo mérito, seriam um contra-senso; destinar-se-iam a obter a declaração de que, em dado processo executivo, *o credor não é titular de crédito algum*. Além disso, a rigor só seria correto falar em credor e devedor quando se cuida de direitos e obrigações de conteúdo pecuniário – e não de obrigações de fazer, de não-fazer ou de entregar coisa certa (nesses casos, tecnicamente não se trata de um *crédito* nem de um *débito*).

Empregando essa linguagem de direito material no trato do processo de execução, o legislador criou para si próprio algumas dificuldades, como no art. 671, onde se viu obrigado a um desnecessário circunlóquio: falou em *terceiro devedor*, usando esta última palavra em seu sentido próprio (inc. I), para depois dizer *credor do terceiro* – quando o credor daquele terceiro não é outra pessoa senão o executado (inc. II). No art. 595, o Código usou duas vezes o vocábulo *devedor*, em seu sentido próprio, de direito material (significando *devedor principal*, em oposição a *fiador*), para logo em seguida dizer *credor*, ao aludir a uma situação na qual essa palavra tanto pode valer por titular do crédito (direito material) como demandante da execução (exeqüente, conceito de direito processual).

> Além disso, apesar do empenho em inovar o Código manteve em alguns dispositivos os vocábulos *exeqüente* (arts. 623, 570, 685, inc. I, 695, 714, § 2º, 732, par.) e *executado* (arts. 615, inc. IV e 791, inc. I). Mais grave é a referência ao demandado da execução forçada como *réu*, feita no art. 578; réu e autor só há no processo de conhecimento.[75]

Também a lei n. 11.232, de 22 de dezembro de 2005, criou alguma dificuldade para o emprego dos vocábulos *exeqüente* e *executado*. Como na linguagem dessa lei a efetivação das obrigações de fazer, não-fazer ou entregar coisa certa não se faz mediante

---

75. Tal uso é conseqüência de o art. 578 ser reprodução quase literal do art. 3º do dec-lei n. 960, de 17 de dezembro de 1938, que constituía o estatuto do executivo fiscal vigente antes do Código (hoje, v. lei n. 6.830, de 22.9.80).

execução mas *cumprimento de sentença* (CPC, art. 475-I), já não tem sentido chamar de *exeqüente* aquele que promove o cumprimento (e não uma execução) ou de *executado* aquele a quem se impõe um *cumprimento*. Os §§ 1º, 2º e 3º do art. 461 do Código de Processo Civil designam as partes como *autor* e *réu*, mas provavelmente o fazem porque estão a reger medidas e providências que terão lugar ainda na fase de conhecimento; mas, no art. 461-A, os §§ 1º e 2º dizem *devedor* e *credor*. O art. 475-J, *caput*, alude a *credor* e *devedor* quando disciplina os atos a serem realizados antes de instaurada a execução (ou fase executiva) mas, já no trato dos atos executivos, seus §§ 1º e 3º optam pelos nomes *exeqüente* e *executado*.

Resumo: no encontro entre dispositivos que já vinham com o Código e outros que lhe foram implantados pela Lei do Cumprimento de Sentença, deparamos com uma variedade terminológica não muito ordenada – cuja compreensão ficará facilitada se, dando menor valor às variações em convívio no corpo da mesma lei, reconhecermos uma sinônima quase perfeita entre os vocábulos *credor* e *exeqüente* e entre *devedor* e *executado*. Faça cada um a opção que mais lhe agradar e disso mal algum decorrerá, não havendo dificuldades para o entendimento.

50. *cumprimento de sentença e execução*

Antes da *Lei do Cumprimento de Sentença* (lei n. 11.232, de 22.12.05) praticava-se no processo civil brasileiro linguagem praticamente comum entre os países ligados à cultura jurídica européia continental, que nós herdamos da tradição lusa e cultivamos por muitas décadas sob a influência da doutrina italiana, portuguesa, espanhola, alemã, francesa, austríaca. Falávamos em *execução* para designar as medidas judiciais destinadas a produzir a satisfação de direitos reconhecidos em título executivo, quer judicial, quer extrajudicial – distinguindo-se, com fundamento nessas duas ordens de títulos, a execução por título judicial e a execução por título extrajudicial. Tínhamos um autêntico e verdadeiro *processo de execução*, qualquer que fosse o título. E, fosse em caso de execução por título judicial ou extra, distinguíamos três espécies de execução (a) por obrigações de fazer ou de não-fazer, (b) por obrigações de entregar coisa certa ou determinada pelo gênero e quantidade e (c) por obrigações em dinheiro (quantia certa). As duas primeiras eram qualificadas como *execuções específicas* e a última, *execução por quantia certa contra devedor solvente*.

Naquele quadro predominava na doutrina brasileira forte tendência a aceitar o conceito e dimensão da execução forçada, segundo proposta contida na obra de Liebman, como atividade "que tem por finalidade conseguir, por meio do processo e sem o concurso da vontade do obrigado, o resultado prático a que tendia a regra jurídica que não foi obedecida".[76] Esse é um conceito estrito, no qual somente cabem as atividades de *sub-rogação*, impostas pelo juiz no curso da execução (penhora, alienação, expropriação em favor do exeqüente), sem ser necessária qualquer participação do executado. De um modo geral, os autores brasileiros afastavam-se da posição ampliativa proposta por Chiovenda, para o qual haveria dois modos de executar, a saber, *por sub-rogação* e também *por coerção*.[77] Da execução por coerção dizia-se por aqui que não era verdadeira execução, porque se resolve em provocações ou estímulos à vontade do obrigado (coerções, pressões psicológicas) e não em atos impostos imperativamente, sem o concurso desta; seria mera *execução indireta*.[78]

Mas chegou a primeira Reforma do Código de Processo Civil, introduzindo no sistema a *execução imediata das obrigações específicas de fazer ou de não-fazer*. Pelo disposto no art. 461 então posto no Código, tais obrigações, quando reconhecidas em sentença condenatória produzida no processo civil, comportavam

76. *Cfr. Processo de execução*, 4ª ed., n. 2, p. 4. Aderindo a esse conceito e visando a dar mais explicitude às idéias do Mestre, defini a execução como "conjunto de atos estatais através dos quais, com ou sem o concurso da vontade do devedor, ou até mesmo contra ela, invade-se seu patrimônio para, à custa dele, realizar-se o resultado prático desejado concretamente pelo direito objetivo material" (conceito rigorosamente coincidente, em substância, com o de Liebman); v. Dinamarco, *Execução civil*, n. 63, pp. 120-121 e *Instituições de direito processual civil*, IV, nn. 1.326-1.327, pp. 31 ss.

77. *Cfr. Istituzioni di diritto processuale civile*, I, n. 86, esp. p. 261.

78. *Cfr.* ainda minhas *Instituições de direito processual civil*, IV, n. 1.340, p 66 e *Execução civil*, n. 54, pp. 104-108.

execução no próprio processo onde a sentença houvesse sido gerada, *sine intervallo* e sem a formal instauração de um novo processo; e nessa execução passaram a figurar com muita ênfase as medidas de coerção, ou pressão psicológica, destinada a induzir o obrigado ao cumprimento voluntário.[79] As multas por descumprimento (*astreintes*), as interdições de atividades e todas as possíveis *medidas coercitivas* destinadas a atuar sobre a vontade do obrigado ("medidas necessárias", em geral – art. 461, § 5º) passaram a conviver com medidas de autêntica sub-rogação, como a "busca-e-apreensão, remoção de pessoas coisas, desfazimento de obras e impedimento de atividade nociva" (ainda o art. 461, § 5º). Tais disposições ganharam enorme prestígio na doutrina, a qual passou a tratar como *execução específica* as providências regidas pelo art. 461 e depois também pelo art. 461-A (obrigações de entregar coisa certa). Todos reconhecíamos que essa *execução* se fazia no corpo do mesmo processo onde houvesse sido proferida a sentença condenatória por obrigação de fazer, não-fazer ou entregar e que ela, embora contasse em boa parte com o concurso da vontade do obrigado, nem por isso deixava de ser uma *execução*. Passou-se com isso de um conceito mais estreito de execução, proposto por Liebman, ao conceito mais largo, vindo da obra de Chiovenda (atividades de sub-rogação e também de coerção).

Mas eis que veio depois a lume a lei n. 11.232, de 22 de dezembro de 2005, a qual, ao inserir no texto do Código de Processo Civil a locução *cumprimento de sentença*, não só trouxe ao sistema uma reviravolta radical e brusco afastamento de padrões internacionalmente respeitados e praticados, como também deixou insuficientemente definido o significado e dimensão de suas próprias palavras (*supra*, n. 4). Diz inicialmente que "o cumprimento de sentença far-se-á conforme os arts. 461 e 461-A desta lei, ou, tratando-se de obrigação por quantia certa, por execução, nos termos dos demais artigos deste capítulo" (CPC, art. 475-I). Tem-se diante disso a impressão de que o legislador quis atribuir à locução *cumprimento de sentença* um significado amplo, abran-

---

79. *Voluntário* significa *por decisão própria*. Nem sempre o voluntário é *espontâneo*.

gente de toda uma categoria jurídica na qual se enquadrariam, como espécies de um gênero, (a) a imposição das medidas impostas pelos arts. 461 e 461-A, quando se trata de obrigações específicas e (b) a *execução forçada*, de cunho preponderantemente sub-rogatório, em relação às obrigações por dinheiro. Sem haver criado uma denominação específica para o cumprimento na forma dos arts. 461 e 461-A, a nova redação do Código de Processo Civil induz ao emprego daquela mesma locução de significado amplo (*cumprimento de sentença*) também em relação às obrigações específicas. À falta de melhor precisão da lei, vamos pois falando (a) em *cumprimento de sentença*, em sentido estrito, para designar a execução específica comandada pelos arts. 461 e 461-A do Código de Processo Civil, (b) em *execução*, com referência ao conjunto de atos conducentes à satisfação de obrigações de conteúdo pecuniário e (c) em *cumprimento de sentença*, em sentido lato, quando se faz alusão ao gênero que abrange essas duas espécies. Estava tudo tão bem antes dessa Reforma, falando-se em *execução*, *execução específica* e *execução por quantia certa* – e por que complicar tanto? Mas aí está a lei posta e somos obrigados a conviver com ela e buscar sua interpretação harmoniosa, sob pena de lhe negarmos vigência.

Além do aspecto puramente verbal ou semântico, a nova lei quis também, claramente, levar-nos de volta ao conceito estrito de execução, reassumindo pois a posição de Liebman e assim voltando a repudiar Chiovenda. O vigente art. 475-I do Código de Processo Civil deixou fora de dúvida essa intenção ao dizer que a efetivação das obrigações por dinheiro se faz por execução (ou: *o cumprimento da sentença* de objeto pecuniário faz-se por execução), mas a das obrigações específicas se faz por outro meio, ao qual não pretende dar o nome de *execução*. Esse outro meio é a aplicação do disposto nos arts. 461 e 461-A, nos quais preponderam atividades coercitivas e só em segundo plano, ou como segunda hipótese de trabalho, se cogita de medidas de sub-rogação. A distinção feita pelo art. 475-I indica, sempre na linha de Liebman, que somente se considera *execução* a atividade "que tem por finalidade conseguir, por meio do processo e *sem o concurso da vontade do obrigado*, o resultado prático a que tendia a regra jurídica que não foi obedecida".[80] A essa conclusão

80. *Cfr.* outra vez Liebman, *Processo de execução*, n. 2, p. 4.

se chega a partir da observação de que a grande diferença entre a aplicação daqueles dispositivos e a técnica da *execução por quantia certa* consiste justamente no predomínio, lá, das coerções (*astreintes etc.*) e, cá, das sub-rogações (penhora, expropriação de bens *etc.*).

Postas assim a lei e sua terminologia, surge alguma dificuldade para continuarmos a falar em *execução específica* quando se trata de dar efetividade a sentenças que condenam por obrigações de fazer, de não-fazer ou de entregar coisa certa (obrigações específicas). Foi manifesta intenção do legislador retirar tais atividades do conceito de *execução*, alocando-as no de *cumprimento de sentença* (art. 475-I). Mas, se tais atividades não entram naquele conceito, como poderíamos considerar ou denominar as atividades destinadas a dar efetividade a obrigações específicas reconhecidas *em título extrajudicial*? O Código de Processo Civil continua a chamá-las *execução para a entrega de coisa* (arts. 621-631) e *execução das obrigações de fazer e de não-fazer* (arts. 632-645). É curioso negarmos o nome *execução* às atividades destinadas à efetivação de sentença condenatória por obrigações específicas (fazer, não-fazer, entregar), mas continuarmos a dar esse nome às atividades substancialmente similares, quando o título é extrajudicial. Ou seja: quando o título é extrajudicial continua o Código a falar em *execução* mas, quando o título é uma sentença civil, não teríamos execução e sim *cumprimento de sentença* – muito embora as atividades a serem desenvolvidas sejam em boa parte as mesmas, lá e cá. Seu art. 644 é explícito ao mandar que as normas ditadas para o cumprimento de sentença (art. 461, *caput* e §§) se apliquem também à execução por obrigações de fazer ou de não-fazer; e o art. 475-R, inversamente, manda que ao cumprimento de sentença se apliquem as regras de execução contidas em seu Livro II. Seria mesmo necessário complicar tanto?

51. de-ofício

Decidir ou determinar providências de-ofício é fazê-lo espontaneamente, ou seja, independentemente de provocação de parte. Essa locução, que é tradução literal da latina *ex officio*, expressa a idéia de que certas atividades são inerentes ao *ofício* do juiz, ou seja, à sua função no processo, ou mesmo à sua profissão. O juiz decide de-ofício, p.ex., acerca de certas matérias de ordem pública como a incompetência absoluta (CPC, art. 113, *caput*), falta de pressupostos de constituição e desenvolvimento válido e regular do processo, ocorrência de perempção, litispendência ou coisa julgada, carência de ação *etc.* (art. 267, § 3º); também de-ofício pode e deve determinar a produção de provas em certas circunstâncias (art. 130).[81]

Mas já ouvi de um aluno que o juiz atua de-ofício ao *expedir ofício* – p.ex., ao empregador para proceder ao desconto de alimentos em folha, à Receita Federal pedindo informes sobre rendimentos do executado *etc.*

52. decisório (decisum)

Chama-se decisório a terceira parte da sentença, que é a parte final, situada após o relatório e a motivação (CPC, art. 458, incs. I-III). É no decisório que reside o preceito concreto e imperativo destinado a prevalecer entre as partes. Ao dizer *julgo procedente*, ou *julgo improcedente a demanda*, o juiz está lançando o seu decisório. Esse vocábulo não é sinônimo de *decisão* nem de *sentença*, designando somente uma das partes desta.

V. também *decisum*.

53. demanda

Esse vocábulo permaneceu durante muito tempo, e talvez por mera omissão, excluído da dignidade do uso na linguagem mais técnica e apurada do direito processual civil brasileiro. Emprega-a o Código de Processo Civil apenas quatro vezes, mantendo-lhe uma uniformidade de sentido sempre para dizer o que poderia dizer através de *causa, pleito*, ou mesmo *processo; perder a demanda, pendência da demanda, custear a demanda, correr a demanda* e *demanda capaz de reduzir à insolvência* são as locuções em que tal palavra aparece, nos arts. 70, inc. III, 593, inc. II, 835 e 852,

---

[81] *Cfr.* José Roberto dos Santos Bedaque, *Poderes instrutórios do juiz*, *passim.*

par. Emprega também quatro vezes o particípio passado *demandado* (arts. 94, §§ 1º e 2º, 460 e 596), três a sua forma feminina (*demandada* – arts. 62, 69, inc. II e 70, inc. II), três o seu plural (*demandados*: arts. 12, § 2º, 94, § 4º e 286, inc. I), cinco vezes o verbo *demandar* (arts. 315, par., 321, 922, 974 e 1.001) e uma, a forma verbal *demandarem* (art. 984). Mas o vocábulo *demanda* não aparecia sequer uma vez em seu sentido tradicional, que era adotado na linguagem de nossos antigos processualistas e que é aquele com o qual se emprega em ordenamentos jurídicos de primeira linha, como o da Itália e o da Alemanha – até que alterações introduzidas no Código incluíram esse uso, mediante o emprego das expressões *réus da demanda* (art. 253, inc. II), *natureza da demanda* (art. 277, § 4º) e *fundamento da demanda* (art. 461, § 3º).

Na linguagem peninsular há muito cuidado em usar adequadamente as palavras *azione* e *domanda*. A primeira é o *poder*, ou direito de provocar o provimento jurisdicional; a segunda, *o ato através do qual o provimento é postulado*.[82] Fala-se portanto em propositura da *domanda*, não da *azione*; em *principio della domanda* (iniciativa de parte), não da *azione*; em cúmulo de *domande*, não de *azioni*; em identidade de *domande*, não de *azioni*. No direito alemão é muito corrente o emprego do vocábulo *Klage*, que também expressa precisamente o *ato postulatório* e não coincide com *Klagerecht* (este, sim, significando o direito ao provimento jurisdicional).[83] Nos velhos tempos do processo civil brasileiro aparecia também a *demanda*, em oposição à *ação*, p.ex., quando se dizia, ainda nos quadrantes da visão civilista desta, que "ação e exercício da ação exprimem noções distintas. A ação pertence ao direito civil ou comercial, conforme for a matéria de que se trate com relação à lei; o exercício da ação é demanda propriamente dita, a qual então pertence ao regime judiciário".[84]

82. *Cfr.* Betti, *Diritto processuale civile italiano*, n. 17, p. 71; v. ainda Dinamarco, nota n. 30 à tradução do *Manual de direito processual civil*, de Enrico Tullio Liebman (vol. I, pp. 56-58).

83. *Cfr.* por todos, Lent, *Zivilprozessrecht*, § 38, pp. 156 ss. trad.; Rosenberg-Schwab, *Zivilprozeßrecht*, § 91, II, pp. 435 ss.

84. *Cfr.* Paula Baptista, *Compendio de theoria e prática do processo civil comparado com o commercial*, § 5º, p. 12.

Com esse significado é que o vocábulo *demanda* esteve praticamente desaparecido de nossas leis e escritos. Com o significado de *processo*, ou *relação jurídica processual*, ele andou aparecendo na linguagem de alguns autores, como por exemplo ao falarem na *instauração da demanda*[85] ou na *constituição da demanda*.[86] E aparecia também no revogado Código de Processo Civil português, na disciplina do instituto do *chamamento à demanda* (art. 330).[87]

É claro que *demanda* não poderia estar aí no significado que lhe é próprio (ato de iniciativa processual), pois não faria sentido alguém chamar outrem ao ato de iniciativa do autor, ao seu pedido. Nem estava na acepção de *ação*, pois igualmente repugnaria ao bom-senso a idéia de chamar alguém ao direito ou poder de obter o provimento jurisdicional. Como ficou dito acima, o projeto que se transformou no Código brasileiro de 1973 ia cometendo esse engano, ao dizer *chamamento à ação* (arts. 86-89) – certamente por ver no vocábulo *demanda* um significado correspondente ao nosso uso, mas sem se aperceber de que no texto de origem (português) o sentido era outro. O *chamamento à demanda*, naquele modelo europeu, era precisamente *chamamento ao processo*.[88]

É tempo, porém, de nos valermos dessa utilíssima palavra que bem servirá para a designação de fenômenos mal acomodados, segundo a linguagem vigente no Código de Processo Civil, nos vocábulos *ação*, *pedido* e até *lide*. Quando o Código fala, por exemplo, dos *limites em que a lide foi proposta* (art. 128), está cuidando da necessária correlação entre o provimento jurisdicional e a *demanda* proposta pelo autor, sendo muito mais próprio usar este último vocábulo e não *lide*. O art. 292 autoriza a *cumulação de pedidos* (cúmulo simples) ainda que entre eles não haja conexidade; ou seja, ainda que as causas de pedir e os pedidos sejam

---

85. *Cfr.* Pontes de Miranda, *Comentários ao Código de Processo Civil* (de 1939), III, p. 4, n. 2.

86. *Cfr.* Calmon de Passos, *Do litisconsórcio no Código de Processo Civil*, n. 52, p. 58.

87. É o nosso *chamamento ao processo* (CPC, arts. 77-80 – *supra*, n. 35).

88. O Código de Processo Civil português foi profundamente alterado nos anos de 1995 e 1996. O art. 330, referido acima, já não tem a mesma redação.

diferentes (art. 103). É estranho pensar em *pedidos* (art. 292) que sejam conexos por lhes serem comuns os *pedidos* ou (pior ainda) que sejam conexos quando só as causas de pedir forem comuns, sendo diferentes *os pedidos* (art. 103). Se o art. 292 tivesse empregado *demanda* em vez de *pedido*, reservando esta última palavra para o sentido mais apurado tecnicamente de *petitum*, o conflito não ocorreria. Veja-se ainda a indecisão do Código, nos parágrafos do art. 301, quando fala uma vez em reprodução da *mesma ação* (§ 1º) e depois em *ações idênticas* (§ 2º): afinal, nos casos em que ocorre a tríplice identidade têm-se ações idênticas ou a mesma ação proposta duas vezes? Na realidade, uma só é a *ação*, mas tivemos duas *demandas* iguais, propostas sucessivamente (§ 2º). Multiplicar-se-iam os exemplos de aplicação do vocábulo em análise, se pensássemos na *identificação das demandas* (e não só das ações), *em conexidade entre demandas* (e não só entre ações), em *demanda temerária* (em vez de *lide temerária*) etc.[89]

Na literatura brasileira mais moderna já vai crescendo o emprego de *demanda* no sentido que lhe é próprio e já com algum destaque.[90] Quando em 1984 elaborei notas à tradução do *Manual de direito processual civil* de Enrico Tullio Liebman, achei prudente evitar seu uso porque até então esse vocábulo não era recebido com suficiente clareza pelos estudiosos do país e seu emprego poderia gerar mal-entendidos sobre a obra do Mestre.[91] Mas, se a língua é a expressão de uma cultura e deve refletir o pensamento dos homens e os objetos de seu conhecimento, já é tempo de reconhecermos que existe um fenômeno distinto e di-

---

89. *Cfr.* minha nota n. 30 à tradução do *Manual de direito processual civil* de Enrico Tullio Liebman (vol. I, pp. 56-58).

90. *Cfr.* Barbosa Moreira, *O novo processo civil brasileiro*, em que um parágrafo específico é dedicado a ela ("a demanda" – pp. 11 ss.). Corretíssimo é dizer, com esse autor, que "instrumento da demanda é a petição inicial" (p. 11). No processo crime, o instrumento da demanda será a denúncia ou a queixa-crime. No processo dos juizados especiais, a demanda será escrita ou verbal; o escrito na qual esta se documenta constitui também instrumento da demanda.

91. Daí o esclarecimento que cuidei de fazer na nota n. 24 (1ª ed., pp. 34-35). Na 3ª edição essa nota foi substituída pela de n. 30 (pp. 56-58), na qual dou as razões por que passei a empregar na tradução o vocábulo *demanda*.

ferente da ação, da lide e do *petitum*, o qual está a clamar por uma designação própria, sem a promiscuidade daquele tratamento que lhe vinha sendo atribuído. O refinamento de uma linguagem, mediante o uso de palavras distintas destinadas à designação sempre mais precisa de fenômenos afins, é sinal de uma maturidade cultural que em direito processual já temos em grau mais que suficiente.

54. denunciação da lide

Denunciação da lide é uma modalidade de intervenção de terceiro *provocada* (ou coata) e consiste na inclusão de um terceiro no processo com a dupla finalidade de atuar como assistente litisconsorcial do denunciante e ao mesmo tempo figurar como parte passiva (réu) na demanda eventual de condenação formulada por este. Tanto o autor como o réu podem fazer a denunciação. Falar de uma demanda movida *em via eventual* significa que essa demanda somente será objeto de julgamento pelo mérito se o denunciante for vencido no julgamento de seu litígio com a outra parte originária. Assim, p.ex., se em uma ação reivindicatória o réu denuncia a lide ao alienante do imóvel mas a própria ação reivindicatória é julgada improcedente, aquela ação eventual reputar-se-á *prejudicada* e seu mérito não será julgado; se a demanda entre as partes originárias for decidida contra o litisdenunciante, aí então o juiz passará ao mérito da denunciação, examinando os requisitos para a configuração da obrigação de ressarcir os danos suportados por este (se no caso concreto o denunciado responde ou não pela evicção, qual o valor a considerar, critérios de atualização *etc.*).

Primeira observação terminológica. A denunciação da lide, tal como regida pelo vigente Código de Processo Civil, não é mera *denúncia da lide*, como era no Código de 1939 (o qual seguia o modelo italiano). Naquele diploma ab-rogado, a iniciativa do denunciante tinha o exclusivo efeito de trazer o terceiro ao processo somente para colaborar para o melhor êxito na causa (assistência). O Código de 1939 era muito claro ao estabelecer que o pedido de condenação do litisdenunciado pela obrigação regressiva somente poderia ser feito depois, em outro processo (art. 101 – "a evicção pedir-se-á em ação direta"). Uma observação terminológica digna de nota é que (a) enquanto tínhamos a mera denúncia da lide, a lei dava ao instituto a denominação de *chamamento à autoria*, a qual seria indicativa de uma responsabilização do garante (o vocábulo latino *auctoria* traduz-se por *garantia*); e (b) agora que realmente se busca a efetivação da garantia mediante condenação do denunciado (art. 76), o instituto se chama simplesmente *denunciação da lide*, como se fosse mera denúncia e nada mais. Houve, como se vê, uma inversão: a mera denúncia, contida no Código de Processo Civil de 1939 era denominada como se contivesse um pedido de condenação; e, no Código atual, a cumulação do pedido regressivo é tratada como se nada mais fizesse o denunciante do que *denunciar*.

Segunda observação terminológica. Denuncia-se a lide a alguém, ou seja, o verbo *denunciar* tem por objeto *a lide* e, por objeto indireto, *o terceiro* a quem a lide é denunciada. Não tem sentido fazer uma denunciação *à lide*, porque lide é um ser imaterial e inanimado, não sendo dotada de sentidos e portanto não sendo capaz de receber denunciação alguma. É porém corrente o erro consistente em dizer *denunciação à lide*, ou ainda *o terceiro foi denunciado da lide*, ou mesmo *denunciação do terceiro da lide*. Diga-se corretamente: *a lide foi denunciada ao terceiro* ou *denunciação da lide ao terceiro*. Já é tempo de evitar esses erros bastante deselegantes e comprometedores.

55. *depositário e fiel depositário*

Depositário é um auxiliar da Justiça, encarregado da guarda e conservação de bens constritos ou postos à disposição do juízo (CPC, arts. 148 ss.). Onde há um depositário público, a ele competem tais funções; o depositário público é um auxiliar permanente da Justiça, integrando o esquema fixo do órgão judiciário ao qual for ligado. Existe também a figura do depositário particular, nomeado pelo juiz entre pessoas de confiança; o próprio titular do bem penhorado, se merecer confiança do juízo, pode ser nomeado depositário (CPC, art. 666, *caput*). Como todo depositário, o depositário judicial (quer público, quer privado), tem o dever de entregar o bem incólume e responde pelos prejuízos que causar. Se desviar ou de qualquer modo sonegar o bem, será reputado *depositário infiel*, incorrendo em crime de apropriação indébita qualificada (CP, art. 168, § 1º, inc., II) e sujeitando-se a prisão civil a ser decretada pelo juiz da causa em que se deu o depósito (Const., art. 5º, inc. LXVII; Súmula 619 STF).[92]

Mas da correta idéia de que o depositário deve ser *fiel* e o infiel responde por sua infidelidade, nasceu o mau hábito de designar o depositário como *fiel depositário*. Diz-se que tal pessoa foi nomeada *fiel depositário* de tal bem, ou que o juiz pôs o bem penhorado a cargo de um *fiel depositário*. Que o depositário deve ser fiel, não há dúvida. O que não é correto é designá-lo desse modo. Tal pessoa foi nomeada *depositário* e basta. Mudar assim o nome desse auxiliar da Justiça equivaleria a dizer que Fulano de Tal exerce o cargo de juiz imparcial, ou que dado hospital abriu vagas para a função de habilidoso cirurgião *etc.* O juiz deve ser imparcial, espera-se que os cirurgiões sejam habilidosos e o depositário tem o dever de ser fiel. Mas juiz é juiz, cirurgião é cirurgião e depositário é depositário. Os adjetivos não integram a denominação desses ocupantes de cargos ou funções.

56. desconsideração da personalidade jurídica

Desconsiderar uma personalidade jurídica é suprimir mentalmente sua existência, de modo a tratar o próprio ente coletivo em conjunto com as pessoas físicas que a integram, como se fossem uma só pessoa e, conseqüentemente, como se um só fosse também o patrimônio de todos. Isso é feito com o objetivo de *reprimir fraudes* praticadas sob o manto da personalidade jurídica de sociedades, geralmente a dano de credores.

Para combater desvios que com muita freqüência vêm sendo praticados, é sempre conveniente insistir na advertência de que a *disregard doctrine* foi concebida e legitima-se no objetivo de afastar a fraude que através da personalidade jurídica se perpetra contra terceiros. É ilegal e ilegítima sua imposição simplesmen-

---

92. *Cfr.* minhas *Instituições de direito processual civil*, I, n. 354, p. 680.

te como expediente destinado a encontrar bens, quando a pessoa jurídica não os tem suficientes para responder. Rubens Requião, que por primeiro discorreu sobre o tema da *disregard doctrine* na doutrina brasileira, transportando a tese vinda de plagas germânicas e da *common law* e cuidando de demonstrar sua compatibilidade com o direito positivo deste país, advertiu desde logo: "a doutrina desenvolvida pelos tribunais norte-americanos (...) visa a impedir a fraude ou algum abuso através do uso da personalidade jurídica".[93] Essa doutrina goza de imenso prestígio neste país, sendo intensamente praticada pelos tribunais, especialmente em processos de execução.

Mas em nome dessa doutrina, ou a pretexto de aplicá-la, vêm na realidade sendo praticadas muitas distorções, injustiças, ilegalidades e revoltantes abusos. Não se deve porém levar a *disregard of legal entity* ao ponto de aniquilar a distinção entre a personalidade do ente coletivo e a das pessoas físicas que o integram. Essa distinção, fundamental ao sistema de direito privado, era ditada de modo direto no Código Civil de 1916 (art. 20 – "as pessoas jurídicas têm existência distinta da dos seus membros") e continua sendo afirmada no estatuto agora vigente, ainda que de modo indireto: o art. 50 do Código Civil de 2002, ao estabelecer que os bens dos sócios poderão vir a responder por obrigações da sociedade sempre que houver abuso da personalidade jurídica desta, está claramente dispondo, *a contrario sensu*, que, sem esse mau uso, será sempre respeitada a autonomia patrimonial de cada um. Esse é, afinal, um verdadeiro e legítimo dogma sem cuja observância sequer haveria como pensar na personalidade dos entes coletivos. É preciso, em outras palavras, tratar esse saudável instrumento concebido contra a fraude como autêntico *instrumento contra a fraude* e não como algo ordinário na vida das pessoas jurídicas.

CC, art. 50: "em caso de abuso da personalidade jurídica, caracterizado pelo desvio de finalidade ou por confusão patrimonial,

---

93. São palavras de Rubens Requião, "Abuso de direito e fraude através da personalidade jurídica", p. 13. *Cfr.* também José Lamartine Corrêa de Oliveira, *A dupla crise da pessoa jurídica*, cap. VI, n. 3, pp. 608-609. V. ainda meus *Fundamentos do processo civil moderno*, II, esp. n. 659, pp. 1.181-1.182.

pode o juiz decidir, a requerimento da parte ou do Ministério Público quando lhe couber intervir no processo, que os efeitos de certas e determinadas relações de obrigações sejam estendidos aos bens particulares dos administradores ou sócios da pessoa jurídica".

Na expressão *abuso da personalidade jurídica* reside nítida alusão à fraude como fundamento para desconsiderar. E, como a fraude não se presume, em cada caso é indispensável que a parte interessada na desconsideração alegue e prove os fatos que a legitimam perante a ordem jurídica: é seu, por aplicação da regra fundamental contida no art. 333, inc. I, do Código de Processo Civil, o ônus da provar os fatos que caracterizam a fraude ou *abuso da personalidade jurídica*. Se a desconsideração não houver sido feita já no processo de conhecimento, especialmente quando o sócio não houver sido parte ali, é indispensável a integração deste à execução forçada, mediante citação – sendo assim a jurisprudência largamente dominante no Superior Tribunal de Justiça.[94]

57. desentranhamento, juntada, juntada por linha

Anexar aos autos uma petição ou documento é *juntá-los*. Retirá-los é *desentranhá-los*; esse verbo transmite a idéia de tirar algo das entranhas dos autos. Com menos freqüência emprega-se *entranhar* como sinônimo de juntar e diz-se também que tal documento está *entranhado* aos autos do processo.

A locução *juntar por linha* significa fixar um documento ou petição na capa final dos autos. O juiz ou relator determina a juntada por linha quando entende que o documento ou petição não mereceria ser juntado propriamente aos autos, para ser considerado no julgamento a ser feito; não determina a intimação do adversário para manifestar-se (CPC, art. 398), revelando a intenção de não o levar em conta. Inexiste qualquer norma legal a esse respeito e, para efeitos práticos, o *juntar por linha* é quase equivalente a um *não juntar*.

---

94. *Cfr.* STJ, 2ª T., REsp n. 278.744, j. 19.3.02, rel. Eliana Calmon, v.u., *DJU* 29.4.02, p. 220, *apud* Negrão-Gouvêa, *Código de Processo Civil e legislação processual em vigor*, nota 3-b ao art. 4º LEF, p. 1.447, 1ª col.

57-A. deserção

Deserção é *abandono*, como no caso do soldado *desertor* que foge ao combate e às fileiras das Forças Armadas. Em processo civil o vocábulo *deserção* é empregado para designar a situação da parte que recorre e deixa de depositar o preparo do recurso interposto. Em situação assim dispõe o Código de Processo Civil que o recurso não terá prosseguimento, tornando-se inadmissível e portanto operando-se uma *preclusão* desfavorável ao recorrente (art. 511).

Quando o preparo da apelação era feito depois de respondida esta pelo apelado e recebida pelo juiz *a quo*, só depois disso o apelante era intimado a preparar e só então sua omissão acarretaria a *deserção* – a partir da idéia de que aquele que recorreu e não preparou foi um desertor que *abandonou* o recurso já interposto. Com a atual redação do art. 511 do Código de Processo Civil, que manda recolher o preparo *antes de interpor o recurso*, o vocábulo *deserção* perdeu seu significado anterior porque o apelante que não preparou antes de apelar não cometeu *abandono* algum. Ele simplesmente interpôs seu recurso de modo inadequado e insatisfatório, não podendo este produzir os efeitos desejados pelo apelante. A falta de preparo continua sendo uma causa de inadmissibilidade dos recursos, mas semanticamente o emprego do vocábulo *deserção* tornou-se inadequado.[95]

58. desistência da ação e renúncia ao pedido
– pedir desistência

Desistir da ação é renunciar ao prosseguimento do processo instaurado mediante a propositura da demanda inicial. Aquele que havia demandado em juízo uma tutela jurisdicional (autor, exeqüente) revoga a demanda feita, para que ela passe a ser havida como nunca feita, não se julgando pois o mérito da causa (CPC, art. 267, inc. VIII). Essa desistência, ao contrário do que as palavras poderiam indicar, não atinge o direito de ação, o qual permanece íntegro apesar de extinto o processo e pode voltar a ser exercido depois, em outra iniciativa que dará origem a outro

---

95. *Cfr.* Dinamarco, *A Reforma do Código de Processo Civil*, n. 120, pp. 164-166.

processo (CPC, arts. 28 e 268) – e daí receber esse instituto, entre os italianos, a denominação de *rinuncia agli atti del giudizio* (desistência dos atos do processo). É porém exigido, como pressuposto indispensável para a regular formação do segundo processo, o pagamento das custas e honorários a que o autor desistente haja sido condenado (art. 28 c/c art. 26, *caput*).

A desistência só será eficaz quando homologada pelo juiz (CPC, art. 158, par.) e a homologação, por sua vez, no processo ou fase de conhecimento só se dará se houver anuência do réu – desde que, é claro, já esteja citado (art. 267, § 4º). A exigência desse consentimento constitui reconhecimento de que também o réu tem o direito de postular e esperar pela tutela jurisdicional no processo de conhecimento;[96] cabe a ele opor-se, sempre que tenha a expectativa de vitória, forçando com isso o prosseguimento do processo até ao julgamento do mérito, o qual pode ser-lhe favorável. Manifestada a desistência da ação e homologada pelo juiz, encerra-se a fase cognitiva do processo e ele poderá prosseguir, a pedido do réu, para a execução pelos honorários advocatícios e reembolso de custas aos quais o autor houver sido condenado (CPC, art. 475-J); se o juiz não houver imposto tais condenações, extingue-se o processo (art. 267). No processo ou fase de *execução*, onde o demandado não poderia obter bem algum mediante a consumação da atividade jurisdicional, sua anuência é dispensada – porque, como é óbvio, a extinção da execução é a melhor das soluções que poderia esperar. Na *ação rescisória*, cuja desistência elimina o risco de desfazimento dos efeitos da sentença favorável ao réu (sentença rescindenda, coberta pela coisa julgada), também não há razão para exigir a anuência deste.[97]

> É preciso proscrever por completo o uso da equivocada expressão *pedir desistência*. Quem desiste, desiste ele próprio e não pede ao juiz que desista (o que seria um absurdo). O desistente pede, sim,

---

96. *Cfr.* Dinamarco, *Fundamentos do processo civil moderno*, II, n. 432, pp. 828-831.

97. *Cfr.* Dinamarco, *Instituições de direito processual civil*, III, n. 884, p. 195.

a homologação de sua desistência. *Pedir desistência* é tão errado quanto *pedir impugnação* (*infra*, n. 82).

A desistência da ação não se confunde com a *renúncia ao direito*, que é um ato de disposição do direito material e tem por efeito a extinção deste. Esse é um ato unilateral do autor e constitui contraposto do reconhecimento do pedido, feito pelo réu; assim como a este se permite a total submissão à pretensão do autor, cessando sua resistência e proporcionando o reconhecimento do direito afirmado na demanda inicial, assim também se consente ao autor esse ato de liberalidade em conseqüência do qual, se tinha um direito, deixa de tê-lo. Tanto quanto a decisão homologatória do reconhecimento do pedido, também a de tal renúncia é definida pela lei como *sentença de mérito* CPC, art. 269, inc. V – *infra*, n. 150). Também a renúncia ao direito não se refere a fatos ou fundamentos jurídicos alegados por qualquer das partes. O autor que renuncia prescinde inteiramente deles, limitando-se a dispor do direito que eventualmente tivesse e, por esse meio, ocasionando a extinção do conflito antes existente; ainda quando reafirme seus fundamentos, o que importa é o ato de disposição do direito, ou seja, a conduta consistente em depor as armas. E a homologação será obrigatória. Do mesmo modo como sucede em caso de reconhecimento do pedido, ao juiz cabe apenas, em uma atividade de pura *delibação*, verificar os requisitos formais, a capacidade de quem renuncia, sua regular representação, a disponibilidade do direito que é objeto dessa renúncia *etc.* – e nunca o conteúdo desse volitivo ato do autor. Diferentemente da desistência da ação, a renúncia ao direito independe da anuência do réu, o qual só pode ser beneficiado e jamais prejudicado por esse ato de liberalidade que se passa no puro campo do direito substancial.

A renúncia ao direito pode consistir na *remissão de dívida* (CC, arts. 385 ss.) ou em qualquer outro ato mediante o qual o autor ponha fim, unilateralmente, a um possível direito seu – como, *v.g.*, quando abre mão do direito de propriedade afirmado em uma ação reivindicatória ou do direito a ser reintegrado na posse, pleiteado em uma demanda de natureza possessória.

59. despesas e honorários

Como é notório e intuitivo, o Estado tem *gastos gerais* com a administração da Justiça, que ele é obrigado a suportar quando imobiliza recursos nos edifícios, mobiliário, equipamentos e material consumível destinados aos serviços judiciários ou quando remunera magistrados e auxiliares permanentes da Justiça – sem contar o que despende com a Instituição do Ministério Público e com as Defensorias Públicas. Além disso, cada processo tem seu *custo específico*, representado pelas despesas que sua realização ocasiona (material, remuneração de auxiliares eventuais);[98] nesse custo gerado em cada processo localizam-se também os desembolsos suportados pelas partes para a remuneração de seus defensores, a título de honorários. Considera-se, pois, como *custo do processo*, não só o seu custo específico, como também a parcela que lhe corresponde, segundo os regimentos de custas, dos gastos gerais acima referidos. E assim, quando cuidam as leis processuais de pôr a cargo de uma das partes as despesas do processo (em princípio, a cargo do vencido), nestas se incluem todos esses gastos, inclusive o reembolso dos honorários pagos pelo vencedor a seu próprio advogado.[99]

O Código de Processo Civil dá porém à expressão *despesas processuais* um significado mais restrito: em sua linguagem, há *despesas* e há *honorários*, sem que aquelas abranjam estes.[100] Ao

---

98. Sobre os *auxiliares eventuais da Justiça*, representados por peritos, intérpretes, depositários *etc.* (órgãos de encargo judicial e órgãos extravagantes), v. Dinamarco, *Instituições de direito processual civil*, I, nn. 340-368, pp. 664 ss.

99. O conceito amplo de *despesas processuais* corresponde à idéia de Chiovenda, para quem elas abrangem tudo quanto haja sido gasto para atender às *exigências objetivas do litígio* ("todas as despesas atinentes à presença das partes, à sua representação e defesa, à preparação do material de discussão, às provas, à decisão" – *cfr. La condanna nelle spese giudiziali*, n. 363, pp. 381-382). Nesse sentido bastante amplo, falou Carnelutti em *custo do processo* (*cfr. Diritto e processo*, n. 70, pp. 121-122), locução que vem usada no texto acima. *Cfr.* ainda Cahali, *Honorários advocatícios*, n. 25, pp. 48 ss.; n. 79, pp. 196-197; Bruno Vasconcelos Carrilho Lopes, *Honorários advocatícios no processo civil*, n. 4, pp. 6-8.

100. *Cfr.* Barbi, *Comentários ao Código de Processo Civil*, I, n. 176, p. 183. Distinguindo despesas de honorários, nosso Código aproximou-se ao sistema

dizer *despesas*, refere-se o Código exclusivamente a *custas* ou *taxas judiciárias* (preço do serviço judiciário, devido aos cofres públicos), a *emolumentos* (idem, devido aos cartórios não-oficializados) e a outros gastos relativos a *diligências*, sempre sem ali incluir os honorários advocatícios.[101]

Em um voto no Superior Tribunal de Justiça, a Min. Eliana Calmon sintetizou esses conceitos, assim definindo: a) *custas*, como "o preço decorrente da prestação da atividade jurisdicional, desenvolvida pelo Estado-juiz através de suas serventias e cartórios"; b) *emolumentos*, como "o preço dos serviços praticados pelos serventuários de cartório ou serventias não oficializados, remunerados pelo valor dos serviços desenvolvidos e não pelos cofres públicos"; c) *despesas, em sentido estrito*, como "a remuneração de terceiras pessoas acionadas pelo aparelho jurisprudencial, no desenvolvimento da atividade do Estado-juiz" (STJ, 2ª T., REsp 1.110.529, j. 5.5.09, rel. Eliana Calmon, *DJe* 21.5.09).

Está dito, p.ex., que cada parte adiantará as *despesas* dos atos que realizar ou requerer (art. 19), fazendo-o o autor quanto aos atos determinados de-ofício ou requeridos pelo Ministério Público (art. 19, § 2º). É óbvio que tal vocábulo não inclui os honorários, mesmo porque sequer se poderia cogitar de um adiantamento destes, como condição posta pela lei para a realização dos atos do processo. Além disso, na redação do art. 20 vê-se que "a sentença condenará o vencido a pagar ao vencedor as despesas que antecipou e os honorários advocatícios"; se aquelas incluíssem estes, evidentemente não haveria necessidade de serem eles explicitados na lei. As despesas, segundo o § 2º do mesmo artigo, "abrangem não só as custas dos atos do processo, como também a indenização de viagem, diária de testemunha e remuneração do assistente técnico".

Em doutrina é feita uma distinção entre o *ônus* de antecipação das despesas e a *obrigação* de pagá-las – conceitos que, com menor apuro técnico, costumam também ser indicados pelas expres-

---

italiano vigente: *cfr*. Dinamarco, nota n. 115 à tradução do *Manual de direito processual civil* de Enrico Tullio Liebman, I, pp. 175-176.

101 *Cfr.* Barbi, *Comentários ao Código de Processo Civil*, I, n. 179, pp. 185-186.

sões *responsabilidade provisória* e *responsabilidade definitiva* (*infra*, n. 145).[102] Ônus são, na linguagem do grande construtor da doutrina a seu respeito (James Goldschmidt), *imperativos do próprio interesse*, ou encargos a serem cumpridos com o objetivo de obter um benefício ou de evitar uma desvantagem. Ônus processual é a "necessidade de prevenir um prejuízo processual e, em última análise, uma sentença desfavorável, mediante a realização de um ato processual". Diferentes das obrigações ou deveres, os ônus são instituídos e desempenhados para benefício do próprio sujeito e não de terceiro. Por isso é que, de início, têm as partes o ônus de realizar preparos sob pena de não conseguirem o que pretendem – a formação válida e regular do próprio processo, a produção de uma prova, o processamento de um recurso *etc.*; depois, ao fim, o vencido tem a *obrigação* de pagar honorários e reembolsar despesas ao vencedor, ao qual cabe o direito subjetivo a tais verbas.[103]

60. devido processo legal

O Código de Processo Civil não emprega uma vez sequer a expressão *devido processo legal*, porque ela designa um postulado democrático e por isso é mais adequada aos textos constitucionais que aos de natureza processual. Tem, inclusive, uma dimensão que vai além dos fenômenos do processo, abrangendo também atos e atividades políticas de toda ordem (o devido processo legal substancial). As próprias Constituições brasileiras não consignavam essa locução, que no entanto vinha sendo insistentemente empregada pela doutrina especializada e acabou por ser incluída no texto constitucional de 1988 (art. 5º, inc. LIV).

A cláusula *due process of law* é reconhecida modernamente como fundamental pilar democrático do Estado-de-direito, valendo como autêntico *sistema de limitações ao poder*. Ela é objeto de diuturna evolução e constante aplicação na jurisprudência da

---

102. *Cfr.* Goldschmidt, *Principios generales del proceso*, n. 37, p. 91.

103. *Cfr.* Dinamarco, *Instituições de direito processual civil*, II, n. 741, pp. 655-657.

Corte Suprema norte-americana. "*Due process of law* is a concept in U.S. and English jurisprudence that establishes limits to the powers of government, specifically against the arbitrary deprivation of life, liberty, or property."

"The 5th amendment (1791) to the Constitution of the United States established this protection with the words: 'nor shall (any person) be deprived of life, liberty or property without due process of law.' The 14th amendment (1867) extended the protection to cover acts of state governments".[104]

Desde a quinta emenda à Constituição norte-americana constitui direito posto que essa garantia "forbids deprivation of life, liberty, or property without *due process of law* and prohibits the taking of private property for public use without just compensation".[105] *Não só a vida e a liberdade*: também o *patrimônio* constitui objeto da garantia do devido processo legal (*property*).

Com o advento da Constituição Federal brasileira de 1988 e a explicitação da garantia no inc. LIV de seu art. 5º, hoje não há dúvidas de que ela é portadora de *numerosas limitações ao poder do legislador* e não se resume a garantir o processo jurisdicional. Tal é a idéia do *substantive due process*, que proíbe leis contrárias aos direitos fundamentais assegurados na Constituição.[106]

O primeiro ponto inerente a essa ampla conceituação é a própria idéia de um sistema de freios aos *agentes estatais de toda ordem*, não só ao juiz. Também ao legislador podem ser imputadas transgressões ao *due process*, o que ocorre sempre que contrarie valores fundamentais postos na Constituição. No espírito dos norte-americanos, a invocação dessa cláusula ocupa em parte o espaço que na ordem brasileira está preenchido por alegações

---

104. "Grolier Electronic Publishing", verbete *due process*.
105. *Id., ib*.
106. Sobre a conhecida e interessante história da cláusula *due process of law* e sua incorporação ao direito norte-americano segundo a emenda constitucional n. 14, v., entre outros, Joseph Bockrath, *Droit constitutionnel*, nn. 99-103, pp. 76-80; Steven H. Gifis, *Law dictionary*, verbete *due process of law*, pp. 149-150.

de inconstitucionalidade, o que significa que, em princípio, transgredi-la equivale a transgredir a Constituição Federal. Mas há leis iníquas que, sem colidirem de modo visível com disposições constitucionais explícitas, revelam-se ilegítimas quando confrontadas com os valores gerais da sociedade, residentes na garantia do *due process*. Na vida do processo jurisdicional, a observância do procedimento e também das oportunidades integrantes do *processo justo* constitui imposição dessa cláusula.

O segundo ponto, ligado ao primeiro, é que o devido processo legal não se resume a um contexto de *legalidade*, nem sua garantia coincide com aquela segundo a qual "ninguém será obrigado a fazer ou deixar de fazer alguma coisa senão em virtude de lei" (Const., art. 5º, inc. II). Observá-lo não significa simplesmente cumprir a lei. A própria lei deve estar conforme com o *due process of law*. Observar essa garantia é, como dito, andar de acordo com os valores que a Constituição consagra.

O terceiro ponto é que *todos os direitos fundamentais* estão protegidos por essa cláusula. Entre eles estão o direito à vida, à incolumidade física, à liberdade, à honra, à intimidade, à propriedade e *ao processo*. Ter direito ao processo, na óptica contemporânea, é ter direito a um processo *justo e équo*, conduzido pelo juiz natural, com imparcialidade, mediante paridade em armas e ampla participação de todos os sujeitos – e tudo segundo os cânones arraigados na Constituição mediante os elementos da tutela que esta oferece ao sistema processual (*tutela constitucional do processo*).

O último ponto de destaque é a *imprecisão do conceito* de devido processo legal. Justamente porque resulta de uma absorção quase intuitiva de valores, essa cláusula não comporta definições ou delimitações muito pontuais, tanto quanto o conceito político de *democracia*, a que está intimamente ligada. É mais uma *filosofia de vida institucional* e muito menos um conjunto de preceitos. Mais se sente a presença do *due process of law* quando ele é violado, transgredido, do que em manifestações positivas ou precisações conceituais.

"*Due process* cannot be imprisoned within the treacherous limits of any formula. Representing a profound attitude of fairness between man and man, and not particularly between the individual and government, due process is compounded of history, reason, the past course of decisions and stout confidence in the strength of the democratic faith which we profess".[107]

61. *direito adjetivo e direito substantivo*

Entre todas as impropriedades lingüísticas ainda aqui a acolá praticadas em direito processual, talvez a que mais fere a ciência do processo é essa, consistente em aludir a ele como *direito adjetivo*, em contraposição a um suposto *direito substantivo*, que seria o direito material. Tais locuções, que correspondiam ao pensamento dos juristas anteriores à fundação do direito processual científico e reconhecimento de sua autonomia, passaram a ser rigorosamente erradas a partir desses progressos iniciados já na segunda metade do século XIX, quando Bülow desenhou os traços distintivos da relação jurídica processual. Estava então definitivamente plantada a idéia de que a ação não é o próprio direito "substantivo" em atitude de reação contra sua própria violação; todos reconhecem seu endereçamento ao Estado, o qual é o titular passivo de quem se espera a satisfação do direito de ação, e não ao adversário, a quem o autor estará ou não ligado por uma relação de direito material. Também se nega peremptoriamente que o processo seja um modo de exercício dos direitos, como em tempos pré-científicos se pensava. Se a ação não é uma especial qualificação do direito subjetivo e o processo tem vida própria como uma relação que não se confunde com a de direito material, sendo autônomos o ramo do direito e a ciência que os engloba, já não se legitima qualificar a ação, o processo e o próprio direito processual como supostos *adjetivos*. Adjetivos não têm vida pró-

---

107. *Cfr. Justice* Felix Frankfurter, *apud* Gifis, *Law dictionary*, pp. 149-150. Na doutrina brasileira essa idéia é reafirmada pela palavra do tributarista Antonio Roberto Sampaio Dória, especialmente na frase: "o conteúdo substantivo de *due process* é, pois, e deve continuar, insuscetível de confinamentos conceituais" (*cfr. Direito constitucional tributário e "due process of law"*, n. 12, esp. p. 33).

pria, eles se agregam necessariamente a algum substantivo, este sim independente da qualidade que lhes dá especificação. Dizer *direito adjetivo* é negar a autonomia do direito processual.

62. *direito processual civil internacional*

Direito processual civil internacional é o conjunto de normas e princípios responsáveis pela instituição de meios capazes de propiciar a correta e produtiva cooperação internacional pela via do processo civil – ou o "conjunto de normas internas de dado Estado, indispensáveis em razão da existência de outros Estados e conseqüente necessidade de impor limites territoriais à eficácia das normas processuais e ao âmbito de exercício da jurisdição de cada um deles, bem como critérios para a admissibilidade da cooperação jurisdicional e modos de sua operacionalização".[108] Delimitados os objetivos da aproximação proveitosa entre os sistemas processuais de diversos países, assume importância de primeira grandeza o modo como cada um deles disciplina *duas ordens de problemas* relacionados com a cooperação internacional: a) problemas da formação de provimentos jurisdicionais e (b) problemas da circulação e execução de ditos provimentos (Italo Andolina).[109]

> "Numa formulação mais explícita, o objeto do direito processual civil internacional é composto por normas disciplinadoras (a) da extensão territorial das próprias normas processuais do país, (b) dos limites internacionais da jurisdição do Estado, (c) do tratamento processual a ser dado às normas de direito de outros países, (d) da efetivação extraterritorial de atos processuais (citação, provas) e (e) do valor dos atos jurisdicionais estrangeiros, inclusive julgamentos arbitrais (Gaetano Morelli, Italo Andolina, Juan Carlos Hitters)".[110]

Ora, quando falamos em questões referentes à "formação de provimentos jurisdicionais", ou nos "limites internacionais da ju-

---

108. *Cfr.* ainda minhas *Instituições de direito processual civil*, I, n. 13, pp. 56-57.
109. *Cfr.* "La cooperazione internazionale nel processo civile", p. 313.
110. *Cfr.* minhas *Instituições de direito processual civil*, I, *loc. cit.*

risdição do Estado", estamos lançando o foco precisamente sobre o tema da competência internacional, de interesse central para a exata compreensão da locução aqui tratada. A competência internacional é notoriamente matéria inerente ao direito processual internacional, mas as normas que a regem são de direito interno (Gaetano Morelli),[111] tendo-se em vista a inexistência de qualquer ente superior dotado da capacidade de exercer *imperium* sobre os Estados soberanos; as normas internas de cada um deles são o resultado de juízos de conveniência para a harmoniosa convivência política entre todos, expressos em leis, quer ordinárias, quer complementares se for o caso, quiçá na própria Constituição e, muito freqüentemente, em *tratados internacionais*. Esses tratados vinculam, não porque viessem de um suposto exercente de poder superior, mas porque a eles o próprio Estado após o seu consenso, integrando-os em seu ordenamento jurídico interno.

> "Le norme internazionali che, direttamente o indirettamente, influiscono sul modo di essere del diritto processuale civile internazionale degli Stati fra i quali sono in vigore sono, di solito, norme reciproche" *etc.* (ainda Morelli, *op. cit.*, n. 2, esp. p. 8).

63. direito processual civil intertemporal

Direito intertemporal é o conjunto de normas e princípios que têm por objeto a determinação dos momentos de *início e fim da vigência* da lei processual e também a regência da *eficácia da lei velha ou da nova* em relação aos processos pendentes e aos já extintos no momento de vigência desta. As normas de direito intertemporal têm sede na Lei de Introdução ao Código Civil e são normas de *superdireito*, ou de *direito sobre direito* (elas são, especificamente, *normas de produção jurídica*). Em sede constitucional existe ainda garantia de preservação de situações consumadas sob a vigência da lei velha, as quais não poderão ser atingidas pelos efeitos da nova (direito adquirido, ato jurídico perfeito e coisa julgada – Const., art. 5º, inc. XXXVI). Essa garantia projeta-se sobre o processo (direito processual intertemporal), em

---

111. *Cfr. Diritto processuale civile internazionale*, n. 2, p. 6.

relação ao qual prepondera a regra de que *cada ato processual se rege pela lei de seu tempo*. No passado cogitou-se de levar mais adiante a eficácia da lei revogada, de modo a serem regidos por ela, e não pela nova, todos os atos da mesma fase procedimental que estivesse em curso quando aquela foi revogada por esta (fase postulatória, ordinatória, instrutória, decisória), mas essa idéia não foi adiante e hoje prepondera pacificamente aquela que acima se enunciou. No curso do mesmo processo ou da mesma fase em curso, a superveniência de lei que revogue a que estava sendo aplicada não afeta os atos processuais já praticados mas impõe que os atos subseqüentes se submetam à nova regência legal (Cintra-Grinover-Dinamarco).[112]

64. direito processual constitucional

Direito processual constitucional é o método consistente em remontar os institutos do direito processual às matrizes constitucionais que lhes dão consistência e legitimidade democrática no Estado-de-direito. Não é um ramo da ciência jurídica, que se acostasse ao direito processual civil, ao processual penal, ao trabalhista ou mesmo ao administrativo. É mediante o emprego desse método que se chega aos princípios e garantias constitucionais do processo, integrantes da vertente denominada *tutela constitucional do processo*. Também integra o direito processual constitucional a *jurisdição constitucional das liberdades*, que é o arsenal de medidas processuais oferecidas para respaldo aos direitos fundamentais, como o mandado de segurança, o *habeas corpus*, a ação direta de inconstitucionalidade, a argüição de descumprimento de preceito fundamental *etc*.

> "Enquanto os processualistas permanecessem no estudo puramente técnico-jurídico dos institutos e mecanismos processuais, confinando suas investigações ao âmbito interno do sistema, era natural que prosseguissem vendo nele mero instrumento técnico e

---

112. *Cfr*. Cintra-Grinover-Dinamarco, *Teoria geral do processo*, n. 45, pp. 104-106.

houvessem por correta a afirmação de sua indiferença ética. Quando se volta ao confronto das normas e institutos do processo com as grandes matrizes político-constitucionais a que estão filiados, o estudioso passa naturalmente a sentir a necessidade da *crítica ao sistema*, inicialmente feita à luz dos princípios e garantias que a Constituição oferece e impõe – e com isso está aberto o caminho para as curiosidades metajurídicas decorrentes da conscientização dos valores residentes à base dessas exigências constitucionais".[113]

65. direitos transindividuais, difusos, coletivos e individuais homogêneos – tutela coletiva

São *transindividuais* os direitos e interesses que transcendem a esfera jurídica de *indivíduos* porque dizem respeito a toda uma classe, categoria, grupo, coletividade ou comunidade. *"Transindividual"* significa *além do indivíduo*. Antes, conhecia o direito deste país somente os fenômenos de trato coletivo de direitos e interesses mediante o *dissídio coletivo* há muito tempo arraigado no sistema processual trabalhista (CLT, arts. 856 ss.). Já na década dos anos oitenta o processo civil brasileiro começou a abrir-se para a *tutela coletiva*, com a edição da Lei da Ação Civil Pública (lei n. 7.347, de 24.7.85), à qual se seguiram disposições de igual natureza e finalidade, contidas principalmente em capítulos específicos do Código de Defesa do Consumidor e do Estatuto da Criança e do Adolescente. Veio então a consciência de ser conveniente coletivizar a tutela jurisdicional, com as vistas postas nesses direitos que não são individuais, mas transindividuais. Diz-se *tutela coletiva* essa que se refere a direitos transindividuais, quer estes se qualifiquem como difusos, coletivos ou individuais homogêneos: tais especificações situam-se no plano do direito material, sem embargo de, no campo do processo, chamar-se sempre *coletiva* a tutela relacionada com qualquer uma dessas espécies de direitos transindividuais. Tanto é *coletiva* a tutela que mediante o processo se concede em relação a direitos coletivos, quanto aos difusos e aos individuais homogêneos.

113. *Cfr.* Dinamarco, *Instituições de direito processual civil*, I, n. 104, pp. 287-289.

Os direitos difusos e os coletivos caracterizam-se por sua *impessoalidade* e *indivisibilidade*, não tendo como centro de imputação indivíduo algum, ou mesmo uma pessoa jurídica, e não sendo suscetível de fragmentação ou partilha. Assim é, p.ex., o direito à higidez ambiental, que é de uma coletividade como um todo mas não tem como titular pessoa alguma e não pode ser repartido entre os integrantes da coletividade. Tal é um direito *difuso*. E assim é também o direito à não-comercialização de um medicamento nocivo ou inócuo, do qual é titular a soma dos consumidores desse produto e não cada um destes. Tal é um direito *coletivo*. A diferença entre uns e outros, segundo a definição que lhes dá o Código de Defesa do Consumidor, consiste em que os interesses difusos têm como titulares "pessoas indeterminadas e ligadas por circunstâncias de fato" (art. 81, par., inc. I), enquanto que os coletivos pertencem sempre a algum "grupo, categoria ou classe de pessoas ligadas entre si ou com a parte contrária por uma relação jurídica base" (art. 81, par., inc. II). É muito tênue, talvez até arbitrária, essa distinção entre direitos difusos e direitos coletivos – donde decorrem, na prática, grandes dificuldades para a qualificação de um direito transindividual, em casos concretos, como coletivo ou como difuso. Melhor seria se todos estivessem, naquela definição, englobados em um conceito só.

Os *direitos individuais homogêneos* são autênticos direitos individuais. A homogeneidade, que constitui efeito de sua "origem comum" (CDC, art. 81, par., inc. III), é somente o elemento que justifica seu *trato processual coletivo*, sem lhes desfigurar a condição de direitos individuais. São assim, p.ex., os direitos dos indivíduos que consumiram o medicamento nocivo ou inócuo, tendo cada um deles um direito subjetivo à indenização pelo dano efetiva e individualmente suportado.

66. *efeito ativo*
Essa locução, que não está na lei, foi plasmada por advogados e juízes para designar a medida com a qual, nos tribunais, o relator concede uma medida urgente negada em primeiro grau de jurisdição. Trata-se, tanto quanto em caso de suspensão de efeitos

da medida sujeita a recurso, de uma antecipação da tutela recursal pleiteada pela parte à câmara ou turma do tribunal. A diferença está em que, sendo negativa a decisão de primeiro grau, ou seja, havendo o juízo inferior negado a medida cautelar ou antecipatória pleiteada, não teria significado algum suspender os efeitos de uma medida que nada concedeu – e daí falar-se, muito expressivamente, em *efeito ativo*. O efeito ativo também não estava incluído nas primeiras disposições inseridas no Código, referentes à suspensão de efeitos da decisão recorrida (efeito suspensivo) mas depois veio a ser incluído – estabelecendo agora o art. 527, inc. III, do estatuto processual que, ao receber o agravo de instrumento, o relator poderá, entre outras coisas, "deferir, em antecipação de tutela, total ou parcialmente, a pretensão recursal".[114] Mas a locução *efeito ativo* continua ausente na lei.

A outorga ao relator do poder de suspender os efeitos da decisão recorrida ou de conceder o efeito ativo constitui um dos passos do movimento em direção à singularização dos juízos nos tribunais. São atualmente grandes os poderes que o Código de Processo Civil outorga ao relator, não só para antecipar a tutela recursal (suspensão de efeitos, concessão de efeito ativo), como ainda para decidir sobre o próprio recurso (CPC, arts. 527, 557 e 558 – v. também art. 544, §§ 2º e 3º, quanto aos poderes do relator no Supremo Tribunal Federal e no Superior Tribunal de Justiça).[115] O Código de Processo Civil oferece o recurso de agravo contra certas decisões monocráticas como essas (arts. 545 e 558, § 1º) mas ainda não há segurança nos tribunais quanto à recorribilidade ou irrecorribilidade dos atos concessivos ou denegatórios de suspensão de efeitos ou de efeito ativo. O vigente art. 527, par., do Código de Processo Civil declara-os irrecorríveis – mas não haveria nessa disposição uma inconstitucionalidade (*supra*, n. 21)?

67. *efeito da revelia*

Efeito da revelia, nos termos do art. 319 do Código de Processo Civil, é a presunção de veracidade das alegações de fato

---

114. *Cfr.* Dinamarco, *A Reforma da Reforma*, n. 129, pp. 190-191.

115. *Cfr.* Dinamarco, *Fundamentos do processo civil moderno*, II, nn. 598-599, pp. 1.099 ss.

trazidas na petição inicial, decorrente da omissão do réu que não houver apresentado contestação ou qualquer espécie de resposta, deixando pois incontroversos esses fatos. O réu que assim não cumpre o *ônus de responder* torna desnecessária a prova desses fatos incontroversos (art. 334, inc. III), com a natural conseqüência de que, não havendo fatos a provar, o juiz não procederá à instrução da causa e julgará antecipadamente o mérito (art. 330, inc. II). Mas essa presunção, sendo *relativa*, não impedirá o juiz de levar em conta eventuais elementos constantes dos autos, dos quais possa inferir a inveracidade do que na petição inicial alegara o autor. Por outro lado, há situações em que, não-obstante a revelia do réu, de modo expresso a lei exclui que se aplique o disposto no art. 319, de modo que haverá *revelia sem o efeito da revelia* (art. 320).

Revelia é um *fato*,[116] enquanto que efeito da revelia é um *efeito jurídico* que esse fato omissivo pode gerar no processo. A revelia, como fato omissivo, pode ocorrer em qualquer processo de conhecimento, seja qual for a natureza material do litígio e quaisquer que sejam seus fundamentos – até mesmo quando se trate de direitos indisponíveis. Imponha-se ou não o efeito da revelia previsto no art. 319 do Código de Processo Civil, aquele que não responde à demanda inicial é um revel e, como tal, suportará outra das conseqüências de sua omissão, que será a dispensa de sua intimação ao longo de todo o procedimento (art. 322).

Semelhante ao efeito da revelia, embora dotada de menor extensão, é a presunção decorrente do não-cumprimento do ônus de impugnação específica (CPC, art. 302 – *infra*, n. 102).

68. *eficácia preclusiva da coisa julgada*

Chama-se *eficácia preclusiva* o poder, que a própria coisa julgada tem, de impedir qualquer discussão sobre pontos que possam interferir no julgamento da causa, já coberto por ela. Não se permite a rediscussão dos pontos já solucionados pela sentença em sua motivação, nem de outros que, nos limites da causa decidida

---

116. Fato jurídico processual.

por sentença passada em julgado, pudessem haver sido suscitados e não o foram. "La cosa giudicata contiene dunque in sé *la preclusione di ogni futura questione*: l'istituto della preclusione è la base pratica della efficacia del giudicato".[117] A eficácia preclusiva é instrumento de resguardo da própria autoridade da coisa julgada, na medida em que impede a remoção de sua base sustentadora: seria ilusório declarar estável o *decisum* por força da coisa julgada mas deixar o caminho livre para discussões ou rediscussões de pontos cuja solução pudesse alterar o que consta no decisório coberto por ela. O assento legal da eficácia preclusiva da coisa julgada reside no art. 474 do Código de Processo Civil, segundo o qual "passada em julgado a sentença de mérito, reputar-se-ão deduzidas e repelidas todas as alegações e defesas que a parte poderia opor assim ao acolhimento como à rejeição do pedido".

> Essa é uma distinção talvez sutil, mas indispensável para bem compreender o sistema. De um lado, a coisa julgada é a *imutabilidade dos efeitos da sentença*; garante-a a própria Constituição, para que a tutela jurisdicional contida nesses efeitos seja estável, o que convém à segurança nas relações entre os homens e, portanto, à paz social. Ela incide, por isso, somente sobre a *parte dispositiva da sentença*, onde se determinam os efeitos desta, e não sobre os motivos (CPC, art. 469). De outro lado, a eficácia preclusiva é esse efeito do próprio trânsito em julgado, consistente em impedir rediscussões sobre os *fundamentos sentenciais*. Se eles pudessem ser discutidos, ou se novo fundamento não trazido pudesse ser apreciado agora, adeus garantia constitucional do julgado!

Costuma a doutrina falar da indiscutibilidade dos *fundamentos explícitos e implícitos da sentença*, aludindo a esse impedimento de discutir, com relação à causa julgada, não só os fundamentos invocados pelas partes e discutidos em sentença, como ainda aqueles meramente *dedutíveis*. São fundamentos *dedutíveis* aqueles que, a teor do art. 474 do Código de Processo Civil, seriam relevantes e poderiam ter sido considerados ao julgar – mas

---

117. *Cfr*. Chiovenda *Principii di diritto processuale civile*, § 78, II, esp. p. 911; v. ainda Luiz Machado Guimarães, "Preclusão, coisa julgada, efeito preclusivo", esp. cap. IX, p. 15; cap. XV, p. 21.

que, não o tendo sido, reputam-se também definitivamente cobertos pela eficácia preclusiva. "A eficácia preclusiva da coisa julgada manifesta-se no impedimento que surge, com o trânsito em julgado, à discussão e apreciação das questões suscetíveis de influir, por sua solução, no teor do pronunciamento judicial, ainda que não examinadas pelo juiz. Essas questões perdem, por assim dizer, toda a relevância que pudessem ter em relação matéria julgada".[118]

69. embargos e embargo

Embargo significa *oposição* e embargar equivale a pôr óbice a algum ato ou atividade, para que não se realize ou para que cesse sua realização já principiada; segundo informa a doutrina, a origem do vocábulo *embargo* seria no verbo *imbaricare*, indicativo da atividade consistente em pôr barricas como defesa contra algo que se temesse. Na realidade atual, fala-se em *embargo*, no singular, mais com referência ao impedimento que a Administração opõe a uma atividade, a uma obra, ou à ocupação de um imóvel; no singular, o Código de Processo Civil somente utiliza esse vocábulo três vezes e todas as três quando cuida do impedimento a uma obra mediante medidas inerentes à ação de nunciação de obra nova (arts. 935, 936 e 937) – e nessas disposições *embargo* significa proibição, veto, impedimento imposto pelo juiz à parte, no exercício imperativo da jurisdição.

No plural e segundo a linguagem de direito processual civil, *embargos* é empregado em duas ordens de situações, ora designando certas resistências do demandado, ora certas modalidades de recursos.

Como peça de resistência do demandado, há embargos à execução e embargos ao mandado monitório. Os *embargos à execução* constituem a peça de resistência à execução fundada em título executivo extrajudicial ou em sentença estrangeira homologada, sentença penal condenatória ou sentença arbitral (CPC, arts. 736

---

118. *Cfr.* Barbosa Moreira, "Eficácia preclusiva da coisa julgada material no sistema do processo civil brasileiro", p. 100.

ss., c/c art. 475-L, incs. II, IV e VI). Não cabem embargos, mas *impugnação*, quando a execução tem por título a sentença proferida em processo civil por juiz nacional (quer condenatória, quer homologatória de transação ou reconhecimento do pedido – art. 475-N, incs. I, III e V); mas se a sentença houver sido proferida contra a Fazenda Pública e em face dela for instaurada a execução, a essa execução serão oponíveis embargos e não impugnação (art. 730). Os *embargos ao mandado monitório* têm cabimento no processo monitório e são disciplinados no art. 1.102-c do Código de Processo Civil.

Seja na linguagem comum entre os profissionais do direito, seja no próprio Código de Processo Civil, o vocábulo *embargos* designa não somente a própria peça de resistência oposta pelo demandado como também *o processo* que se forma a partir dessa iniciativa.

Como *recurso* há no sistema brasileiro (a) os *embargos de declaração* (ou declaratórios), de admissibilidade em princípio restrita a casos de obscuridade, contradição ou omissão na sentença, decisão interlocutória, despacho ou acórdão e endereçados ao próprio juiz, relator ou colegiado prolator (CPC, art. 735), (b) os *embargos infringentes*, admissíveis em certos casos contra acórdão proferido no Superior Tribunal de Justiça ou nos tribunais locais em apelação ou ação rescisória, sem unanimidade de votos (CPC, art. 530; RISTJ, art. 260) e (c) *embargos de divergência*, da competência do Plenário do Supremo Tribunal Federal ou da Corte Especial do Superior Tribunal de Justiça em caso de acórdão discrepante de decisão tomada por outro órgão interno do próprio tribunal (RISTF, art. 330 e RISTJ, art. 266).

No tocante aos embargos de toda natureza é correto e mais elegante o emprego do verbo *opor* e não *interpor* ou *propor*. Demandas são propostas e os recursos em geral são interpostos, mas os embargos são opostos.

70. eqüidade

Eqüidade, em direito, é a justiça do caso concreto. *Honeste vivere, alterum non lædere, suum cuique tribuere* – eis os fundamentais preceitos do direito romano (*jura præcepta*) inerentes à ética jurídica e caracterizadores da *æquitas* (eqüidade, ou justiça).[119] Decidir por eqüidade é, ao mesmo tempo, buscar a justiça e a igualdade de tratamento entre os litigantes; nesse significado, eqüidade consiste na *equivalência entre o que se dá e o que se recebe* (Recaséns Siches, ao discorrer sobre a justiça igualitária, corretiva ou sinalagmática).[120] O juiz decide por eqüidade quando, autorizado por expressa disposição legal ou pelo sistema jurídico como um todo, não se vincula a preceitos legais, procurando uma solução tão aderente quanto possível ao caso concreto (CPC, art. 127). Essa é a diferença entre a jurisdição de direito e a *jurisdição de eqüidade*.

> "Ao julgar por eqüidade o juiz remonta ao valor do justo e à realidade econômica, política, social ou familiar em que se insere o conflito – à *æquitas* enfim – para retirar daí os critérios com base nos quais julgará".[121]

São casos de jurisdição de eqüidade, no processo civil brasileiro: a) a fixação do valor dos *alimentos* devidos entre ascendentes e descendentes ou entre cônjuges e a serem dimensionados segundo a *necessidade* do credor e a *possibilidade* do devedor (CC, art. 1.694, § 1º); b) as decisões sobre a *guarda de filhos* (lei n. 6.515, de 26.12.77, art. 10º, esp. § 1º); c) a fixação e dimensionamento das *multas diárias* por descumprimento de liminares ou sentenças relativas a obrigações de fazer ou de não-fazer (CC, art. 461, § 4º); d) o arbitramento dos honorários da sucumbência, especialmente nos casos do art. 20, § 4º, do Código de Processo Civil; e) a sentença arbitral, quando a isso o árbitro estiver autorizado pelas partes (lei n. 9.307, de 23.9.96, arts. 2º, *caput*, e 26, inc. II) *etc.*

> Os tribunais insistem em interpretar a locução *apreciação eqüitativa*, contida nesse § 4º como se ela fosse portadora de uma recomendação a fixar os honorários com *moderação* quando eles são im-

---

119. *Cfr.* Pugliese, *Istituzioni di diritto romano* n. 75.2, esp. p. 189.
120. *Cfr. Tratado general de filosofia del derecho*, cap. XVIII, n. 3, esp. p. 483.
121. *Cfr.* Dinamarco, *Instituições de direito processual civil*, I, n. 127, pp. 331-332

postos à Fazenda Pública ou em outras hipóteses ali indicadas. Mas decidir por eqüidade não é baratear honorários para a Fazenda, sendo essa uma leitura distorcida e antiisonômica daquele dispositivo.

71. exceção e objeção

O vocábulo *exceção* é empregado em direito processual com diferentes dimensões. Em seu significado mais amplo é sinônimo de defesa. A negação do fato constitutivo alegado pelo autor, assim como a alegação de fatos impeditivos, modificativos ou extintivos, integram o conceito de exceção, nesse sentido lato. Mas essa mesma palavra é empregada também com dois significados mais restritos. Em um deles designa as defesas que se fazem mediante incidentes regidos por um procedimento bem delineado em lei, como são as exceções de incompetência relativa, suspeição ou impedimento – as quais são, por isso designadas *exceções rituais*. O outro sentido estrito do vocábulo exceção indica as defesas que só podem ser conhecidas pelo juiz quando alegadas (CPC, art. 128) – e tais são as *exceções em sentido estrito*. Há exceções de mérito em sentido estrito, como era a prescrição (mas v. CPC, art. 219, § 5º) e como é a compensação (CC, arts. 368-380); e há exceções processuais em sentido estrito, como a nulidade relativa de atos do processo e a própria incompetência relativa.[122]

> A exceção de incompetência relativa é ao mesmo tempo uma *exceção ritual*, porque só mediante o procedimento específico das exceções deve ser alegada, e uma *exceção em sentido estrito*, porque sem alegação não pode ser conhecida (ressalvado o caso de nulidade de cláusula de eleição contida em contrato de adesão – CPC, art. 112, par.).

No campo das exceções *lato sensu* e ao lado das exceções em sentido estrito estão as *objeções*, caracterizadas como defesas das quais o juiz conhecerá independentemente de provocação pela parte (ou seja, das quais ele tem o poder-dever de conhecer *ex officio* – CPC, arts. 113, 267, § 3º etc.).[123]

---

122. *Cfr.* Cintra-Grinover-Dinamarco, *Teoria geral do processo*, n. 168, p. 293.

123. *Id., ib.*

V. também *ex officio*

72. exceção ou objeção de pré-executividade

Exceção ou objeção de pré-executividade é a defesa que o executado oferece na execução, independentemente e sem os estritos requisitos dos embargos a esta ou da impugnação regida pelos arts. 475-J, 475-L, 730 e 736 ss., do Código de Processo Civil. Ela é admissível tanto para suscitar matéria de ordem pública, da qual o juiz poderia conhecer de-ofício, como para antecipar certas defesas que poderiam aguardar o momento dos embargos ou impugnação. Nessa última hipótese tem a vantagem, para o executado, de provocar, antes da penhora de bens, um pronunciamento judicial que poderá limitar a extensão desta ou mesmo extinguir a própria execução. A hipótese mais típica e de maior compatibilidade com o sistema é a de exceção de pré-executividade fundada na inexistência de título executivo ou iliqüidez da obrigação exeqüenda. O Superior Tribunal de Justiça admite essa exceção até mesmo depois de opostos os embargos à execução ou a impugnação, desde que não reitere fundamentos já antes alegados e examinados em decisão.

Essa é uma *objeção*, não uma exceção em sentido estrito, justamente porque as exceções em sentido estrito dependem sempre de alegação pela parte e as objeções, não: chamam-se *objeções* as defesas das quais o juiz pode e deve conhecer de-ofício, embora tenham as partes a faculdade de formulá-las. Mas, se pensarmos no vocábulo *exceção* em seu sentido mais amplo, que envolve tanto as exceções em sentido estrito quanto as objeções (*supra*, n. 71), ficaremos livres para falar também em *exceção de pré--executividade*. Assim, embora não seja uma exceção em sentido estrito, esta é, como toda defesa, é uma *exceção*. Conclusão: na prática é indiferente dizer *objeção de pré-executividade* ou *exceção de pré-executividade*.

Mas por que "*pré*-executividade"? O fato de se tratar de defesas a serem opostas antes de qualquer constrição judicial, consistentes em alegar a inexistência de requisitos para executar, não significa que se trate de uma executividade prévia, ou pré-executividade;

melhor seria dizer *objeção de não-executividade* (Athos Gusmão Carneiro).

73. execução específica

É *específica* uma execução quando tem por objeto bens específicos, relacionados com obrigações de fazer, não-fazer ou entregar coisa. Não é específica a execução por quantia certa, cujo objeto, o dinheiro, é o mais inespecífico de todos os bens. Quando chegou ao direito positivo brasileiro, o vigente art. 461 do Código de Processo Civil foi tratado como disciplina da *execução específica das obrigações de fazer ou de não-fazer*; esse mesmo trato e esse mesmo enquadramento conceitual foram depois estendidos à regra do art. 461-A, relativo às obrigações de entregar coisa. Mais tarde, com o advento da lei n. 11.232, de 22 de dezembro de 2005, essa disciplina se manteve como antes, mas deixou de ser tratada como *execução específica*, passando a integrar o conceito de *cumprimento de sentença* (art. 465-I). Apesar das características procedimentais desses modos de dar efetividade a direitos reconhecidos em sentença, todavia, conceitualmente o cumprimento de sentença não é outra coisa senão *execução*. Quando o título executivo é extrajudicial, o Código de Processo Civil continua tratando como *execução* as atividades destinadas a satisfazer o credor por obrigação de fazer, de não-fazer ou de entregar coisa (arts. 621 ss.).

V. *cumprimento de sentença*

74. execução mobiliária ou imobiliária

Essas expressões são usadas no direito italiano, que distingue o procedimento da execução por quantia certa segundo a natureza do bem que responderá pela obrigação: bem móvel, execução mobiliária; bem imóvel, imobiliária (c.p.c., esp. arts. 513 e 555).[124]

Algumas distinções estabelece o Código de Processo Civil com base nesse critério, embora não tantas nem tão gerais como está no sistema italiano. Eis alguns exemplos: a) pelo disposto

---

124. V. minha *Execução civil*, n. 196, esp. p. 333, nota 18.

no art. 686, inc. IV, bens *imóveis* serão alienados em praça e *móveis*, em leilão;[125] b) se o bem alienado for um *imóvel* ou algum outro cuja transferência dependa de registro em repartição pública, expedir-se-á para esse fim uma carta de alienação (art. 685-C, § 2º); c) tratando-se de *imóvel* pertencente a incapaz, a lei impede a alienação por valor abaixo de 80% da avaliação (art. 701); d) sendo penhorado bem imóvel, o executado tem o direito a parcelamento da dívida, pagando de pronto o equivalente a trinta por cento e garantindo o restante mediante hipoteca do próprio imóvel (art. 745-A). Dada a existência dessas normas particulares relativas à execução incidente sobre imóveis (execução imobiliária), é lícito usarmos a adjetivação que usam os italianos (mobiliária, imobiliária).[126]

75. extinção do processo

Todo processo nasce, ou forma-se, com a propositura de uma demanda dirigida ao Poder Judiciário e, como é natural, encerra-se quando, já nada havendo a fazer de útil, sua continuação não teria razão de ser. Antes da vigência da lei n. 11.232, de 22 de dezembro de 2005, dizia-se que era a *sentença* o ato extintivo do processo, com ou sem julgamento do mérito (CPC, art. 162, § 1º, c/c arts. 267 e 269). Atualmente, em relação ao processo de conhecimento a sentença recebe outra definição e não é mais o "ato pelo qual o juiz põe termo ao processo, com ou sem julgamento do mérito". Pela vigente redação do art. 162, § 1º do Código de Processo Civil, ela é o "ato do juiz que implica alguma das situações previstas nos arts. 267 e 269 desta lei", a saber, aquele que julga o *meritum causæ* (art. 269) ou que determina a extinção do processo sem julgamento do mérito (art. 267). A sentença, portanto, tem o efeito constante de *definir a causa*, quer julgando o mérito, quer declarando que este não será julgado porque para tanto faltam requisitos. Não extingue necessariamente o processo e somente em

---

125. Arts. 686, inc. IV: o edital de hasta pública conterá "o dia e hora de realização da praça, se bem imóvel, ou o local, dia e hora de realização do leilão, se móvel".

126. Sobre *praça e leilão*, v. *infra*, n. 79.

raríssimos casos ela o extinguirá, porque na sistemática vigente este não se encerra enquanto houver alguma execução a ser realizada com fundamento na sentença – sendo essa a conseqüência mais direta e palpável da unificação dos tradicionais processos de conhecimento e de execução, que antes eram autônomos e, hoje, meras *fases* de um processo só.

Nesse quadro, o processo extingue-se por força da sentença ou acórdão passado em julgado, quando nada houver a executar; ou quando, tendo passado da fase de conhecimento para a executiva, também esta chegar ao fim, em alguma das hipóteses do art. 794 do Código de Processo Civil. Ocorrendo uma dessas hipóteses, o juiz proferirá a *sentença* prevista no art. 795 e esta, sim, determinará a extinção do processo (v. *infra*, n. 150). A extinção do processo ao cabo da fase de conhecimento será com ou sem julgamento do mérito, como antes, mas só naqueles casos raríssimos constituirá efeito processual da sentença. A extinção do processo logo após o trânsito em julgado da sentença (quer de mérito, quer terminativa) só ocorrerá quando esta não houver imposto condenação alguma, quer pelo pedido principal, quer por acessórios como os honorários da sucumbência ou restituição de custas ao vencedor.

76. extinção "parcial" do processo

Não existe uma extinção parcial do processo.

Mas muitas vezes se vê, em decisões judiciárias e mesmo na palavra de algum doutrinador desavisado, a afirmação de uma suposta *extinção parcial* nos casos em que um dos sujeitos postos em litisconsórcio é excluído, ou excluído algum dos pedidos cumulados. Dizem então, sem razão alguma, que o processo "se extinguiu" em relação àquele litisconsorte ou àquele pedido, como se em um só processo houvesse vários processos suscetíveis de serem extintos um a um. Não é isso. O processo é sempre um só e unitário, ainda quando contiver pedidos cumulados (ou mesmo uma reconvenção, ou denunciação da lide) ou mesmo uma pluralidade de sujeitos em um dos pólos da relação jurídica processual. Litisconsórcio é, por definição, a coexistência de mais de um autor ou mais de um réu, *em um só e mesmo processo*; cúmulo de demandas, ou *de ações* como dizem alguns, é a aglutinação de mais de uma pretensão *em um só processo*, em busca de instrução unificada e sentença única. Por isso, quando um pedido é excluído antes da sentença que julga o mérito (p.ex., por ser juridicamente impossível, ou atingido por ilegitimidade ativa ou passiva *etc.*), isso significa simplesmente que o processo seguirá avante com seu objeto reduzido, porque (a) o objeto do processo, que era inicialmente composto, passou a ser simples ou ao menos não tão complexo quanto era antes, ou (b) a composição subjetiva do pólo ativo ou do passivo, que era complexa em virtude do litisconsórcio, passou a ser simples a partir de quando esse foi dissolvido. Tudo se passa, como se vê, no âmbito de um só processo; e as reduções objetivas ou subjetivas impostas a este não importam sua extinção, sequer parcial.[127]

> Falar em extinção parcial do processo é tão impróprio quanto falar em *extinção parcial da sociedade*. O pedido trazido a juízo pelo sócio que se retirou, ou que foi excluído, ou pelos herdeiros ou sucessores do sócio pré-morto, é puro pedido de condenação da sociedade a pagar o valor dos *haveres*, nada mais. A sentença que julgar procedente a mal denominada *ação de dissolução parcial* não fará mais que condenar a sociedade por aquele valor, sem nada dissolver. Aliás, se a morte, recesso ou exclusão de um sócio implicasse a tal *extinção parcial*, a sociedade já estaria "parcialmente" extinta desde o momento da morte, recesso ou exclusão.

Antes de vigente a lei n. 11.232, de 22 de dezembro de 2005, o reconhecimento da não-ocorrência de uma extinção processual, sequer *parcial*, conduziu à firme e correta jurisprudência no sentido de que é *interlocutória* a decisão com que o juiz exclui um litisconsorte ou um dos pedidos cumulados: sem pôr termo a processo algum, esse ato só poderia mesmo ser classificado como decisão interlocutória, jamais *sentença* (CPC, art. 162, §§ 1º e 2º). A conseqüência prática, também corretíssima, era a admissibilidade do recurso de *agravo* contra essa decisão, jamais ape-

---

[127] *Cfr.* minhas *Instituições de direito processual civil*, II, n. 570, pp. 352 ss.; *Litisconsórcio*, n. 9, pp. 35 ss.

lação (arts. 513 e 522). Na nova ordem, o ato que exclui um dos litisconsortes ou um dos pedidos cumulados mediante julgamento do mérito será *sentença* – o que se dá quando o juiz reconhecer, quanto a esse pedido ou a esse litisconsorte, a ocorrência da prescrição ou decadência (art. 162, § 1º, c/c art. 269, inc. IV). Nesse caso, a *apelação* será o recurso adequado (art. 513). Se a exclusão ocorrer por inadmissibilidade do julgamento do mérito em relação a algum dos litisconsortes ou a algum dos pedidos cumulados (parcial carência de ação, falta de pressuposto *etc.* – art. 267), será cabível: a) a *apelação*, para quem entender que todo ato que aplica uma das causas extintivas arroladas no art. 267 é sentença; b) o *agravo*, se entendermos que, quando uma dessas causas atinge somente algum dos sujeitos ou uma parcela do objeto, a decisão que assim julga, mandando o processo prosseguir pelos demais, continua sendo interlocutória (art. 522).[128]

77. *Fazenda, Fazenda Pública*

Fazenda Pública é a personificação do Estado, especialmente consideradas as implicações patrimoniais das relações jurídicas ou financeiras nas quais se envolve. Em sede administrativa, *Fazenda* designa tradicionalmente a administração financeira do Estado, aparecendo o vocábulo em locuções como *Ministério da Fazenda* (União) ou *Secretaria da Fazenda* (Estados), para designar o que na esfera municipal vem com o título de *Secretaria das Finanças*. Em processo civil, *Fazenda é o Estado em juízo* e, como se verá, o Código de Processo Civil emprega o vocábulo com razoável regularidade, oferecendo critério satisfatório para a interpretação dos textos em que comparece.[129]

---

128. Nesse segundo sentido, Maurício Giannico, *A preclusão no direito processual civil brasileiro*, n. 348, pp. 149-150 e Cassio Scarpinella Bueno, *A nova etapa da Reforma do Código de Processo Civil*, I, pp. 12-21 – para os quais a *topologia* continua sendo fator relevante para a determinação das espécies de provimentos jurisdicionais.

129. *Cfr.* Hely Lopes Meirelles, *Direito administrativo brasileiro*, Cap. XI, item 7: "A Administração Pública quando ingressa em Juízo por qualquer de suas entidades estatais ou autárquicas, ou por seus órgãos que tenham capacida-

Os incs. I e II de seu art. 475, ditando casos em que a sentença está necessariamente sujeita ao duplo grau de jurisdição, contêm um critério racional no emprego das palavras, o qual se reflete e é observado em muitos outros dispositivos. Empregam palavreados diferentes mas ambos beneficiam com a remessa oficial não só os entes da Administração central (União, Estados, Municípios e o Distrito Federal), mas também as respectivas autarquias e fundações de direito público. A locução *Fazenda Pública* engloba, nesse contexto, todas as *pessoas jurídicas de direito público interno*. Outras pessoas jurídicas paraestatais, como as empresas públicas ou sociedades de economia mista, não estão incluídas nem nesta nem naquela previsão: a) no inc. I não, porque a redação deste é taxativa e não as inclui; b) no inc. II muito menos, porque só a Administração central e autarquias dispõem da via da execução fiscal, ali referida (lei n. 6.830, de 22.9.80, art. 1º).

Falo em *palavreados diferentes* porque (a) o inc. I do art. 475 determina o duplo grau obrigatório em caso de sentença "proferida contra a União, o Estado, o Distrito Federal, o Município e as respectivas autarquias e fundações de direito público", enquanto que (b) o inc. II faz idêntica determinação quanto à sentença "que julgar procedentes, no todo ou em parte, os embargos à execução de dívida ativa da Fazenda Pública". Lá, uma enumeração analítica; aqui, uma locução sintética – mas em ambas o mesmo significado substancial, porque *Fazenda Pública* é realmente uma locução que tem toda aquela abrangência (pessoas jurídicas de direito público integrantes da Administração central e da descentralizada). Em sua redação inicial, o primeiro daqueles dois incisos só exigia a remessa oficial quando a sentença fosse "proferida contra a União, o Estado e o Município" – de modo que, nos casos regidos por ele, as autarquias e fundações não gozavam desse privilégio (a redação atual veio com a *Reforma da Reforma* – lei n. 10.352, de 26.12.01).[130]

de processual, recebe a designação de Fazenda Pública, porque o seu erário é que suporta os encargos patrimoniais da demanda".

130. Quanto aos processos de desapropriação imobiliária, o dispositivo que determina a devolução oficial emprega a locução *Fazenda Pública* (dec-lei n. 3.365, de 21.6.41, art. 28, § 1º) e daí decorre que não só a Administração central fica favorecida por ela, mas também as autarquias expropriantes (*cfr*. TJSP, 18ª C. Civ., ap. n. 57.806-2, voto vencedor Rangel Dinamarco); v. ainda juris-

Esse conceito de *Fazenda*, abrangendo todas e apenas as *entidades de direito público* (administração central, autarquias e fundações de direito público), tem sido útil na interpretação do § 4º do art. 20 do Código de Processo Civil, que dispõe sobre *honorários* advocatícios a cargo da Fazenda Pública vencida em juízo. Há muito tempo o Supremo Tribunal Federal proclamou com toda clareza que esse dispositivo não se aplica quando vencida é alguma sociedade de economia mista, impondo-se o § 3º.[131] O mesmo há de prevalecer quanto às empresas públicas, que desenvolvem atividades de interesse do Estado mas não são dotadas de qualquer poder de império, desmerecendo pois todo aquele zelo protecionista que a Administração central e suas autarquias vêm recebendo.

Essa mesma orientação, com idêntico critério, há de servir na determinação do conceito e extensão de *Fazenda Pública* no art. 730 do Código de Processo Civil, que constitui projeção, no plano infraconstitucional, daquilo que dispõe o art. 100 da Constituição Federal (execução por quantia certa contra a Fazenda federal, estadual ou municipal). Existem precedentes judiciários antigos no sentido de que, em tais dispositivos, o vocábulo *Fazenda* comparece para representar apenas a Administração central, ou seja, negando que tal forma de executar se aplicasse às autarquias (as quais restariam sujeitas à execução ordinária, como qualquer devedor)[132] – mas tal não é a orientação vigente em tempos presentes. "São impenhoráveis os bens das autarquias", tanto quanto os da União, Estados, Distrito Federal ou Municípios. "Elas são consideradas pessoas jurídicas de direito público por definição legal e público o seu capital também é. Daí a necessidade de, para

prudência indicada por Negrão-Gouvêa, *Código de Processo Civil e legislação processual em vigor*, nota 4 ao art. 28 do dec-lei n. 3.365, de 21.6.41, p. 1.393.

131. *Cfr.* STF, 1ª T., RE 82.215, j. 31.10.75, rel. Cunha Peixoto, v.u., *DJU* 5.12.75, p. 164, 1ª col. e também *apud* Negrão-Gouvêa, *Código de Processo Civil*, nota 34 ao art. 20, pp. 159-160.

132. Assim, TJRJ, 6ª C. Civ., Ap. n. 1.430, j. 26.12.75, rel. Basileu Ribeiro Filho, m.v., *RP* 5/258 (*cfr.* ainda informações *apud* Negrão-Gouvêa, *Código de Processo Civil*, nota 7 ao art. 730, p. 899).

os fins do art. 730 do Código de Processo Civil, as autarquias serem integradas no conceito de Fazenda Pública".

O acórdão que assim julgou, do qual fui relator há bem mais de vinte anos, reconhece que no art. 730 do Código de Processo Civil a locução *Fazenda Pública* é dotada do mesmo significado e dimensão que vêm sendo expostos.[133]

Essa mesma amplitude vem também sendo afirmada na interpretação do art. 188 do Código de Processo Civil, entendendo os tribunais que não só a Administração central dispõe de *prazo* em quádruplo para responder à inicial e em dobro para recorrer, mas também as autarquias das três esferas, inclusive as de fins previdenciários – sem porém que isso se aplique às sociedades de economia mista nem às empresas públicas.[134] E isso também faz sentido, considerando que se trata de oferecer condições melhores (pelas discutíveis razões aceitas pelo legislador) às entidades e organismos que exercem funções estatais típicas e não às demais geridas pelo Estado.

E assim também é quando se trata de *adiantamento de custas judiciais*, ou preparo, estando dispensada a Fazenda (CPC, art. 27), ou seja, a Administração central e autarquias. A Lei das Execuções Fiscais é explícita a respeito e mais abrangente, ditando também a isenção de custas finais mesmo quando vencida a Fazenda (lei n. 6.830, de 22.9.80, art. 39, *caput* e par.). Como nessa lei a palavra *Fazenda* inclui apenas as pessoas jurídicas da Administração central e autarquias (v. seu art. 1º), a interpretação desse dispositivo fica fácil.

Pelo disposto no art. 488, par., do Código de Processo Civil, não se aplica "à União, ao Estado, ao Município e ao Ministério Público"

133. *Cfr.* 1º TACSP, 2ª C., Ap. n. 287.902, j. 3.2.82, rel. Rangel Dinamarco. v.u., *RT* 568/107, ementa; e assim é jurisprudência atual do Superior Tribunal de Justiça (*v.g.*, 3ª T., REsp n. 93.453, j. 18.8.98, rel. Eduardo Ribeiro, v.u., *DJU* 19.4.99, p. 133 – *apud* Negrão-Gouvêa, *Código de Processo Civil e legislação processual em vigor*, nota 3-a ao art. 649, p. 842, 1ª col.).

134. Para todas as indicações jurisprudenciais relativas à amplitude do conceito de Fazenda Pública no art. 188 do Código de Processo Civil, *cfr.* Negrão--Gouvêa, *op. cit.*, notas 4-6 ao art. 188, pp. 312-313.

a exigência de depositar a importância de 5% sobre o valor da causa, como requisito para a admissibilidade da ação rescisória. Nada diz acerca das *autarquias*, mas elas vieram a ser contempladas com análoga dispensa pelo art. 24-A da medida provisória n. 2.180-35, de 24 de agosto de 2001. Tal dispositivo parece dispensá-las também *da própria multa* estabelecida no art. 488, inc. II do Código de Processo Civil e não apenas do depósito destinado a assegurar seu pagamento – mas essa dispensa não seria inconstitucional? Pela Súmula n. 175 do Superior Tribunal de Justiça, "descabe o depósito prévio nas ações rescisórias propostas pelo INSS".

Seria ideal que, como nesses casos, houvesse unidade semântica no emprego do vocábulo *Fazenda* e, então, se pudesse afirmar sempre que o *Estado em juízo* abrangesse invariavelmente e de modo exclusivo as pessoas jurídicas de direito público da Administração central e suas autarquias. Esse significado, com os esclarecimentos trazidos, serve para a interpretação de outros numerosos dispositivos em que comparece a palavra *Fazenda* ou a locução *Fazenda pública*, seja no próprio Código de Processo Civil ou em outros diplomas. O Código é inclusive coerente consigo mesmo, quando, às vezes, querendo ser mais restritivo, fala em *União, Estado ou Município* e com isso exclui todas as entidades paraestatais, autarquias inclusive (art. 816, inc. I; v. ainda art. 12, incs. I-II). No art. 928 a locução *pessoas jurídicas de direito público* tem o mesmo significado e compreensão do vocábulo *Fazenda*, abrangendo a Administração central e autarquias. Essa locução é empregada também, com igual significado, no art. 4º da lei n. 4.348, de 26 de junho de 1964, o qual dispõe sobre suspensão de medida liminar concedida em mandado de segurança. Em vários outros casos o emprego do vocábulo *Fazenda* foi feito também com essa intenção e a ele se há de reconhecer o mesmo significado (CPC, arts. 197, 240, 1.108, 1.206).

Existem, no entanto, textos em que o próprio Código parece haver-se esquecido do conceito assim posto. Nos dispositivos relacionados com o inventário e arrolamento, *Fazenda* significa *Fazenda estadual*, porque se trata de qualificá-la a estar no processo para a defesa de um interesse que é só seu e não de qualquer outra entidade estatal ou paraestatal – a saber, o interesse de arrecadar o imposto *causa mortis* (v. CPC, arts. 988, inc. I, 999 e 1.031). O texto originário, aprovado em 1973, dizia *Fazenda Estadual*, tendo sido alterado pela lei n. 5.925, de 1º de outubro de 1971.[135] Merece ser questionado, ainda, o emprego da palavra *Fazenda* em textos contidos nos capítulos relativos *à herança jacente e à vacante* (v. arts. 1.145, 1.155, 1.169 e 1.172). Por força de disposição legal posterior ao Código de Processo Civil (CC, art. 1.822), nem todos os entes estatais são destinatários dos bens vacantes, mas somente os Municípios, o Distrito Federal e eventualmente a União (em caso de bem situado em algum território federal),[136] excluindo-se pois os Estados e todos os entes paraestatais; conseqüentemente, naqueles dispositivos processuais o vocábulo *Fazenda* deve ser interpretado como indicativo do ente estatal que, em cada caso, poderá ser beneficiado pela possível vacância dos bens jacentes (Município, Distrito Federal ou União, conforme o caso – sempre segundo a localização do bem).

> Conta o prof. Valter Ceneviva que, atuando como examinador em um *exame de Ordem*, perguntou a um candidato o que é *Fazenda Pública* e recebeu a seguinte resposta: "sabe, professor, o Estado desenvolve certas atividades empresariais, inclusive na agricultura e pecuária, com grandes fazendas de sua propriedade; essas são as *fazendas públicas*".

78. *foro, fórum, juízo, comarca, seção judiciária, jurisdição e circunscrição judiciária*

Na técnica do direito processual, *foro* significa território; é palavra de uso bastante freqüente na teoria da competência. Na organização das Justiças estaduais brasileiras, tradicionalmente *foro* equivale a *comarca* (município ou pluralidade de municípios contíguos, que estão sujeitos à competência de um ou vários juí-

---

135. *Cfr.* Negrão-Gouvêa, *op. cit.*, nota 3 ao art. 999, p. 1.058; evidentemente, no Distrito Federal e Territórios a Fazenda a ser citada não é *estadual*, mas a de cada uma dessas células da Federação.

136. Sabendo-se que atualmente não existe sequer um território federal na estrutura territorial brasileira.

zes de primeiro grau).[137] Segundo a linguagem da Constituição Federal, na Justiça Federal cada Estado seria um *foro* e o Distrito Federal outro, todos com a denominação de *seções judiciárias* (Const., art. 110); mas com a implantação de varas federais fora das Capitais dos Estados, ficando cada um deles dividido em *sub--seções judiciárias*, estas constituem o foro federal em primeiro grau de jurisdição. O vocábulo *comarca* não tem aplicação à divisão judiciária federal, sendo privativa das Justiças Estaduais, mas inadvertidamente o Código de Processo Civil o emprega de modo indevido, em um sentido mais amplo que o adequado (arts. 9º, par., 107, 200, 207, 230).

Existem, na linguagem processual da disciplina da competência, diversas *espécies de foros* – foro comum ou especial, foros concorrentes, foro principal ou subsidiário *etc.*

Juízo tem o significado de *órgão judiciário*. Em um só foro é até comum haver diversos juízos, que são as varas de uma só comarca. Pode haver juízos de *espécies diferentes*, como as varas cíveis, ou da família, de acidentes do trabalho, varas empresariais – o que, como é notório, sucede nos grandes centros, onde há a especialização da Magistratura. *Competência de juízo*, portanto, não é o mesmo que competência de foro; ela é na maior parte das vezes fixada em atenção à natureza da causa (matéria) ou à condição das pessoas, razão por que quase sempre é absoluta. Mas o próprio Código de Processo Civil faz às vezes uso menos adequado do vocábulo *juízo*, como se vê nos arts. 237, inc. II, 265, inc. III, 307, 741, inc. VII, e 742. A locução *fora do juízo* (art. 237, inc. II) é evidentemente sem sentido se tomada literalmente, porque não se concebe o caso de o advogado da parte ser domiciliado no órgão jurisdicional; o foro, ou comarca, é que têm dimensões territoriais, ou físicas. Fala o Código, também equivocadamente, em *exceção de incompetência do juízo*, (art. 265, inc. III), quando a incompetência relativa, que pela via da exceção se alega, é a

---

137. Mas na comarca da Capital paulista existem os *foros regionais*, que na realidade são tratados pela lei de organização judiciária como verdadeiros *sub--foros*, ou sub-comarcas.

de foro, não a de juízo (art. 112). Na exceção de incompetência relativa incumbe à parte indicar o *foro* competente e não o *juízo*, como está na redação do art. 307. Também na execução forçada, é natural a oposição de exceção de incompetência territorial, ou de *foro*, e não de *juízo* (redação defeituosa do art. 742). Na interpretação desses e de outros dispositivos do Código ou de outros diplomas é sempre preciso ter presentes os conceitos, para evitar os enganos a que se pode ser levado pelas imperfeições técnicas do legislador.

Na organização judiciária brasileira, os tribunais são *juízos superiores*, em confronto com os órgãos de primeira instância, ou primeiro grau de jurisdição, que são juízos inferiores. Os *foros regionais* e as *varas distritais* existentes em algumas comarcas são juízos pertencentes a uma só comarca, tanto como as varas centrais: cada foro regional não constitui uma comarca, como poderia parecer, mas no máximo um *sub-foro* ou *sub-comarca*.

Com um sentido completamente diverso, *juízo* quer dizer também *processo* e, mais especificamente, processo de conhecimento. Tal acepção vem do latim *judicium* e é nesse sentido que se diz *estar em juízo, vir a juízo* etc. *(judicium est actus trium personarum)*.[138] V. também *juizados especiais*.

Fórum é a sede do juízo, o edifício onde dão expediente os juízes e onde, de ordinário, localizam-se os cartórios judiciais. Essa distinção entre foro e fórum resulta de mera convenção verbal, pois ambas as palavras provêm da mesma fonte latina (*forum*, que significa *praça*); são todavia plenamente integradas no vernáculo e é bom que cada qual seja utilizada em sua acepção própria, notadamente na lei, para se evitarem dificuldades e desvios de interpretação.

Em alguns Estados da Federação, o vocábulo *fórum* está praticamente alijado do linguajar comum, sendo o outro (*foro*) empregado nos dois sentidos (p. ex., Rio Grande do Sul e Rio de Janeiro).

138. Sobre esse conceito de *juízo*, v. Dinamarco, nota n. 1 à tradução do *Manual de direito processual civil* de Enrico Tullio Liebman (vol. I, p. 20). Evidentemente, não é nessa acepção ali indicada que o vocábulo se emprega no trato da competência.

O Código, porém, que fala em *fechamento do fórum* (arts. 184, § 1º, inc. I), não faz tal confusão (v. também art. 1.171, § 2º).

Jurisdição é um vocábulo também mal empregado em vários textos que esquecem ser esta um poder, ou expressão do poder estatal, dando-lhe então sentido diferente e tecnicamente errado. É o caso, por exemplo, dos dispositivos que falam em *conflito de jurisdição*, quando deveriam dizer *conflito de competência* (quanto a esse aspecto, andou muito bem o código de 1973 – *supra*, n. 44). Existem ainda alguns resíduos de uma velha tendência a considerar que cada uma das *Justiças* componentes da estrutura judiciária brasileira exercesse *uma* jurisdição, sendo carecedora desta a que atuar em algum processo não destinado a ela pelas normas constitucionais pertinentes; se fosse assim, nesse caso teríamos sentenças inexistentes, o que não ocorre porque o caso é de incompetência, não de falta de jurisdição.[139] Não-obstante, por comodidade de linguagem é lícito falar em *competência de jurisdição*, mas com a consciência de que não se trata de separar supostas *jurisdições*.[140]

Pior ainda é o emprego dessa palavra como se fosse sinônimo muito amplo de autoridade, ou responsabilidade. Em rodovias paulistas vêem-se placas com a inscrição "trecho sob jurisdição do DER", em um emprego manifestamente inadequado do vocábulo *jurisdição*. Inadequado é também usá-lo para designar uma extensão territorial, quase como se fosse sinônimo de *foro*. Assim estava no Código de Processo Civil de 1939, cujo art. 168, § 2º, falava em pessoas que *estiverem fora da jurisdição do juiz*; o Código vigente não reproduz esse erro mas não está muito melhor que o de 1939, quando no art. 237, inc. II, fala em pessoa que resida *fora do juízo* (*supra*, n. 3).

Circunscrição judiciária é locução empregada em leis estaduais de organização judiciária, sem qualquer reflexo na compe-

---

139. *Cfr.* Dinamarco, nota 13 à tradução do *Manual de direito processual civil* de Enrico Tullio Liebman (vol. I, pp. 34-35); *Instituições de direito processual civil*, I, n., 223, p. 477; Cintra-Grinover-Dinamarco, *Teoria geral do processo*, n. 139, esp. p. 251.

140. *Cfr.* por todos, Dinamarco, *Instituições de direito processual civil*, I, n. 223, esp. p. 477.

tência: trata-se de um grupo de comarcas contíguas ou situadas na mesma região geográfica do Estado, assim reunidas para efeitos meramente administrativos do Poder Judiciário.[141] É preciso, portanto, evitar o uso dessa locução no sentido de *comarca*, como indevidamente faz a *Lei do Divórcio*, cujo art. 47 diz *circunscrição judiciária* onde obviamente seria o caso de dizer *comarca*. A Lei dos *Registros Públicos* diz *circunscrição* nesse mesmo sentido inadequado (lei n. 6.015, de 31.12.73, art. 110, § 1º).[142]

79. *hasta pública, praça, leilão, arrematação*

Na execução por quantia certa contra devedor solvente (seja por título judicial, seja extra) trata-se de expropriar um bem ao executado, ou uma pluralidade de bens bastantes à satisfação do crédito do exeqüente. Excluídas as hipóteses prioritárias de adjudicação do bem penhorado e alienação por iniciativa particular, tal expropriação é feita através da *arrematação* (CPC, arts. 686 ss.). A alienação por esse modo integra um procedimento de *licitação* e é realizado com as cautelas exigidas em lei (arts. 686-687), na qual os interessados, mediante os *lances* que fazem, estão formulando verdadeiras *demandas* (demandas incidentes ao processo executivo). Cada um deles pede que o juiz lhe transfira o bem licitado e o juiz, quando assina o *auto de arrematação* (arts. 693-694), acolhe o pedido feito por aquele que apresentou a melhor oferta, rejeitando os demais.[143]

A lei brasileira estatui duas modalidades de licitação, conforme se trate de execução mobiliária ou imobiliária (*supra*, n. 74): no primeiro caso teremos *leilão* e no segundo, *praça* (art. 704).[144] A locução *hasta pública*, que o Código emprega apenas

---

141. *Cfr.* Código Judiciário do Estado de São Paulo – dec-lei complementar estadual n. 3, de 27.8.69.

142. O Código usa *circunscrição*, sem cometer a mesma falha, para significar *circunscrição imobiliária* (art. 1.124).

143. *Cfr.* Zanzucchi, *Diritto processuale civile*, III, nn. 52 e 59, pp. 82-83 e p. 92.

144. Fora do Livro II, próprio à execução forçada, fala o Código em leilão ao cuidar "das alienações judiciais" (v. art. 1.117).

três vezes (arts. 686, 747, inc. III, e 1.173), tem sentido bastante amplo e abrange essas duas modalidades; e, como a disciplina do leilão e da praça coincidem em grande parte, o Livro II emprega em muitos dispositivos a locução *praça* ou *leilão* em situações onde seria preferível indicar o gênero *hasta pública* (arts. 689, 691, 762, § 2º, e 773).[145]

A separação que faz a lei, mandando levar à *praça* os imóveis penhorados e contentando-se com o *leilão* quando se trata de móvel,[146] corresponde ao zelo maior que tradicionalmente vota o legislador aos chamados *bens de raiz*, porque a primeira é, ao menos teoricamente, cercada de *maiores garantias de idoneidade*. São diferenças entre uma e outro:

a) *quanto ao local*: a praça é feita no átrio do fórum e o leilão, onde quer que os bens se encontrem ou no local designado pelo juiz (arts. 686, § 2º, e 705, inc. II);

b) *quanto a quem os realiza*: na praça o pregão é feito pelo porteiro dos auditórios (ou, na prática de muitas comarcas, pelo oficial de justiça) e no leilão, pelo leiloeiro público da escolha do exeqüente (arts. 688, par., 705 e 706). Na comarca em que não haja leiloeiro habilitado, os bens móveis serão licitados pelo oficial-porteiro, no átrio do fórum, mas em *leilão*.[147] Tanto o porteiro como o leiloeiro atuam como *auxiliares da justiça*, sendo o primeiro um auxiliar permanente e o segundo, eventual.[148-149]

145. *Cfr.* também art. 1.017, § 3º, na disciplina do inventário.

146. *Cfr.* Amílcar de Castro, *Comentários ao Código de Processo Civil*, VIII, n. 462, p. 339.

147. *Cfr.* Amílcar de Castro, *op. loc. cit.*

148. *Cfr.* Dinamarco, *Instituições de direito processual civil*, I, n. 350, p. 678; Cintra-Grinover-Dinamarco, *Teoria geral do processo*, nn. 116-118, pp. 220 ss.

149. A repetição da hasta pública ocorrerá quando o bem não alcançar lanço superior à importância da avaliação (CPC, art. 686, inc. VI); essa disposição prevalece tanto para a praça quanto para o leilão. Mesmo em segunda praça ou leilão, lanços de preço vil não serão considerados (art. 692). Em *praça* referente a bem imóvel pertencente a incapaz, o lanço mínimo será de 80% do valor da avaliação, sob pena de adiamento da alienação por prazo de até um ano (art. 701).

80. idoso

Na trilha de uma norma programática com a qual a Constituição Federal estabelece as linhas de amparo às pessoas idosas, uma lei especial incluiu três artigos no Código de Processo Civil, com a regra de que "os procedimentos judiciais em que figure como parte ou interveniente pessoa com idade igual ou superior a sessenta e cinco anos terão prioridade na tramitação de todos os atos e diligências em qualquer instância". Assim estava no art. 1.211-A do Código, trazido pela lei n. 10.173, de 9 de janeiro de 2001, mas a esta sobreveio o Estatuto do Idoso, mandando que tal benefício seja concedido logo que a parte haja completado *sessenta anos* (lei n. 10.741, de 1.10.03) – de modo que, pelo direito vigente, o sujeito processual se reputa *idoso* a partir dessa idade e não mais dos sessenta e cinco anos. O art. 1.211-B do Código de Processo Civil contém regras referentes ao modo de postular e conceder esse benefício no processo e o art. 1.211-C manda que, em caso de morte do idoso beneficiado pelo benefício de prioridade no processo, se estenda ao cônjuge supérstite, companheiro ou companheira com união estável, desde que maior de sessenta e cinco anos (mas leia-se: *desde que maior de sessenta anos*).

Esse tratamento prioritário aos idosos tem como óbvia razão de ser a premência mais angustiosa a que estão expostos os idosos, (a) seja porque sua sobrevida provável é mais breve que a das pessoas mais jovens, sendo inútil qualquer benefício que o processo pretenda oferecer-lhes, mas que seja oferecido *post mortem*, (b) seja porque as pessoas de mais idade são ordinariamente sujeitas a maiores necessidades, notadamente de ordem econômico-financeira (aposentadorias insuficientes, queda do poder aquisitivo, despesas com saúde). É natural, pois, que com referência aos idosos se exacerbe o zelo pela oferta de uma tutela jurisdicional *em tempo razoável*, preconizada pelo art. 5º, inc. LXXVIII da Constituição Federal.[150]

81. impugnação e embargos do executado

Na vigente configuração do Código de Processo Civil, a resistência à execução fundada em sentença produzida no processo

---

150. *Cfr.* Dinamarco, *A Reforma da Reforma*, n. 35, pp. 78-79.

civil chama-se *impugnação* e não mais embargos (art. 475-L) e regida por uma disciplina jurídica em alguma parte diferente da que tradicionalmente se dava a estes.

Uma diferença entre a impugnação e os antigos embargos é a ausência do necessário efeito suspensivo da execução, que estes tinham e aquela, só em situações excepcionais. A regra é a não--suspensividade, suspendendo-se a execução somente em caso de extraordinário perigo para o executado-embargante, sendo relevantes os fundamentos invocados (CPC, art. 475-M, *caput*); mas poderá o exeqüente obter o prosseguimento da execução, prestando a caução idônea e suficiente que o juiz vier a deferir e arbitrar (art. 475-M, § 1º). E os próprios embargos recebem atualmente análoga regência, sendo excepcional a outorga de efeito suspensivo a eles (art. 739-A, *caput* e § 1º).

Mas a Lei do Cumprimento de Sentença manteve no Código os *embargos do executado*, parcialmente regidos como antes, mas com algumas modificações substanciais (arts. 736-740). Tal disciplina não mais se aplica às execuções fundadas em título produzido no processo civil brasileiro (art. 475-N, inc. I), pois nesse caso teremos a impugnação (arts. 475-L e 475-M). Aplica-se porém à execução fundada em título executivo extrajudicial, sentença penal condenatória, sentença estrangeira homologada ou laudo arbitral, porque a disciplina trazida na lei n. 11.232, de 23 de dezembro de 2005, abrange somente o *cumprimento de sentença civil*. E o art. 741 cuida agora, de modo específico, "dos embargos à execução contra a Fazenda Pública".

> Estranha contradição. Enquanto a agregação do efeito suspensivo aos embargos só é autorizada quando "a execução já esteja garantida por penhora, depósito ou caução suficientes" (art. 739-A, § 1º, c/c § 6º), igual exigência não é feita de modo explícito no tocante à *impugnação*: o art. 475-M limita-se a permitir a suspensão em casos excepcionais mas não acrescenta essa ressalva feita quanto aos embargos. A aparente contradição consiste em dificultar mais a suspensão da execução por título extrajudicial e menos a da execução por título judicial, quando esta tem suporte em sentença e, por isso, maior é a probabilidade da real existência do crédito. É razoável, até para a harmonia do sistema, o entendimento de que aquela dis-

posição contida no art. 739-A seja uma das muitas que, conquanto localizadas no trato da execução por título extrajudicial, propagam-se também ao cumprimento de sentença (art. 475-R).

82. impugnar e "pedir impugnação"

É lamentavelmente crescente a presença da locução *pedir impugnação*, com muita freqüência empregada pela imprensa despreparada em direito e em língua portuguesa; e mais lamentável ainda é a contaminação de profissionais do direito por esse linguajar manifestamente errado. Quem se opõe a um ato ou decisão, ou a uma pretensão alheia, está a *impugnar* esse ato, decisão ou pretensão – e não a pedir a alguém que a impugne. Impugnam-se candidaturas eleitorais, impugnam-se as contas de um chefe de Executivo, impugnam-se deliberações de uma assembléia societária e, no processo civil, impugnam-se os fatos alegados na petição inicial (CPC, art. 302), impugna-se um laudo pericial, impugna-se a execução por título judicial (CPC, arts. 475-J ss.), impugnam-se os embargos à execução por título extrajudicial *etc.*[151] Esse verbo vem do latim *impugno, impugnare* (*in + pugno*), que significa combater contra, ou opor-se, criticar;[152] em vernáculo, *impugnar* é "contrariar com razões; refutar, contestar", ou ainda "pugnar contra; opor-se a" (Aurélio).[153] Quem combate um ato está a *impugná-lo*; aquele a quem se endereça a impugnação decidirá sobre esta, acolhendo-a ou rejeitando-a. A parte não pede impugnação: impugna. O juiz decide, não impugna. *Pedir impugnação* é tão errado quanto *pedir desistência* (*supra*, n. 58).

83. instância e entrância

Instância era uma palavra de sentido equívoco no direito positivo representado pelo Código de 1939, valendo ora por *grau de jurisdição* (primeira instância, segunda instância, instância única

---

151. O art. 740 do Código de Processo Civil não emprega o verbo *impugnar*, dizendo apenas que o embargado será *ouvido em quinze dias*; mas não será incorreto manter aquele modo de dizer já incorporado na linguagem forense.

152. *Cfr.* Castiglioni-Mariotti, *Vocabolario della lingua latina*, p. 603, 2ª col.

153. *Cfr. Novo Aurélio*, p. 1.087, 3ª col.

etc.), ora por processo, ou *relação processual* (*suspensão da instância, absolvição da instância etc.*);[154] e, como dessa diversidade de significados advinham dificuldades que a faziam mesmo uma palavra problemática, houve por bem o legislador bani-la de vez da legislação codificada, não a empregando sequer uma vez e anunciando desde logo na Exposição de Motivos que assim procedia para afastar dúvidas e equívocos.[155]

Assim é que, cumprindo o prometido, o Código diz inúmeras vezes *grau* (art. 101), ou *grau de jurisdição*, (arts. 101, 113, 187, 265, § 4º, 267, § 3º, 305, 390, 475, 940), para não dizer *primeira instância* ou *segunda instância*; grafa também *graus de jurisdição* (art. 50, par.), *juízo inferior* (art. 517), *tribunal superior* (arts. 500, par., e 1.075, inc. II) e mesmo *tribunal* (art. 265, § 4º), sempre como modos de evitar o vocábulo *instância* e as locuções em que ele costuma aparecer.

Mas, como já lembrado, a palavra *instância* continua sendo usada nesse sentido de *grau de jurisdição*, seja pelos operadores do direito, pela doutrina ou mesmo em muitos textos de direito positivo, inclusive na Constituição (arts. 102, inc. III, e 105, inc. III – *supra*, nn. 3 e 5). Ela está presente também na linguagem de outros países, como na Itália (*istanza*)[156] e Alemanha (*Instanz*),[157] sempre para designar os diversos graus de jurisdição.

154. *Cfr.* Machado Guimarães, em clássico estudo: "A instância e a relação processual"; Dinamarco, *Execução civil* n. 65, pp. 122-123.

155. *Cfr.* Exposição de Motivos, n. 6: "outra expressão que o projeto eliminou é *instância*. Dela se serve o Código vigente [*o de 1939*] para designar o instituto da suspensão, da absolvição e da cessação do processo (arts. 196-207). Todavia, a palavra é equívoca. Nas fontes romanas, significa atividade, empenho, diligência e pedido". Após indicar diversas acepções com que *instância* tinha sido e vinha sendo aplicada e dar destaque o seu uso em sinonímia com "processo entendido como relação jurídica", o legislador concluiu "que a palavra *instância* é uma fonte de dúvidas e equívocos. O projeto a substitui por *processo* e, assim, no Cap. VI do Livro I e Cap. VI do Livro II, fala em formação, suspensão e extinção do processo, empregando este vocábulo porque ele traduz, com todo o rigor científico, o fenômeno jurídico que o Código define".

156. *Cfr., v.g.*, Liebman, *Manual de direito processual civil*, n. 103, esp. pp. 293-295 e n. 109, pp. 309-312 trad., falando em "procedimentos de primeira e de segunda instancias" *etc.*

157. *Cfr., v.g.*, Rosenberg-Schwab, *Zivilprozeßrecht*, § 31, III, p. 128, falando em *erste, zweite* e *dritte Instanzen* (1ª, 2ª e 3ª instâncias).

Já no outro sentido, para designar *processo*, a palavra que o Código em boa hora eliminou veio a desaparecer inteiramente do linguajar processual brasileiro. No lugar dos institutos em cuja denominação ela aparecia (*suspensão, cessação e absolvição da instância*), tem-se agora a *formação, suspensão e extinção do processo*, modeladas com muito mais apuro técnico pelo vigente Código de Processo Civil (arts. 262-269).

Muito diferente é o conceito de *entrância*. Esse vocábulo designa cada um dos níveis entre os quais se distribuem os cargos de juiz de primeira *instância*. Como é inerente a toda carreira, os juízes progridem funcionalmente passando de classe em classe – e essas diversas classes, ou níveis, da carreira do juiz são as diversas entrâncias (Const., art. 93, inc. II). No Estado de São Paulo há três entrâncias, denominadas *inicial, intermediária* e *final* – e entre as comarcas de entrância final está a Capital do Estado. O acesso ao Tribunal de Justiça, ou à segunda *instância*, só é possível aos juízes de última entrância (em São Paulo, entrância final).

> Embora não exerçam jurisdição, os membros do Ministério Público também se distribuem em *instâncias*. Os que atuam em primeira instância são promotores de justiça e, em segunda, procuradores de justiça. Os promotores fazem sua carreira ao longo das *entrâncias* entre as quais se dividem as comarcas de cada Estado, antes de terem acesso ao cargo de procurador da justiça.

84. instruir, instrução, prova e provar

Instruir não é sinônimo de provar e prova não é sinônimo de instrução. No processo de conhecimento, instrução é o "conjunto de atividades de todos os sujeitos processuais, destinadas a produzir convicção no espírito do juiz".[158] Necessitando o juiz *conhecer* para poder bem decidir, esse conhecimento lhe é propiciado pela instrução realizada pelas partes e, em alguma medida, por ele próprio. A instrução no processo ou fase de conhecimento faz-se mediante *provas e alegações*, não só mediante provas. As alegações finais das partes, que obviamente estão fora do con-

---

158. *Cfr.* ainda Dinamarco, *Instituições de direito processual civil*, III, n. 774, p. 33.

ceito de prova, integram a instrução porque servem para que os advogados levem ao juiz e ao seu espírito informes sobre a jurisprudência, conceitos vindos da doutrina, considerações sobre a prova produzida *etc*. A instrução é pois o gênero próximo e a prova, uma de suas espécies. Tanto quanto a cognição, a instrução incide sobre todos os pontos de fato e de direito relevantes para decidir.

O art. 464 do Código de Processo Civil parte de premissa conceitual equivocada ao determinar que "finda a instrução", *o juiz dará a palavra aos patronos das partes para as alegações finais*. A instrução não está completa ainda, tanto que lhe faltam as alegações, que a integram. Por isso, leia-se no art. 464: "finda a instrução *probatória...*" (José Frederico Marques).

Em uma conceituação ainda mais ampla, instrução é *preparação* e instruir é *preparar*. Essas palavras derivam do verbo latino *instruo*, que significa preparar, equipar. No processo ou fase de execução, em que inexiste julgamento do mérito, prepara-se o ato final de satisfação do credor mediante constrições judiciais (penhora), avaliações, alienações em hasta pública *etc.*; preparam-se também os julgamentos interlocutórios que o juiz deve pronunciar ao longo do procedimento executivo. Não há na doutrina brasileira o hábito de atribuir toda essa extensão ao vocábulo *instrução* e ao verbo *instruir*, mas na italiana tais conceitos são corriqueiros.

85. *interpor, propor, opor, suscitar, impetrar*

Todos esses verbos indicam o ato de colocar diante do juiz alguma pretensão ou impugnação a um ato judicial, sendo dotados de significados semânticos muito semelhantes, embora não coincidentes. Não haveria por que diferenciar seu uso tendo em vista o objeto daquilo que se postula, senão por força de uma série de convenções bastante arraigadas na linguagem do profissional e da doutrina, as quais separam de modo quase estanque e com razoável firmeza os campos de aplicação de cada um desses verbos. Observar essas convenções é fazer-se claro a quem lê as peças de um processo ou as páginas de um escrito doutrinário, além de dar mostra de familiaridade com os diversos institutos. Vejamos o significado reservado a cada um deles.

Propor significa pôr diante de. Põe-se uma demanda inicial diante do juiz, ou seja, propõe-se uma demanda – ou, como é até mais comum no linguajar do dia-a-dia, propõe-se uma *ação*. Esse verbo é utilizado com referência a quase todas as situações em que alguém vai a juízo dar início a um processo, levando sua demanda ao Poder Judiciário.

Interpor significa etimologicamente *pôr no meio*. Usa-se esse verbo com referência aos recursos, que são interpostos no processo, ou seja, postos no curso de um processo pendente. Não se interpõe uma demanda, ou ação, nem se interpõe um mandado de segurança *etc.*; também a *ação rescisória*, que não é um recurso e portanto não integra o processo onde está a sentença rescindenda, é *proposta* e não *interposta*.

Mas, com referência aos embargos em geral, o verbo aceito é *opor*. Opõem-se embargos declaratórios ou infringentes, opõem-se embargos à execução *etc.*; estes últimos são até designados em língua italiana como *opposizione*, o que bem confirma a adequação do uso corrente no direito brasileiro. Ainda não se formou uma prática terminológica com referência à *impugnação* que, na nova linguagem do Código de Processo Civil, veio em substituição aos *embargos do executado* à execução por título judicial (arts. 475-L e 475-M): diremos *opor* impugnação, ou simplesmente *deduzir* impugnação?

Das *exceções rituais* (incompetência relativa, suspeição ou impedimento do juiz), diz-se que são *suscitadas*. Suscitam-se exceções, não se interpõem ou propõem. Também se diz *levantar* exceção.

Impetrar, que tem praticamente o mesmo significado de propor, é um verbo de uso praticamente reservado ao mandado de segurança. Segundo a linguagem amplamente consagrada, *impetra-se um mandado de segurança* – e não se *propõe* um mandado de segurança. Também a concordata era *impetrada*.

    V. também *pedir e requerer*.

86. intimação

Eram três as espécies de atos de comunicação processual oferecidas pelo Código de 1939: citação, notificação, intimação. *Citação* era e é o ato pelo qual se dá ao demandado ciência da demanda proposta em face dele, tornando-se ele parte a partir do momento em que se consuma o ato citatório; *notificação* era, naquela linguagem, um comando a alguém a ter determinada conduta (notificar testemunhas a comparecer, o perito a entregar o laudo); *intimação* era a mera ciência (intimação da sentença *etc.*).

O Código vigente simplificou essa terminologia, reduzindo os atos de comunicação a duas espécies mediante eliminação do uso do vocábulo *notificação* com esse significado. A *intimação* vem definida como "ato pelo qual se dá ciência a alguém dos atos e termos do processo, para que faça ou deixe de fazer alguma coisa" (art. 235). Às vezes tratar-se-á de *mera ciência* (intimar os advogados da sentença proferida); outras, de ciência acompanhada de comando (intimar o advogado a devolver os autos). Como se vê, o que antes se designava por *notificação* ficou abrangido no conceito de *intimação*.

> O *fazer ou deixar de fazer alguma coisa*, incluído no conceito de intimação, pode significar que o juiz determina ao intimando uma determinada conduta, gerando para ele o *dever* de obedecer (intimação da testemunha a comparecer, do advogado a restituir os autos); quem não atender essa determinação estará descumprindo um dever e desobedecendo ao juízo. Mas em outros casos a intimação se limita a dar ciência de um ato, para que o sujeito se comporte como melhor lhe convier, tratando-se então de mero *ônus*, não dever (intimado da sentença, o advogado da parte recorrerá ou não, segundo seu próprio juízo); quem não atender não estará praticando qualquer ilícito ou insubordinação, mas, provavelmente, prejudicando-se a si próprio. Na primeira hipótese, a atual intimação equivale ao que antes era *notificação*.

A palavra *notificação*, bem como o verbo *notificar* e formas derivadas, ficaram reservados para o processo dito *cautelar* destinado a prevenir responsabilidades ou conservar direitos, disciplinado nos arts. 867 ss. O Código é de bastante precisão terminológica nesse passo, pois dá o nome de *notificação* ao processo cautelar disciplinado naqueles dispositivos, mas o ato pelo qual se leva a ciência da própria notificação ao requerido recebe o nome de *intimação* (art. 870); diante disso dir-se-á, com absoluta precisão, que *o notificando é intimado da notificação*.

Como já se registrou, o Código às vezes confunde também *citação e intimação*, bem como as formas verbais correspondentes (*supra*, n. 36). No mandado de segurança e nos processos trabalhistas fala-se em *notificação* e *notificar*, para designar o que em boa linguagem processual se chama *citação*. São impropriedades decorrentes da imensa dispersão legislativa com a qual convivemos na realidade brasileira.

Além disso, a força do hábito faz com que muitas vezes alguns profissionais prossigam usando o verbo *notificar* e seus derivados, em situações onde seria mais apropriado dizer *intimar*. Como se vê, também no campo terminológico sobrevivem fantasmas do Código de 1939.

87. juiz leigo

Os juízes *leigos*, preconizados na Constituição Federal de 1988 (art. 98, inc. I) e introduzidos no sistema dos juizados cíveis pela Lei dos Juizados Especiais, são necessariamente advogados (profissionais habilitados perante a Ordem dos Advogados do Brasil) e integram o esquema fixo dos juizados especiais cíveis (LJE, art. 7º). Eles têm, substancialmente, a tríplice função de (a) conduzir a sessão de conciliação ou supervisionar as sessões conduzidas por conciliador (art. 22), (b) dirigir a instrução em audiência sob a supervisão do juiz togado (art. 37) e (c) proferir sentença sujeita a homologação por este (art. 40). Com essa missão, o juiz leigo é um auxiliar *parajurisdicional* por excelência, uma vez que realiza atos diretamente destinados ao cumprimento dos objetivos da jurisdição (especialmente, com vista à pacificação) sem no entanto gozar de plena autonomia funcional nem ter a capacidade de, por si só, decidir imperativamente as causas em que atua. O poder de conduzir ou supervisionar sessões de conciliação aproxima-o bastante do juiz togado, mas a sujeição à supervisão deste nas audiências instrutórias e a prolação de sentença que o togado pode recusar, proferindo outra, são fatores que o mantém afastado da condição de agente jurisdicional pleno – razão por que, como venho propondo, o juiz leigo deve ser qualificado como auxiliar parajurisdicional da Justiça.[159]

88. *juiz requerido*

No início da vigência do Código de Processo Civil, uma relevante dúvida interpretativa foi provocada por seu art. 747, que deu ao *juiz requerido* a competência para os embargos à chamada execução por carta.

Ficou bastante conhecida a polêmica que o emprego dessa locução veio a gerar, havendo os que sustentavam que ela designasse o juiz deprecante e outros, o deprecado. Houve muitas críticas e a *Reforma do Código de Processo Civil* acabou por fazer sua opção e dar clara definição ao tema, empregando os vocábulos *deprecante* e *deprecado*. Nos termos do que sugerira parte da doutrina, ficou estabelecido que é competente o juízo deprecado, quando os embargos versarem sobre atos que nele se realizam (penhora, avaliação ou alienação de bens); e a competência é do deprecante, nos demais casos – ou seja, quando os embargos puserem em questão o próprio crédito, seu valor, o título executivo, a legitimidade ativa ou passiva. Em qualquer hipótese, faculta-se ao executado *apresentar* seus embargos ao juízo deprecante ou ao deprecado, à sua escolha (art. 747, *fine*) – cumprindo ao juiz dar-lhes processamento ou enviá-los ao juízo competente segundo a distinção estabelecida na primeira parte do dispositivo.

> O critério adotado para distinguir entre os embargos que são da competência do juiz deprecante e os que serão julgados pelo deprecado corresponde à conhecida distinção entre *embargos à execução* e *embargos aos atos executivos*, vigente no direito italiano. São sempre da competência do *giudice adito*, ou seja, daquele perante o qual pende o processo executivo, os embargos que de algum modo visem a projetar efeitos além da vida do processo em si mes-

---

159. *Cfr.* meu *Manual dos juizados especiais*, n. 8, pp. 46-47; *Instituições de direito processual civil*, I, nn. 364 e 367, pp. 692 ss. e vol. II, n. 519, pp. 250-251.

mo.[160] Essas regras têm aplicação também à *impugnação* à execução fundada em sentença condenatória (arts. 475-L e 475-M) e não somente aos embargos à execução regida no Livro II do Código de Processo Civil.

89. *juizados especiais cíveis*

Os juizados especiais cíveis, encarregados do processo, julgamento e execução nas "causas cíveis de menor complexidade" (Const., art. 98, inc. I, e lei n. 9.099, de 26.9.95, art. 3º), constituem desdobramento dos juizados especiais de pequenas causas, regidos pela lei n. 7.244, de 7 de novembro de 1984 e implantados no país a partir dos anos oitenta. Duas grandes diferenças existem entre o modelo atual e aquele do início, os quais só tinham competência para o processo de conhecimento, sem o poder de executar, e só existiam no âmbito das Justiças Estaduais, não da Federal. Hoje, que também os juizados especiais federais foram instituídos e se acham em pleno funcionamento (Const., art. 98, § 1º, e lei n. 10.259, de 12.7.01), tanto eles quanto os estaduais conhecem, julgam e executam nos limites da competência que as duas leis especiais lhes atribuem. E essa competência, por mais que a Constituição e a lei hajam buscado uma outra linguagem, relaciona-se sempre e ainda com as causas menores, ou *pequenas causas*. "Embora a denominação *juizado de pequenas causas* haja desaparecido da legislação e agora se fale em *causas cíveis de menor complexidade* (LJE, art. 3º), permanece a idéia de um órgão judiciário destinado a causas de menor relevância para a sociedade como um todo, para seus valores fundamentais, para o Estado e para a economia nacional, mas às vezes de importância vital para pessoas de baixa renda".[161]

<small>Os juizados especiais cíveis, tanto quanto os extintos juizados especiais de pequenas causas, tiveram origem e inspiração nos *conselhos de conciliação e arbitramento*, surgidos quase espontanea-</small>

---

160. *Cfr.* Dinamarco, *A Reforma do Código de Processo Civil*, n. 223, p. 311.

161. *Cfr.* Dinamarco, *Instituições de direito processual civil*, III, n. 1.303, p. 806.

mente no Rio Grande do Sul e seguidos pelos *juizados informais de conciliação* paulistas.[162] Ainda se vêem pessoas falando *tribunais de pequenas causas*, mas essa expressão não é correta.

As duas leis disciplinadoras dos juizados especiais no âmbito dos Estados e da Justiça Federal estabelecem e limitam sua competência, por critérios materiais, pessoais e valorativos. O valor máximo, nos juizados estaduais, é o equivalente a quarenta salários mínimos (LJE, art. 3º, inc. I); nos federais, a sessenta salários mínimos (LJEF, art. 3º, *caput*). Aos juizados estaduais não se admitem causas em que for parte a Fazenda Pública (LJE, art. 3º, § 2º); nos federais sim, com as exclusões que a lei estabelece (LJEF, art. 3º, § 1º) – até porque esses juizados foram instituídos com vista a causas envolvendo entes federais, notadamente as de natureza previdenciária. Mas mesmo nos juizados federais, os entes públicos só são admitidos como réus, jamais como autores (LJEF, art. 6º, inc. II). Nos juizados estaduais só se admitem como autores pessoas físicas e microempresas (LJE, art. 8º, § 1º, e lei n. 9.841, de 5.10.99, art. 38); nos federais, esses sujeitos e também empresas de pequeno porte (LJEF, art. 6º, inc. I). Quer na Lei dos Juizados Especiais (estaduais), quer na Lei dos Juizados Especiais Federais, existem outros fatores que determinam ou excluem a competência, entrelaçando-se de um modo bastante complexo.

A legislação referente aos juizados empenhou-se declaradamente em apresentar *duas propostas centrais*, a saber, (a) a de facilitar o acesso ao Poder Judiciário e (b) a de tornar mais célere e ágil o processo destinado a pacificar os litígios que define. Em outras palavras, ela visou, acima de tudo, a tornar efetiva a solene promessa de outorga de tutela jurisdicional a quem tiver razão, feita pelo Estado-de-direito brasileiro em sede constitucional (Const. art. 5º, inc. XXXV; quis eliminar resíduos representados pela não-efetivação dessa promessa constitucional em relação a pessoas humildes e suas causas modestas, além de permitir que o serviço jurisdicional apresente resultados úteis ao solucionar prontamente os conflitos,

---

162. *Cfr.* Jane Maria Köhler Vidal, "Origem do juizado especial de pequenas causas e seu estágio atual", pp. 5-8.

antes que eles se expandam e cheguem a incomodar mais do que é aceitável.[163] Mas, para a efetividade desse novo modelo processual, é absolutamente indispensável que os juízes assimilem as propostas inovadoras trazidas na legislação dos juizados, porque todo movimento legislativo só se implanta com efetividade na experiência concreta quando acompanhado de uma correta preparação cultural que lhe dê apoio e habilite os intérpretes, notadamente os juízes, a captar o espírito das inovações e praticá-las adequadamente.[164]

Inclui-se no modelo processual dos feitos atribuídos aos juizados especiais a recomendação pela efetiva prática da oralidade, simplicidade, informalidade, economia processual e celeridade, "buscando, sempre que possível, a conciliação ou transação" (LJE, art. 2º). Além disso, "o juiz adotará em cada caso a decisão que reputar mais justa e equânime, atendendo aos fins sociais e às exigências do bem comum" (art. 6º), sem que isso signifique que julgará por eqüidade nem que deva atuar obcecadamente em favor de uma das partes.[165] Em nome desses princípios e critérios, a lei dispensa o patrocínio por advogado em causas de valor não superior a vinte vezes o salário mínimo (LJE, art. 9º). Nos juizados especiais federais não há benefícios de prazo em favor da Fazenda Pública (LJEF, art. 9º).[166]

90. julgamento antecipado do mérito (CPC, art. 330)

Após decorrido o prazo para a resposta do réu, e com ou sem a resposta, o juiz determina as providências preliminares que reputar necessárias e, também com ou sem elas, chega o momento de dar um destino ao processo (CPC, art. 328 – *infra*, n. 132).

163. O desafogo dos órgãos judiciários ordinários mediante desvio das causas que tradicionalmente lhes são trazidas não se inseriu entre os objetivos da legislação de 1984 nem está presente na de agora.

164. *Cfr.* Kazuo Watanabe, "Filosofia e características básicas do juizado especial de pequenas causas", esp. n. 1, p. 1; v. também meu *Manual dos juizados cíveis*, n. 1, pp. 19 ss.

165. *Cfr.* Dinamarco, *Manual dos juizados especiais*, n. 5, pp. 38 ss.

166. Para mais amplas considerações sobre o processo dos juizados especiais, remeto o leitor às minhas obras *Instituições de direito processual civil*, III, nn. 1.299-1.325, pp. 801 ss. e *Manual dos juizados especiais*.

Conforme seja a situação, ele determinará a extinção deste sem lhe julgar o mérito (art. 329), designará a audiência preliminar ou saneará mediante ato escrito nos autos (art. 331) ou antecipará desde logo o julgamento do mérito (art. 330). A primeira dessas soluções é a *péssima*, porque representa perda de tempo e frustração das expectativas por uma tutela jurisdicional a quem tivesse razão. A última é a *ótima*, porque consiste na consumação dos objetivos do processo ou fase de conhecimento, com a outorga da tutela jurisdicional adequada. É possível também que o julgamento antecipado do mérito (art. 330) seja feito na audiência preliminar, ou mesmo depois dela, o que poderá acontecer se esta for realizada com questões processuais ainda pendentes, que nela poderão ser resolvidas (art. 331, § 2º). Nem repugna ao sistema, também, que mesmo depois de saneado o feito o juiz venha a proferir decisão de mérito independentemente da realização da audiência de instrução e julgamento – o que poderá acontecer, entre outros possíveis casos, se depois de realizada a perícia verificar o juiz que não há necessidade de prova oral.[167]

> O Código fala em julgamento antecipado *da lide* (art. 330) mas, sabendo-se que em sua linguagem lide é o próprio mérito, é indiferente o emprego dessa expressão como ali está, ou *julgamento antecipado do mérito*. Prefiro dizer assim, porque o conceito de lide é extremamente polêmico em doutrina e falar em *mérito* afasta qualquer possível dúvida (*infra*, n. 99).

Os incisos do art. 330 do Código de Processo Civil indicam as hipóteses em que se autoriza o julgamento antecipado do mérito, a saber: a) quando o réu ficar revel e ocorrer o *efeito da revelia* (art. 330, inc. II), porque nesse caso se presume que os fatos alegados na petição inicial ocorreram (art. 319) e, por disposição expressa de lei, os fatos incontroversos ou presumidos independem de prova (art. 334, incs. III-IV); b) quando a questão de mérito for unicamente de direito (art. 330, inc. I), porque, não havendo questão de fato, também nada haverá a provar em

---

167. *Cfr.* Dinamarco, *Fundamentos do processo civil moderno*, II, n. 567, esp. p. 1.039.

audiência; c) quando, "sendo de direito e de fato, não houver necessidade de produzir prova em audiência" (art. 330, inc. III) – o que ocorrerá sempre que os fatos relevantes para o julgamento da causa já estejam provados por documentos nos autos. Bem pensado, todas essas hipóteses resumem-se a uma só: o juiz antecipará esse julgamento quando não houver necessidade de realizar prova oral em audiência.

Diferentemente do que se dispõe a respeito do julgamento liminar do mérito de causas repetitivas (art. 285-A), o julgamento antecipado do mérito (art. 330) será favorável ao autor ou ao réu, conforme a convicção do juiz. A razão de ser da diferença entre as hipóteses é que, lá (art. 285-A), não tendo o réu sido citado, a garantia constitucional do contraditório impede que se profira decisão *de meritis* contra ele (*infra*, n. 99). Qualquer que seja o teor do julgamento antecipado do mérito, o fato de ser uma decisão *de mérito* põe esse julgamento sob a autoridade da coisa julgada material (art. 468).

Segundo Luiz Guilherme Marinoni, a antecipação de tutela jurisdicional referente a um dos pedidos cumulados, ou parte deles, com fundamento na incontrovérsia (art. 273, § 6º), constituiria parcial julgamento antecipado do mérito, assimilável à disciplina do art. 330 do Código de Processo Civil.[168]

91. julgamento liminar do mérito (CPC, art. 285-A)

O art. 285-A do Código de Processo Civil autoriza o juiz a decidir de plano o *meritum causæ* quando, nas circunstâncias ali indicadas, for possível concluir pela improcedência da demanda. Isso será possível quando "a matéria for unicamente de direito e no juízo já houver sido proferida sentença de total improcedência em outros casos idênticos". Tal decisão de mérito será proferida *inaudita altera parte*, ou seja, sem que o réu haja sido sequer citado.

Essa nova disposição foi recebida com surpreendente *frisson* entre advogados e mesmo no meio doutrinário, revelando-se em primeiro plano um inexplicável temor pela inteireza do princí-

---

168. *Cfr. A antecipação de tutela* (6ª ed.), nn. 4.7.6 e 4.7.7, pp. 146 ss.

pio do contraditório, o qual estaria ali sofrendo uma transgressão. A Ordem dos Advogados do Brasil chegou ao ponto de propor uma ação direta de inconstitucionalidade do art. 285-A, perante o Supremo Tribunal. Contrário a essa inovação tem-se demonstrado também Luiz Rodrigues Wambier, por considerá-la mero instrumento de desafogo dos juízos de primeiro grau, com sobrecarga para os tribunais. Em obra produzida em cooperação com Teresa Arruda Alvim Wambier e José Miguel Garcia Medina, está dito que se trata de "uma demonstração eloqüente e lamentável da tentativa de resolver os grandes problemas estruturais do país (inclusive do processo) pela via da negativa de fruição de garantias constitucionais".[169]

Mas não há ultraje algum a qualquer garantia constitucional, particularmente à do contraditório. Todas as garantias do processo, quer aquelas postas em sede constitucional, quer todas as que compõem o sistema do chamado *formalismo processual*, convergem ao estabelecimento de uma segurança jurídica suficiente a evitar resultados injustos. Como venho insistentemente dizendo, oferece-se a garantia do contraditório para que os sujeitos em litígio possam participar da preparação do julgamento, afirmando, instruindo, alegando; e a participação em si mesma é assim tão importante, porque constitui o meio pelo qual cada um dos litigantes pode tentar, por meios legítimos, influenciar o juiz no sentido de proferir um *julgamento favorável*.[170] Ora, quando o juiz profere um julgamento de mérito inteiramente favorável ao réu, não importa se ele teve ou não a oportunidade de participar, simplesmente porque o máximo e melhor que poderia almejar e buscar pela participação seria precisamente esse julgamento inteiramente favorável, ou seja, a improcedência da demanda do autor. Que diferença faz, na prática e perante o desiderato de

---

169. *Cfr.* Wambier-Wambier-Medina, *Breves comentários à nova sistemática processual civil*, II, comentário ao art. 285-A, p. 63. O prof. Luiz Rodrigues Wambier tem manifestado sua oposição a esse dispositivo, também em conferências que profere.

170. *Cfr.* Dinamarco, *Instituições de direito processual civil*, I, nn. 74, 78, 79, 84 *etc.*, pp. 193 ss.

segurança jurídica, se ele se saiu vencedor participando ou não participando? Qual resultado melhor poderia obter se houvesse sido citado?

    A diferença que o art. 285-A traz consiste na oferta de uma tutela jurisdicional em tempo menor, atendendo aos reclamos por um processo realizado em tempo razoável (Const., art. 5º, inc. LXXVIII), além de inteiramente gratuita para o réu que tiver razão, sem sequer o ônus de contratar serviços de advogado e pagar por eles. A oposição da Ordem dos Advogados do Brasil soa como uma atitude corporativista ligada aos interesses dos advogados em obter patrocínio; nessa perspectiva distorcida, parece àquela entidade não ser justo dar ganho de causa ao réu sem se dar oportunidade de ganho a um advogado. A decisão liminar de mérito tem também a vantagem de baratear o processo para o próprio autor, o qual não arcará com honorários de sucumbência simplesmente porque o vencedor nada despendeu a título de remuneração ao advogado.

    São aqui pertinentes algumas reflexões da mais palpitante modernidade em processo civil, propostas por José Roberto dos Santos Bedaque em tese vitoriosa em concurso ao cargo de professor titular da Faculdade do Largo de São Francisco. No pensamento ali exposto e fundamentado, as exigências da lei do processo para a validade de atos processuais, admissibilidade do julgamento do mérito e eficácia do próprio julgamento *têm sempre um destinatário, ou um sujeito cujo interesse elas visam a resguardar*. Ora, quando a sentença de mérito é proferida a favor do sujeito protegido pela norma formal, eventual transgressão a esta não deve ter repercussão alguma e nada se reputa nulo, porque nesse caso a proteção pela via da oferta de contraditório não fez falta alguma ao réu, que foi vencedor – e o que vem propondo Bedaque, mesmo antes do advento do art. 285-A do Código de Processo Civil, é o aproveitamento integral do princípio da *instrumentalidade das formas*, levado este ao extremo. Diz ele:

> "à exceção da competência, todos os demais pressupostos processuais visam à proteção das partes, inclusive a própria citação, cuja finalidade é possibilitar ao réu o exercício do direito de defesa. Nem por isso a não-observância de requisitos a esse ato causa nuli-

dade relativa. É absoluta, mas passível de ser relevada se não causa prejuízo à parte interessada".[171]

Além do mais, o art. 285-A não constitui tanta novidade assim, para causar tanta preocupação. Desde a vigência do Código de Processo Civil já é permitido o indeferimento da petição inicial mediante reconhecimento da prescrição ou decadência, em julgamentos que são havidos e definidos como *de mérito* (art. 295, inc. IV, c/c art. 269, inc. IV). Mais ainda: que diferença tão grande haveria entre o julgamento *de meritis* permitido pelo art. 285-A e o indeferimento da petição inicial por impossibilidade jurídica da demanda (art. 295, par., inc. III)? É tão tênue a diferença entre a impossibilidade jurídica e a improcedência por razões puras de direito, que fica muito difícil explicar por que se aceita o reconhecimento liminar daquela e não se aceita o desta. Em todos esses casos o réu sai-se vencedor sem ser citado.

Pensando bem, pois, essa autorização trazida pela lei de 2006 não seria sequer necessária para legitimar a decisão liminar do mérito. Mesmo sem o art. 285-A, se o juiz julgasse liminarmente o mérito, pela improcedência da demanda, uma simples aplicação do princípio da instrumentalidade das formas conduziria a afastar qualquer suspeita de nulidade. Tal dispositivo não tem, portanto, somente ou muito pouco mais que a valia de despertar o juiz para a possibilidade de, sem qualquer ultraje a princípio algum, dar ganho de causa àquele que não foi citado.

O art. 285-A condiciona a prolação de julgamento liminar do mérito à circunstância de "no juízo já houver sido proferida sentença de total improcedência em outros casos idênticos" e, pessoalmente, suspeito que houvesse sido intenção do legislador reportar-se a precedentes do próprio *juiz prolator*, embora tenha feito referência ao *juízo*. Mas parece-me que os estudiosos do novo dispositivo aceitam que realmente a referência seja o *juízo* e não o *juiz*.[172]

---

171. *Cfr. Efetividade do processo e técnica processual*, cap. III, n. 8, esp. p. 204.

172. Assim, Gustavo Felipe Barbosa Garcia, *Terceira fase da Reforma do Código de Processo Civil*, II, n. 8, esp. p. 33.

O que há de mau é a tomada de precedentes do juízo, ou do juiz, como referência e apoio para o julgamento liminar das causas repetitivas. O fortalecimento dos precedentes jurisprudenciais constitui forte tendência do moderno processo civil brasileiro, mas sempre tendo em vista o modo como vêm decidindo o Supremo Tribunal Federal, o Superior Tribunal de Justiça ou mesmo os tribunais locais (Tribunais de Justiça, Tribunais Regionais Federais) – sendo arriscado incentivar a formação de *jurisprudências* dos órgãos de primeiro grau, dispersivas ou talvez até, ao menos em alguns casos, dissociadas das tendências gerais do Poder Judiciário como um todo. Daí o judicioso alvitre de Luis Guilherme Aidar Bondioli: "é recomendável que o magistrado se mantenha informado dos resultados dos recursos interpostos contra suas decisões anteriores e de uma forma geral acompanhe o posicionamento da jurisprudência em torno dos temas submetidos a sua apreciação".[173] Como a lei apenas *autoriza* o apoio em precedentes do juízo, sem determinar que *sempre* esses precedentes sejam seguidos, será prudente que a aplicação do art. 285-A só ocorra quando o juiz se sentir seguro em face do que os órgãos superiores também vierem decidindo.

Mas é lícito perguntar: será nula a sentença dada assim liminarmente, julgando improcedente a demanda fora da hipótese delineada no art. 285-A – ou seja, sem contar com o apoio de um precedente do juízo? Qual prejuízo poderia alguém lamentar? O réu não, porque foi vencedor. O autor também não, desde que não haja fatos dependentes de prova, limitando-se o juiz a interpretar e aplicar normas jurídicas.

Em qualquer hipótese, a decisão liminar autorizada pelo art. 285-A será sempre uma decisão *de mérito* e, como tal, suscetível de obter a autoridade da *coisa julgada material*. Ainda quando não haja precedentes válidos no próprio juízo, ainda quando os tribunais venham decidindo de modo diverso e ainda quando a solução dada não for a melhor, se não for interposta apelação contra a sentença ela passará em julgado e, depois, o único remédio

---

173. *Cfr. O novo CPC: a terceira etapa da reforma*, n. 46, esp. p. 198.

só poderá ser a ação rescisória. Se for interposta apelação, o julgamento desta consistirá, conforme o caso, (a) na confirmação da sentença, sendo pois improvido o recurso, (b) na anulação da sentença, por haver fatos dependentes de prova ou (c) em sua reforma, para julgar procedente a demanda inicial. Essa reforma pelo mérito só será admissível quando, *havendo o réu sido citado*, os fatos constitutivos do direito do autor ficarem incontroversos porque ele não os impugnou em sua resposta ou estiverem provados documentalmente e os fundamentos jurídicos da demanda estiverem de acordo com o direito positivo. Embora silencie a lei, a citação do réu em caso de o autor apelar é sempre indispensável porque no julgamento pelo tribunal pode ocorrer a rejeição da tese jurídica adotada pela sentença e essa decisão superior será ao menos um incômodo precedente contrário àquele. Em todo caso, se não houver a citação o máximo que o autor poderá obter no julgamento da apelação será a *anulação da sentença* para que o feito prossiga ordinariamente e, então, o réu seja citado; a procedência da demanda sem o réu na relação processual é rigorosamente inadmissível.

O julgamento liminar do mérito das causas repetitivas guarda semelhança com o *julgamento antecipado do mérito*, autorizado no art. 330 do Código de Processo Civil, mas, por ser proferido *in limine*, constitui uma medida de maior impacto que este. Difere daquele julgamento, também, por só ser legítimo quando inteiramente favorável ao réu, restrição essa que não se aplica ao julgamento antecipado do mérito (*supra*, n. 90).

92. Justiças

Na organização judiciária brasileira o vocábulo *Justiça* comparece para designar cada um dos grandes organismos, ou sub-sistemas de órgãos encarregados do exercício da jurisdição. Temos então as Justiças da União (Justiça Federal, Justiça do Trabalho, Justiça Eleitoral, Justiça Militar) e as Justiças dos Estados. Todas as Justiças geridas pela União são *federais* nesse sentido, mas só uma delas recebe a denominação de *Justiça Federal* por antonomásia. As Justiças dos Estados e a Justiça Federal integram o conceito de *Justiça comum*, ao contrário das demais, que são *Justiças especiais* porque sua competência liga-se a casos regidos por normas jurídico-materiais de direito especial (direito do trabalho, direito eleitoral, direito militar). Constitui equívoco fazer uma oposição entre Justiça Federal e Justiça comum, como se aquela também não fosse comum. A Justiça Federal é ramo da Justiça comum, tanto quanto as estaduais.

Cada uma das Justiças do país é composta de órgãos de primeiro e segundo graus, sobre os quais paira, com uma relação de superposição puramente jurisdicional, um Tribunal Superior. Tais são o Superior Tribunal de Justiça, o Tribunal Superior Eleitoral, o Tribunal Superior do Trabalho e o Superior Tribunal Militar. O Supremo Tribunal Federal não pertence a Justiça alguma, sendo um órgão de *superposição* a todas.

93. lide e mérito

Logo à abertura da secção reservada a considerações sobre a *terminologia do projeto*, cuida a Exposição de Motivos de apresentar o vocábulo *lide* como o primeiro objeto de suas preocupações, dizendo que ele só vem empregado, no projeto e portanto no Código, "para designar o mérito da causa".[174] A Exposição de Motivos declara expressamente aceitar a conceituação de lide como "conflito de interesses qualificado pela pretensão de um dos litigantes e pela resistência do outro", para finalmente proclamar: "lide é, portanto, o objeto principal do processo e nela se exprimem as aspirações em conflito de ambos os litigantes".[175]

> A prestigiosa conceituação *carneluttiana* à qual se filia o Código nega-se a colocar a *lide* como sinônimo de *processo*, que é a conotação de que está impregnado o radical latino *lis-litis* em formações como *litisconsórcio* (coligação no processo) e *litispendência* (pendência do processo).

174. *Cfr.* Exposição de Motivos, cap. III, seção II, n. 7.
175. Essas palavras foram antes empregadas pelo próprio autor do Anteprojeto e da Exposição de Motivos, em conceituada monografia (*cfr.* Alfredo Buzaid, *Do agravo de petição no sistema do Código de Processo Civil*, n. 48, esp. p. 104). A construção, como é notório, remonta a Carnelutti (*infra* n. 99).

O Código emprega vinte e três vezes a palavra *lide*, ora isoladamente (arts. 5º, 22, 46, inc. I, 47, 82, inc. III, 110, 126, 128, 132, 325, 462, 468 (duas vezes), 470, 471, 475-G, 515, § 3º, 798, 801, inc. III), ora em locuções como *denunciação da lide* (art. 70), *julgamento antecipado da lide* (art. 330), *curador à lide* (arts. 1.179 e 1.182, § 1º). Essa última expressão, que é antiga no direito brasileiro, apresenta a palavra *lide* em seu sentido tradicional e menos técnico, valendo por *processo* (curador à lide é o curador dado a alguém em determinado processo). Foi certamente por isso que o art. 9º a substituiu por *curador especial*, no que é seguido pelo parágrafo do art. 302 (*supra*, n. 29, esp. nota 78).

O conceito de *lide* e sua colocação metodológica destacada na ciência do processo eram muito caros aos juristas da Escola Processual de São Paulo em sua primeira fase – entre os quais o prof. Alfredo Buzaid, que o manejou amplamente no Anteprojeto que depois se fez Código. No entanto, é de questionar se realmente existe lide em todo processo, mesmo em todo processo de jurisdição contenciosa. Em processo penal não é exato que o Ministério Público, ou seja, a sociedade, tenha algum interesse à punição de inocentes, em conflito com o interesse do acusado à manutenção de seu *status libertatis*. Em processo civil mesmo, há certas causas em que é de total indiferença a existência ou inexistência de conflito entre as atitudes das partes (o elemento formal da lide, resistência à pretensão), como é o caso das ações de anulação ou nulidade de casamento: com ou sem a resistência, o processo é indispensável à consecução do objetivo do autor, havendo-se por ineficaz a confissão que o réu venha a fazer, ou mesmo eventual reconhecimento do pedido, e não se impondo ao revel o efeito da revelia (CPC, art. 320, inc. II). Questiona-se portanto a valia sistemática da lide como pólo metodológico em direito processual, não sendo correto colocá-la ao centro de um sistema no qual vem ocupando essa colocação central *a ação*, de tradições mais longevas.[176] O Código esqueceu-se disso e não são raros os casos

---

176. Sendo ainda mais adequado pôr nessa posição a *jurisdição* e não mais a própria ação (*supra,* n. 78).

em que mistura os dois conceitos e fala linguagens diferentes. Na disciplina da coisa julgada, por exemplo, traça os contornos objetivos desta com base na teoria dos três *eadem* (mesmas partes, causa e pedido: art. 301, §§ 1º-3º) e depois, no art. 468, usa aquela fórmula segundo a qual ela "terá força de lei nos limites da lide e das questões decididas" (*supra*, n. 90).[177] Mal ou bem, no entanto, o emprego desse vocábulo é muito freqüente no Código e ele há de ser ordinariamente interpretado como sinônimo de *mérito* (julgamento antecipado *da lide*, p.ex., não é outra coisa senão o julgamento antecipado *do mérito*).

94. liqüidez-e-certeza

Por essa expressão, empregada na legislação e prática judiciária em torno do mandado de segurança, designam-se as situações de extrema clareza quanto aos fatos, a cujo respeito nada resta a provar além dos documentos já exibidos com a impetração. Nada tem a ver com os requisitos de liqüidez e de certeza da própria obrigação no plano do direito material, sem os quais não se admite a execução (CPC, arts. 586, 618, inc. I *etc.* – *supra*, n. 34). Negar a segurança por falta de liqüidez-e-certeza é julgar *improcedente* a impetração, tal como se dá em qualquer processo quando o juiz julga improcedente a demanda por ausência de prova dos fatos constitutivos alegados pelo autor. Constitui um erro pensar que, só porque nesses casos a sentença não produz coisa julgada material (LMS, art. 15), tal decisão seja de carência de ação: a prova dos fatos não é condição dessa e de nenhuma ação.[178]

95. litispendência

Litispendência é *pendência de um processo*; um processo existente e em curso é sinal de *litispendência*. Um processo começa a existir quando a demanda é apresentada ao Poder Judiciário (CPC, art. 263) e deixa de existir quando, nenhuma atividade mais restando a ser realizada, o juiz o declara extinto (*supra*, n. 75).

---

177. *Cfr.* Dinamarco, *Direito processual civil*, n. 7, esp. pp. 15-16.

178. *Cfr.* Dinamarco, *Instituições de direito processual civil*, III, n. 929, pp. 265-266.

O vocábulo litispendência é formado pelo radical *lis, litis*, que se traduz por *lide* mas no passado designava o próprio processo (*supra*, n. 93), ao qual se agregou o substantivo *pendentia*. Daí ser *litispendência*, como se disse, a pendência do processo.

Mas, como a pendência de um processo impede que em outro seja admitida e chegue a ser julgada pelo mérito uma demanda idêntica à que constitui objeto do primeiro (CPC, art. 267, inc. V, c/c 302, §§ 1º a 3º – mesmas partes, mesma causa de pedir, mesmo pedido), o vocábulo *litispendência* é com extrema freqüência empregado para designar esse impedimento ao segundo processo. Fala-se então em *exceção de litispendência*, ou simplesmente *litispendência*, pensando na preliminar cujo acolhimento determina a extinção do processo instaurado por uma demanda repetitiva. Tenha-se porém a consciência de que, no rigor dos conceitos, litispendência e exceção de litispendência não são sinônimos entre si.

O impedimento ao progresso de um segundo processo, decorrente da pendência de outro por uma demanda igual, é de ordem pública e, por isso, deve ser pronunciado de-ofício pelo juiz, determinando ele a extinção processual ainda quando não pedida pelo demandado (CPC, art. 267, § 3º). E, embora a extinção do processo com fundamento na litispendência seja uma extinção sem julgamento do mérito, severamente a lei proíbe que, extinto o segundo processo por esse motivo, novamente venha a ser reproposta a demanda igual (art. 268, *caput*). E, se o for, o terceiro processo será extinto, não pela litispendência em si mesma, mas em virtude dessa imunidade instituída pelo art. 268 – o que significa que, no terceiro processo, já não se admitirão discussões sobre o existir ou não existir a litispendência que ocasionara a extinção do segundo. Essa construção conduz à razoabilidade de se admitir a *ação rescisória* contra a sentença ou acórdão que extingue o processo com fundamento na litispendência, porque do contrário esse ato extintivo ficaria mais imune a questionamentos que a própria coisa julgada.

96. *mandado de segurança, amparo,* mandamus, writ, *remédio heróico*

Na ordem jurídica brasileira chama-se *mandado de segurança* a medida jurisdicional, constitucionalmente assegurada, que tem por objetivo "proteger direito líqüido-e-certo não amparado por *habeas corpus* ou *habeas data*" (Const., art. 5º, inc. LXIX). Mas também por vários outros nomes se costuma designar o mandado de segurança. O primeiro deles é *amparo*, inspirado no *juicio de amparo*, do direito mexicano, no qual teve origem o próprio instituto. Diz-se também *mandamus*, agora empregando uma palavra latina fluente no direito norte-americano. Também dos Estados Unidos da América vem o vocábulo *writ*, que tem um sentido genérico e serve para indicar, bem amplamente, "uma ordem judicial escrita para realizar determinado ato ou concedendo o direito a este" (*Black's*); naquele país fala-se também, mais especificamente, *writ of mandamus* (entre outros numerosos *writs*).[179] E aqui no Brasil pratica-se ainda a expressão, para meu gosto um tanto pernóstica, *remédio heróico*. Descontados os gostos pessoais, todas essas palavras e expressões são sinônimas entre si, sendo indiferente dizer *amparo, mandamus, writ, remédio heróico* ou até mesmo, com mais simplicidade e seguindo a linguagem da Constituição e da lei, *mandado de segurança*.

> Palavras minhas, pertinentes ao tema: "existe ainda, nos diversos planos nacionais, significativa tendência latino-americana ao desenvolvimento de técnicas processuais – constitucionalmente asseguradas e apoiadas pela legislação infraconstitucional – destinadas a produzir *tutelas jurisdicionais diferenciadas* aos valores do ser humano. Entre essas garantias figuram o *habeas corpus*, tradicionalmente ligado à defesa da liberdade corporal (*direito de ir e vir*, liberdade de locomoção); os institutos derivados do *juicio de amparo*, de notória origem mexicana (pelo qual se preservam liberdades de outra ordem); e ainda diversos instrumentos específicos ou mais recentes, integrantes da chamada *jurisdição constitucional das liberdades*. (...) Com outro nome mas na mesma linha situa-se a *ação de tutela*, que a Constituição da Colômbia assegura para *a proteção imediata dos direitos constitucionais fundamentais lesados ou ameaçados por ação ou omissão de qualquer autoridade pública*. O procedimento da *ação de tutela* deve ser preferencial e sumário e a proteção que produz destina-se a pessoas físicas ou jurídicas".[180]

179. *Cfr. Black's law dictionary*, verbete *writ*, p. 1.608, 1ª col.
180. Palavras ditas *in Fundamentos do processo civil moderno*, II, n. 415, pp. 790-792.

Como instrumento de uma tutela jurisdicional diferenciada, o mandado de segurança se desenvolve em um procedimento extremamente concentrado e ágil, sem dilações probatórias e favorecido pela preferência na tramitação e julgamento. Os fatos alegados devem ser comprovados *prima facie*, mediante documentos acostados à própria impetração e suficientes por si mesmos a demonstrar a veracidade do que se alega; daí o conceito de *direito líqüido-e-certo*, que está inscrito na própria Constituição Federal e na lei específica (lei n. 1.533, de 31.12.51, art. 1º) e equivale a direito amparado em fatos imunes a qualquer dúvida quanto a sua ocorrência. Sem direito líqüido-e-certo não se concede o mandado de segurança. Mas *direito líqüido-e-certo* não é sinônimo de *direito incontroverso*. A liqüidez-e-certeza, como requisito para a segurança, diz respeito unicamente aos fatos, não ao direito. Por mais controvertida que seja a tese jurídica sustentada pelo impetrante, é dever do juiz dar-lhe solução, seja para acatá-la concedendo a medida, seja para rejeitá-la, negando a medida. Jamais pode o juiz, em processo algum, negar julgamento do mérito com fundamento em uma alegada controvérsia jurídica. *Jura novit curia*. Também não é legítimo extrair de alegações da autoridade coatora, às vezes não comprovadas ou mesmo colidentes com os documentos trazidos pelo impetrante, a ocorrência de um suposto *direito controvertido* e, por esse fundamento, negar o *writ*. Ou os fatos alegados na impetração estão provados e a segurança deve ser concedida (procedência), ou a prova desmente esses fatos e a segurança deve ser negada pelo mérito (improcedência). Só se nega a segurança por falta de liqüidez-e-certeza (*non liquet*) quando houver dúvida do juiz quanto à ocorrência dos fatos.

O *mandado de segurança coletivo* (Cont., art. 5º, inc. LXX), é o próprio mandado de segurança em sua destinação à tutela de entes coletivos ou de seus integrantes, como os partidos políticos, organizações sindicais, entidades de classes ou associações portadoras de representatividade adequada.

97. *medida cautelar*

Medida cautelar é o ato com o qual o juiz determina a realização de uma providência prática destinada a conferir viabilidade ou utilidade a um processo. É uma decisão ou, no máximo, a própria providência pedida. Assim, o arresto é uma medida cautelar e também, segundo os usos consagrados, é também uma medida cautelar a *decisão* mediante a qual o juiz concede o arresto. Por isso é inadequado o emprego da locução *a presente medida cautelar*, que se vê muitas vezes em petições iniciais ou razões das partes no curso do processo. Diga-se, com mais propriedade: *a presente demanda cautelar* ou *o presente processo cautelar* etc. Não é coreto designar como *medida* um pedido da parte; medida é *provimento*, é ato de autoridade.

98. Meritíssimo Juiz (MM. Juiz)

Meritíssimo Juiz é uma expressão que se usa em terceira pessoa ("o MM. Juiz da causa indeferiu a petição inicial"), ou como vocativo ("digne-se, MM. Juiz, de reconsiderar sua R. decisão). O adjetivo *meritíssimo*, que significa "de grande mérito, muito digno, digníssimo",[181] como adjetivo que é, não deve ser usado isoladamente, sem um substantivo a ser por ele qualificado. Não se diga, p.ex., "Meritíssimo, tenho uma pergunta a fazer à testemunha". É preferível dizer "Excelência, tenho uma pergunta a fazer à testemunha". Ou, se se preferir: "Meritíssimo Juiz, tenho uma pergunta" *etc*. Esse adjetivo também acompanha corretamente o substantivo *juízo* ("MM. Juízo").

Nem se pense em verter literalmente ao português a locução *your honour*, muito usada em filmes norte-americanos e que, quando corretamente traduzida, significa *MM. Juiz* ou, simplesmente, *Excelência*.

99. mérito

O vocábulo *mérito* provém do verbo *mereo, merere*[182] que, entre outros significados, tem o de "pedir, pôr preço";[183] tal é a mesma origem de *meretriz* e aqui também há a idéia de preço,

181. *Cfr. Novo Aurélio,* verbete *meritíssimo.*
182. Ou *mereor, mereri.*
183. *Cfr. Dicionário do povo latim-português;* v. ainda Castiglioni-Mariotti, *Vocabolario della lingua latina.*

cobrança. Daí se entende que *mérito* é aquilo que alguém vem a juízo pedir, postular, exigir (*infra*, n. 362) etimologicamente é a *exigência* que, através da demanda, uma pessoa apresenta ao juiz para exame. Julgar o mérito é julgar essa exigência, ou a *pretensão* que o autor traz da vida comum para o processo com o pedido de seu julgamento pelo juiz. O juiz julga o mérito quando proclama a demanda inicial procedente, improcedente ou procedente em parte (art. 269, inc. I), quando pronuncia a prescrição ou a decadência (inc. IV) e também, por força de uma definição legal, quando homologa o reconhecimento do pedido, a transação ou a renúncia ao direito (incs. II, III e V – falsas sentenças de mérito).[184]

> Segundo a Exposição de Motivos do Código de Processo Civil, que reproduz assertivas feitas por seu autor em sede doutrinária, o mérito é representado pela lide e "a lide é o objeto fundamental do processo e nela se exprimem as aspirações em conflito de ambos os litigantes".[185]

A distinção entre sentenças de mérito e sentenças terminativas (que não julgam o mérito) é peculiar ao processo de conhecimento (CPC, arts. 267 e 269), uma vez que no processo ou fase de execução não se julga o mérito (somente na impugnação ou embargos, que são um processo autônomo). Só as sentença de mérito são suscetíveis de obter a autoridade da coisa julgada material (art. 468).

100. modulação

Modulação é a limitação temporal da eficácia da declaração de inconstitucionalidade feita pelo Supremo Tribunal Federal, para que a lei ou ato normativo impugnado só se repute improdutivo de efeitos a partir do dia que o Plenário indicar. Tal possibilidade foi aberta pelo art. 27 da lei n. 9.868, de 10 de novembro de 1999 (Lei da Ação Direta), que assim dispõe:

---

184. *Cfr.* minhas *Instituições de direito processual civil*, III, nn. 929 ss., pp. 265 ss.

185. *Cfr.* Buzaid, *Do agravo de petição no sistema do Código de Processo Civil*, n. 48, esp. p. 104.

"ao declarar a inconstitucionalidade de lei ou ato normativo, e tendo em vista razões de segurança jurídica ou excepcional interesse social, poderá o Supremo Tribunal Federal, por maioria de 2/3 (dois terços) de seus membros, restringir os efeitos daquela declaração ou decidir que ela só tenha eficácia a partir de seu trânsito em julgado ou de outro momento que venha a ser fixado".

Essa sadia disposição tem a virtude de evitar que mudanças na jurisprudência do Supremo Tribunal Federal possam causar surpresas a pessoas ou empresas que, contando com a aplicação da lei agora declarada inconstitucional ou mesmo com a jurisprudência formada ao longo de anos em torno dela, pautaram suas vidas e seus negócios segundo o que da lei e da jurisprudência podiam razoavelmente esperar. *Modular* a declaração de inconstitucionalidade de uma lei ou ato normativo tem substancialmente o mesmo significado de vetar a retroatividade das leis (Const., art. 5º, inc. XXXVI) porque na prática uma guinada jurisprudencial pode ser tão desastrosa quanto a mudança de uma lei – sendo incompatível com o *substantive due process of law* a imposição de regras novas a situações jurídicas já consumadas.

Escrevendo antes da vigência dessa lei, tecera o conhecido constitucionalista Gilmar Ferreira Mendes profundas considerações de inteira pertinência ao que depois veio a ser disposto no art. 27, acima transcrito, especialmente quando discorre acerca da *aplicação da lei inconstitucional* – tema dedicado particularmente aos institutos do mandado de injunção e da declaração de inconstitucionalidade por omissão, mas expressamente associado por ele próprio também ao *processo de controle abstrato de normas*.[186] Leiamos algumas passagens de sua monografia:

a) "em determinados casos, a aplicação excepcional da lei inconstitucional traduz exigência do próprio ordenamento constitucional";

b) "a aplicação da lei, mesmo após a pronúncia de sua inconstitucionalidade, pode ser exigida pela própria Constituição"

c) "trata-se daqueles casos em que a aplicação da lei mostra-se, do prisma constitucional, indispensável no período de transição";

---

186. *Cfr. Jurisdição constitucional*, cap. III, seção V, n. 4, esp. p. 298.

d) "no interesse da segurança, da clareza e determinação jurídicas, deveria o legislador editar uma regra sobre suspensão da aplicação e legitimar o Supremo Tribunal Federal a, sob determinadas condições, autorizar a aplicação da lei inconstitucional nos casos constitucionalmente exigidos" [*e foi precisamente isso que a lei veio a fazer*].[187]

101. multas coercitivas, astreintes

As multas por descumprimento de certas obrigações já existiam em alguma medida no direito brasileiro desde a vigência do Código de Processo Civil, como sanções ao retardo no cumprimento das obrigações de fazer ou de não-fazer, reconhecidas em sentença (art. 644). Como é notório, essas multas constituem uma transposição, ao direito brasileiro, das *astreintes* geradas espontaneamente na experiência pretoriana francesa. Falava-se, no trato das então chamadas *multas diárias*, em *execução indireta* – a qual se distingue da execução forçada por resolver-se em medidas de coerção, não de sub-rogação.[188]

Depois ampliaram-se as hipóteses de incidência das multas, generalizando-se sua imposição como instrumento para induzir o obrigado a cumprir obrigações específicas. Pelo direito vigente elas se impõem (a) em todas as execuções específicas por título judicial (arts. 461, § 5º, e 461-A – *cumprimento de sentença*), (b) na execução por obrigações de fazer ou de não-fazer incluídas em título extrajudicial (arts. 644 e 645) e (c) no caso de descumprimento ou retardo no cumprimento de medidas antecipatórias em geral, quer referentes a obrigações específicas (de fazer, de não-fazer ou de entregar), quer pecuniárias (art. 273, § 3º, c/c arts. 461, § 4º e 461-A).

187. Repito, para evitar mal-entendidos: o eminente Ministro não estava a discorrer especificamente sobre o tema que constitui objeto do presente parecer nem a propor soluções que diretamente se apliquem a ele. *Minha* é a proposta, calcada no que dissera Sua Excelência, de transpor para cá aquelas idéias que, a meu ver, têm uma dimensão e uma aplicabilidade de maior espectro, valendo portanto como guia geral para a solução do caso aqui examinado.

188. *Cfr.* minha *Execução civil*, nn. 54-55, pp. 104 ss.

Em um primeiro momento as multas diárias atuam como instrumento de *pressão psicológica*, destinado a induzir o obrigado a cumprir – ou seja, pondo diante de seu espírito a alternativa entre satisfazer o direito do adversário e não satisfazê-lo, vendo então seu passivo aumentar em conseqüência da imposição da multa. Tal é a razão pela qual os franceses dizem *astreinte*, sendo esse vocábulo um derivado do verbo *astreindre*, que significa obrigar, coagir. Depois, havendo ele insistido em inadimplir, o valor das multas constituirá um *crédito* daquele que teve de esperar, como compensação pela espera que a renitência do mau pagador lhe impôs. As *astreintes* revertem ao patrimônio do credor, ou exeqüente, ao contrário da multa por atentado à jurisdição, cominada no art. 14, par., do Código de Processo Civil, que se destina aos cofres públicos. A incidência ou mesmo o pagamento dessas penas pecuniárias não exonera o obrigado de cumprir a obrigação principal, porque elas não são um substitutivo dessa obrigação mas um instrumento destinado a proporcionar ao titular do direito a satisfação integral e específica do direito que tiver.

Nem sempre as multas coercitivas são *diárias*, porque há obrigações positivas ou negativas sujeitas a cumprimento ou descumprimento com periodicidades diferentes, ou mesmo sem periodicidade alguma. Um jornal que não cumprir a ordem judicial de suprimir uma propaganda enganosa ou lesiva à concorrência pagará provavelmente multas *diárias*, porque diária é a divulgação do jornal e também diário, por conseqüência, o desatendimento à ordem recebida; assim também um banco condenado a retirar o nome do autor da lista de inadimplentes de uma entidade de proteção ao crédito pagará multas diárias, porque o *dia* é uma boa medida para dimensionar o tempo de sua demora. Mas uma revista semanal condenada a publicar o desmentido de uma notícia mentirosa pagará multas *semanais* e não diárias em caso de persistir descumprindo, ou seja, multas incidentes com a mesma periodicidade das oportunidades que teve para cumprir. Já um jornal a quem o juiz houver endereçado a ordem para *não divulgar* determinada notícia ou fotografia, se a divulgar pagará uma multa só, porque sua desobediência ao comando judicial concentrou-se em só ato e um momento só, não em atos periódicos. Por isso, no trato geral das penas pecuniárias por descumprimento é melhor falar em *multas coercitivas* – as quais poderão ser diárias, semanais, mensais, anuais *etc.* (periódicas em todos esses casos), mas também poderão não sê-lo e resolver-se em uma só aplicação.

As multas coercitivas são arbitradas pelo juiz ou tribunal sem a necessidade de estrita correspondência com o valor da obrigação descumprida ou do incômodo causado, mas também com um olho na regra da *proporcionalidade*, que é geral em direito; o juiz tem inclusive o poder de aumentar ou reduzir o valor das multas, com vista a proporcioná-las razoavelmente à obrigação e dimensioná-las segundo a necessidade de fazer cumprir a obrigação (CPC, art. 461, §§ 4º e 6º). Mas se o obrigado persistir por longos períodos no descumprimento de obrigações, fazendo incidir multas periódicas por todo esse tempo, nesse caso ele deverá arcar com elas ainda quando a soma for muito mais valiosa que a própria obrigação.

102. ônus de impugnação específica dos fatos

Substancialmente equiparada ao *efeito da revelia*, que é a presunção de veracidade de todas as alegações de fato contidas na petição inicial (CPC, art. 319 – *supra*, n. 67), é a presunção decorrente do não-cumprimento do ônus de impugnação específica dos fatos (CPC, art. 302). O réu não tem somente o ônus de *responder* à demanda inicial do autor, mas também o de, na resposta, impugnar uma a uma todas as alegações de fato que a inicial contiver. Não o fazendo, ou seja, contestando mas deixando na sombra alguma dessas alegações, em relação aos fatos não impugnados formar-se-á a presunção estabelecida no art. 302 do Código de Processo Civil. Embora substancialmente equiparada ao efeito da revelia, a presunção decorrente de não cumprir o ônus da impugnação específica tem, como se vê, dimensão menor: não se aplica a todos os fatos, mas somente aos não impugnados especificamente. Por isso é que, enquanto o efeito da revelia autoriza o julgamento antecipado do mérito (art. 330, inc. II), a presunção decorrente da omissão em impugnar especificamente cada um dos fatos pode não ter toda essa conseqüência – uma vez que, quanto aos fatos postos em controvérsia na contestação do réu, ainda será necessário realizar as atividades de instrução processual. Só quando a omissão de impugnação de fatos for total, limitando-se o réu a discutir o direito, é que, mesmo não ocorrendo revelia alguma, o julgamento antecipado do mérito estará autorizado (art. 330, inc. I).

A imposição do ônus da impugnação específica dos fatos tem também o significado de veto às clássicas *contestações por negação geral*, nas quais o advogado ou não punha em questão fato algum ou questionava os que lhe ocorriam mas se precavia fazendo a tal *negação geral*. No direito vigente, essas defesas assim vagas só são eficazes, não se deixando caminho aberto à presunção ditada no art. 302 do Código de Processo Civil, quando deduzidas pelo defensor dativo, curador especial ou órgão do Ministério Público (art. 302, par.).

103. ouvidorias de Justiça

Visando a conferir maior aderência do Conselho Nacional de Justiça à vida do Poder Judiciário e integração nos problemas que atingem os consumidores dos serviços deste, a Constituição Federal manda que também se instituam as *ouvidorias de justiça*. Elas se destinam a atuar como autênticos e legítimos canais de comunicação entre a população e o Conselho, sendo "competentes para reclamações e denúncias de qualquer interessado contra membros ou órgãos do Poder Judiciário ou contra seus serviços auxiliares, representando diretamente ao Conselho Nacional de Justiça" (art. 103-B, § 7º).

As ouvidorias podem ser instituídas somente pela União e implantadas "inclusive no Distrito Federal e nos Territórios", como manda o § 7º do art. 103-B, mas não somente ali. A efetivação dessa previsão constitucional depende da prévia edição de lei nesse sentido, no Distrito Federal e onde mais se entender conveniente. As ouvidorias atuarão tanto sobre as Justiças geridas pela União (Justiça Federal, Justiça do Trabalho, Justiça Eleitoral e Justiça Militar), quanto sobre as estaduais. Todas elas terão acesso direto ao Conselho Nacional de Justiça.

104. ouvidorias do Ministério Público

A Constituição Federal determina também a implantação de *ouvidorias do Ministério Público*, com funções análogas às das ouvidorias de Justiça, cabendo-lhes basicamente "receber reclamações e denúncias de qualquer interessado contra membros ou órgãos do Ministério Público, inclusive contra seus serviços auxiliares, representando diretamente ao Conselho Nacional do Ministério Público" (art. 130-A, § 5º).

105. "parecer" do juiz

Juiz não emite pareceres, mas decisões em geral e ordens a serem cumpridas. As decisões do juiz de primeiro grau são sentenças, decisões interlocutórias e despachos, ou despachos de mero expediente; as dos órgãos colegiados, acórdãos (CPC, art. 162, §§ 1º a 3º, e art. 163). Também o relator, nos tribunais, profere despachos e decisões monocráticas. Em todos esses atos existe sempre um teor de imperatividade, no sentido de que o que houver sido decidido, julgado, determinado *etc.*, vale como preceito destinado a reger as relações entre os litigantes, ou entre eles e o próprio juízo.

Parecer é outra coisa. É opinião, alvitre de uma decisão, não uma decisão em si mesma. O Ministério Público emite pareceres, nos quais opina no sentido de que a causa, ou determinado incidente, deve ser julgado de determinado modo. Pareceres não são dotados de imperatividade e não contêm preceitos, como os pronunciamentos do juiz ou tribunal. Mas a imprensa mal informada alude com freqüência ao *parecer do juiz*, ou mesmo *parecer do tribunal*, em uma linguagem manifestamente atécnica que não deve fazer escola. São os mesmos que também dizem que o juiz *pediu* o comparecimento de uma pessoa ou a apresentação de dado documento *etc.*; juiz não pede, mas decide, comanda, ordena (*infra*, n. 108).

106. pedido (petitum)

Pedido é o ato de pedir. Mais especificamente, é uma das partes da petição inicial, na qual o autor ou exeqüente postula do juiz o provimento jurisdicional pretendido. O *pedido com suas especificações* é rigorosamente indispensável em qualquer demanda, sob pena de inépcia (CPC, art. 282, inc. IV, c/c 295, inc. I, e par., inc. I). O pedido contido na demanda inicial constitui um dos elementos identificadores da demanda, ao lado das partes e da causa de pedir (art. 282, incs. II-III) – e uma demanda se reputa igual a outra quando os três elementos são coincidentes (art. 301, § 2º). *Pedido* não é sinônimo de *requerimento* nem pedir equivale a requerer (*infra*, n. 107). Diz-se também *petitum* (*infra*, n. 401).

107. *pedir e requerer*

Em direito processual, o ato de formular uma demanda, ou de postular uma tutela jurisdicional, é sempre designado pelo verbo *pedir*. E, como ambos litigantes deduzem demandas no processo – não só o autor – as decisões que eles demandam vêm indicadas por esse verbo e não pelo verbo *requerer*. Tutelas jurisdicionais ou decisões sobre a causa não são requeridas, mas pedidas. O autor pede na inicial uma sentença de determinada natureza e conteúdo. O réu pede uma sentença julgando improcedente a demanda do autor ou negando a admissibilidade do julgamento do mérito (carência de ação, falta de pressuposto processual). O vencido pede ao tribunal uma nova decisão reformando aquela que houver sido dada pelo juízo inferior. O credor que obteve uma sentença condenatória pede a execução. *Requerer* indica a postulação de uma medida referente ao processo, à instrução, ao impulso processual *etc.*, como a produção de uma prova, a designação ou adiamento de audiência, a juntada de um documento, a intimação da parte contrária *etc.* Não se requerem, mas pedem-se medidas antecipatórias, medidas cautelares, a extinção do processo *etc.*

> O Código de Processo Civil, com as alterações trazidas pela Lei do Cumprimento de Sentença, emprega porém o verbo *requerer* ou o substantivo *requerimento*, em frases ou expressões como "requerimento de liquidação" (art. 475-A, § 1º), "liquidação requerida na pendência de recurso" (art. 475-A, § 2º), "o credor requererá o cumprimento da sentença" (art. 475-B, *caput*), "requerida a liquidação por arbitramento, o juiz nomeará o perito e fixará o prazo para a entrega do laudo" (art. 475-D), "não sendo requerida a execução no

prazo de seis meses, o juiz mandará arquivar os autos" (art. 475-J, § 5º). Seria melhor falar em *pedir* e *pedido*, por respeito a uma linguagem assentada no direito brasileiro e em sua doutrina, sem renunciar desnecessariamente, como foi feito, a esse apuro terminológico conquistado ao longo da evolução aprimoradora da ciência do processo civil. Corretamente, está empregado o vocábulo *requerimento* na redação do art. 475-B, § 1º: "quando a elaboração da memória de cálculo depender de dados existentes em poder do devedor ou de terceiro, o juiz, *a requerimento do credor*, poderá requisitá-los".

108. pedir e pedido (o juiz nunca pede)

É incorreto o emprego do verbo *pedir*, tendo por sujeito uma autoridade judiciária (juiz, tribunal). Juiz não pede, mas decide ou determina. Quem pede é a parte. Quem pede, pede a alguém dotado do poder de decidir. Diante disso, não se diga *o juiz pediu o comparecimento da parte*, ou *o tribunal pediu a volta dos autos à comarca de origem*. O juiz determina o comparecimento, o tribunal determina a volta dos autos *etc.*

Narradores de futebol dizem que o árbitro *pediu* três minutos de acréscimo ao tempo normal da partida. Também esse modo de dizer é errado. Pediu a quem? Quem decidirá? Também o árbitro de futebol não pede, ele *decide.*

109. perícia contábil e perícia técnico-econômica

Uma imprecisão de linguagem tem gerado polêmicas entre contabilistas e economistas, com alguma vacilação dos juízes na escolha de peritos. Essa imprecisão consiste em denominar *perícia contábil* certos exames que não se passam na área da contabilidade, dependentes dos conhecimentos de um contabilista, mas na área da economia, dependentes dos conhecimentos de um economista. Devendo o juiz nomear para a diligência "profissionais de nível universitário" (CPC, art. 145, § 1º) e sendo indispensável que esses profissionais comprovem "sua especialidade na matéria sobre que deverão opinar" (art. 145, § 2º), infere-se que, obviamente, um contabilista opina sobre contabilidade e um economista, sobre temas econômicos. Mas com muita freqüência a nomeação vem recaindo sobre contabilistas em casos nos quais o tema é econômico e não puramente contábil. Nesse caso, em que a perícia não é realmente *contábil*, a nomeação não deve recair sobre contabilista, mas economistas.

Contabilidade é, em uma primeira aproximação, a "ciência que estuda e interpreta os *registros* dos fenômenos que afetam o patrimônio de uma entidade". *Economia*, bem diferentemente, é a "ciência que trata dos fenômenos relativos à produção, distribuição e consumo de bens". Embora contidos em um simples dicionário geral e portanto não especializado,[189] esses conceitos bem espelham a realidade de uma ciência que estuda *fenômenos* e outra, *registros*. Com mais profundidade, em tratado específico foi dito que a *economia*, sendo a ciência que tem por objeto a atividade produtiva, "focaliza estritamente os problemas referentes ao uso mais eficiente de recursos materiais escassos para a produção de bens; estuda as variações e combinações na alocação dos fatores de produção (terra, capital, trabalho, tecnologia), na distribuição da renda, na oferta e procura e nos preços das mercadorias".[190]

Essas conceituações demonstram ser inerente ao mister de contabilista a elaboração e análise de balanços, ou seja, de escritas, a ver se correspondem à realidade dos negócios, das despesas, das entradas, das perdas de uma pessoa, empresa ou organismo estatal. O contabilista trabalha com registros; e os fenômenos que estão atrás dos atos registrados pertencem à seara de conhecimentos do economista, não do contabilista. E o juiz, que tem o poder de livre convencimento e relativa liberdade para a escolha do perito de sua confiança, mas por outro lado está adstrito às regras de segurança jurídica inerentes à cláusula *due process* (Const., art. 5º, inc. LIV), deve fazer a escolha adequada sob pena de afastar-se dessa garantia constitucional e do disposto no art. 145, §§ 1º e 2º, do Código de Processo Civil. É preciso libertar-se da ilusão causada pelo mau emprego da expressão *perícia contábil* nos casos em que a matéria é econômica.

189. *Cfr. Novo Aurélio*, verbetes *contabilidade* e *economia*, respectivamente p. 538, 2ª col. e 716, 1ª col.

190. *Cfr.* Paulo Sandroni, *Novíssimo dicionário de economia*, verbete *economia*, p. 189, 1ª col.

Dois dicionaristas especializados propõem uma noção de *perícia contábil* que substancialmente coincide com esses conceitos, ao dizerem que ela consiste na "verificação de registros contábeis" e na "análise para verificar a exatidão de fatos registrados".[191]

110. pingüim

No jargão forense paulista chamam-se *pingüins* os juízes substitutos de segundo grau de jurisdição, integrantes de um quadro ao qual têm acesso os juízes da última entrância, em progressão horizontal, ou seja, por mera remoção e não promoção (lei compl. est. n. 646, de 8.1.90). Eles atuam como auxiliares nas Câmaras do Tribunal de Justiça, podendo também substituir os titulares. Os integrantes do quadro de juízes substitutos de segundo grau (ou seja, os pingüins) habilitam-se à promoção a desembargador do Tribunal de Justiça, sem prejuízo de igual direito, assegurado aos juízes de última entrância que não hajam sido removidos a esse quadro (os titulares de varas de entrância final). Embora não empregada nas leis de organização judiciária, a palavra *pingüim* é de uso freqüente e natural nos meios forenses paulistas, não trazendo em si qualquer conotação pejorativa – e tanto que a condição de pingüim costuma ser chamada, entre os próprios magistrados, *pingüinato*.

Com os pingüins não se confundem os juízes de primeiro grau *convocados* para exercer funções no Tribunal de Justiça. A simples convocação é essencialmente temporária e não transfere o magistrado para o quadro dos juízes substitutos do Tribunal; ele permanece como titular da vara onde exerce suas funções e pode ser destituído da convocação a qualquer momento, o que com os pingüins não sucede. O Superior Tribunal de Justiça tem seguidamente proclamado a nulidade de julgamento feito por turma julgadora integrada majoritariamente por juízes convocados.[192]

191. *Cfr.* A. Lopes de Sá e A. M. Lopes de Sá, *Dicionário de contabilidade*, verbete *perícia contábil*, p. 353, 2ª col. Mas é imperioso registrar que o conceito por eles dado à *contabilidade* parece ser mais amplo, ao indicar como objeto dessa ciência "os fenômenos patrimoniais sob o aspecto *aziendal*" (verbete *contabilidade*, p. 96, 2ª col.).

192. *Cfr.* STJ, 6ª T., HC n. 9.405, j. 11.4.00, rel. Hamilton Carvalhido, m.v., *DJU* 18.6.01, p. 189; STF, 6ª T., HC n. 72.941, j. 11.9.07, rel. Maria Thereza de Assis Moura, v.u., *DJU* 19.11.07, p. 297.

111. poder (situação jurídica) e Poderes do Estado

O substantivo *poder* designa a capacidade de produzir efeitos sobre a esfera jurídica alheia; ou, em outras palavras, a faculdade, concedida pelo direito, de realizar atos influentes sobre a esfera jurídica de outra pessoa. O juiz exerce poderes no processo, como o de sentenciar, julgando a causa, o de determinar o comparecimento da parte ou de testemunhas, o de impor constrição sobre bens. A propositura de uma demanda já é exercício de um poder, o de ação; a parte vencida exerce o poder de recorrer e, recorrendo, cria para o Estado-juiz o dever de processar e julgar seu recurso *etc*. Nesse sentido, *poder* é uma situação jurídica ativa, distinta do direito subjetivo mas consistindo, tanto quanto ele, em uma vantagem para o titular.

Outro significado tem o vocábulo *Poder* (inicial maiúscula). Ele representa cada um dos setores nos quais se situam os agentes do Estado e entre os quais se repartem as competências segundo dispõe a Constituição. Notoriamente, os Poderes do Estado são o Legislativo, o Executivo e o Judiciário. Não é correto dizer, como dizia o art. 107 da Constituição Federal de 1967 (emenda n. 1), que "o Poder Judiciário é *exercido* pelos seguintes órgãos"; corrigindo o erro, a Constituição de 1988 diz simplesmente: "são órgãos do Poder Judiciário" o Supremo Tribunal Federal, o Superior Tribunal de Justiça, os demais Tribunais Superiores *etc.* (art. 92).

O que os juízes e tribunais exercem é a *jurisdição*, sendo esta uma das expressões do poder estatal. Conceitua-se este como "capacidade de decidir imperativamente e impor decisões" e todos os agentes do Estado o exercem; o poder estatal é uno, não comportando divisões, mas quando exercido com vista ao objetivo de pacificar pessoas eliminando conflitos, ele é visto como *jurisdição*.[193] É incorreto dizer que os juízes e tribunais *exercem* o Poder Judiciário.

112. prazo peremptório ou dilatório

Essas expressões são usadas nos arts. 181 e 182 do Código de Processo Civil, nos quais se lê que os prazos dilatórios podem

---

193. *Cfr.* Dinamarco, *A instrumentalidade do processo*, nn. 10 ss., esp. p. 104.

ser alterados por convenção das partes e os peremptórios, não. Para esclarecer o significado desses dois adjetivos é preciso, antes de mais nada, superar a impropriedade terminológica em que incorreu o Código, o qual partiu do falso pressuposto de que eles fossem *antônimos entre si*.

Na terminologia empregada pelos arts. 153 e 154 do estatuto processual civil italiano, *peremptório* é o prazo cuja inobservância acarreta a perda da faculdade que poderia ser exercida em seu curso (p. ex., o prazo para recorrer das sentenças).[194] Aos prazos peremptórios opõem-se, na linguagem daquela lei, os *ordinatórios*, que têm a finalidade de regular as atividades processuais segundo as necessidades do normal andamento do processo e cuja inobservância não produz por si só a perda da faculdade não exercida nem a ineficácia do ato realizado depois do vencimento. Os prazos peremptórios não podem ser prorrogados, os ordinatórios sim. Segundo a linguagem italiana, como se vê, o antônimo de *peremptório*, na disciplina dos prazos, é *ordinatório*. Tais denominações correspondem às nossas locuções *prazo próprio* e *prazo impróprio – infra*, n. 113).

Bastante expressiva é a oposição feita entre prazos *dilatórios* e prazos *aceleratórios*, sendo todos eles conceituados como a *distância temporal entre os atos do processo*. A partir desse conceito proposto por Carnelutti,[195] prazo dilatório é a *distância mínima* fixada em lei, de modo que o ato não deve ser praticado antes (exemplo, no direito brasileiro: audiência no procedimento sumário, que não pode ser realizada antes de decorridos dez dias da citação – CPC, art. 278); prazo dilatório é portanto, como o próprio nome indica, prazo destinado a conter a celeridade do processo, *dilatando-o*. Inversamente, prazo aceleratório é a *distância máxima* permitida entre dois atos, de modo que o segundo deles não deve vir a uma distância temporal maior; como chega a ser intuitivo, prazos aceleratórios são aqueles fixados com o objetivo de

---

194. *Cfr.* Liebman, *Corso di diritto processuale civile*, n. 47, pp. 96-98. Não podem ser alterados os prazos preclusivos: *cfr.* c.p.c. (it.), arts. 153-154.

195. *Cfr.* Carnelutti, *Istituzioni del processo civile italiano*, I, n. 357, pp. 331 ss.

acelerar o curso do procedimento. Nesse sistema, tanto o prazo dilatório como o aceleratório *poderão ser peremptórios* – o que se dará quando resultarem de uma norma cogente, de imperatividade absoluta, insuscetível pois de ser alterada pela vontade das partes (sendo inadmissível a ampliação do prazo ainda que por consenso entre estas).

Na codificação de 1939 o adjetivo *peremptório* vinha recebendo uma interpretação diferente. Dizia o art. 26 que "os prazos serão contínuos e peremptórios" e a doutrina via na *peremptoriedade* a idéia de que o vencimento dos prazos ocorre automática e fatalmente, dispensado o lançamento nos autos.[196] É que no direito anterior ao próprio Código de 1939 a preclusão de certas faculdades não decorria simplesmente da chegada do último momento do prazo, mas do *lançamento* feito nos autos (a preclusão temporal era, assim, condicionada) e o aludido art. 26, dizendo da *peremptoriedade*, teve por objetivo pôr fim a esse sistema. Diante disso, não era a peremptoriedade, na idéia da doutrina da época, um predicado impeditivo da alteração dos prazos e não costumava também ser apresentada em contraposição ao caráter dilatório. Os conceitos, a história e a comparação jurídica mostram portanto que bem não andou o Código ao opor prazos *dilatórios* a *peremptórios*, como se se tratasse de adjetivos portadores de significados opostos. Mas, diante dos textos que os contêm (arts. 181-182), precisa o intérprete encontrar uma explicação harmoniosa, superando as imperfeições verbais na busca do verdadeiro preceito contido nesses dispositivos.

Nos arts. 181 e 182 quis o Código vigente dizer quais prazos podem ser objeto de alteração por vontade das partes (art. 181) e quais não podem sê-lo (art. 182), mas não foi claro nem chegou a dar indicações capazes de orientar o intérprete. Essa é uma questão difícil na prática porque, salvo alguns casos muito claros e evidentes, o conceito de interesse público, que conduz à peremptoriedade do prazo – e portanto à sua inalterabilidade – é extremamente plástico e muitas vezes, opinativo. As incertezas e a insegurança decorrentes dessa subjetividade só podem ser su-

---

196. *Cfr.* José Frederico Marques, *Instituições de direito processual civil*, II, n. 451, p. 270; v. ainda Dinamarco, *Instituições de direito processual civil,* II, n. 688, pp. 574-576; Cintra-Grinover-Dinamarco, *Teoria geral do processo*, n. 207, pp. 347-349.

peradas pelo conhecimento de certas posições consolidadas nos tribunais, com apoio na doutrina. Eles têm por certa a inalterabilidade de alguns prazos vitais no processo, ditos por isso *peremptórios*, como (a) o prazo para oferecer contestação ou para recorrer, (b) para manifestar incidente de falsidade (art. 390), (c) para pagar o débito na execução por quantia certa (art. 652), (d) para impugnar a execução fundada em sentença civil condenatória ou opor embargos à execução por título extrajudicial (arts. 475-J, § 1º, e 738), (e) para apresentar declaração de crédito no processo de insolvência civil (art. 761), (f) para propor a demanda principal, no caso de medida cautelar efetivada em caráter antecedente (art. 806) *etc.* Inversamente, são fixados no interesse das partes ou de uma delas, considerando-se portanto *dispositivos ou ordinatórios*, os prazos para (a) arrazoar ação rescisória (art. 493), (b) constituir novo procurador em caso de morte do advogado (art. 265, § 2º), (c) pagar despesas da testemunha (art. 419),[197] (d) prestar cauções em geral, (e) pagar prestações alimentícias, sob pena de prisão (art. 733), (f) exercer opção em caso de obrigações alternativas (art. 571), (g) exibir documento ou coisa (art. 362) *etc.* A *garantia constitucional da liberdade das partes* (Const., art. 5º, inc. II) aconselha bastante tolerância no reconhecimento do caráter dispositivo dos prazos sobre os quais possa teoricamente haver alguma dúvida, até porque as convenções estarão sempre sob a censura do juiz e não terão eficácia se abusivas e não apoiadas em razões legítimas (art. 181).[198]

113. *prazo próprio ou impróprio*

A teoria dos prazos é intimamente ligada à das *preclusões*, porque, máxime em um sistema de procedimento rígido como o brasileiro, sua fixação visa na maior parte dos casos a assegurar a

---

197. O acordo para alterar o prazo há de ser feito entre a parte e a testemunha, não entre os adversários.

198. Análogo raciocínio está exposto em minhas *Instituições de direito processual civil*, II, n. 688, pp. 574-576, onde me valho de fecunda informação jurisprudencial colhida *in* Negrão-Gouvêa, *Código de Processo Civil e legislação processual em vigor*, notas 1, 1-a e 1-b ao art. 181, p. 306.

marcha avante, sem retrocessos e livre de esperas indeterminadas. Trata-se aí de prazos *aceleratórios*, considerada essa sua finalidade de evitar esperas indeterminadas, acelerando o procedimento (em contraposição aos *prazos dilatórios*). Esses prazos são, por sua própria natureza e finalidade, também *preclusivos*: a conseqüência de sua inobservância é a preclusão temporal da faculdade que durante seu curso poderia ter sido exercida.[199]

Nem todos os prazos são preclusivos, ou *próprios:* existem também os *impróprios*, destituídos de preclusividade. A linguagem destacada no presente tópico não é empregada na lei, mas tem boa acolhida na doutrina brasileira em geral[200] e é bastante expressiva. São impróprios todos os prazos fixados para o juiz, muitos dos concedidos ao Ministério Público no processo civil e quase todos os de que dispõem os auxiliares da Justiça, justamente porque tais pessoas desempenham funções públicas no processo, onde têm deveres e não faculdades: seria um contra-senso dispensá-las de seu exercício, como penalidade pelo não-exercício tempestivo (penalidade?). Mas, conforme o caso, podem incidir autênticas penalidades, de caráter administrativo.

Dos prazos que a lei dá *às partes*, a maioria é representada por prazos *próprios*, sem embargo da existência, também entre eles, de prazos impróprios: por exemplo, se não se manifestar o autor ou não juntar documentos no prazo de dez dias para a *réplica* (art. 326), nem por isso deixará o juiz de ouvi-lo quando ele se manifestar (poderá, isso sim, ter ocorrido outra preclusão, que não a meramente temporal, se o processo já tiver tomado certos rumos definitivos, *v.g.* através da extinção ou do julgamento antecipado do mérito).[201]

Os prazos das partes são geralmente próprios quando fixados segundo critérios de *ordem pública*; impróprios, na hipótese con-

199. *Cfr.* Cintra-Grinover-Dinamarco, *Teoria geral do processo*, n. 207, esp. p. 348.

200. *Cfr.* ainda Cintra-Grinover-Dinamarco, *op. loc. cit.*; José Frederico Marques, *Manual de direito processual civil*, I, n. 299, esp. p. 350.

201. *Cfr.* Liebman, *Manual de direito processual civil*, I, n. 107, pp. 302-303 trad.

trária. A análise de cada caso é que dará o diagnóstico cabível, sendo certa, porém, a preclusividade dos prazos para a resposta do réu, para o exercício da ação declaratória incidental e, de modo geral, para os recursos. Como prazos próprios que são, sua duração é a que a lei ou o juiz estabelece (prazos legais ou judiciais), *sem possibilidade de alterações* por convenção entre as partes (art. 182 – *supra*, n. 112). Segundo a doutrina, tais prazos não podem também ser objeto de *suspensão convencional*; a suspensão do processo, prevista no art. 265, inc. II, não obsta à fluência dos prazos preclusivos, ou *próprios*.[202]

114. prazos (correr, contar e computar)

Com a ocorrência do fato que a lei considera *dies a quo* de um prazo, começa ele a *correr*, ou fluir. Isso quer dizer que começou a dilação temporal dentro da qual o sujeito deve realizar o ato previsto; a partir do *dies a quo* o prazo existe e está *pendente*. O prazo corre invariavelmente do termo inicial até ao momento em que vence, ou termo final (*dies ad quem*). Isso não significa que o prazo comece a ser *contado* logo naquele mesmo momento no qual tem início: uma coisa é correr o prazo, outra é contar as unidades de tempo que o compõem.

Além disso, nem sempre a *contagem* do prazo principia no dia subseqüente ao termo *a quo*. Em princípio é assim, mas se o dia do calendário imediatamente sucessivo não for apto à prática do ato, nele não se *conta* o primeiro dia do prazo, o que só se fará no primeiro dia *útil* após a intimação (art. 184, § 2º); se esta houver ocorrido em véspera de feriado ou durante as férias,[203] *conta-se* o prazo a partir do primeiro dia útil depois dele ou delas (art. 173, par.). Do que se disse até aqui com a possível simplicidade, deflui que a partir do *marco zero* do prazo (*v.g.*, intimação) pode ser exercida a faculdade prevista, pouco ou nada importando, para

---

202. *Cfr.* José Frederico Marques, *Manual de direito processual civil*, I, n. 302, pp. 377 ss.: "inadmissível é a convenção das partes, em caso de prazo peremptório".

203. *Férias*, só no Supremo Tribunal Federal ou no Superior Tribunal de Justiça (Const., art. 93, inc. XII).

esse fim, o dia da semana em que se situou tal termo inicial; mas o *marco um*, ou seja, o início da contagem, pode ficar afastado daquele dia, não se situando no dia imediatamente sucessivo. Nesses casos o prazo começa a correr sem poder começar a ser contado logo a seguir.

É o que sucede quando a intimação é feita em uma sexta-feira. O *dies a quo* é, como sempre, o da intimação, mas a *contagem* fica diferida ao primeiro dia útil subseqüente, que ordinariamente será a segunda-feira; nesse dia é que se conta *um*, e *dois* na terça-feira *etc.*

Seria bom, portanto, que se usasse o verbo *contar* apenas quando efetivamente se quisesse falar de regras sobre a contagem dos prazos (contagem que se inicia na segunda-feira, contagem que se suspende em certos casos *etc.*); e o verbo *correr*, quando fosse o caso de cuidar de regras sobre a fixação do *dies a quo* do prazo. Assim, em linguajar correto diz-se que o prazo para a resposta do réu começa a *correr* (fluir) da juntada do mandado citatório ou do aviso de recebimento aos autos (art. 241, inc. I); mas sua *contagem* (ou seja, a determinação do *marco um*) dependerá do dia em que caiu o termo *a quo*, podendo acontecer que, tratando-se de uma sexta-feira, só comecemos a *contá-lo* na segunda-feira (art. 184, § 2º). O Código de Processo Civil, no entanto, não teve a mínima preocupação em distinguir os dois verbos de que ora tratamos; deu-lhes emprego bastante promíscuo, usando freqüentemente um pelo outro e com isso criando uma série de dificuldades interpretativas que bem poderiam ter sido evitadas.

Quando se trata de fixar o *dies a quo* de um prazo, seria conveniente que empregasse a lei invariavelmente o verbo *correr*, seja em sua forma infinitiva ou naquela que calhasse bem na redação; não, porém, o verbo *contar*, como fez nos arts. 190, incs. I-II, 390, 421, § 1º, 465, 495, 500, inc. I, 507, 519, 527, 532, § 1º, 533, § 1º, 545, 637, par., 654, 673, § 1º, 738, *caput* e §§ 1º e 2º, 746, 778, 802, par., 806, 896, 930, par., 983, 993, 1.029, par., 1.039, inc. 1, 1.081, 1.094, par., 1.136, 1.152, 1.182, 1.187 e 1.192. Na interpretação desses dispositivos, deveremos compreender que, apesar da possível aparência em contrário, o fato indicado em cada um deles é o *termo inicial* do prazo, embora o início da sua contagem, ou seja, a fixação de seu *marco um*, dependa do que diz o art. 184, § 2º.

Importantíssimo é também o art. 240, que fixa regra básica sobre o início de fluência do prazo, ou *dies a quo* (a partir da intimação) e usa o verbo inadequado; onde ele diz que os prazos *contar-se-ão da intimação*, leia-se que a partir desta eles *correrão,*, ou seja, considerar-se-ão *pendentes*.

Engano oposto comete o art. 184, § 2º, que pretendeu estabelecer regra sobre *contagem* do prazo e empregou inadequadamente o verbo *correr*. Na realidade, os prazos não "começam a correr a partir do primeiro dia útil após a intimação", como está na letra do dispositivo; eles começam a *correr* da própria intimação. Os arts. 184, § 2º, e 240, fizeram como que uma permuta, cada qual usando o verbo que seria adequado à idéia contida no outro. A dicção do aludido § 2º chegou a criar alguma dúvida entre os tribunais porque, se os prazos realmente começassem a *correr* no primeiro dia útil após a intimação, sua *contagem* seria a partir do dia seguinte ao primeiro dia útil; e, assim, o marco *um* dos prazos seria, quando na sexta-feira intimada a parte, não a segunda, mas a terça-feira (mas tal tese já está vencida).[204]

> Se o prazo começasse mesmo a *correr* no primeiro dia útil seguinte ao da intimação, isso geraria o absurdo de ficar todo e qualquer prazo sempre acrescido de um dia: fosse qual fosse o dia da intimação, o termo *a quo* ficaria deslocado para o primeiro dia útil seguinte, de modo que a contagem só se daria então a partir do outro dia à frente. Exemplificando: feita a intimação na segunda-feira, seria *dies a quo* a terça-feira; ali começaria a *correr* o prazo e a *contagem* teria início apenas na quarta-feira. A esse absurdo conduziria a defeituosa redação do art. 184, § 2º, do Código de Processo Civil.

O verbo *contar* foi empregado também no art. 191 fora dessa sua destinação específica (fixar o início da pendência do prazo), mas para estabelecer *regra de duração*; o número de dias que compõem os prazos dados aos litisconsortes representados por procu-

---

204. *Cfr.* STF, 2ª T., RE 88.738, j. 12.8.80, rel. Décio Miranda, v.u. *RTJ* 95/739: "no prazo intimado ou publicado com efeito de intimação na sexta-feira (Súmula 310), a segunda-feira subseqüente não se exclui da contagem" (e cita: RE 82.052, Pleno, j. 30.10.75, *DJU* 4.11.75, p. 8.075).

radores diferentes é o dobro do que ordinariamente seria. Correto seria o emprego do verbo *computar*, como está no art. 188.

Corretamente, o verbo *correr* está nos arts. 298, par., 943, 1.009 e 1.013, através dos quais o Código fixa o termo inicial de diversos prazos. No primeiro deles, p.ex., a idéia é que se considera *pendente* o prazo para a resposta do réu a partir do momento em que haja ele sido intimado da desistência formulada pelo autor e homologada pelo juiz, quanto ao litisconsorte passivo ainda não citado (mas da *contagem* nesses casos nada diz o dispositivo, prevalecendo naturalmente o que está no art. 184, § 2º). Corretamente está também o verbo *correr*, como já se salientou, no art. 241 – embora seu vizinho mais próximo, o art. 240, empregue o verbo *contar* para dar a mesma idéia que está nele.

Mas o Código usa o verbo *correr*, também, nos arts. 173, par., 179, 507 e 1.093, par., sendo duvidoso se tais dispositivos se referem realmente ao *curso* do prazo, sua pendência, ou se eles visam a disciplinar *contagem* de prazos. O art. 179, por exemplo, parece querer mandar que no primeiro dia útil após as férias já se *conte* mais um dia do prazo, em acréscimo ao que já tiver sido contado antes delas: se prevalecesse o verbo *correr*, que ali está, a nova *contagem* só principiaria no segundo dia útil, não no primeiro.[205]

Diante de tanta imprecisão, é portanto indispensável muita cautela e atenção à *mens* e à *ratio* dos textos que empregam os verbos em análise, para que se possa extrair de cada um deles a verdadeira norma que o legislador pretendeu ditar; é preciso, como se disse, superar a primeira impressão, às vezes falsa, e superar também eventuais dúvidas, sempre com vista ao que era razoável esperar do legislador na circunstância, evitando interpretações que não estejam amparadas por uma boa razão.

115. *precatória e precatório*

Como é notório, *carta precatória* é a solicitação endereçada por um órgão jurisdicional a outro, para que realize atos que aque-

---

205. Mas repito: dado o veto constitucional às férias coletivas em todas as Justiças, delas só se pode cogitar quanto aos atos a serem praticados perante o Supremo Tribunal Federal ou o Superior Tribunal de Justiça (Const., art. 93, inc. XII, red. EC n. 45, de 8.12.04).

le não pode realizar porque a lei o impede de exercer a jurisdição fora dos limites territoriais estabelecidos (comarca, seção ou subseção judiciária da Justiça Federal *etc.*). Está disciplinada nos arts. 200 ss. do Código de Processo Civil.

Precatório, ou requisitório judicial, é a requisição de pagamentos a serem feitos pelo Poder Público em cumprimento a decisões judiciárias. Quem o emite é o Presidente do Tribunal ao qual estiver sujeito o juízo por onde fluiu o processo gerador da condenação a pagar quantia em dinheiro (CPC, art. 730, inc. I) – e o vocábulo *precatório* é empregado quando o Código formula a regra da satisfação dos créditos com observação da ordem de apresentação dessas requisições (art. 730, inc. II).

O precatório é pois algo completamente distinto da precatória e a semelhança meramente verbal não deve conduzir a confusões entre esses dois conceitos.

116. preceito fundamental

V. argüição de descumprimento de preceito fundamental (*supra*, n. 25).

117. preclusão, preclusão hierárquica, preclusão pro judicato

Preclusão é a *perda de uma faculdade ou poder no processo*. Como se sabe, a relação processual que envolve juiz e partes é integrada por um complexo de situações jurídicas ativas e passivas; e a marcha do procedimento é impulsionada pelo exercício ou cumprimento dos poderes, deveres, faculdades, ônus e sujeição que compõem o contexto da relação processual. Chega porém um momento, em dadas circunstâncias, em que já não pode a parte exercer alguma de suas faculdades, ou não pode o juiz exercer algum de seus poderes.

Costuma-se dizer que são de três ordens as preclusões que podem atingir as faculdades das partes no processo: a) *temporal*, quando decorre do decurso do prazo sem a prática do ato que a parte tinha o poder ou a faculdade de realizar (p.ex., revelia ou omissão em recorrer); b) *lógica*, que é a conseqüência da prática de um ato incompatível com a vontade de exercer a faculdade (a aceitação do que foi decidido, sem ressalva, extingue a faculdade de recorrer – CPC, art. 503); c) *consumativa*, pelo exercício da própria faculdade ou poder (oferecido recurso contra uma decisão, não será admissível outro – princípio da unirrecorribilidade). Além dessas três espécies, indica Liebman uma outra, que se pode reputar *mista*, ocorrente quando presentes cumulativamente dois requisitos, que são o decurso do tempo e o prosseguimento do processo: ainda que não se manifeste no prazo sobre os fatos novos alegados ou documentos exibidos pelo réu (arts. 326, 327 e 398), o autor permanece com a faculdade de fazê-lo até que o juiz designe a audiência preliminar (art. 331).[206]

Não é comum impor preclusões *temporais* ao juiz, simplesmente porque isso equivaleria a dispensá-lo do cumprimento de um dever, pela razão de não havê-lo cumprido oportunamente. Absurdo! Uma clara preclusão *consumativa* incidente sobre o juiz é aquela imposta pelo art. 463 do Código de Processo Civil, onde em princípio se lhe proíbe inovar no processo depois de haver proferido e publicado a sentença.[207]

As *inovações* que o art. 463 proíbe ao juiz de primeiro grau são aquelas que influam no julgamento da causa, reconsiderando, ampliando, reduzindo ou de qualquer modo alterando o teor do que houver julgado. Não se incluem nessa proibição, obviamente, os atos relacionados com a apelação que vier a ser interposta (recebimento, efeitos). Também não se incluem atos inerentes ao cumprimento de sentença, o qual se realiza no mesmo processo e em princípio perante o mesmo juízo.

206. *Cfr. Manual de direito processual civil*, n. 107, pp.302-303; v. também minha nota n. 174, *ib.*; Dinamarco, *Instituições de direito processual civil*, II, n. 633, pp. 466 ss. Embora a lei estabeleça prazo para a manifestação das partes, os juízos e tribunais atenuam esse rigor temporal e admitem que o autor fale mesmo depois de decorrido, só havendo preclusão se o processo tiver caminhado avante, com a realização de algum ato depois de vencido aquele prazo. Por isso é que em casos assim, havidos por relativamente extraordinários, a preclusão depende do duplo requisito do decurso do prazo e eventual prosseguimento do processo – e daí, ser ela *mista*.

207. Ressalvados os casos de embargos de declaração, a correção de inexatidões materiais e erros de cálculo (art. 463, incs. I-II) e a imposição de medida equivalente, destinada a satisfazer o credor de obrigação de fazer ou não-fazer (art. 461, *caput*).

Sujeita-se o juiz, ainda, a uma espécie preclusiva inexistente com relação às partes, que é a *preclusão hierárquica*. Quando uma matéria já houver sido decidida por um órgão superior, não pode o juiz, no mesmo processo, voltar a se manifestar a respeito, redecidindo o que o tribunal já decidiu; mesmo quando se trata de matéria de ordem pública, a cujo respeito pode o juiz pronunciar-se a todo momento e mesmo reconsiderar o que ele próprio já haja decidido (art. 467, § 3º), se já houver uma decisão superior fica ele impedido de fazê-lo. Uma das hipóteses de admissibilidade da *reclamação* aos tribunais é justamente essa, consistente em desautorar, ou afrontar, decisões dos órgãos jurisdicionais de maior nível hierárquico; nos termos em que a institui a Constituição Federal, ela se destina à preservação da competência dos tribunais "e garantia da autoridade de suas decisões" (art. 102, inc. I, letra *l*, e art. 105, inc. I, letra *f* – *infra*, n. 136).

A preclusão *pro judicato* consiste na imunidade de certas decisões judiciais a futuros questionamentos, semelhante à autoridade da coisa julgada mas não suscetível de confundir-se com esta.[208] Assemelha-se à coisa julgada porque, tanto quanto ela, tem o efeito de impedir o indesejável *bis in idem*. Caso típico, no direito brasileiro, é a inadmissibilidade da repropositura da demanda depois que uma sentença houver extinto um processo anterior, por demanda igual, sob o fundamento de coisa julgada, litispendência ou perempção (CPC, art. 268, *caput*): essa imunidade não se qualifica como *auctoritas rei judicatæ*, porque não se refere a uma sentença de mérito, mas é tão intensa quanto ela e por isso faz crer na admissibilidade da ação rescisória contra a sentença que assim decide.

Fala-se também em uma suposta coisa julgada incidente sobre o mandado monitório não embargado, mas de coisa julgada não se trata; se tal ato fosse dotado de tanta imutabilidade, caracterizar-se-ia esta como preclusão *pro judicato*, não como coisa julgada. O mesmo, quanto a uma imaginária inadmissibilidade de discutir

---

208. *Cfr.* Maurício Giannico, *A preclusão no direito processual brasileiro*, cap. 7, pp. 130 ss.; invoca o monografista a clássica doutrina de Enrico Redenti, que, conquanto contestada em alguns pontos, é vital para o entendimento do conceito de preclusão *pro judicato* (*Diritto processuale civile*, I, n. 15, pp. 79-80).

o crédito em uma ação autônoma, quando esse crédito já houver sido levado à execução e chegado a ser satisfeito, sem que houvesse o executado oposto embargos a ela (ou impugnação).

Também se inclui no conceito de preclusão a *eficácia preclusiva da coisa julgada* (CPC, art. 474), em virtude da qual é vedado pôr ou repor em discussão pontos ou questões relevantes para o julgamento de uma causa já julgada por sentença passada em julgado (*supra*, n. 68). Apesar de tanto já se haver escrito sobre a coisa julgada, sua eficácia preclusiva e a preclusão *pro judicato*, muito ainda resta por esclarecer. Ainda não há uma precisão conceitual satisfatoriamente estabelecida no linguajar dos processualistas, além de muito divergirem as opiniões nesses verdadeiros *campos minados*.

118. prejudicial e preliminar

Prejudicial é um ponto, questão ou causa de cuja decisão depende, ao menos em parte, o teor da decisão de outro ponto, questão ou causa.[209] *Ponto* é um fundamento relevante para julgar. *Questão* é o próprio ponto, quando em torno dele surge controvérsia entre as partes (ponto controvertido – Carnelutti).[210] *Causa* é o litígio posto em juízo, representado pela pretensão posta pelo autor e a resistência a ela oferecida pelo réu.[211] Exemplo de *ponto prejudicial*: a paternidade biológica alegada na ação de investigação de paternidade ou na de alimentos, cujo reconhecimento torna imperioso o reconhecimento de outro ponto, que é a relação jurídica de paternidade. A mesma relação biológica de paternidade, quando contestada pelo réu, torna-se uma questão e será prejudicial ao reconhecimento da paternidade jurídica. Se aquele ponto vier a ser rejeitado em sentença, será impossível admitir a relação jurídica de paternidade. Exemplo de *causa prejudicial*: a ação em

---

209. *Cfr.* Menestrina, *La pregiudiciale nel processo civile*, nn. 30-31, pp. 137 ss.; n. 35, pp. 153 ss.

210. *Cfr. Istituzioni del processo civile italiano*, I, n.13, esp. p. 13.

211. Clarisse Frechiani Lara Leite apresenta crítica metodológica ao trinômio assim enunciado (ponto-questão-causa), porque os elementos deste não estariam diferenciados por um critério constante mas por dois critérios: a) um relativo à existência ou inexistência de dúvida a respeito da afirmação fática feita pela parte e (b) um referente ao caráter incidental ou principal em que a afirmação é feita (*cfr. Prejudicialidade no processo civil*, n. 18, esp. pp. 100-102).

que se pede a declaração de nulidade de um contrato, de cujo teor dependerá o julgamento da ação movida com o pedido de condenação por uma obrigação oriunda desse contrato. Fala a doutrina em uma *prejudicialidade lógica* entre duas causas, questões ou pontos quando a coerência exige que o pronunciamento sobre um deles seja tomado como precedente para o pronunciamento sobre o outro;[212] e a prejudicialidade torna-se relevante para o direito quando a isso se acresce a *prejudicialidade jurídica*, representada pela igual natureza do juízo relativo a esses dois pontos, questões ou causas.[213-214]

> Bom exemplo de *prejudicialidade jurídica entre causas* é a demanda de condenação do devedor principal, em relação à de condenação do fiador. Julgada improcedente a primeira, esse julgamento é *subordinante* em relação à pretensão do autor em face do fiador, a qual também será improcedente porque, no plano jurídico, a existência da obrigação acessória depende da existência da principal. Inversamente, se for rejeitado o argumento da nulidade ou inexistência da obrigação principal o juiz fica *relativamente* desvinculado para apreciar o pedido de condenação do fiador, o qual será julgado procedente ou improcedente (não, porém, com fundamento nessa defesa rejeitada). Como se vê, a prejudicialidade juridicamente relevante mostra um perfil lógico e outro jurídico, que, somados, conduzem a uma fórmula de influência sobre o teor da causa prejudicada.[215-216]

212. "In logica diconsi pregiudiciali questi giudizî che formano il precedente della conclusione finale; e pregiudiziale è pure il raziocinio che il soggetto pensante si ponesse per giungere a loro": Menestrina, *La pregiudiciale nel processo civile*, n. 22, p. 100.

213. "La pregiudicialità giuridica nasce dall'unirsi di un nuovo elemento alla pregiudicialità logica: e il nuovo elemento è l'eguale natura del giudizio pregiudiciale e del finale": Menestrina, *op. loc. cit.,* p. 103. *Cfr.* ainda Barbosa Moreira, *Questões prejudiciais e coisa julgada*, n. 32, esp. pp. 51-52; Adroaldo Furtado Fabrício, *Ação declaratória incidental*, n. v. 29, esp. p. 68.

214. É moeda corrente na doutrina atual a distinção entre prejudicial e *preliminar* porque esta, sim, subordina a própria admissibilidade da decisão de mérito, a qual será negada conforme o modo como se decida aquela: *cfr*. Barbosa Moreira, *Questões prejudiciais e coisa julgada*, nn. 18-21, pp. 28 ss.; Adroaldo Furtado Fabrício, *Ação declaratória incidental*, n. 28, pp. 64-65.

215. *Cfr.* Barbosa Moreira, *Questões prejudiciais e coisa julgada*, n. 33, esp. p. 52; Adroaldo Furtado Fabrício, *Ação declaratória incidental*, n. 29, pp. 67 ss.

216. *Cfr.*, em sentido diferente, Clarisse Frechiani Lara Leite, *Prejudicialidade no processo civil*, n. 16, pp. 85-92.

Diferente é o conceito de *preliminar*. Diz-se que uma questão é preliminar quando de sua solução não depende o *teor* do julgamento de outra, mas a própria admissibilidade do julgamento do mérito.[217] Algumas defesas dessa ordem são suscetíveis de conhecimento de-ofício do juiz, qualificando-se como *objeções* (nulidade ou incompetência absoluta, impedimento do juiz, coisa julgada, litispendência, carência de ação *etc.* – CPC, art. 267, § 3º, art. 113 *etc.*). Outras, que dependem de específica invocação pela parte, são as *exceções em sentido estrito* (nulidade ou incompetência relativa – arts. 128, 245, 114 *etc.* – *supra*, n. 71).

Dizem-se *exceções peremptórias*, ou preliminares *litis ingressum impedientes*, aquelas cujo acolhimento impede de modo absoluto o julgamento do mérito, determinando a extinção do processo[218] – é o caso da incompetência do juiz brasileiro no plano internacional, da litispendência, coisa julgada, carência de ação, vício de representação do autor *etc.*

Ao lado delas estão as preliminares qualificadas como *exceções dilatórias*, tendentes a impedir o julgamento do mérito naquele momento, por aquele juiz ou naquela sede, como é o caso da incompetência absoluta ou relativa, do impedimento ou suspeição do juiz. Essas preliminares têm eficácia impeditiva menos intensa que a daquelas outras, porque seu acolhimento não exclui a possibilidade de se chegar ao julgamento do mérito nem determina a extinção do processo: somente impõe que ele seja readaptado para prosseguir com observância dos pressupostos que não estivessem sendo observados.

119. preparo

A boa doutrina distingue, a partir de regras contidas no direito positivo, o *ônus* de antecipação das despesas do processo e a *obri-*

---

217. *Cfr.* Barbosa Moreira, *Questões prejudiciais e coisa julgada*, nn. 18-21, pp. 28 ss.; Adroaldo Furtado Fabrício, *Ação declaratória incidental*, n. 28, pp. 64-65.

218. Salvo se neste se contiver mais de um pedido e ao menos um deles não ficar atingido pelo acolhimento da preliminar.

gação de pagá-las.[219] A obrigação cabe ao vencido, segundo regras trazidas pela lei, sendo essa uma situação jurídica de puro direito material; o fato constitutivo dessa obrigação e correspectivo direito subjetivo é a realização do processo por causa do comportamento daquele que demandou em juízo ou resistiu à pretensão do adversário, sem ter razão (princípio da causalidade).[220] Mas o *ônus* de antecipar despesas é fenômeno tipicamente processual, pois de seu cumprimento pelos sujeitos sobre os quais ele pesa depende a realização de certos atos que requerem ou a eficácia dos que realizam (CPC, art. 19 – *supra*, n. 59). A antecipação das despesas processuais leva o nome de *preparo*, que na praxe tem até maior emprego que na própria lei: o Código, embora cuide da antecipação já no art. 19, usa tal vocábulo apenas cinco vezes e só no capítulo *dos recursos* (arts. 500, par., 511, *caput* e §§ 1º e 2º, e 536).

Com linguajar menos técnico, parte da doutrina designa o ônus de preparar como *responsabilidade provisória* por despesas – em contraposição à *responsabilidade definitiva*, que cabe ao vencido (art. 20).[221]

A regra fundamental sobre o preparo é aquela contida no art. 19 do Código de Processo Civil: *cada parte antecipa as despesas referentes ao ato que realiza ou requer*. Traz o Código ainda certas regras específicas, como a seguir:

a) o preparo inicial é exigido sob pena de cancelamento da distribuição do feito (art. 257);

---

219. *Cfr.* Liebman, *Manual de direito processual civil*, I, n. 61-62, pp. 169-171 (*ônus* de antecipação das despesas e *obrigação* de reembolso das despesas); v. também Dinamarco, nota n. 114, *ib.*, p. 171; José Frederico Marques, *Manual de direito processual civil*, III, n. 715, p. 269.

220. *Cfr.* José Frederico Marques, *Manual de direito processual civil*, III, n. 715, esp. p. 270 e n. 720, p. 275, dizendo: "na parte relativa às custas, há relação jurídico-tributária em que compete ao Estado-membro regulamentar o *quantum debeatur* e as questões relacionadas com o recolhimento ou forma de pagamento das importâncias devidas".

221. *Cfr.* Amaral Santos, *Primeiras linhas de direito processual civil*, II, n. 535, p. 263.

b) o *preparo dos recursos*, momento adequado, conseqüência de sua falta, estão disciplinados nos arts. 511 e 519;

c) o preparo do *recurso adesivo* não se submete a regras especiais (art. 500, par.);

d) os *atos realizados de-ofício ou a requerimento do Ministério Público* serão preparados pelo autor (art. 19, § 2º);

e) a *remuneração do perito* é adiantada pela parte que tiver requerido a perícia, ou pelo autor se ocorrer a hipótese da alínea antecedente (art. 33);

f) o adiantamento da *remuneração do assistente técnico* é ônus da parte que o indicar (art. 33);[222]

g) *os atos requeridos pelo Ministério Público ou pela Fazenda* estão dispensados de preparo (art. 27);

h) *os beneficiários da assistência judiciária* estão igualmente dispensados (CPC, art. 19; *cfr.* também lei n. 1.060, de 5.2.50).[223]

222. Empregando a forma verbal *pagará*, a primeira oração do art. 33 do Código de Processo Civil poderia dar a impressão de que cada parte arque mesmo, definitivamente e sem reembolso, com despesa feita com o assistente técnico que indicou. Isso não é verdadeiro, porém. As *despesas gerais,* que o vencido será condenado afinal a pagar (art. 20), incluem, entre outras parcelas, "a remuneração do assistente técnico" (art. 20, § 2º). Tal é, ademais, a solução coerente com o sistema. Se não fosse assim, também os salários periciais ficariam sempre, definitivamente, a cargo de quem requereu a perícia, ou do autor conforme o caso (tal é o absurdo que se teria, entendendo-se a segunda parte do art. 33 da mesma forma como o emprego do verbo *pagar* poderia sugerir, na leitura apressada de suas duas partes).

223. Constitui erro deixar de condenar pelas despesas e honorários o beneficiário da assistência judiciária que sucumbe: a faculdade de livre ingresso na Justiça, com exercício da ação ou defesa, está satisfeita mediante a dispensa do preparo e concessão de defensor. Pelo que diz o art. 12 da lei especial, a condenação por custas e honorários ficará *suspensa,* ou seja: tais obrigações não serão exigíveis, até que eventualmente (e no prazo prescricional de cinco anos) sobrevenha nova situação patrimonial do vencido. Assim me pronunciei como juiz (*cfr.* 1º TAC, 2ª C., Ap. n. 310.843, j. 25.5.83, rel. Rangel Dinamarco, v.u.) e assim venho afirmando em sede doutrinária (*cfr. Instituições de direito processual civil,* II, n. 769, pp. 702-703). O Superior Tribunal de Justiça vem julgando nesse sentido e no Supremo Tribunal Federal foi dito que, embora o juiz não deva condenar o beneficiário sucumbente, "a parte vencedora poderá cobrar as custas e honorários se um dia o vencido tiver condições econômicas" – o que

O Código não foi preciso, ao dispor "das despesas e das multas" (arts. 19 ss.), no emprego dos verbos *pagar* e *antecipar*: às vezes, como no art. 33, dá a impressão de estar falando da *obrigação* pelas despesas do processo (usa o verbo *pagar*), quando na realidade cuida do *ônus* de antecipar. A casuística acima tem a finalidade de esclarecer hipóteses em que a lei cuida do ônus e não da obrigação.

120. prequestionamento, prequestionar

Prequestionar é *questionar antes*. Na técnica do recurso extraordinário e do especial o prequestionamento é severamente exigido pelo Supremo Tribunal Federal e pelo Superior Tribunal de Justiça como indispensável requisito de admissibilidade, sem o qual não se conhece desses recursos. São muito conhecidas as Súmulas com que o primeiro deles faz tal exigência, assim redigidas (as quais contam com total acatamento no Superior Tribunal de Justiça):

"é inadmissível o recurso extraordinário quando não ventilada na decisão recorrida a questão federal suscitada" (Súmula n. 282);

"o ponto omisso da decisão, sobre o qual não foram opostos embargos declaratórios, não pode ser objeto de recurso extraordinário, por faltar o requisito do prequestionamento" (Súmula n. 356).

O requisito de prequestionar não está formalmente inscrito nos permissivos constitucionais daqueles recursos (arts. 102, inc. III, e 105, inc. III) nem em lei alguma, mas é inerente ao objetivo nuclear com vista ao qual ambos foram concebidos, que é a preservação da integridade do ordenamento constitucional e do ordenamento infraconstitucional do país. Entende-se que não viola ou contraria a Constituição nem a lei federal o acórdão que sequer examina um dispositivo de uma ou de outra, ou que não distorce ou desfigura algum instituto regido em algum desses planos; e, se o recurso especial e o extraordinário são destinados a afastar

vem a dar no mesmo (*cfr.* STF, 1ª T., RE n. 313,348, j. 15.4.03, rel. Sepúlveda Pertence, v.u., *DJU* 16.5.03, p. 1.094, *apud* Negrão-Gouvêa, *Código Processo Civil e legislação processual em vigor*, nota 1-a ao art. 12 LAJ, pp. 1.315-1.316).

violações ou contrariedades dessa ordem, é natural que não se admitam quando o acórdão local tenha passado ao largo, omitindo-se quanto a tais dispositivos. Se a *federal question* houver sido suscitada pela parte antes do julgamento pelo tribunal local (*prequestionada*, portanto) e o acórdão se omitir a seu propósito, terá aquela o ônus de tirar o tribunal da omissão, opondo embargos de declaração com vista a supri-la (CPC, art. 535, inc. II); não os opondo, o recurso especial ou extraordinário será inadmissível por falta de prequestionamento (Súmula n. 356 STF).

Mas, se a matéria não fora suscitada pela parte antes daquele julgamento, nenhuma utilidade terão os embargos declaratórios, porque nesse caso, como proclama severamente a jurisprudência do Superior Tribunal de Justiça, a omissão terá sido da própria parte que não prequestionou, não do tribunal que não se pronunciou sobre a matéria não prequestionada. Tendo sido feito regular prequestionamento, omitindo-se o tribunal, opondo a parte os embargos declaratórios mas negando-se o tribunal a suprir a omissão, também é muito severo o Superior Tribunal de Justiça no entendimento de que nesse caso o recurso especial deverá ter por fundamento a violação ao art. 535 do Código de Processo Civil (direito ao aclaramento) e por pedido a anulação do acórdão que julgou os embargos de declaração – não se admitindo pois o recurso especial para impugnar o acórdão antes embargado, o qual não contém violação alguma à lei federal simplesmente porque não se pronunciou sobre ela, sua interpretação ou sua aplicação.

121. prevenção, prevenir

Prevenção, em direito processual, é a concretização da competência de um entre dois ou vários órgãos igualmente competentes, com exclusão dos demais. Juiz prevento é o juiz que chegou primeiro ou, inversamente, o juiz a quem primeiro chegou determinada causa. *Præ venire* é chegar primeiro.

> Dentre os quarenta e dois juízos cíveis do foro central de São Paulo (varas cíveis), todos dotados de igual competência, uma vez feita a distribuição a um deles, daí por diante somente esse será competente, excluídos todos os outros.

Muito pouco diz o Código de Processo Civil sobre esse tema: emprega o vocábulo *prevenção* apenas uma vez (art. 107) e duas vezes o adjetivo *prevento* (arts. 106 e 219). Do pouco que ele diz pôde porém a doutrina extrair o suficiente para o correto entendimento do fenômeno. Existem, basicamente, duas espécies de prevenção: a originária e a expansiva. *Prevenção originária* é aquela que se dá em relação ao próprio processo no qual ocorreu o fato responsável pela fixação da competência em dado juiz: a distribuição fixa a competência desse juiz para o processo como um todo e para todos seus possíveis incidentes – reconvenção, ação declaratória incidental, demanda cautelar incidente *etc.* (CPC, art. 109). *Expansiva* é a prevenção que se lança a outros processos de alguma forma ligados ao primeiro, seja por conexidade ou competência (arts. 106, 219, 263), seja por uma relação de instrumentalidade (demanda cautelar preparatória e demanda principal).

Não fazer como o estagiário que, muito preocupado depois de perguntar dos autos em cartório, chegou ao escritório advertindo o advogado: "dr., cuidado, que o juiz está com prevenção com a gente".

122. prever e previsão

O verbo *prever* e o vocábulo *previsão* costumam ser empregados, especialmente no linguajar forense de todo dia, para expressar idéias que não coincidem com seu real significado. *Prever é ver antes*. É por isso inadequado dizer que a lei *prevê* uma multa para o caso de ser cometida tal infração, ou que para o caso de inadimplemento a lei prevê a imposição de medidas executivas. O que a lei realmente *prevê* é a ocorrência de fatos e, feita essa previsão, *impõe* a conseqüência dos fatos que previu. Esse raciocínio corresponde ao que em sede de teoria geral do direito diz a doutrina sobre a estrutura das normas legais. Pela experiência de séculos e sensível ao que ordinariamente acontece na vida em sociedade, o legislador *prevê* o acontecimento de certos fatos e, com relação a dada massa de fatos que prevê, estabelece qual a conseqüência que eles devem produzir. À primeira parte dessa estrutura das leis dá-se o nome de *hipótese legal* ou, em uma expressão italiana bastante conhecida, *fattispecie*; é nela que reside a previsão de fatos. A segunda parte é a *sanctio juris*, ou seja, aquela que estabelece a conseqüência da concreta ocorrência do fato previsto. A mais conhecida das ilustrações desse pensamento é o art. 121 do Código Penal, em que "matar alguém" é a hipótese legal onde está previsto o acontecimento do fato ali descrito, e "pena: reclusão de seis a vinte anos" é a sanção a esse fato, ou *sanctio juris*. Diante do exposto, é inadequado dizer que para o crime de homicídio o Código Penal *prevê* tal pena; ele *comina* tal pena.

> Carnelutti: "precisamente perchè la struttura della legge giuridica è identica a quella della legge naturale, è composta di due elementi: il *prius* e il *posterius*: ciò che avviene prima e ciò che avviene dopo (...) Al primo dei due elementi si dà il nome di *fattispecie*; esso consiste nella rappresentazione del fatto, il quale, in quanto accada, provoca l'accadere dell'altro, a cui secondo a legge è collegato (...) Al secondo elemento si dà il nome di *sanzione*."[224]

123. procedimento de controle administrativo (CNJ)

V. Conselho Nacional de Justiça (*supra*, n. 46)

124. procedimento sumário e procedimento comum sumário

É notório que o processo de conhecimento se desenvolve em diversos possíveis procedimentos, ou ritos, que o Código de Processo Civil classifica inicialmente em duas grandes categorias: o procedimento comum (art. 272) e os procedimentos especiais (Livro IV, arts. 890 ss.). O procedimento comum, por sua vez, é subdividido em duas espécies, que são o ordinário e o sumário (ainda o art. 272). Antes da *Reforma do Código de Processo Civil* o atual procedimento sumário levava o nome de *sumaríssimo*, mas essa adjetivação veio a ser substituída por aquela (lei n. 8.952, de 13.12.94). O procedimento sumário é sempre *comum* e não há algum outro procedimento sumário que não o seja. Inexplicavelmente, porém, a Lei do Cumprimento de Sentença faz referência a ele como "procedimento comum sumário", como se houvesse algum procedimento sumário que comum não fosse (CPC, art.

---

224. *Cfr. Diritto e processo*, n. 6, p. 11.

475-A, § 3º) mas em todos os outros dispositivos nos quais se cuida desse procedimento ele continua sendo chamado, simplesmente, *procedimento sumário* (arts. 272, par., 275, 277, § 4º, 280 e 550). Por que essa desnecessária e tumultuária mudança? Mal ou bem, é preciso saber que o *procedimento comum sumário* referido no art. 475-A, § 3º, é o próprio procedimento sumário.

125. *processo civil, processo penal, processo-crime*

Apenas duas vezes emprega o Código a locução *processo civil* (arts. 262 e 1.211), fazendo-o para dizer que este principia por iniciativa de parte e que pelas normas nele contidas será regida, em todo o território do Brasil, a realização de todo e qualquer processo que tenha por objeto uma pretensão em *matéria cível*.[225] *Processo civil* está aí para designar *todos os processos civis*.

No linguajar cotidiano do jurista o vocábulo *processo* aparece freqüentemente (e sem incorreção) também para designar a disciplina jurídica do processo, ou seja, o *direito processual*. Nesse sentido é que se diz, até como título de obras, *processo civil* ou *processo penal*.[226] Por outro lado, para transmitir a idéia de um processo, sem se pensar na conceituação do instituto que tem esse nome, profissionalmente costuma-se dizer, com habitualidade, *processo-crime ou processo cível* (p.ex., o juiz tem tantos processos-crime para sentenciar, o número de processos cíveis distribuídos em tal ano foi bastante elevado *etc.*). Essas locuções não estão na lei, mas o linguajar cotidiano já as absorveu por inteiro.

126. *processo ou fase de conhecimento*

Entende-se tradicionalmente por *processo de conhecimento* aquele realizado com o objetivo de produzir julgamento sobre

---

225. Entenda-se: demandas cujo fundamento seja de direito não penal nem especial (trabalhista, eleitoral). Sobre o conceito e amplitude da expressão *processo civil* no direito italiano e no brasileiro, v. Liebman, *Manual de direito processual civil*, I, n. 18, p. 55 trad., com minha nota n. 29. Para o Mestre, fiel ao sistema de sua pátria, "processo civil é aquele que se realiza para o desempenho da função jurisdicional *em matéria civil*".

226. *Cfr.* Carnelutti, *Istituzioni del processo civile italiano*; Liebman, *Problemi del processo civile*; Barbosa Moreira, *O novo processo civil brasileiro*; Tourinho, *Processo penal*.

uma pretensão trazida da vida comum das pessoas para apreciação pelo juiz – ou, em outras palavras, com o objetivo de produzir uma decisão sobre o mérito. Chamam-no por isso os alemães *processo de sentença* (*Urteilverfahren*), porque o mérito é, segundo larga tradição, julgado por sentença. Entre nós diz-se processo *de conhecimento*, porque em seu curso prepondera a atividade consistente em conhecer. Cognição é a atividade intelectiva do juiz, consistente em captar, analisar e valorar as alegações e as provas produzidas pelas partes, com o objetivo de se aparelhar para decidir.[227] Ou, em outras palavras: *conhecer* é captar pelos sentidos e receber no espírito a justa representação da realidade. Essa captação de elementos é possível graças à *instrução* diligenciada pelas partes ou pelo próprio juiz – conceituando-se esta como o conjunto de atividades com as quais se levam ao espírito daquele os elementos necessários para formar seu convencimento (*supra*, n. 84). Disse eu:

> "para preparar a sentença de mérito e afinal definir seu teor, o juiz tem a necessidade de abrir caminho para as *controvérsias* dos litigantes em torno dos pontos de fato ou de direito dos quais dependa o julgamento a ser proferido em favor de um deles ou do outro. Ele precisa ser *instruído*, especialmente no que diz respeito a *questões de fato*, ou seja, à ocorrência ou não-ocorrência dos fatos alegados por uma das partes e negados pelo adversário. Sem se inteirar suficientemente do que aconteceu ou está acontecendo, ou do que existe ou deixa de existir, ele não estará apto a decidir segundo o direito. (...) Daí a posição de especialíssimo realce que ocupam a cognição e a instrução na teoria do processo de conhecimento".[228]

Em tempos atuais alguma retificação merece o conceito de *processo de conhecimento*, dada a unificação do conhecimento e execução em um só processo, promovida pela Lei do Cumprimento de Sentença. São agora excepcionalíssimos os casos em que o processo será apenas *de conhecimento*, exaurindo sua função quando o mérito é julgado; não se diz mais que o julgamento

---

227. *Cfr.* Watanabe, *Da cognição no processo civil*, n. 12.1, pp. 67-69.
228. *Cfr.* Dinamarco, *Instituições de direito processual civil*, III, n. 773, p. 32.

do mérito determina a extinção do processo (art. 162, § 1º, c/c art. 267) Na maioria dos casos ter-se-á mera *fase de conhecimento*, que culmina com a sentença de mérito, seguida da *fase de execução*, na qual se busca a efetivação do preceito contido nesta (CPC, art. 475-J – *infra*, n. 127).

127. *processo ou fase de execução*

Os mesmos ventos que deslocaram o foco conceitual referente ao processo de conhecimento impuseram que também em relação à execução forçada e ao processo executivo algumas adaptações conceituais sejam feitas. No sistema implantado pela lei n. 11.232, de 22 de dezembro de 2005, não só se procurou alterar o próprio conceito de *execução*, como ainda foi gerada a necessidade de falar em *fase de execução* nos casos regidos pelos arts. 475-J ss. Como agora se realizam em um só processo as atividades cognitivas culminantes na sentença e as executivas destinadas a preparar e efetivar a satisfação do credor, nesses casos já não é correto dizer *processo de execução* porque inexiste um processo autônomo de execução. E o erro grosseiro antes tão criticado, consistente em dizer *fase de execução*, nesse novo sistema acabou sendo recepcionado como linguagem correta.

Quando porém o título executivo não é a *sentença proferida no processo civil* (CPC, art. 475-N, incs. I e III), a execução não se faz em continuação a processo algum, mas em um processo autônomo que, precisamente como era antes, é o *processo executivo*. Isso se dá em caso de execução fundada em sentença penal condenatória, em sentença civil estrangeira homologada pelo Superior Tribunal de Justiça, em laudo arbitral, de acordo extrajudicial homologado em juízo, em formal ou certidão de partilha (art. 475-N, incs. II, IV, V, VI e VII) ou em *qualquer título extrajudicial*. Ninguém pensará, p.ex., em instituir uma *fase de execução civil* no processo criminal onde houver sido produzida a sentença que serve como título para essa execução; ou no processo do inventário do qual se extraiu o formal de partilha. Absurdo ainda maior seria querer uma *fase executiva no processo arbitral*, quando se sabe muito bem que o árbitro, não sendo provido de *imperium*, não tem o poder de atuar fisicamente sobre a esfera de direitos das pessoas. Em caso de *título executivo judicial* sequer existe um processo judicial gerador do título, que pudesse ter prosseguimento para a execução. Em todos esses casos a execução continua sendo regida pelo que ainda consta do Livro II do Código de Processo Civil, dando origem a um autônomo *processo executivo* mesmo quando fundada em um dos títulos indicados no art. 475-N, incs. II, IV, V, VI e VII.

128. processo ou fase de liqüidação

Também a liqüidação de sentença produzida no processo civil (CPC, art. 475-N, incs. I e III) é feita em continuação ao processo, falando-se corretamente agora em *fase de liqüidação*, não em processo de liqüidação. A razão de ser dessa modificação é a mesma que restringiu o conceito de processo de execução – a saber, a unificação da ação de conhecimento, liqüidação e execução em um processo só (*supra*, nn. 126 e 127). Como mera fase de um processo que já pendia antes, a de liqüidação não inclui a citação do devedor, senão sua mera intimação (CPC, art. 475-A, § 2º). Mas, tanto quanto a execução, a liqüidação far-se-á em processo autônomo nas hipóteses dos incs. II, IV, VI e VI do art. 475-N. Como sempre foi, *os títulos executivos extrajudiciais não comportam liqüidação alguma*, porque deles próprios já deve emanar um valor determinado ou determinável por mero cálculo, sob pena de não terem eficácia executiva alguma;[229] pela mesma razão também não a comportam os acordos extrajudiciais homologados por juiz (art. 475-N, inc. V).

Falam todos em liqüidação *de sentença*, mas na realidade a sentença não é suscetível de ser liqüidada, passando ela própria da condição de ilíqüida para a de líqüida. Tais qualificações dizem respeito à *obrigação* que a sentença reconhece, essa sim líqüida ou ilíqüida e, no segundo caso, suscetível de ser liquidada (*supra*, n. 34). É preferível dizer sentença *genérica*, em vez de *ilíqüida*.

229. *Cfr.* Dinamarco, *Instituições de direito processual civil*, IV, n. 1.731, pp. 714-715.

A lei n. 11.382, de 6 de dezembro de 2006 corrigiu a atribuição dos predicados de certeza, liqüidez e exigibilidade, antes feita ao título executivo. Os arts. 580, *caput*, 586 e 618, inc. I, com a redação trazida por essa lei, atribuem agora esses predicados, corretamente, à obrigação e não mais ao título (*supra*, n. 34).

129. processo, procedimento, autos, causa

Existe muito cuidado, da parte dos processualistas modernos, no emprego do vocábulo *processo*. Já há bem mais um século, obra merecidamente festejada denunciava o vício em que incorria a doutrina anterior, consistente em conceituar o processo como a mera marcha, ou avanço gradual, em direção ao provimento jurisdicional demandado.[230] Defini-lo assim é reduzi-lo a simples *procedimento*, quando o processo é uma entidade complexa, que deve ser encarada pelo dúplice aspecto da relação entre os seus atos (procedimento) e também da relação entre seus sujeitos (relação jurídica processual).[231] O processo é um verdadeiro *método de trabalho*, através do qual busca o Estado os objetivos institucionais de suas funções básicas, contando seus órgãos, para tanto, com a cooperação de uma ou mais pessoas interessadas.[232] Na linguagem dos processualistas menos modernos não haveria processo quando não se cuida do exercício da função jurisdicional, uma vez que processo seria puro instrumento da jurisdição e nada mais.[233]

---

230. Refiro-me à clássica monografia de Oskar Von Bülow, *Die Lehre von den Proceßeinreden und die Proceßvoraussetzungen* (*supra*, n. 61).

231. *Cfr.* Liebman, *Manual de direito processual civil*, n. 20, esp. pp. 63-64 trad.; *supra*, nn. 23 e 30.

232. Evidentemente, a cooperação de cada um é *interessada*, ou seja, voltada à satisfação do interesse que através do processo procura defender – enquanto que é desinteressada a atuação do juiz, ou seja, *imparcial*. As decisões dadas por este constituem a síntese dialética das razões opostas, trazidas pelos litigantes ao palco da contenda. A importância da cooperação de cada um revela-se e define-se no princípio do contraditório e essa participação de todos é de valiosa importância não só para o interesse de cada qual, mas do próprio exercício correto da jurisdição. Falou-se, no texto, em *cooperação de uma ou mais pessoas interessadas* porque a participação do demandante é indispensável (ao menos, a propositura da demanda inicial) mas a do demandado, não (revelia).

233. Mais correto seria: *instrumento do exercício do poder*. Não só a jurisdição se exerce através do processo, mas sempre o poder do Estado, ainda

O Código de Processo Civil emprega a palavra *processo* mais de duzentas vezes, seja no singular ou no plural, seja isoladamente ou em locuções como *processo civil* (art. 1.211), *processo de conhecimento, processo de execução* ou *processo cautelar* (Livros I, II e III). Tal emprego é feito com extremo cuidado e muito acerto, sendo mínimas as ressalvas que poderia o Código merecer quanto a isso.

Quando se trata de designar a disciplina dos atos do processo, intrinsecamente ou em sua seqüência ou correlação, emprega o Código, adequadamente, o vocábulo *procedimento:* procedimento comum, procedimento ordinário, procedimento sumário (art. 272), procedimentos especiais (L. IV), tipos de procedimento (art. 50, par.). Apesar de parecer óbvia, essa escolha representa bom progresso na terminologia processual brasileira, seja com relação ao velho Código de 1939 (que falava em *processo ordinário, processos especiais etc.*; *cfr.* seus arts. 291 ss., 298 ss. *etc.*), seja perante o Código de Processo Penal (*processos em espécie, processo comum etc.*: arts. 394 ss.).

O Código de Processo Civil foi, aliás, de extremado rigor no uso do vocábulo *processo,* que ele evitou prodigalizar como se costumava fazer. Chegou ao ponto de evitá-lo quando queria designar o *processo administrativo,* por considerar, como foi observado acima, que o processo seria instrumento exclusivo da jurisdição e só quando se tratasse do exercício desta é que se poderia ter aquele (*cfr.* arts. 82, incs. I-III, 194, 198, 275, incs. I-II, 399, inc. II, 1.104). Evitou também falar *processo* no trato da jurisdição voluntária, pelas mesmas razões e por entender que jurisdição voluntária não seria *jurisdição.*

Esses preconceitos já se acham em parte superados e a doutrina mais moderna entende, a partir de uma teoria geral do processo, que na maioria dos casos o chamado *procedimento administrativo* é verdadeiro *processo*; estão ali presentes os componentes desse ente quando em sede administrativa ou mesmo legislativa. Daí ser adequado falar também em *processo administrativo,* sem reservar o vocábulo *processo* para uso exclusivo em sede jurisdicional (*cfr.* Cintra-Grinover-Dinamarco, *Teoria geral do processo,* n. 64, pp. 152-153; aqui neste livro, v. *supra,* nn. 23 e 30). Sobre o tema, v. mais amplamente Dinamarco, *A instrumentalidade do processo,* esp. n. 14.1, pp. 116 ss.

complexo, ou seja, o procedimento e a relação jurídica entre o Estado e aquele, ou aqueles, que do feito participam. Isso se vê de modo particularmente claro nos processos administrativos disciplinares, nos tributários e nas licitações públicas, em relação aos quais têm plena aplicação as garantias constitucionais do contraditório, ampla defesa e *due process* (a Constituição Federal é bastante explícita em dar uma dimensão muito ampla a essas garantias – art. 5º, incs. LIV e LV); não se trata obviamente de processos *jurisdicionais*, mas são verdadeiros processos e não meros procedimentos. Fortalece-se também, em tempos modernos, a visão da *jurisdição voluntária* como verdadeira jurisdição e não administração.[234]

É também de uso corrente a palavra *causa*, que equivale ao *litígio posto em juízo* ou, por extensão, à demanda ou pretensão que constitui objeto do processo: mas o Código de Processo Civil a emprega também para designar o *processo* em si mesmo. Emprega-a nada menos que setenta e três vezes – seja isoladamente (63 vezes) ou nas locuções *causa principal* (6 vezes) ou *em causa própria* (4 vezes), mas sem um sentido unívoco. Ela vem com o sentido de *processo*, por exemplo, em frases e locuções como *vencedor na causa* (art. 22), *patrocínio da causa* (arts. 44 e 134, par.), *pendendo uma causa* (art. 50), *parte na causa* (arts. 134, inc. VI, e 405, § 2º, inc. II), *objeto da causa, mérito da causa* (arts. 135, inc. IV, e 162, § 2º), *suspensão da causa* (art. 138, § 1º), *abandonar a causa* (art. 267, inc. III). Vale por *ação, demanda ou litígio* nos arts. 90 ("conheça da mesma causa e das que lhe são conexas"), 101 ("juiz a que originariamente tocar o conhecimento da causa") e todas as vezes em que aparece na locução *conexão de causas* ou em outras equivalentes (art. 46, inc. III). No art. 60, provavelmente ela está por *demanda* (*demanda principal*, em contraste com a *oposição*). Em vários outros dispositivos, *causa* está também por *demanda*, ou talvez por *objeto do processo*, ou mesmo *res in judicium deducta*: é quando, por exemplo, se diz *interesse na causa* (art. 18, § 1º), *importância da causa* (art. 20, § 3º, letra *c*), *valor da causa* (arts. 20, § 4º, 259, 282, inc. V *etc.*), *natureza da causa* (art. 295, inc. V – talvez esta locução seja a que

---

234. *Cfr.* Dinamarco, *A instrumentalidade do processo*, n. 15.2, pp. 143 ss.

mais nitidamente apresenta *causa* no sentido próprio e adequado de *res*, ou litígio).[235]

O Código foi preciso ao usar a palavra *autos*, sempre que o objeto representado seja a materialidade do fascículo composto das folhas em que se documentam os atos processuais; ele empregou tal vocábulo mais de *cento e sessenta vezes* (dizendo inclusive *autos principais, autos suplementares etc.*). Havia algumas imperfeições no Projeto, com o emprego indevido de *processo* onde devia ser dito *autos*, mas eram poucas e o Senado Federal as eliminou, de modo que hoje o Código apresenta expressões corretas como *falar nos autos, vista dos autos, juntar aos autos, peça dos autos, arquivar os autos etc.* (arts. 138, § 1º, 191, 83, inc. I, 157, 223, § 2º, 232, § 2º, 167, 524, 267, § 1º, 314 *etc.*). Ficou, no entanto, ao menos um dispositivo em que se diz, por manifesto lapso, *arquivar o processo* (art. 1.122, § 2º – *supra*, n. 26).

Não só esse pequeno engano cometeu o Código, no uso do vocábulo *processo*. Também no art. 12, § 3º, fala ele, inadequadamente, em *processo especial* ("processo de conhecimento, de execução, cautelar e especial").[236] Em outros dispositivos, usa a locução *decidir o processo* ("decidir o processo cautelar": art. 520, inc. IV – cfr. também art. 92, inc. I: "processar e julgar (...) o processo de insolvência").[237] O que se julga é a pretensão do autor, sua demanda;

235. A palavra *causa* aparece na doutrina, também, para designar o *litígio*: fala-se então, *v.g.*, em *causa prejudicial*, em oposição a *causa prejudicada*. Nesse sentido é lícito pensar nas partes, *causa petendi* e pedido, como elementos integrantes e identificadores da causa. Em nenhuma de suas acepções, *causa* se confunde com *causa de pedir*. Sobre a definição da causa pela sentença, v. *infra*, n. 150.

236. Que seria um *processo especial* nessa linguagem do Código de Processo Civil? Provavelmente quis ele aludir aos processos de *procedimento especial*, regidos no Livro IV, os quais são autênticos processos de conhecimento – não sendo pois concebível uma oposição entre processo de conhecimento e procedimentos especiais. *Processos especiais* existem, sim, mas são aqueles diferenciados das vias ordinárias, como o do mandado de segurança, o dos juizados especiais e talvez o do consumidor. Seguramente, porém, não foi neles que o legislador pensou ao redigir aquele parágrafo do art. 12 do Código de Processo Civil.

237. O art. 92 do Código de Processo Civil está revogado pelo art. 22, § 2º, da Lei Orgânica da Magistratura Nacional, que atribui competência plena a todos os juízes.

é a *ação* segundo os mais tradicionalistas; é a *lide* na linguagem da Exposição de Motivos. *Decidir o processo* é uma impropriedade, talvez admissível na linguagem do leigo, mas que o Código poderia ter evitado.

130. proferir, prolatar, prolação, prolatação

O verbo proferir vem do latim *profero, profers, protuli, prolatum, proferre*, o qual por sua vez descende de *fero, fers, tuli, latum, ferre*, apontado como o mais irregular de todos os verbos latinos. *Profero* significa *pôr para fora, manifestar* e, daí, proferir. Já o verbo *prolato, prolatare* significa *dilatar, ampliar*. Diante disso, o que o juiz faz é *proferir* (as sentenças, decisões intelocutórias), não *prolatar*. Por sua vez, o substantivo derivado daquele verbo é *prolação*, não *prolatação*; prolação vem do particípio passado do verbo *profero*, que é *prolatum*. Desaconselha-se por isso, até porque estilisticamente muito deselegante, o emprego do verbo *prolatar*, do substantivo *prolatação* ou do adjetivo *prolatado*. Diga-se, com muito mais elegância, *proferir, prolação* e *proferido*.

131. prova e evidência

No linguajar de maus tradutores dotados de meio-conhecimento da língua inglesa e nenhum do português jurídico, aparece com crescente freqüência a palavra *evidência*, no lugar de *prova*. Essa é uma acintosa profanação ao vernáculo e às tradições vocabulares ligadas ao linguajar jurídico romano. Iludidos por um falso cognato, ou *pitfall,* esses maus tradutores prestam um perverso desserviço e influenciam profissionais igualmente mal preparados, por não saberem que o vocábulo *evidence*, da língua inglesa, significa *prova* e não *evidência*. Em língua portuguesa, as atividades ou elementos destinados a demonstrar a veracidade de uma alegação, ou a ocorrência ou inocorrência de um fato, é há muitos séculos denominada *prova*.

> A origem desse vocábulo está no verbo latino *probo, probare*, que significa demonstrar a honestidade, ou lisura de uma alegação (sua *probidade*); *probus* é a qualidade daquilo que é *idôneo, correto, verdadeiro*. Se faço uma alegação e demonstro que ela é verdadeira porque os fatos alegados ocorreram verdadeiramente e ocorreram do

modo como afirmei, isso significa que essa é uma alegação verdadeira; no processo ela é uma alegação *provada*.[238]

Pois é exatamente esse o conceito do vocábulo *evidence*, da língua inglesa, definido por conceituado dicionário como "toda espécie de prova, ou elemento probatório, regularmente apresentada no julgamento de um caso por iniciativa das partes e consistente em testemunhas, registros, documentos, exibições, objetos concretos *etc.*, com a finalidade de levar ao espírito da corte ou do júri a convicção favorável a sua postulação" (*Black's*).[239] *Evidence* traduz-se, portanto, como *prova* e não *evidência*.

Em português, *evidência* é a ausência de qualquer possível dúvida acerca de um fato ou de uma afirmação. É um grau elevadíssimo de *certeza*, ao qual no processo civil o juiz pode chegar através da prova ou mesmo da notoriedade de certos fatos – os quais independem de prova mas, sendo do mais inequívoco conhecimento geral, apresentam-se como evidentes. Que Lula foi reeleito Presidente da República; que a Seleção brasileira foi desclassificada no campeonato mundial; que dois aviões se chocaram em pleno ar sobre a selva amazônica *etc.*[240] – eis alguns fatos notórios sobre os quais não há e não pode haver dúvida alguma, sendo pois *evidentes* ou notórios, independentes de prova. Também há evidência quando, em ação de alimentos ou investigatória de paternidade, o réu confessa a relação com a mãe do autor e, além disso, o exame do DNA conclui positivamente, em um grau quase absoluto de certeza quanto à relação biológica. A relação entre prova e evidência é relação de causa e efeito, uma vez que

---

238. Daí a conseqüência de que, como venho dizendo, "objeto da prova é o conjunto das alegações controvertidas das partes em relação a fatos relevantes para o julgamento da causa, não sendo estes notórios nem presumidos. Fazem parte dele as *alegações* relativas aos fatos pertinentes à causa e não os fatos em si mesmos. (...) O *fato* existe ou inexiste, aconteceu ou não aconteceu, sendo portanto insuscetível dessas adjetivações ou qualificações. As alegações, sim, é que podem ser verazes ou mentirosas – e daí a pertinência de *prová-las*, ou seja, demonstrar que são boas e verazes" (*cfr. Instituições de direito processual civil*, III, n. 786, p. 57).

239. *Cfr. Black's law dictionary*, verbete *evidence*, p. 555, 1ª col.

240. Tudo isso junto no ano de 2006!

a evidência, ou aquele elevadíssimo grau de certeza, pode resultar de uma prova muito conclusiva e idônea, capaz de eliminar toda e qualquer possível dúvida. Mas uma coisa é a prova que se faz de uma alegação e outra, a evidência que em alguns casos a prova produz. Prova é meio de produzir a convicção do juiz e, sendo muito intensa e conclusiva, produz inclusive a evidência. Evidência é, pois, um possível resultado da prova.[241] "É evidente o direito cuja prova dos fatos sobre os quais incide revela-os incontestáveis ou ao menos impassíveis de contestação séria" (Luiz Fux).[242]

> Daí o erro, que se vê em dublagens de filmes exibidos na televisão, consistente em frases como "você não tem nenhuma evidência do que acaba de dizer"; ou "eu tenho muitas evidências a meu favor". Na imprensa de todo dia surgem sempre frases como essa: "a CPI está recolhendo evidências dos fatos denunciados". É tempo de parar com essas distorções introduzidas por ignorantes em nosso pobre português jurídico. Não se deixe o operador do direito levar por essas más traduções.

132. *providências preliminares*

São providências preliminares as medidas de organização e impulso processuais que o juiz toma ou determina na fase ordinatória do procedimento ordinário (CPC, art. 323). Visam a oferecer às partes a oportunidade de participar em contraditório, a eliminar invalidades quando possível e a encaminhar o procedimento em direção à fase sucessiva (instrutória), sem vícios ou omissões que pudessem impedir o julgamento do mérito ou comprometer sua validade. Incluem-se entre as medidas preliminares (a) a ordem às partes, para que especifiquem justificadamente os meios de prova que pretendem produzir (art. 324), (b) a abertura de oportunidade ao autor, para em dez dias manifestar-se sobre fatos impeditivos, modificativos ou extintivos alegados pelo réu em contestação (art. 326) e (c) *idem*, para que ele se manifeste, em igual prazo, sobre preliminares argüidas pelo réu (art. 327 c/c art. 301). Ao cabo do

---

241. *Cfr.* Giuseppe Gianzi, "Evidenza (dir. proc. pen.)", esp. n. 5, pp. 140 ss.

242. *Cfr. Tutela de segurança e tutela da evidência*, § 37, p. 311.

capítulo referente a essas medidas, estabelece o Código que "cumpridas as providências preliminares, ou não havendo necessidade delas, o juiz proferirá *julgamento conforme o estado do processo*, observando o que dispõe o capítulo seguinte (art. 328 – *infra*, n. 148) – cabendo-lhe então extinguir o processo sem julgamento do mérito, decidir antecipadamente este ou designar a audiência preliminar se for o caso (arts. 329, 330 e 331). Mas dois deslizes terminológicos comete o Código de Processo Civil nessa matéria, que de tão evidentes chegam a ser pitorescos.

Primeiro deslize terminológico. A providência consistente em mandar especificar provas (art. 324) vem encimada pela rubrica "do efeito da revelia", quando é apenas e justamente no caso de não se aplicar o efeito da revelia que tem aplicação o que ali está disposto; quando incide o disposto no art. 319, aplicando-se tal presunção de veracidade dos fatos alegados na petição inicial, as partes não são chamadas a especificar provas porque nessa hipótese o mérito já será julgado antecipadamente, sem a necessidade de qualquer instrução (art. 330, inc. II, c/c art. 334, inc. IV).

Segundo deslize terminológico. A "declaração incidente", que o art. 325 inclui entre as medidas preparatórias, não é ato do juiz e portanto não é uma *medida*, mas ato do autor. Proporá ele a ação declaratória incidental (*supra*, n. 13), pedindo decisão *principaliter* sobre uma questão prejudicial levantada pelo réu na contestação, e isso é obviamente algo muito diferente das medidas preparatórias tomadas ou determinadas pelo juiz para a boa ordem do processo.

133. provimento, prover, providência, medida

Na linguagem italiana, tanto comum como jurídica, emprega-se com razoável freqüência o verbo *provvedere*, que nominalmente se traduziria ao vernáculo por *prover*, verbo de menos uso entre nós no sentido que tem naquele linguajar. Empregam também os italianos o vocábulo *provvedimento*, que deriva de *provvedere* e significa *providência*, ou *provimento*; mas nenhuma vez emprega o Código de Processo Civil brasileiro a palavra *provimento*, nesse sentido. Preferiu sempre os vocábulos *providência*, ou *medida*, que lhe são sinônimos, sendo perfeitamente intercambiáveis os três vocábulos. Não há diferença substancial entre *provimento jurisdicional, providência jurisdicional* e *medida jurisdicional*.[243]

O verbo italiano *provvedere* é de difícil tradução, especialmente quando aparece acompanhado de outro verbo; a locução "organi pubblici che provvedono ad attuare questa garanzia", contida na obra de Liebman, foi traduzida ao vernáculo de um modo bastante diferente do literal – "órgãos públicos com a incumbência de atuar essa garantia".[244]

Mas é mais técnico dizer *provimento*, vocábulo que, na linguagem do processualista, não oferece margem a dúvidas. É verdade que nos léxicos ele vem definido como "ato ou efeito de prover",[245] o que poderia insinuar o perigo de que às vezes tenha o significado de *ato*, ou de *efeito* desse ato, tornando-se um vocábulo ambíguo; talvez isso seja assim na linguagem comum (onde *provimento* é o ato de quem provê mas é também o acervo de coisas resultantes desse ato), mas em direito processual tal não sucede. Aqui, *provimento* é apenas o *pronunciamento* do juiz – ou seja, manifestação de seu pensamento através de palavras faladas ou escritas, ato com que ele decide alguma questão ou o próprio mérito, ou emite um comando (sentença, decisão interlocutória, despacho). Tal vocábulo jamais é empregado na doutrina ou jurisprudência para designar os atos subseqüentes ou conseqüentes ao pronunciamento do juiz.

Mas as palavras preferidas pelo Código (*providência e medida*) são portadoras dessa ambigüidade de que está livre o nosso *provimento*. Valem às vezes pelo *ato do juiz*, designando então os seus pronunciamentos no processo; nesse sentido é que são sinônimas de *provimento*. Às vezes valem também pelo efeito desse ato, ou seja, pelas atividades práticas postas em ato pelo próprio juiz ou seus auxiliares e sobre cujo cabimento aquele se pronunciara previamente; a *penhora* é uma medida judicial, o arresto também, a prisão do devedor por alimentos *etc.*

---

243. Ou executiva, ou cautelar, ou antecipatória *etc.*
244. *Cfr.* Liebman, *Manual de direito processual civil*, I, n. 1, p. 19 trad.
245. *Cfr. Novo dicionário Aurélio*, p. 1.161, 1ª col.

Na maioria das vezes em que o emprega o Código, o vocábulo *medida* tem o primeiro dos significados acima, correspondendo então a *provimento*. É o que se vê com muita nitidez nos dispositivos que falam da *eficácia da medida cautelar* (arts. 807, 808, 811, inc. III, e 1.039), os quais evidentemente cuidam dos efeitos de um *ato decisório* do juiz e não de uma atividade prática, sua ou de algum auxiliar. Tal é seu significado, também, sempre que a lei fala em *pleitear, requerer, conceder, decretar* ou *deferir* alguma medida (arts. 801, *caput* e par., 804, 805, 930). Alguns dispositivos dizem *execução da medida*, tomando este vocábulo no sentido de *provimento* (arts. 802, par., 811 e 1.144, inc. III), outros dando-lhe acepção relacionada com a atividade prática a desenvolver (arts. 558 e 889, par.).

 Mas alastra-se o mau uso da palavra *medida*, para designar impropriamente a *demanda* ou o *processo*. É muito freqüente, p.ex., da parte de advogados, a locução "a presente medida cautelar", nesse sentido inadequado; eles estão somente *pedindo* uma medida cautelar e é o juiz quem a concederá ou negará. Enquanto este não houver decidido, medida alguma haverá porque medida é provimento e provimento é sempre uma manifestação do juiz.

Quanto a *providência*, dá-se o inverso: prepondera, no Código, seu uso com o significado de *atividade*, não de *provimento*. Tal é a intenção com a qual aquela palavra é empregada na locução *providências preliminares*, que o juiz *determinará* (art. 323) e as partes *cumprirão* (art. 328); a mesma idéia ela transmite, quando se cogita de providências que *couberem* às partes (art. 13, incs. I-III) e sempre que a ela o Código liga os verbos *cumprir* ou *ordenar* (arts. 685, par., e 793). Já no art. 1.104, *providência* corresponde a *provimento*. O art. 133, inc. II e parágrafo (v. também LOMN, art. 49), fala em *provimentos jurisdicionais* recusados, omitidos ou retardados pelo juiz, em associação à responsabilidade deste no caso de a recusa, omissão ou retardamento persistir após a insistência da parte; tal é o significado que tem aí o vocábulo *providência*.

 É estranhável que tais dispositivos coloquem essa mesma palavra como objeto, também, dos verbos *ordenar* e *determinar*: como se concebe que pudesse o juiz ordenar a omissão de um provimento por ele próprio? O que ele ordena são atividades a serem realizadas por auxiliares, advogados ou partes.

Por tudo isso é que, como se afirmou antes, teria sido bom se o Código de Processo Civil houvesse enriquecido seu vocabulário mediante o emprego do vocábulo *provimento*, que é unívoco e bastante expressivo, evitando com isso os males dessa indefinição. Mas ele preferiu empregá-la apenas *na disciplina dos recursos*, em sentido bastante diferente, incapaz de gerar qualquer confusão com o de que ora tratamos.

134. provimento (recursos)

Na disciplina e prática dos recursos, *provimento* tem significado bastante diferente do que foi considerado no verbete anterior, pois aqui ele vale por *acolhimento*. Quando a demanda recursal é conhecida, ou seja, quando o órgão *ad quem* reconhece a presença de todos os pressupostos de sua admissibilidade, ele então lhe *dará provimento*, acolhendo-a e assim reformando ou anulando o ato jurisdicional que fora objeto de recurso; ou lhe *negará provimento*, rejeitando a demanda recursal e, pois, *mantendo* a decisão recorrida. Nessas duas hipóteses, estará sendo apreciado o *mérito do recurso*, o que não sucede quando *não conhecido* (por falta de pressuposto).

É nesse sentido que o vocábulo aparece nos arts. 527, § 6º, e 1.101, par. A expressão *sendo provido o recurso* (art. 296, § 2º) vale por *sendo dado provimento ao recurso*. Em língua italiana diz-se *acolher o recurso* ou, na hipótese inversa, *rejeitá-lo*. Na prática diuturna dos tribunais brasileiros, essa linguagem é empregada em relação aos *embargos de declaração*: embargos acolhidos são embargos aos quais se deu provimento e embargos rejeitados são aqueles a que se negou provimento.

Fala-se também em *prover* o recurso, em caso de lhe ser dado provimento; e em *improvê-lo*, na hipótese contrária. O verbo *improver* não consta dos dicionários mas é aceitável com esse significado. Pior é o emprego do verbo *desprover*, que está nos léxicos mas que, quando usado em relação aos recursos, daria a falsa idéia de um desfazimento; pensar-se-ia, erroneamente é claro, em um recurso que houvesse sido provido mas depois o tribunal, reconsiderando o que havia decidido, voltou atrás e *desproveu* o que havia provido. Absurdo!

135. publicação, publicar

Publicar é, obviamente, tornar público. Mas em direito processual existem duas operações diferentes, ambas consistentes em *tornar público* um ato judicial e ambas chamadas *publicação*.

Uma delas é a *publicação pela imprensa*, que outra coisa não é senão um ato de comunicação processual, destinado, como todos os atos de comunicação processual, a levar conhecimento de algo a alguém; nada mais é que uma intimação, sendo explícita a lei na determinação de que em princípio os advogados são intimados pela imprensa oficial (CPC, art. 236, *caput* e § 1º). Quando feita a intimação mediante publicação, pela imprensa ou por qualquer outro modo, começam a correr prazos a serem cumpridos pelo advogado em sua função postulatória – reputando-se termo inicial desses prazos o próprio dia da publicação e principiando a *contagem* no primeiro dia útil subseqüente (CPC, arts. 184, § 2º). *Publicação pela imprensa* é o mesmo que *intimação pela imprensa*.

Em um sentido mais técnico, *publicação* é a integração do ato judicial ao processo, deixando ele de ser um trabalho particular do juiz e passando a ser autêntico ato do processual. "Como ato do processo, que é uma instituição de direito público, a sentença é em si mesma um *ato público*. Mas ela só se considera ato do processo a partir do momento em que for integrada a ele, porque antes disso não passa de um escrito particular de quem a redigiu. Essa integração chama-se *publicação da sentença*. Quando esta é proferida em audiência, sua publicação é gradual e vai acontecendo à medida em que o escrevente lança no papel ou na memória do computador os dizeres que lhe vai ditando o juiz (art. 457). Depois, a este só resta assinar o termo e àquele, inseri-lo nos autos: a sentença já existe como ato público desde quando foi ditada. Sendo elaborada fora de audiência, a publicação se faz *em mãos do escrivão*, ou seja, mediante entrega do texto escrito e assinado ao cartorário responsável".[246]

Alguns importantes reflexos práticos essa distinção de conceitos lança na experiência do processo. A sentença *publicada* no processo, ou seja, tornada ato público, já existe e é inclusive recorrível a partir de então, embora ainda possa depender de ser *publicada* na imprensa, para que o prazo recursal principie a fluir; mas mesmo antes da intimação por essa via ou por outra adequada, se por algum ato inequívoco o advogado tomar ciência da sentença, no momento em que isso se der o prazo terá início. Por ver mal essa distinção conceitual e funcional entre *publicação* e *publicação*, o Supremo Tribunal Federal proferiu vários julgamentos afirmando que a sentença não publicada pela imprensa não teria existência jurídica e, conseqüentemente, o recurso interposto contra ela seria inadmissível, porque intempestivo; foi afirmado, equivocadamente, que haveria no caso uma intempestividade por prematuridade.[247] Eis as palavras do Min. Celso de Mello em um desses casos:

> "a jurisprudência do Supremo Tribunal Federal tem advertido que a simples notícia do julgamento, além de não dar início à fluência recursal, também não legitima a prematura interposição de recurso, por absoluta *falta de objeto*". No corpo do voto do relator lê-se também que "o prazo para interposição de recurso contra decisões colegiadas só começa a fluir da publicação no órgão oficial" e "na pendência dessa publicação, qualquer recurso eventualmente interposto considerar-se-á intempestivo". E assim está na ementa: "a intempestividade dos recursos tanto pode derivar de impugnações *prematuras* (que se antecipam à publicação dos acórdãos), quanto decorrer de oposições *tardias* (que se registram após o decurso dos prazos recursais). Em qualquer dessas duas situações – impugnação prematura e oposição tardia – a conseqüência de ordem processual é uma só: não-conhecimento do recurso, por efeito de sua extemporânea interposição".[248] Felizmente, parece que esse pensamento

---

246. *Cfr.* Dinamarco, *Instituições de direito processual civil*, III, n. 1.229, p. 706.

247. *Cfr.* meu ensaio "Tempestividade dos recursos", *in Revista dialética de direito processual*, vol. 16, pp. 9-23.

248. STF, 2ª T., j. 28.5.02, rel. Celso de Mello, v.u., *DJU* 28.6.02.

está superado na jurisprudência atual, especialmente na do Superior Tribunal de Justiça (STJ, Corte Esp., AgRg nos EDv no REsp n. 492.491, j. 17.11.04, rel. Eliana Calmon, m.v.).

136. reclamação

Reclamação é um remédio processual destinado a preservar a competência dos tribunais e garantir a autoridade de suas decisões. A Constituição Federal cuida apenas das reclamações da competência do Supremo Tribunal Federal (art. 102, inc. I, letra *l*, e art. 103-A, § 2º) e do Superior Tribunal de Justiça (art. 105, inc. I, letra *t*) mas o Supremo Tribunal Federal decidiu pela legitimidade da instituição desse remédio também pelos regimentos internos dos tribunais locais porque, não sendo esse um recurso, sua disciplina não fica adstrita ao que dispuser a lei federal.

"A natureza jurídica da reclamação não é a de um recurso, de uma ação e nem de um incidente processual. Situa-se ela no âmbito do direito constitucional de petição previsto no art. 5º, inc. XXIV da Constituição Federal. Em conseqüência, a sua adoção pelo Estado-membro, pela via legislativa local, não implica invasão da competência privativa da União para legislar sobre direito processual (art. 22, inc. I da CF). A reclamação constitui instrumento que, aplicado no âmbito dos Estados-membros, tem como objetivo evitar, no caso de ofensa à autoridade de um julgado, o caminho tortuoso e demorado dos recursos" *etc.*[249]

Realmente, a reclamação não é um recurso e isso é reiteradamente reafirmado pelo Supremo Tribunal Federal. Visa exclusivamente, como está naqueles textos constitucionais, a afastar decisões que invadam a competência dos tribunais ou que de algum modo afrontem o que houverem decidido. Pelo disposto no art. 102, inc. I, letra *l*, da Constituição Federal cabem ao Supremo Tribunal Federal reclamações contra todo e qualquer juiz ou tribunal nacional, dado que é esse o órgão de cúpula da estrutura judiciária do país; e, pelo sistema das súmulas vinculantes, cabem-lhe também reclamações contra qualquer "ato administrativo ou decisão

---

249. STF, Pleno, ADI n. 2.212, j. 2.10.03, rel. Ellen Gracie, m.v., *DJU* 14.11.03, p. 11; *cfr.* Dinamarco, *Nova era do processo civil*, n. 99, pp. 190-191.

judicial que contrariar a súmula aplicável ou que indevidamente a aplicar" (art. 103-A, § 1º). O Superior Tribunal de Justiça é competente para conhecer e julgar reclamações contra todo e qualquer juiz ou tribunal da Justiça Federal ou das Estaduais, às quais ele é hierarquicamente superior (art. 105, inc. I, letra *t*). Não cabe reclamação por fundamento diferente desses três indicados na Constituição Federal, ou seja, ela é admissível somente quando (a) um juiz ou tribunal houver decidido matéria da competência do Supremo Tribunal Federal ou do Superior Tribunal de Justiça, (b) quando houver contrariado ou aplicado indevidamente uma súmula vinculante ou (c) quando decidir contrariando o que, *em relação à mesma causa*, houver um desses tribunais decidido.

> Quando um tribunal já houver decidido uma causa ou alguma matéria incidente, será dever do juiz, ou do tribunal subordinado àquele, observar o que houver sido decidido, sem o poder de decidir novamente. Não é que deva decidir de modo conforme, sendo-lhe proibido apenas decidir de modo diferente. Ele não tem poder algum de decisão sobre a matéria superiormente decidida, sendo essa uma preclusão hierárquica que o atinge (*supra*, n. 117).[250]

137. reconvir

O verbo *reconvir* deriva do verbo *vir* e, por óbvia conseqüência, como ele se conjuga. Mesmo assim, é bastante freqüente o erro gramatical consistente em dizer, p.ex., *reconviu* em vez de *reconveio*, ou *reconvir* (futuro subjuntivo) em vez de *reconvier*. Diga-se, corretamente, "o réu reconveio" ou "se o réu reconvier".

138. "recurso de-ofício"

O Código de Processo Civil de 1939 falava, bem como várias leis especiais e o Código de Processo Penal, em *apelação de-ofício* ou, mais genericamente, em *recurso de ofício* – como se fosse possível o juiz impugnar mediante um recurso suas próprias sentenças, manifestando-se inconformado com elas e postulando dos tribunais sua substituição por outra que afirma ser melhor.

---

250. *Id., ib.*, n. 102, pp. 197-199.

Tais são as características e objetivos dos recursos, conforme entendimento geral.[251]

Sensível a essas observações e já tendo inclusive manifestado em sede doutrinária sua insatisfação ante o mal denominado *recurso ex officio*, o autor do Anteprojeto pretendeu eliminá-lo do direito processual civil brasileiro. Na Exposição de Motivos ao Ministro da Justiça, disse que "a missão do Judiciário é declarar relações jurídicas e não suprir deficiências dos representantes da Fazenda ou do Ministério Público";[252] e, como substitutivo do "recurso oficial", o Anteprojeto incluiu a obrigatoriedade da apelação pelo órgão do Ministério Público contra as sentenças anulatórias de casamento (silenciando sabiamente quanto àquelas que contrariam interesses fazendários). Como a nova técnica não foi do agrado da crítica, o projeto enviado à Câmara dos Deputados buscou seu aperfeiçoamento, dizendo que certas sentenças estão sujeitas ao duplo grau de jurisdição, "não produzindo efeito senão depois de confirmadas pelo tribunal" (CPC, art. 475).[253]

Isso significa que, afinal de contas, foi mantido o mesmo sistema do Código revogado, banida apenas aquela incongruência terminológica do "recurso" que não é recurso. Fala-se em *devolução oficial* ou *reexame necessário*, embora a praxe de alguns tribunais ainda os prenda à velha linguagem, levando-os a autuar a provocação recebida, como "recurso de-ofício" (*supra*, n. 77).

É equivocada a idéia de que uma sentença sujeita a devolução oficial só produza efeito depois de confirmada pelo tribunal (CPC, art. 475). Ela jamais produzirá os efeitos substanciais pretendidos porque, como está claramente disposto no art. 512 e é notório na doutrina nacional e estrangeira, o ato com o qual o órgão superior redecide a causa tem sempre a eficácia de substituir o inferior. Só

---

251. *Cfr.* Mendonça Lima, *Introdução aos recursos cíveis*, n. 115, pp. 124 ss.; especificamente, v. Buzaid, "Da apelação *ex officio*", n. 37, pp. 259 ss.

252. *Cfr.* Exposição de Motivos, n. 34.

253. A esse tempo o mesmo Alfredo Buzaid ocupava o cargo de Ministro da Justiça e foi nessa qualidade que deu nova redação ao Anteprojeto (já então, *Projeto*) e elaborou a Exposição de Motivos ao Presidente da República, que o então Pres. Emílio G. Médici encampou ao enviar o projeto ao Congresso Nacional.

o acórdão proferido em sede de devolução oficial poderá passar em julgado e produzir efeitos – a sentença, jamais.

No Código de Processo Civil os casos de devolução oficial estão indicados nos dois incisos do art. 475, com as ressalvas contidas em seus §§ 2º e 3º. O inc. I inclui toda e qualquer sentença proferida contra "a União, o Estado, o Distrito Federal, o Município e as respectivas autarquias e fundações de direito público" – incluindo (a) tanto as que julgam procedentes as demandas que tenham uma dessas pessoas jurídicas no pólo passivo, (b) as que julgam improcedentes as movidas por estas e (c) as que extinguem sem julgamento do mérito o processo por elas instaurado na condição de autoras. No inc. II é determinado o reexame oficial das sentenças que julgarem procedentes os embargos à execução opostos por uma delas, qualquer que seja o fundamento dos embargos julgados e acolhidos (CPC, art. 741, incs. I-VII). Tanto no inc. I como no II, o beneficiário desse reexame é sempre e exclusivamente a *Fazenda Pública* – sabendo-se que no Código Processo Civil essa locução é designativa de todas as pessoas jurídicas de direito público interno (*supra*, n. 77).

É curiosa a história do reexame necessário. Ele figurava no Código Processo Civil de 1939 para os casos de sentenças desfavoráveis à Fazenda Pública e também para as homologatórias de desquite amigável e as anulatórias de casamento (art. 822, par.); e o Código de 1973, em sua redação original, consagrava esse reexame para as sentenças proferidas contra a Fazenda Pública (fosse nos embargos à execução fiscal, fosse em qualquer outra causa (art. 475, incs. II--III), bem como para as que julgassem procedente a ação anulatória de casamento (art. 475, inc. I). Depois o instituto foi remodelado, excluindo-se exatamente essa última hipótese (anulação de casamento) e permanecendo as outras duas, ou seja, as de contrariedade aos interesses do Estado em juízo (art. 475, incs. I-II). O que há de curioso é que a hipótese excluída foi exatamente aquela única com relação à qual o Anteprojeto redigido pelo prof. Alfredo Buzaid havia alvitrado o recurso a ser interposto pelo Ministério Público. *Lobby* da Fazenda Pública? Ardor fazendário dos srs. congressistas?

Fora do Código de Processo Civil temos disciplina não inteiramente coincidente para a devolução oficial, nos moldes de seu art. 475. Nos processos de *desapropriação*, ela se dá sempre que o valor da indenização for acima do dobro da oferta feita, independentemente de qual tenha sido o expropriante: *Fazenda Pública*, no sistema da Lei das Desapropriações, tem significado mais amplo do que aquele programado pelo Código de Processo Civil (dec-lei n. 3.365 de 21.6.41, art. 28, § 1º). Também a sentença que conceder o *mandado de segurança* será necessariamente objeto de reexame, não importando qual seja o coator (lei n. 1.533, de 31.12.51, art. 12, par.).[254]

Ainda durante a *vacatio* do Código de Processo Civil, em 1973 sentiu o Ministro da Justiça a necessidade de adaptar ao sistema e à linguagem então instalados a linguagem e o sistema de diversas leis especiais e extravagantes que contêm normas de direito processual civil. Por sua iniciativa editaram-se, ainda em dezembro daquele ano e depois, em julho de 1974, duas leis empenhadas nessa adaptação; tais diplomas prestaram bom serviço ao direito positivo brasileiro, pela correção que fizeram e sobretudo pela uniformidade de linguagem que propiciaram ao substituir a paradoxal locução *recurso de officio* por uma redação compatível com a do art. 475 do Código de Processo Civil. Eis os dispositivos alterados: a) lei n. 818, de 18 de setembro de 1949, sobre *aquisição, perda e reaquisição da nacionalidade brasileira e perda de direitos políticos*: alterado o art. 4º, § 3º (red. lei n. 6.014, de 27.12.73, art. 6º); b) lei n. 4.717, de 29 de junho de 1965, sobre *ação popular*: alterado o art. 19 (red. lei n. 6.014, de 27.12.73, art. 17); c) lei n. 1.533, de 31 de dezembro de 1951, sobre *mandado de segurança*: alterado o art. 12, par. (red. lei n. 6.071, de 3.7.74, art. 1º);[255] d) lei n. 2.770, de 4 de maio de 1956: alterado o art. 3º, sobre *sentenças de liquidação contra a União, Estado ou Município* (red. lei n. 6.071, de 3.7.74, art. 7º); e) dec-lei n. 3.365, de 21 de junho de 1941, sobre *desapropriações*: alterado o art. 28, § 1º (red. lei n. 6.071, de 3.7.74, art. 10º). Mas o Código de Processo Penal ainda mantém a velha e inexplicável expressão (arts. 574, 576 – *supra*, n. 6).

254. Sobre o conceito de *Fazenda*, ou *Fazenda Pública*, v. *supra*, n. 77.

255. A redação dada ao dispositivo logo após a vigência do Código de Processo Civil (lei n. 6.014, de 27.12.73) causou a impressão de que haveria a devolução oficial em qualquer caso, ou seja, havendo a sentença concedido ou negado o *writ*. Houve alguma vacilação mas a nova redação que lhe sobreveio espancou qualquer dúvida.

138-A. recursos repetitivos

O disposto nos arts. 543-A, 543-B e 543-C do Código de Processo Civil instituem um interessante e legítimo mecanismo destinado a agilizar os julgamentos no Supremo Tribunal Federal e no Superior Tribunal de Justiça mediante a coletivização das decisões judiciárias. Consiste esse mecanismo em técnicas mediante as quais, em caso de *multiplicidade de recursos* versando a mesma tese jurídica (recursos repetitivos), o Tribunal julga um desses recursos *por amostragem*, propagando-se o resultado desse julgamento aos demais. No tocante ao Supremo Tribunal Federal e aos recursos extraordinários que decide, tais técnicas associam-se ao requisito da *repercussão geral* exigido pela Constituição Federal como pressuposto de admissibilidade de tais recursos (CPC, art. 543-B, *caput – infra*, n. 141).

A amostragem é feita em um primeiro momento pelo Presidente do tribunal de origem (Tribunal Regional Federal ou Tribunal de Justiça), ao qual cabe selecionar um ou mais recursos representativos da controvérsia e enviá-los ao órgão competente para o julgamento (Supremo Tribunal Federal ou Superior Tribunal de Justiça, conforme o caso), *sobrestando os demais* (CPC, arts. 543-B, § 1º, e 543-C, § 1º). Depois, julgado o recurso tomado como amostra, os sobrestados na origem serão comandados pelo resultado desse julgamento, segundo as hipóteses ditadas de modo minucioso pelo Código de Processo Civil. As técnicas são muito semelhantes, em relação ao julgamento por amostragem pelo Supremo Tribunal Federal (recurso extraordinário) ou pelo Superior Tribunal de Justiça (recurso especial); as peculiaridades mais visíveis são as que dizem respeito à amostragem para fins de verificação da *repercussão geral*, que só tem cabimento no recurso extraordinário e não no especial. Eis as hipóteses:

(i) "negada a existência de *repercussão geral*, os recursos [*extraordinários*] sobrestados considerar-se-ão automaticamente não admitidos" (art. 543-B, § 2º). O emprego do advérbio *automaticamente* não quer dizer que a não-admissão se faça sem qualquer decisão do Presidente do tribunal *a quo*. A este toca proferir uma decisão em cada um dos recursos sobrestados, negando-lhe seguimento, porque, conforme decisão firmada pelo Supremo Tribunal Federal no julgamento paradigma, a questão constitucional suscitada não é dotada da indispensável repercussão geral. Dessa decisão caberá agravo de instrumento (CPC, art. 544), onde poderá ser alegado (a) que a questão suscitada não é idêntica àquela que o Supremo Tribunal Federal houver julgado, (b) que o recurso sobrestado tem outros fundamentos além daquele ao qual o Supremo Tribunal Federal negou a repercussão geral etc.;[256]

(II) não conhecido o recurso por outro motivo (não por ausência de repercussão geral), a Presidência do tribunal *a quo* remeterá outro ou outros ao Supremo Tribunal Federal, de-ofício ou mediante requisição;

(III) em caso de julgamento do recurso extraordinário ou do especial pelo mérito, os recursos sobrestados na origem serão dados por *prejudicados* e não terão seguimento ao Supremo Tribunal Federal ou ao Superior Tribunal de Justiça quando o acórdão recorrido estiver em conformidade com a decisão tomada no recurso paradigma (CPC, arts. 543-B, § 3º, e 543-C, § 7º, inc. I);

(IV) quando o acórdão recorrido estiver em desacordo com a decisão tomada pelo Supremo Tribunal Federal ou pelo Superior Tribunal de Justiça, o tribunal *a quo* procederá a novo julgamento, pelo mesmo colegiado prolator, podendo retratar-se e assim adequar a decisão do caso à linha adotada superiormente no recurso paradigma (extraordinário ou especial, conforme o caso – arts. 543-B, § 3º, e 543-C, § 7º, inc. II).

Essas são apenas as linhas gerais do instituto do julgamento por amostragem. Os arts. 543-B e 543-C do Código de Processo Civil, com seus muitos parágrafos e incisos, mais as disposições constantes dos Regimentos Internos dos tribunais de superposição, contêm uma disciplina pormenorizada e muito ampla, que vai além dos propósitos informativos deste mero vocabulário. Remete-se o leitor interessado à leitura do excelente ensaio de André

---

256. *Cfr.* André de Albuquerque Cavalcanti Abbud, *As novas reformas do CPC e de outras normas processuais*, n. 20.2, pp. 295 ss.

de Albuquerque Cavalcanti Abbud, *As novas reformas do CPC e de outras normas processuais*.

Duas disposições referentes ao processamento do recurso tomado por paradigma são de vital importância e legítima adequação à função dos julgamentos por amostragem. Trata-se da intervenção do Ministério Público e da admissão de um *amicus curiæ* (CPC, art. 543-C, §§ 4º e 5º). A participação de um ente legitimamente representativo poderá ser de muita utilidade para a apreciação dos *leading cases*, aportando novos argumentos, colocando melhor a questão e assim concorrendo para evitar que uma decisão mal preparada possa vir a contaminar um número indeterminado de casos.

V. também *repercussão geral* e *amicus curiæ*.

138-B. *redirecionamento da execução*

Essa locução tem sido empregada pelo Superior Tribunal de Justiça para designar a inclusão de outros sujeitos no pólo passivo de uma execução movida ao devedor, com vista a lhe impor uma *responsabilidade por obrigação alheia* – o que geralmente é feito mediante a técnica da *desconsideração da personalidade jurídica*. Não encontrados bens no patrimônio de uma pessoa jurídica devedora (na maioria dos casos, um contribuinte devedor de verbas tributárias), vai-se ao patrimônio de um sócio ou de algum outro possível responsável, em busca do que penhorar para a satisfação do credor (na maioria dos casos, o fisco). Lamentavelmente essa técnica tem sido empregada sem maiores cautelas, especificamente sem a *prévia* citação do terceiro visado e sem a oferta de alguma possibilidade para, em contraditório, opor-se *previamente* à realização de possíveis constrições sobre seu patrimônio.

139. *relativização da coisa julgada*

Surgiram há alguns anos no Superior Tribunal de Justiça significativos julgamentos, por iniciativa do Min. José Augusto Delgado, no sentido de relativizar a garantia constitucional da coisa julgada mediante o reconhecimento de que, em casos verdadeiramente extraordinários, algum outro valor constitucionalmente assegurado deve preponderar sobre o valor da segurança jurídica, expresso naquela garantia. É emblemática a história de uma condenação da Fazenda Pública a pagar uma indenização em ação de desapropriação indireta, verificando-se depois que o imóvel supostamente apossado por ela era constituído por terras devolutas, de sua propriedade, tendo havido uma terrível fraude na prova pericial realizada no processo. Depois, em pronunciamentos do Min. Sálvio de Figueiredo Teixeira, permitiu-se a rediscussão da paternidade, com a produção de prova pelo método DNA, apesar de a paternidade já ter sido negada por sentença coberta pela coisa julgada antes da existência dessa prova técnica de grande confiabilidade.

Em defesa da relativização da coisa julgada, ou da *coisa julgada inconstitucional*, escreveram, entre outros, Humberto Theodoro Júnior,[257] o próprio Min. José Delgado[258] e Bruno Vasconcelos Carrilho Lopes;[259] e escrevi também eu,[260] com inteira adesão à proposta do Min. Delgado, o qual também em sede doutrinária manifestara seu pensamento.[261] Na literatura portuguesa conhece-se ainda uma minuciosa tese de Paulo Otero sobre o tema do *caso julgado inconstitucional*.[262] No Uruguai, ao discorrer sobre um caso no qual a coisa julgada fora formada sobre a base de uma diabólica e repugnante fraude processual, escreveu Eduardo Couture que é imperioso combater a *coisa julgada delinqüente* e que "a consagração da fraude é o desprestígio máximo e a negação do direito, fonte incessante de descontentamento do povo e burla à lei".[263] E disse eu: "não se legitima que, para evitar a perenização

---

257. Esses pensamentos estão no parecer editado com o título "Embargos à execução contra a Fazenda Pública", bem como no ensaio "A coisa julgada inconstitucional e os instrumentos processuais para seu controle" (em coop. com Juliana Cordeiro de Faria").

258. *Cfr*. "Efeitos da coisa julgada e os princípios constitucionais".

259. *Cfr*. "Coisa julgada e justiça das decisões", pp. 372-400.

260. *Cfr*. meu ensaio "Relativizar a coisa julgada material", *in Nova era do processo civil*, nn. 111-136, pp. 216 ss.

261. *Cfr*. "Efeitos da coisa julgada e princípios constitucionais", pp. 77 ss.

262. Trata-se do *Ensaio sobre o caso julgado inconstitucional*.

263. *Cfr*. "Revocación de los actos procesales fraudulentos", esp. n. 1, p. 388; sobre o pensamento de Couture, v. ainda Juan Carlos Hitters, *Revisión de la cosa juzgada*, cap. VIII, *c*, esp. pp. 255-257.

de conflitos, se perenizem inconstitucionalidades de extrema gravidade ou injustiças intoleráveis e manifestas".[264]

Mas o tema é extremamente polêmico e muitos são seus aguerridos opositores. Não há sinais de uma disposição generalizada do mundo jurídico a aceitá-la em curto prazo mas é inegável que há nessa proposta mais um motivo de esperança de aperfeiçoamento das decisões judiciárias e encontro de soluções coerentes com os sentimentos comuns da nação.

Ainda palavras minhas, pregando a extrema excepcionalidade como fator de legitimidade social da teoria da relativização da coisa julgada e de sua compatibilidade com a garantia posta em nível constitucional: "obviamente, são excepcionalíssimos os casos em que, por um confronto de aberrante magnitude com a ordem constitucional, a autoridade do julgado merece ser assim mitigada – porque a generalização das regras atenuadoras de seus rigores equivaleria a transgredir a garantia constitucional da *res judicatæ* e assim negar valor ao legítimo desiderato de segurança nas relações jurídicas, nela consagrado".[265]

140. remição

Significativo aprimoramento verbal trazido pelo Código de 1973 em relação ao de 1939 foi a grafia *remição* para o vocábulo destinado a designar o *resgate* que se dá na execução forçada. O anterior dizia, erradamente, *remissão*, como se se tratasse do instituto homófono de direito privado (CC, arts. 1.053-1.055). No vigente processo civil brasileiro existe somente *a remição da execução* (art. 651), que é o ato pelo qual o executado, pagando ou consignando a importância total devida, se vê livre do processo executivo, o qual então se extingue (art. 794, inc. I).[266]

---

264. *Cfr. Instituições de direito processual civil*, III, n. 958-A, esp. p. 315; v. também minha *Nova era do processo civil*, n. 1, esp. p. 13 e n. 128, pp. 248 ss.

265. *Cfr. Nova era do processo civil*, loc. cit.

266. *Remição* tem significado correlato ao dos verbos *remir* e *redimir*, os quais por sua vez vêm do latim *redimere*, que quer dizer c*omprar de novo*, ou *resgatar* (*redimo, -is, -emi, -emptum, -ere*). É precisamente isso que a lei permite fazer na execução por quantia certa – um *resgate*. Estamos longe, pois, da idéia contida no vocábulo *remissão*, que é ligado ao verbo *remitir*, oriundo do *latim*

Antes havia também a *remição do bem penhorado*, através da qual este poderia ser adquirido por algum familiar do executado, liberando-se da constrição judicial; a remição era franqueada somente a familiares e não ao próprio executado. A remição dos bens penhorados não punha fim ao processo, limitando-se a substituir seu objeto instrumental; liberava-se o bem remido e transferia-se a constrição judicial ao dinheiro depositado pelo remidor. A partir daí, ficando o dinheiro sob penhora, caminhava a execução em direção a seu destino, com a realização dos atos faltantes em cada caso. Mas essa *remição* foi suprimida do Código de Processo Civil (revogados seus arts. 787-790) e no direito vigente aos familiares do executado a lei oferece a oportunidade de postular a *adjudicação do bem penhorado* (art. 685-A, § 2º), com resultados práticos equivalentes ao daquela.

Por mero lapso, o legislador deixou no art. 558 do Código de Processo Civil uma referência à remição de bens, onde se diz que "o relator poderá, a requerimento do agravante, nos casos de prisão civil, adjudicação, *remição de bens* (...), suspender o cumprimento da decisão". Essa hipótese já não existe no direito brasileiro.

A *remissão* a que alude o art. 794, inc. II, do próprio estatuto processual, é *perdão de dívidas* e portanto a palavra foi bem empregada. Na Lei dos Registros Públicos, a *remição do imóvel hipotecado* é bem um resgate, sendo também correta essa grafia (lei n. 6.015, de 31.12.73, arts. 266-276). Por deslize do tradutor, nas primeiras edições do clássico *Processo de execução*, de Enrico Tullio Liebman, grafou-se equivocadamente *remissão* em vez do correto, que seria *remição*; o engano foi objeto de observação na quarta edição, coordenada pelo processualista paranaense, prof. Joaquim Munhoz de Mello.[267]

141. repercussão geral

Pelo disposto no art. 102, § 3º, da Constituição Federal, "no recurso extraordinário o recorrente deverá demonstrar a *repercussão geral* das questões constitucionais discutidas no caso, nos

---

remittere, cuja tradução é *perdoar*; o perdão de dívidas, do direito privado, cabe bem, portanto, na idéia representada por essa palavra (CC, arts. 385 ss.).

267. *Cfr. Processo de execução*, 1ª ed., n. 78, pp. 122-124; 4ª ed., n. 78, p. 174.

termos da lei, a fim de que o Tribunal examine a admissão do recurso, somente podendo recusá-lo pela manifestação de dois terços de seus membros". Complementando essa disposição, o art. 543-A, § 1º, do Código de Processo Civil estabelece que "para efeito da repercussão geral, será considerada a existência, ou não, de questões relevantes do ponto de vista econômico, político, social ou jurídico, que ultrapassem os interesses subjetivos da causa". *Repercussão geral* é, nesse contexto, a relevância *ultra partes* da questão constitucional posta em julgamento, seja porque a decisão a ser tomada pelo Supremo Tribunal Federal possa constituir precedente para muitos outros julgamentos, seja porque o tema diga respeito a valores particularmente elevados, de interesse nacional, ou a uma quantidade significativa de pessoas (p.ex., consumidores de dado produto ou serviço).

    É nítida a intenção de aliviar a sobrecarga de trabalho do Supremo Tribunal Federal, cuja pauta vem se tornando insuportável em razão da imensa quantidade de recursos extraordinários e agravos contra decisão denegatória que ali chegam. Informa André de Albuquerque Cavalcanti Abbud que "os recursos extraordinários e os agravos de instrumento respondem por 96,2% de todos os casos distribuídos anualmente à Corte (média verificada entre 2000 e 2007, conforme informações do *Banco Nacional de Dados do Poder Judiciário*). No ano passado [2007)], distribuíram-se 110.116 recursos dessa espécie".[268]

Esse é um *pressuposto de admissibilidade* do recurso extraordinário, sem cuja presença o recurso não poderá ser conhecido – e realmente o art. 543-A do Código de Processo Civil dispõe que, faltando esse pressuposto, "o Supremo Tribunal Federal, em decisão irrecorrível, *não conhecerá* do recurso extraordinário". A decisão sobre estar ou não estar presente o requisito da repercussão geral poderá ser do Plenário ou de uma de suas Turmas, conforme o caso.

    Para *rejeitar* o recurso, dele não conhecendo, são necessários oito votos, porque *oito* é o primeiro número inteiro acima dos dois-

---

268. *Cfr.* André de Albuquerque Cavalcanti Abbud, *As novas reformas do CPC e de outras normas processuais*, n. 20.1, nota 637, p. 291.

-terços dos onze Ministros, exigido pelo art. 102, § 3º, da Constituição Federal – e, se são necessários oito votos, somente em Plenário o Supremo Tribunal Federal poderá *rejeitar* o recurso extraordinário por esse motivo. Para declarar presente o requisito da repercussão geral, basta que haja *quatro votos* na própria Turma (CPC, 543-A, § 4º) porque os restantes sete Ministros seriam insuficientes para a rejeição do recurso extraordinário (André Abbud).[269]

Nessa sistemática constitui ônus do recorrente a demonstração da concreta existência da repercussão geral logo nas razões de seu recurso extraordinário, em preliminar (CPC, art. 543-A, § 2º). Não o fazendo, o recurso será manifestamente inadmissível e comportará desde logo o indeferimento por ato do Presidente do tribunal *a quo* ou, em caso de o recurso chegar ao Supremo Tribunal Federal, pela Presidência deste.

"A ausência dessa preliminar na petição de interposição permite que a Presidência do Supremo Tribunal Federal negue, liminarmente, o processamento do recurso extraordinário, bem como do agravo de instrumento interposto contra a decisão que o inadmitiu na origem (13, V, *c*, e 327, *caput* e § 1º, do Regimento Interno do Supremo Tribunal Federal). Cuida-se de novo requisito de admissibilidade que se traduz em verdadeiro ônus conferido ao recorrente pelo legislador, instituído com o objetivo de tornar mais célere a prestação jurisdicional almejada" (STF).[270]

Se as razões recursais incluírem tal preliminar, ao Presidente do tribunal *a quo* não competirá, em seu juízo de admissibilidade, negar seguimento ao recurso extraordinário por falta do requisito da repercussão geral; mas ao recorrido cabe contra-argumentar, sustentando a inexistência do requisito, para que depois o Supremo Tribunal Federal se manifeste.

Requisito semelhante ao da repercussão geral era objeto da *argüição de relevância*, no passado exigida pelo art. 308 do Regimento Interno do Supremo Tribunal Federal (red. ER n. 3, de 12.6.75), o qual estava autorizado pela Constituição então vigente a complementar a disciplina dos requisitos de admissibilidade do recurso ex-

---

269. *Cfr.* André Abbud, *op. cit.*, n. 20.2, p. 307.
270. *Cfr.* STF, Plenário, AgR no RE n. 569.476, j. 2.4.08, rel. Min. Ellen Gracie, Presidente, v.u., *DJU* 25.4.08, p. 1.926.

traordinário (Const-67, red. EC n. 1, art. 119, § 1º). Mas, diferentemente do que sucede agora, só o recurso extraordinário fundado em matéria infraconstitucional estava condicionado a tal pressuposto e, não, o que fosse interposto com fundamento de infração à Constituição Federal (naquele tempo, inexistente o recurso especial, o recurso extraordinário versava tanto matéria constitucional como infraconstitucional); curiosamente, hoje se dá exatamente o contrário porque o recurso em matéria infraconstitucional não depende da repercussão geral (o recurso especial) e o recurso em matéria constitucional, sim (o recurso extraordinário).

V. também *julgamentos por amostragem*.

142. representar e representar contra – representação

No português jurídico praticado neste país o verbo *representar* tem dois significados distintos e, em cada um deles, uma regência gramatical. Ele designa, em primeiro lugar, a conduta consistente em atuar em nome e no interesse de outrem, como o pai representa o filho incapaz, os procuradores representam os entes públicos e o diretor, a sociedade mercantil. Com esse significado, o verbo representar é transitivo direto e se emprega como nas locuções acima. Mas ele não é transitivo direto quando aparece no sentido de "expor uma queixa ou censura";[271] ali ele tem outra regência e não é um verbo transitivo direto. Aquele que pretende levar a uma autoridade superior uma queixa ou censura referente à conduta de um funcionário subordinado, não representa *o funcionário*: ele representa *contra* o funcionário. Para dizer as coisas de modo mais completo, ele *representa ao superior contra o inferior*. É portanto errado dizer, *v.g.*, que o contribuinte, contrariado por uma arbitrariedade do agente do fisco, veio *representá-lo*. Essa frase dá a idéia de uma representação no sentido de atuação em nome e interesse do sujeito representado e obviamente não é isso que ocorre nas representações feitas *contra* alguém. Diga-se, pois: o contribuinte, contrariado por uma arbitrariedade do agente do fisco, veio representar *contra ele*.

---

271. *Cfr. Dicionário Aurélio*, verbete *representar*, n. 16, p. 1.747, 2ª col.

O direito de representar contra "ilegalidade ou abuso de poder" praticado por agentes estatais está contido na garantia constitucional do *direito de petição* (Const., art. 5º, inc. XXXIV, letra *a*). Na Constituição Federal de 1967 (emenda n. 1, de 17.10.69) havia a cisão de conceitos, falando ela em "direito de representação e de petição aos Poderes Públicos em defesa de direitos ou contra abusos de autoridade" (art. 153, § 30). Mas, em si mesmo, *direito de representação* é "aquele pelo qual se manifesta o protesto contra abusos de autoridade e se solicita a *punição* da autoridade abusiva" (Manoel Gonçalves Ferreira Filho),[272] diferentemente do *direito de petição*, que não se relaciona com a repressão à autoridade mas à defesa do próprio direito transgredido.

O direito de representação *regido pelo Código Civil* (direito das sucessões) é coisa muito diferente e não guarda relação alguma com aquele de fundo político-constitucional. "Dá-se o direito de representação quando a lei chama certos parentes do falecido a suceder em todos os direitos em que ele sucederia se vivo fosse" (CC, art. 1.851). Morto o avô, o neto sucede por direito de representação se seu pai já não vivia ao tempo da sucessão.

143. *representatividade adequada*
*(*adequacy of representation*)*

A importação das técnicas e do conceito anglo-norte-americano das *class actions* trouxe consigo a idéia da *representatividade adequada*, como requisito para sua propositura por alguma entidade ou corpo social. Fala-se freqüentemente em entidades que, por sua posição no seio de uma comunidade, reúnem condições para defender os direitos ou interesses de toda uma classe, categoria ou grupo de pessoas – sem qualquer preocupação em torno da configuração técnico-processual das vestes a serem assumidas por aquele que reúna tais condições. Tudo quanto no país de origem ou aqui dizem os estudiosos não-processualistas das ações coletivas sobre a *adequacy of representation* é dito sem o menor compromisso conceitual com um preciso enquadramento do *ideological plaintiff* como substituto processual ou como representante. *Representante adequado* é, no prisma desses autores, apenas

---

[272]. Cfr. *Comentários à Constituição brasileira*, III, nota ao art. 153, § 30, pp. 129-130.

o sujeito capaz de "exprimir os anseios da categoria"[273] e, quando tal expressão é empregada, têm aqueles autores em mira só e exclusivamente o exercício de uma *escolha politicamente conveniente do sujeito habilitado a atuar*, sem qualquer preocupação conceitual projetada sobre os institutos de direito processual.

Encaradas as coisas de um prisma bastante amplo e genérico, vê-se que cabe ao legislador em alguns casos e ao juiz em outros a identificação dos sujeitos aos quais, por serem portadores daquela aptidão a propiciar bons proveitos aos entes coletivos ou a seus integrantes, convém conceder o poder de estar em juízo no interesse de uns e outros. No tocante às ações coletivas, "a verificação da legitimidade se dá *ope judicis* nos países anglo-americanos e, em algumas matérias, na Itália; aqui ela se dá *ope legis*".[274] Sabemos portanto quem poderá atuar em juízo, mas não sabemos ainda em qual condição esse sujeito está legalmente habilitado a atuar.

Vendo essas coisas com olhos de processualista, percebe-se que aqueles sujeitos portadores de *representatividade adequada* (conceito metaprocessual) são pela lei autorizados a oficiar em nome próprio em benefício dos titulares de direitos transindividuais. São, pois, *substitutos processuais* destes e não seus representantes. A vizinhança entre os institutos da substituição processual e da representação sugere sempre aos doutrinadores o estudo comparativo entre os dois, do qual resulta invariavelmente o destaque a alguns elementos distintivos de primeira grandeza. A primeira dessas distinções, à qual se associam todas as demais, é que o substituto processual é um *legitimado extraordinário*, titular de um próprio direito de ação, enquanto que o representante é apenas qualificado[275] a atuar *em nome do representado*. O representante não é um legitimado *ad causam* e não exerce ação própria, senão

---

273. *Cfr.* Pedro da Silva Dinamarco, *Ação civil pública*, n. 10.6, esp. p. 135, o qual oferece essa informação e trata de fazer a colocação do *ideological plaintiff* sob a óptica da ciência do processo.

274. *Cfr.* ainda Pedro da Silva Dinamarco, *op. cit.*, n. 14.2, esp. p. 201.

275. Pela lei ou pelo próprio interessado – representação legal ou convencional.

uma ação daquele que ele representa; sua qualificação para atuar em juízo não é institucionalmente dependente da existência de um interesse seu, próprio, à satisfação do direito do representado. Fala a doutrina, a seu propósito, em uma legitimidade *ad processum*.[276]

Tomando-se por premissa esses conceitos, conforma-se que a posição do Ministério Público e demais entidades autorizadas a atuar na defesa de direitos e interesses transindividuais é de substituto processual das coletividades ou grupos, não de representante destes ou de seus integrantes. Essas entidades atuam em nome próprio, exercendo ação própria e não alheia; figuram conseqüentemente como autores no processo que fazem instaurar, não como representante de quem quer que seja.

144. resolução, solução, resolver

Os vigentes arts. 267 e 269 do Código de Processo Civil empregam a locução *resolução do mérito* onde antes se dizia *julgamento do mérito*. Em boa técnica processual, o pronunciamento do juiz sobre um pedido ou demanda diz-se julgamento, ou decisão. É na parte decisória da sentença que o juiz emite o julgamento da causa, com ou sem exame do mérito; é na conclusão de uma decisão interlocutória que o juiz faz as determinações cabíveis. Isso é decidir, ou julgar. As *questões*, que o juiz examina entre os motivos da sentença ou de uma interlocutória, ali recebem solução, ou se quisermos, *resolução*; e resolver uma questão é *dissolvê-la*, é desfazer a dúvida até então existente em torno de um ponto de fato ou de direito, que a questão representa. O que distingue a decisão acerca de uma pretensão, ou mesmo lide (Carnelutti) e a solução de questões é a imperatividade do preceito contido naquela e ausente desta; ao solucionar meras questões, o juiz está somente plantando o suporte lógico do que afinal decidir em relação ao pedido, com força imperativa sobre as partes. Não havia pois razão lingüística e muito menos sistemática para

---

276. *Cfr.* Liebman, *Manual de direito processual civil*, I, n. 42, pp. 125-128 trad.

substituir a locução *julgamento do mérito* por aquela outra tão inadequada quanto deselegante.

Façamos porém justiça ao legislador de 2005, observando que ele não foi o único nem o primeiro a cometer tais impropriedades terminológicas em torno do verbo resolver e dos vocábulos solução ou resolução. O próprio Código Processo Civil, em sua redação original, é de extrema insegurança quanto ao emprego dessas palavras. O mais mortal de seus pecados por esse aspecto é, como venho insistentemente denunciando e logo acima acabo de enfatizar, aquele consistente em dizer que no dispositivo "o juiz resolverá as questões, que as partes lhe submeterem" (art. 458, inc. III); também não é correto conceituar a decisão interlocutória como "o ato pelo qual o juiz, no curso do processo, resolve questão incidente" (art. 162, § 2º). Nenhum ato decisório é instituído na ordem processual com o escopo de resolver questões, mas de emitir preceitos a serem observados pelas partes – e esses preceitos, contidos no decisório sentencial ou ao fim das decisões interlocutórias, não se confunde com a solução de questões (*infra*, n. 151).

> Sempre de modo inadequado, o Código Processo Civil diz (a) "*resolver* em caráter provisório as medidas urgentes" (art. 120), (b) "a sentença que *resolver* o incidente [*de falsidade*] declarará a falsidade ou autenticidade do documento" (art. 395), (c) "*resolução* da questão prejudicial" (art. 470), referindo-se ao julgamento de mérito da ação declaratória incidental. Diz ainda: d) "*resolvidas* as impugnações suscitadas" (art. 1.011), ao cuidar da decisão de fundo sobre as impugnações a laudos avaliatórios em inventário; e) "*resolvendo* os pedidos das partes" (art. 1.022), referentes a quinhões sucessórios; f) "*resolvidas* as reclamações" (art. 1.024) referentes ao esboço de partilha. Que estas notas possam servir de sugestão a um pesquisador que pretenda levar a fundo o exame do significado dos vocábulos *solução* e *resolução*, bem como do verbo *resolver*, no contexto do Código Processo Civil. Anota-se ainda que a lei n. 11.232, de 22 de dezembro de 2005, trouxe mais um emprego inadequado do verbo *resolver*, mediante a locução "a decisão que resolver a impugnação" (CPC, art. 475-M, § 3º): a decisão proferida na impugnação do devedor (ex-embargos) é um julgamento, não mera solução, ou resolução de questões.

145. responsabilidade patrimonial, obrigação e responsabilidade civil

Responsabilidade patrimonial, ou responsabilidade executiva, é a suscetibilidade à constrição judicial destinada a satisfazer obrigações mediante a execução forçada.[277] Bens penhoráveis são bens responsáveis. Bens impenhoráveis, irresponsáveis. Em princípio, todos os bens integrantes do patrimônio do devedor são penhoráveis, ou seja, responsáveis (CPC, art. 591) mas a lei estabelece que alguns deles são impenhoráveis (arts. 649-650) e, por outro lado, impõe a responsabilidade de bens de terceiros, em algumas hipóteses específicas como a de fraude de execução, a de bens de sócios em certas circunstâncias *etc.* (arts. 592-593).

É muito conhecida a distinção entre obrigação e responsabilidade (*Schuld und Haftung*, na linguagem do romanista Brinz, a quem se deve essa distinção). A obrigação é fenômeno de direito material, contraposto negativo do direito subjetivo; a responsabilidade é de direito processual porque, como dito, consiste na suscetibilidade do bem a constrições judiciais (penhora *etc.*).[278]

Responsabilidade civil é outro conceito, diferente da responsabilidade patrimonial. Nada mais é que uma *obrigação* – obrigação decorrente da prática de um ilícito civil.[279] E, por ser uma *obrigação*, constitui categoria jurídica de direito privado e é regida pelo art. 927 do Código Civil, segundo o qual "aquele que por ato ilícito causar dano a outrem fica obrigado a repará-lo". Reuni-

277. Em uma conceituação mais rigorosamente técnica, disse eu que *responsabilidade é sujeitabilidade*, partindo da idéia de que os bens captados na execução forçada para a satisfação de uma obrigação ficam em estado de *sujeição* ao juiz. Enquanto suscetíveis de constrição, mas ainda não constritos, eles estão em um estado de potencial sujeição, caracterizado como *sujeitabilidade* (*cfr*: minha *Execução civil*, n. 151, p. 254 e *Instituições de direito processual civil*, IV, n. 1.521, p. 350).

278. Esses conceitos são correntes em doutrina, remontando não só ao romanista Brinz mas também aos processualistas Carnelutti e Liebman: *cfr*: minhas *Instituições de direito processual civil*, IV, n. 1.523, pp. 353 ss.; *Execução civil*, n. 154, p. 259.

279. *Cfr*. Caio Mário, *Instituições de direito civil*, III, n. 280, pp. 555-556.

dos esses conceitos, é lícito dizer que os bens do responsável civil (conceito de direito civil) são responsáveis pela obrigação decorrente do dano (norma de direito processual – CPC, art. 591).[280]

146. resposta e responder

O Código de Processo Civil emprega o vocábulo *resposta* e o verbo *responder* para designar os atos mediante os quais uma das partes reage a uma pretensão formulada pela outra, seja na fase postulatória (*resposta do réu*, arts. 22, 173, par., 267, 4º, 297, 298, par. *etc.*) ou na recursal (*resposta aos recursos*, arts. 508, 518, 526 *etc.*). Nesse sentido, resposta significa *reação* e, como se sabe, a faculdade de reagir é uma das facetas da garantia constitucional do contraditório. Tal palavra, estranha à nossa tradição mais antiga, já era porém usual no direito italiano (c.p.c., art. 167: *comparsa di risposta*).

No art. 297, pretendeu o Código definir exaustivamente o rol das possíveis respostas do réu à demanda do autor, indicando a contestação, a exceção e a reconvenção. Esse elenco está no entanto muito longe de ser completo, pois omite a impugnação ao valor da causa (art. 261), a nomeação à autoria (arts. 62-69), a denunciação da lide (arts. 70-76), o chamamento ao processo (arts. 77-80), o reconhecimento do pedido (art. 269, inc. II).[281] Constitui rigorosamente *resposta do réu* qualquer modo pelo qual ele possa oferecer resistência à demanda do autor após haver sido trazido ao processo pela citação.

> Talvez valha como *subsídio para uma interpretação histórica* a informação de que em alguns outros dispositivos do Projeto estava o vocábulo *resposta* ou o verbo *responder*, que uma emenda do Senado substituiu pelos tradicionais *contestação* e *contestar* (emenda

---

280. Mas o Código Civil, intrometendo-se onde não devia, vai além e traz em seu art. 942 uma repetição da regra *processual* da responsabilidade executiva, dizendo que "os bens do responsável pela ofensa ou violação do direito de outrem ficam sujeitos à reparação do dano causado" *etc.*

281. É *reconhecimento do pedido* o ato com o qual o inquilino, no processo de despejo por falta de pagamento, pede prazo para purgar a mora (lei n. 8.245, de 18.10.91, art. 62, inc. II).

n. 135 do relator-geral). Trata-se dos arts. 802, 803, 930, 938, 954, 1.065 e 1.195 do Código Processo Civil, nos quais tais palavras têm seu significado próprio, sendo bastante difícil uma interpretação ampliativa em face da intenção claramente demonstrada pelo legislador ao fazer as substituições. Nesses dispositivos, onde está *contestação* ou *contestar*, leia-se portanto como está escrito e, não, *resposta* ou *responder*.

Não-obstante a linguagem assim implantada, o Código de Processo Civil dela se desvia algumas vezes para empregar a palavra *impugnação* (singular e plural) e o verbo *impugnar*. São quarenta e seis dispositivos que fazem tal uso, sendo que alguns deles trazem essas palavras onde nitidamente caberiam aquelas mais integradas na linguagem preestabelecida no próprio Código: o art. 300, p.ex., dispondo sobre a contestação, fala das "razões de fato e de direito com que [*o réu*] impugna o pedido do autor".

147. rol de testemunhas

Rol é elenco, *lista*. Rol de testemunhas é a lista das testemunhas que cada parte indica para serem ouvidas em juízo. *Arrolar testemunhas* é apresentar ao juiz uma lista, ou rol, ali indicando seus nomes e qualificação. O requerimento de produção de prova testemunhal deve ser feito, como o de todas as outras provas, na oportunidade do art. 324 do Código de Processo Civil, quando o juiz manda especificar provas. Mas o rol deve ser depositado em juízo no prazo fixado pelo art. 507, ou seja, até dez dias antes da audiência em que as testemunhas serão ouvidas, salvo se o juiz fixar prazo diferente (maior ou menor) – e essa exigência, que é feita sob pena de preclusão, justifica-se pela necessidade de dar ao advogado da parte contrária oportunidade para saber quem são as pessoas que virão depor, preparando perguntas ou mesmo a contradita de alguma das testemunhas (v. *supra*, n. 48 – contradita).

> Registra-se nos anais do foro paulistano o caso pilhérico mas verdadeiro de uma petição na qual o advogado disse que vinha apresentar seu *hall* de testemunhas. Antes de começar a audiência, o juiz convocou todas elas à ante-sala do juízo e disse solenemente: "sr. advogado, agora suas testemunhas estão realmente no *hall*".

148. saneamento do processo

Saneamento do processo é o conjunto de atos com os quais o juiz põe o processo em ordem e em condições de prosseguir rumo à prolação da sentença de mérito. Na concepção brasileira do procedimento ordinário, logo que termina a fase postulatória o juiz toma decisões e determina providências destinadas a *eliminar defeitos* e a dar *impulso* ao procedimento, para que ele possa receber a *instrução* mediante a prova e depois chegar ao que interessa no processo ou fase de conhecimento, que é o pronunciamento do juiz sobre o litígio trazido a julgamento. Sanear significa sanar, curar, purificar. O juiz saneia o processo (a) oferecendo oportunidades para que as partes exerçam plenamente o contraditório, (b) impondo exigências destinadas a eliminar irregularidades e (c) organizando as atividades probatórias a serem desenvolvidas na fase subseqüente (instrutória). Os atos ordinatórios constituem exercício do poder jurisdicional e o juiz tem o poder-dever de realizá-los a requerimento das partes ou mesmo *ex officio*, porque é inerente à sua função o controle da presença dos pressupostos sem os quais o julgamento do *meritum causa* não é admissível.[282]

> Após a resposta do réu à demanda inicial vêm as *providências preliminares* (arts. 323-328) e depois delas, o *julgamento conforme o estado do processo* (arts. 329-331). Consistirão aquelas, conforme o caso, em (a) mandar que as partes especifiquem provas (art. 324) e (b) ouvir o autor, em dez dias, sobre fatos novos alegados pelo réu ou sobre qualquer defesa preliminar (arts. 326-327).[283] E consiste o julgamento conforme o estado do processo em (a) extinção deste sem julgamento do mérito (art. 329), (b) julgamento antecipado do mérito (art. 330) ou (c) o saneamento do processo (com ou sem a

---

282. *Cfr.* minhas *Instituições de direito processual civil*, III, n. 1.130, pp. 574-575.

283. Está mal colocado entre as providências preliminares o art. 325, que dispõe sobre a ação declaratória incidental a ser proposta pelo autor no prazo de dez dias após a contestação. Não se trata de providência preliminar, evidentemente. É uma demanda de parte e nada tem em comum com a atividade judicial inquisitória que caracteriza as providências preliminares. Outra observação: o Código denomina "do efeito da revelia" a providência preliminar a ser tomada pelo juiz mediante convocação das partes a especificar provas... justamente *no caso de não ter ocorrido efeito da revelia*.

audiência preliminar, conforme o caso – art. 331). O juiz só saneia quando não extingue o processo sem o julgamento do mérito nem julga antecipadamente o mérito.

Na vigência do Código de Processo Civil de 1939 falava-se em *despacho saneador* para designar o que hoje se chama *saneamento do processo*. O Projeto não havia feito essa alteração, tanto que na rubrica do art. 331 do próprio Código Processo Civil estava ainda escrito *despacho saneador*; a nova expressão foi trazida pela lei n. 5.925, de 1º de outubro de 1973. A razão da troca é a própria terminologia do Código, com a qual ficava incompatível designar por *despacho* saneador um ato que decide questões incidentes ao processo. Despacho é o ato que nada decide, só impulsiona o processo; o ato que decide incidentemente a este é *decisão interlocutória* (CPC, art. 162, §§ 2º e 3º). No art. 338 ficou ainda a locução antiga, mas a lei n 11.280, de 16 de fevereiro de 2006 fez a desejável correção.

Depois foi mantida a rubrica da seção III (art. 331) mas não se fala em *saneamento*. O saneamento do processo deve em princípio ser feito na *audiência preliminar* instituída pelo novo art. 331[284] e consiste (a) na organização da prova mediante a fixação de seu objeto e das provas a serem produzidas e (b) na designação de audiência de instrução e julgamento (art. 331, § 2º). Isso é *sanear*, segundo entendimento doutrinário generalizado.[285] Mas a audiência preliminar não foi bem recebida nos meios forenses brasileiros e a grande tendência dos juízes é sanear o processo por escrito, mediante conclusão dos autos, como se nada houvesse sido alterado na lei (*supra*, n. 28).

Muitos até agora não se aperceberam suficientemente das modificações ocorridas já em 1973 quando veio à luz o vigente Código

---

284. Salvo nas hipóteses indicadas no § 3º do art. 331, nas quais o saneamento é feito à moda tradicional nos autos – por escrito e sem audiência. Além disso, muitos juízes preferem omitir a audiência preliminar na generalidade dos casos, ou simplesmente a realizam *pro forma*, propondo a conciliação, nela não se empenhando e chamando os autos à conclusão para o saneamento.

285. *Cfr.* Dinamarco, *A Reforma do Código de Processo Civil*, nn. 97-101, pp. 131 ss.

de Processo Civil, as quais são terminológicas mas não só terminológicas; continuam presos a certas construções verbais absolutamente incompatíveis com o sistema vigente. Dizem, por exemplo: "na fase do saneador o juiz julgou no estado dos autos" – o que demonstra ao menos descaso ou desconhecimento do sistema do Código. A verdadeira idéia contida em frases como essa é a de que "na fase do julgamento conforme o estado do processo, o juiz julgou antecipadamente o mérito". É um absurdo lógico cogitar do *julgamento do mérito no saneador*: se o juiz julga antecipadamente o mérito (art. 330) é porque não está saneando (art. 331) e vice-versa. É preciso mais atenção a esses conceitos e a esse sistema, que vêm do próprio direito positivo.[286]

149. sentença condenatória, mandamental, executiva **lato sensu**

À tradicional classificação das sentenças de mérito em condenatórias, constitutivas e meramente declaratórias a doutrina brasileira acrescentou outras figuras, que são a sentença mandamental e a executiva *lato sensu*. Ambas são também condenatórias e desde o início todos lhes reconhecem a condição de título executivo, como sucede com toda sentença condenatória. São espécies do gênero *sentença condenatória*.

Sentença mandamental é, na conhecida construção de Pontes de Miranda, "aquela que tem por fito preponderante que alguma pessoa atenda, imediatamente, ao que o juízo *manda*" – sendo inerente às sentenças mandamentais o que o próprio criador do conceito chama de *premência de obedecer*.[287] Elas se caracterizam como autênticas *injunções*, ou comandos endereçados ao espírito do obrigado, para que cumpra, sob pena determinadas sanções. São sentenças mandamentais, como tais tratadas pelo Código de Processo Civil, aquelas que impõem o cumprimento de uma obrigação específica (fazer, não-fazer, entregar coisa); o inadimplemento das obrigações impostas em sentença mandamental é

---

286. V. *supra*, n. 8 (texto e nota 36), sobre a impropriedade da expressão *julgar no estado dos autos* perante o sistema do direito positivo brasileiro.
287. *Cfr. Tratado das ações*, VI, cap. único, § 1º, n. 1, p. 3.

tratado de modo mais enérgico que o de outras, caracterizando-se como verdadeira desobediência, ou *atentado à jurisdição*, e sendo como tal sancionado com uma "multa em montante a ser fixado de acordo com a gravidade da conduta e não superior a vinte por cento do valor da causa" (art. 14, par.). A execução das obrigações constantes de sentença mandamental é feita pela técnica do *cumprimento de sentença*, que inclui uma série muito severa de medidas de coerção sobre o obrigado e seu patrimônio, destinadas a convencê-lo a adimplir (CPC, art. 475-I c/c arts. 461 e 461-A); tornando-se impossível a execução específica e o autor optando pela conversão em pecúnia, a sentença mandamental constituirá título para a execução por quantia certa, dada sua natureza de sentença condenatória.[288]

> A mais emblemática das sentenças mandamentais é a que concede *mandado de segurança*, sobre a qual escrevi: "o mandado de segurança é, por natureza, uma *injunção*, ou seja, comando a realizar um ato. Comando imperativo, portador do *imperium* estatal. Por isso é que, diferentemente do que sucede com outras *condenações*, a sentença concessiva do mandado de segurança destina-se a ser *cumprida imediatamente ou no prazo fixado* – e o descumprimento a ela deixa de ser mero inadimplemento para passar à categoria de autêntica *desobediência*. Ao próprio juiz que a profere competem, como atos do processo mesmo em que se concedeu a ordem, as medidas destinadas a produzir a obediência. Seria uma frustração e uma inconstitucionalidade a prolação de sentença concessiva da segurança e, depois, a imposição das angustiosas esperas pelas medidas de um processo executivo convencional, quase sempre insuficientes".[289]

Sentença executiva lato sensu é a condenatória dotada da eficácia de produzir a execução logo em seguida, no mesmo processo e *independentemente de provocação pelo titular do direito*. Esses casos são raros e excepcionais no sistema, só existindo na medida em que o direito positivo os permita especificamente –

---

288. *Cfr.* Dinamarco, *Instituições de direito processual civil*, III, n. 919, pp. 248-250.

289. *Cfr.* meu ensaio "Suspensão do mandado de segurança pelo presidente do tribunal", n. 322, *in Fundamentos do processo civil moderno*, I, esp. p. 628.

como nas ações de despejo, nas possessórias, nas desapropriações imobiliárias e poucas outras (v. lei n. 8.245, de 18.10.91, art. 65, e dec-lei n. 3.365, de 21.6.41, art. 34).[290]

> Estranha essa denominação "sentença executiva *lato sensu*". Falar em sentenças executivas *lato sensu* implicaria admitir a existência de sentenças executivas *stricto sensu*, que não existem e das quais ninguém cogita. Na realidade, não há sentenças executivas. As que autorizam a execução, com a eficácia de título executivo, são *condenatórias* e não executivas. A chamada sentença executiva *lato sensu* não é outra coisa que uma condenatória dotada de uma eficácia potenciada e mais agilidade que as ordinárias.

150. sentença de mérito e sentença terminativa

Como é notório, o julgamento do mérito não é coessencial ao conceito de *sentença*: o que tem relevância para a conceituação desta é a aptidão do ato judicial a *definir a causa*, ou seja, a resolver sobre a pretensão deduzida pelo autor – seja julgando--a pelo mérito, seja declarando ser inadmissível esse julgamento. Por definição, sentença é o *ato que define a causa com ou sem julgamento do mérito* (*infra*, n. 151). Pode então haver sentenças que apreciem o mérito, julgando procedente ou improcedente a demanda (*sentenças de mérito*) e sentenças que determinem a extinção da relação processual ao apreciar alguma questão incidente, sem julgar-lhe o mérito; trata-se, na segunda hipótese, das *sentenças terminativas*, proferidas nos casos enumerados no art. 267 do Código de Processo Civil.

> Saindo do âmbito do processo de conhecimento, o critério adotado pelo art. 162, § 1º, choca-se com a existência de uma *sentença* proferida ao fim da execução forçada (art. 795), que não contém qualquer pronunciamento sobre pressupostos de admissibilidade do julgamento do mérito e não julga mérito algum, limitando-se a determinar a extinção do processo (*supra*, nn. 4 e 75). Essa sentença, portanto, não é de mérito nem *terminativa*, no sentido que a esse adjetivo é atribuído quando se trata do binômio aqui considerado.

---

290. *Cfr.* ainda *Instituições de direito processual civil*, III, n. 920, pp. 251 ss.

O Código faz alusão à *sentença de mérito* em diversos dispositivos: *cfr.*, por exemplo, arts. 265, inc. IV, 267, § 3º, 474, 485 e 530.[291] Problema interpretativo algum haveria, se entendêssemos por *sentença de mérito*, como sempre se entendeu, aquela que julga a demanda posta pelo autor, solucionando incidentemente as questões que para isso sejam relevantes; julgar o mérito é apreciar o próprio objeto do processo, declarando existente ou inexistente o direito subjetivo material alegado pelo autor e acrescentando a essa declaração a providência adequada segundo o caso (sentença constitutiva, condenatória). Da típica sentença de mérito cuida o Código de Processo Civil ao falar das sentenças que *implicam*,[292] entre outras coisas, o acolhimento ou rejeição do pedido do autor (art. 162, § 1º, c/c art. 269, inc. I).

> O mesmo Código dá, no entanto, um rol de *sentenças de mérito* diferentes desta, a serem proferidas em caso de prescrição ou decadência (art. 269, inc. IV) ou mediante mera *homologação* de atos autocompositivos das partes (incs. II, III e V). A parte da doutrina tem repugnado que se chame de sentença *de mérito* aquela que, apreciando apenas externamente o reconhecimento do pedido, a transação ou a renúncia ao direito subjetivo material, lhes empresta o valor de ato judicial, tomando para seu conteúdo o próprio ato autocompositivo; na homologação o juiz efetivamente *não julga*, limitando-se a verificar se o ato não é vedado pela lei no caso concreto, se a parte é capaz, se está bem representada por advogado com poderes suficientes, se o ato foi realizado de forma idônea.[293] Mas, como a lei assim dispôs, o intérprete deve entender que, para ela (mal ou bem), em todos os casos do art. 269 há sentença de mérito. Conseqüentemente, como tal hão de ser encaradas todas essas sentenças, especialmente para os fins da *ação rescisória*: sendo sentenças de mérito, só por essa via poderão ser desfeitas as sentenças a que aludem os incisos do art. 269 (*cfr.* art. 485).[294]

---

291. Mas o art. 269 emprega, desnecessariamente, a deselegante e atécnica locução *resolução de mérito*.

292. Outra opção vocabular deselegante e atécnica. O verbo *implicar* é completamente inadequado a esse contexto em que foi utilizado.

293. *Cfr.* Ada Pellegrini Grinover, *Direito processual civil*, p. 33.

294. Quanto às homologatórias de atos autocompositivos, a doutrina e os tribunais têm feito uma distinção: tratando-se de subtrair-lhes efeitos em virtude

151. sentença, decisão, decisão interlocutória, despacho, despacho de mero expediente, provimento, pronunciamento

O art. 162 do Código de Processo Civil, trazendo no *caput* um elenco de atos do juiz e nos parágrafos a definição dos atos elencados, pretendeu ser de uma clareza acima de qualquer dúvida razoável e capaz de se projetar beneficamente na disciplina dos recursos – porque a adequação de cada via recursal depende da segura caracterização do ato judicial recorrido e só mediante o pleno conhecimento da natureza de cada ato judicial se pode escolher com segurança o recurso admissível (agravo de instrumento ou apelação). Na vigência do Código Processo Civil de 1939 havia muitas incertezas quanto a isso, que o autor do Anteprojeto pretendeu debelar. Foi assim que veio a referência a *sentenças*, *decisões interlocutórias* e *despachos*, seguida da conceituação de cada um; e já se sabe que as primeiras são recorríveis através da apelação (art. 513), as decisões interlocutórias pelo agravo (art. 522) e os despachos são irrecorríveis (art. 504). Mesmo assim subsistiram alguns problemas e dúvidas, certamente não desejados e provavelmente não previstos pelo legislador; problemas e dúvidas surgiram já a partir do rol de atos do juiz, passando pelos próprios conceitos emitidos e critérios utilizados para a conceituação de cada um e chegando inclusive a alguns pontos de incoerência da própria lei com o sistema projetado.

> Além disso, omite-se o art. 162 quanto às *decisões monocráticas* dos relatores nos tribunais, as quais podem valer por interlocutórias mas também contêm, em alguns casos, o julgamento do mérito do próprio recurso, equivalendo nesses casos ao que os órgãos colegiados decidem mediante acórdão (arts. 544, § 3º, 558 *etc.*).

Sentença, decisão interlocutória e despacho (ou despacho de mero expediente) são as três categorias dos *pronunciamentos* do

> de vício do ato negocial homologado, a via adequada é a comum, como para a anulação dos negócios jurídicos em geral (art. 486); mas a ação rescisória é adequada nos casos em que o vício apontado tenha sede no próprio ato judicial de homologação (*supra*, n. 43).

juiz de primeiro grau, ou seus *provimentos*. Tais são as manifestações de pensamento que o juiz emite no processo através de palavras faladas ou escritas; são os atos com os quais ele decide alguma demanda incidente ou o próprio mérito, ou emite um comando às partes, procuradores, auxiliares da Justiça ou terceiros (*supra*, n. 133). Além dos provimentos, realiza o juiz no processo outra sorte de atos, que são os *atos materiais*: inquirição de testemunhas, inspeção judicial *etc*.[295] O Código de Processo Civil, no entanto, indica a sentença, a decisão interlocutória e o despacho como se fossem só esses os atos do juiz (art. 162, *caput*), esquecendo-se do gênero próximo em que eles estão contidos (provimento, pronunciamento). Melhor seria se dissesse que os atos do juiz se classificam em *atos materiais e provimentos*, subdividindo-se estes naquela forma que os parágrafos do art. 162 indicam (sentenças, decisões interlocutórias e despachos).[296]

Os problemas se agravaram e as dúvidas se multiplicaram com o advento da lei n. 11.232, de 22 de dezembro de 2005, que deu nova redação ao art. 162, § 1º, do Código de Processo Civil, alterando substancialmente a definição legal de *sentença*. O legislador de 2005 sentiu-se obrigado a afastar a definição desta como ato que põe termo ao processo (art. 162, § 1º, red. original) simplesmente porque, com a nova estrutura trazida ao processo civil brasileiro, o processo não tem fim necessariamente quando a sentença é proferida ou mesmo quando vem a passar em julgado; na grande maioria dos casos ele prossegue em uma nova fase, a *executiva ou de cumprimento de sentença*, sem a ruptura que antes havia entre o processo de conhecimento e o processo autônomo de execução.

Nas palavras dos vigentes §§ 1º e 2º do art. 162, *sentença* é o "ato do juiz que implica alguma das situações previstas nos arts. 267 e 269 desta lei" e *decisão interlocutória*, "o ato pelo qual o

---

295. *Cfr.* Dinamarco, *Instituições de direito processual civil*, II, n. 650, p. 503; Cintra-Grinover-Dinamarco, *Teoria geral do processo*, n. 214, esp. p. 358.

296. *Cfr.* Dinamarco, *op. loc. cit.*; Barbosa Moreira, *Comentários*, V, n. 139, pp. 238 ss.

juiz, no curso do processo, resolve questão incidente".²⁹⁷ Tanto a sentença quanto a decisão interlocutória apresentam *conteúdo decisório* (o que não sucede com o despacho) e o critério distintivo entre elas é o conteúdo específico de cada uma, de modo que: a) o ato com o qual o juiz define a própria causa, com ou sem julgamento do mérito, chama-se *sentença*; b) *decisão interlocutória* continua sendo o ato portador de pronunciamento sobre alguma matéria incidente, sem julgar o *meritum causæ* e sem excluir esse julgamento (ou seja, sem determinar a extinção do processo por ausência de algum pressuposto). Não mais prevalece o *critério topológico* implantado na redação original do Código de Processo Civil, em uma verdadeira oposição entre a *sentença*, como ato que poria fim ao processo, e *decisão interlocutória*, como aquele que, decidindo incidentemente a este, não lhe poria fim.

Pelo critério vigente e em uma leitura racional do pessimamente redigido § 1º do art. 162 do Código de Processo Civil, sentença é o *ato que define a causa com ou sem julgamento do mérito*. É a decisão com a qual o juiz emite seu último pronunciamento sobre o litígio que constitui objeto do processo – sendo-lhe vedado, a partir de então, emitir qualquer outro juízo a seu respeito (CPC, art. 463). *Definir a causa* é emitir a solução final referente ao litígio posto em juízo, dissolvendo esse objeto porque a seu respeito já é dada toda a resposta que naquele grau de jurisdição poderia ser dada. É, por outro aspecto, concluir as atividades inerentes à fase de conhecimento em primeiro grau jurisdicional, em relação à pretensão deduzida pelo autor – sabendo-se que essa fase se realiza com o escopo de produzir um julgamento dessa pretensão, que constitui seu objeto.

O vocábulo *causa* é aqui empregado em um dos sentidos com os quais veio da tradição romana, a saber, no sentido de "lide deduzida em juízo" (Emilio Betti);²⁹⁸ é, em outras palavras, o objeto

297. Barbosa Moreira põe à calva o superlativamente inadequado emprego da forma verbal *implica*, no art. 262, § 1º, do Código de Processo Civil: *cfr.* "A nova definição de sentença (lei n. 11.232)", n. 4, *in Revista dialética de direito processual*, n. 39, pp. 82 ss.

298. *Cfr.* "Causa (nel senso di lite processuale)", p. 32.

do processo. O juiz *define a causa*, sem mais nada restar a fazer ou decidir em relação a ela naquele processo e naquele grau de jurisdição, quando lhe julga o mérito (procedência, improcedência, procedência parcial – CPC, art. 269) ou quando acolhe uma razão pela qual exclui a admissibilidade desse julgamento (art. 267). Ele *não define a causa* quando rejeita uma preliminar, determinando o prosseguimento do processo em direção ao julgamento do mérito. Um pronunciamento assim, que chamamos *decisão interlocutória*, põe termo à discussão sobre a preliminar suscitada mas deixa vivo o litígio porque ele ainda será objeto de uma nova decisão no futuro, que poderá ser uma sentença de mérito ou uma terminativa; a causa, ou litígio, não fica pois *definida* e por isso é que esse ato não se encaixará no conceito de sentença, estabelecido pelo art. 162, § 1º, c/c art. 267. É uma decisão interlocutória (art. 162, § 2º).

Analisemos o que diz o art. 162, § 1º, em interpretação conjunta com os termos dos arts. 267 e 269, todos do Código de Processo Civil. O art. 269, *caput*, diz que "haverá resolução de mérito" nos casos elencados em seus cinco incisos. Não está mais dito, como antes, que nessas hipóteses o processo *se extingue* com julgamento de mérito mas, simplesmente, que o pronunciamento sobre qualquer uma delas será um *julgamento de mérito*. Diferentemente, o art. 267, *caput*, continua estabelecendo que nas hipóteses descritas em seus incisos o processo se *extingue* sem julgamento do mérito. Diante disso, (a) o ato que julga o mérito é sempre uma sentença, ainda que ainda fique sem julgamento alguma pretensão cumulada no processo e (b) o ato que nega o julgamento de mérito só é sentença quando tiver o efeito de determinar a extinção do processo. Especificando essas duas proposições, tem-se que haverá uma *sentença*: a) sempre que o juiz decidir aplicando um dos incisos do art. 269, quer pela procedência, quer pela improcedência da demanda; b) quando somente um dos pedidos for apreciado pelo mérito, devendo o processo prosseguir, sem extinção, pelo pedido que restar (p.ex., rejeição liminar da reconvenção por decadência ou prescrição); c) quando for determinada a *extinção do processo* em alguma das hipóteses do art. 267, ou seja, quando o juiz acolher alguma preliminar impeditiva do julgamento do mérito e nada restar a ser decidido. Inversamente, não haverá *sentença*: a) quando o juiz apreciar uma preliminar impeditiva do julgamento do mérito mas o fizer rejeitando-a, i.é, não determinando que o processo se extinga; b) quando, sem julgamento do mérito, ele excluir do processo uma de suas partes (p.ex., algum litisconsorte) ou alguma parte do pedido que constitui seu objeto (pedidos cumulados). O critério aplicado para a solução desses casos é este: a) o ato que se pronuncia sobre o mérito é sentença ainda quando não se pronuncie sobre todo o mérito; b) o ato que nega o julgamento de mérito só será sentença quando concluir pela extinção do processo.

Também a definição legal de *decisão interlocutória* é imperfeita – desde a origem, com a vigência do Código de Processo Civil. Na realidade, decisões dessa ordem não se limitam a resolver *questões*, como está dito no § 2º do art. 162 deste. Decidir *questões*, ou resolvê-las, nada mais seria do que manifestar-se o juiz acerca de dúvidas sobre fatos ou sobre o direito – sabido que, conforme clássicas conceituações propostas por Carnelutti, *questão* é ponto controvertido de fato ou de direito, não se confundido com a *lide*, que é o conflito de interesses trazidos ao juiz para julgamento.[299] Nas decisões interlocutórias, ele decidirá questões, sim (como na sentença também), mas irá além ao determinar os rumos que o processo deverá tomar – seja ao acolher ou rejeitar uma argüição de incompetência, ao rejeitar preliminares levantadas com o objetivo de extinguir o processo, ao deferir ou indeferir provas, ao se pronunciar sobre pedido de antecipação de tutela *etc.* Em grande parte, as decisões interlocutórias constituem pronunciamentos judiciais sobre *demandas incidentes*, não meramente sobre *questões* incidentes.[300] A solução de questões, conti-

---

299. *Cfr. Istituzioni del processo civile italiano*, I, n. 3, p. 13.

300. *Cfr.* Dinamarco, *Instituições de direito processual civil*, II, n. 636, p. 476. *Questão incidente* é aquela que aparece no processo pendente, ou seja, *incide* sobre ele (*in-cidit* = cai). O direito positivo determina que certas questões dessa ordem sejam discutidas e obtenham solução mediante instauração de *incidentes do processo*, como é o caso da exceção de incompetência, impugnação ao valor da causa *etc.* Não confundir *incidente do processo* com *processo incidente*. Aquele é um acontecimento do processo mesmo, um pequeno procedimento paralelo ao principal, determinando ou não a suspensão deste mas sempre integrando-se no processo já antes pendente, sem dar origem a outro; *processo incidente* é processo novo, outro processo que tem vida em função do primeiro e produzirá sentença destinada a projetar efeitos sobre ele, mas sempre será um processo em si mesmo. A mais relevante conseqüência prática dessa distinção é

da na motivação das decisões judiciárias em geral (Const., art. 93, inc. IX), não passa de mero suporte lógico do ato imperativo que será a decisão sobre uma demanda, ou pedido. Nada há de imperatividade na solução de *questões*; a imperatividade é inerente à *conclusão* e não à sua preparação contida nos motivos da sentença ou da decisão interlocutória (Liebman).[301]

O *despacho de mero expediente* é também proferido no curso do procedimento, sem lhe pôr fim, e nisso coincide parcialmente com a decisão interlocutória. O que o distingue é seu *conteúdo*: os despachos caracterizam-se como atos de ordenação e impulso processual, sem que com eles o juiz aprecie questões ou demandas (se o fizer, ter-se-á decisão interlocutória e não despacho).[302] O § 3º do art. 162 dá porém ao despacho uma definição completamente discrepante dessa explicação e das definições logo acima dadas aos outros pronunciamentos judiciais; diz que "são despachos todos os demais pronunciamentos judiciais praticados no processo, de-ofício ou a requerimento da parte, a cujo respeito a lei não estabelece *outra forma*". Por que *outra forma*, se os parágrafos anteriores não põem na *forma* o critério distintivo dos atos processuais, como se faz na Itália?[303] E, como apenas para a sentença há uma forma predeterminada e para a decisão interlocutória não (CPC, arts. 165 e 458), diante do § 3º do art. 162 o observador menos preparado continuaria perguntando: qual a diferença entre o despacho de mero expediente e a decisão interlocutória, quando segundo a lei a diferença estaria na forma e nada dispõe a lei quanto à forma que esta deve observar?[304] É preciso pois,

que os incidentes do processo têm fim mediante *decisão interlocutória*, sujeita a agravo, enquanto que é *sentença* o ato que põe fim ao processo incidente (sujeita, pois, a apelação).

301. *Cfr*: "Parte o 'capo' di sentenza", n. 2, pp. 48 ss.

302. *Cfr*: Barbosa Moreira, *Comentários ao Código de Processo Civil*, V, n. 139, esp. 243.

303. *Cfr*: Dinamarco, nota 179 à tradução brasileira do *Manual de direito processual civil* de Enrico Tullio Liebman, I, p. 308 trad.

304. No sistema do Código de Processo Civil brasileiro, a exigência de forma apenas quanto à sentença (a tríplice estrutura: art. 458) é decorrência do fato de ser esta o ato jurisdicional por excelência, aquele que tradicionalmente define

desconsiderando as palavras mal alinhavadas daquele parágrafo, conceituar os despachos de mero expediente pela função que desempenham: eles se destinam ao impulso e ordenação do processo, sendo *desprovidos de conteúdo decisório* e diferindo por isso das decisões interlocutórias.[305]

Inexplicável e rigorosamente desnecessária foi a alteração que a lei n. 11.276, de 7 de fevereiro de 2006, aportou ao art. 504 do Código de Processo Civil, somente para substituir a locução *despachos de mero expediente* pelo vocábulo *despachos*; é perfeita a sinonímia entre esses dois modos de dizer e jamais pensou alguém em um *despacho* que não fosse *de mero expediente*. Furor reformista?

Além disso, ao menos uma vez o Código Processo Civil emprega o vocábulo *despacho* onde deveria falar em decisão interlocutória: é no art. 1.022, onde fala em "despacho de deliberação da partilha"; deliberação é decisão e, se decide, o ato é uma decisão interlocutória, não um despacho.

Poder-se-á também pensar no vocábulo *decisão* (sem adjetivos), a designar amplamente todos os atos judiciais com carga decisória. Como apenas as sentenças, as interlocutórias, os acórdãos *decidem* acerca de alguma pretensão e o despacho não, a palavra *decisão* seria abrangente daquelas três categorias, excluindo-se do conceito apenas os despachos. Decisão, em sentido bem amplo, é obviamente todo ato que decide. Mas são extremamente raras as vezes, entre as muitas em que essa palavra é empregada pelo Código, nas quais ela vem com esse sentido mais amplo (arts. 189, inc. II, 585, inc. V, e talvez nada mais que isso). Na grande maioria dos casos, *decisão* está por *decisão interlocutória*, como se vê nos arts. 134, inc. III, 164, 214, 2º, 242,

---

o litígio. E como há também sentenças que não definem o mérito (terminativas), a lei permite que venham em forma sucinta (art. 459); a menor relevância de seus efeitos (arts. 28 e 268) poderia talvez sugerir a suficiência de menores cuidados quanto à forma, mas ainda assim alguma fundamentação todo ato jurisdicional decisório deve ter, por imposição constitucional (Const., art. 93, inc. IX).

305. Sobre o conteúdo dos atos judiciais, v. Redenti: conteúdo é a expressão de um pensamento ou (invertendo os termos) é um pensamento enquanto expresso (*Diritto processuale civile*, I, n. 54, p. 199). *Cfr.* também Dinamarco, *Litisconsórcio*, n. 59.1, esp. n. 244.

caput e § 1º, 503, 512, 519, par., 523, § 2º, 527, inc. III, 701, § 2º, 733, 1.009, § 2º, 1.023, 1.039, inc. I. *Decisão* vale também por *julgamento*, ou ato de decidir (arts. 409, 418, inc. II, 440, 546, par., 560), por *dispositivo* (arts. 55, 1.095, inc. II), por *acórdão* (arts. 541 e 542, inc. II) e até por *sentença* (arts. 495, 514, inc. III, 866). Diante disso, fica difícil o entendimento da palavra decisão *tout court*, que é tão equívoca e, em alguns casos, causadora de dúvidas interpretativas.[306]

152. sentença, decisão interlocutória e despacho: imperfeições e incoerências do Código de Processo Civil

Nem sempre o Código Processo Civil foi fiel aos conceitos que seu próprio art. 162 pretendeu implantar. Já se fizeram algumas observações gerais, referentes aos deslizes terminológicos em que incide (*supra*, nn. 3 e 75), onde então se destacou que a palavra *sentença* nem sempre foi empregada no sentido da definição que o próprio Código lhe dava; já se observou também que a palavra *decisão* tem significado incerto no direito processual civil positivo, apesar da aparente clareza do § 2º do art. 162 (*supra*, n. 75); e, além dessas, algumas outras considerações serão ainda convenientes.

Às imperfeições já contidas no Código desde a origem soma-se uma outra, bastante ampla e comprometedora, implantada pela lei n. 11.232, de 22 de dezembro de 2005 (a chamada Lei do Cumprimento de Sentença) e consistente na *quebra da unidade do conceito de sentença*. Quando esta era definida como "ato pelo qual o juiz põe termo ao processo", essa definição abrangia não só a sentença proferida no processo de conhecimento, quanto aquela que põe fim ao processo executivo (art. 795). Essa última não julga mérito algum, porque mérito algum é posto como objeto de julgamento em sede executiva, como também não determina a

---

306. Barbosa Moreira sugere a seguinte classificação: os *pronunciamentos judiciais* são dos órgãos singulares ou dos tribunais (acórdãos); os pronunciamentos dos órgãos singulares são decisões ou despachos; as decisões são finais (sentenças) ou interlocutórias (*cfr. Comentários ao Código de Processo Civil*, V, n. 139, esp. p. 246).

extinção do processo por alguma das causas indicadas no art. 267 do Código de Processo Civil. Quando a sentença indicada no art. 795 é proferida, isso significa que a tutela jurisdicional já foi outorgada ao exeqüente e por ele recebida (art. 794, inc. I – "quando o devedor satisfaz a obrigação") ou que, por algum modo, este renunciou a ela (art. 794, incs. II-III). Diferentemente do que hoje se dá com a sentença como tal definida pelo art. 162, § 1º, com vista ao processo ou fase de conhecimento, aquela outra (a do processo ou fase executiva) continua sendo o *ato pelo qual o juiz põe termo ao processo* – e com isso lá se foi a unidade conceitual que na redação original do Código de Processo Civil era preservada.

Mas, curiosamente, o advento da lei n. 11.232, de 22 de dezembro de 2005, veio a eliminar algumas imperfeições do Código de Processo Civil, ou infidelidades ao seu próprio conceito de sentença. Embora seu art. 162, § 1º, definisse esta como "ato pelo qual o juiz põe termo ao processo", algumas disposições empregavam esse vocábulo ao se referirem a atos que não põem termo a processo algum. O Código chamava e chama de *sentença*, p.ex., o ato que declara insolvente o devedor, embora nesse caso o processo não tenha fim (art. 761); da mesma incoerência padecia o dispositivo que qualifica como tal o ato que julga procedente a ação de prestação de contas em sua primeira fase, condenando o réu a prestá-las e encaminhando o processo para sua segunda fase (art. 915, § 2º); fora do Código há o ato através do qual o juiz julga a ação de desapropriação, fixando o montante indenizatório e encaminhando incontinenti o processo para a expedição de precatório (e assim dá início à execução admissível contra a Fazenda Pública, sem que o processo tenha fim – dec-lei n. 3.365, de 21.6.41, art. 34). Em todos esses casos, a aplicação dos conceitos trazidos na redação originária dos parágrafos do art. 162 trazia dificuldades conceituais porque não se tratava, segundo estes, de verdadeira *sentença* (são atos que não põem fim ao processo) nem de decisões interlocutórias (não julgam demandas incidentes, mas o próprio mérito). Como então qualificar tais atos em face da definição então contida no próprio Código de Processo Civil? Com a modificação introduzida na Lei do Cumprimento de Sentença, esses atos se enquadram perfeitamente no modelo de sentença delineado no novo § 1º do art. 162: trata-se, em todos os exemplos indicados acima, de atos portadores do pronunciamento final do juiz de primeiro grau sobre uma pretensão ou, em outros termos, de atos que *definem uma causa* embora não ponham fim ao processo. Declarar insolvente o devedor é acolher a pretensão do credor a essa declaração e à constituição do estado de insolvência daquele; condenar o réu a prestar contas é reconhecer o direito subjetivo do autor a obter daquele uma prestação de contas; fixar o montante indenizatório na expropriação imobiliária é dar resposta (favorável ou desfavorável) ao pedido do expropriado por uma indenização maior que a oferecida. Em todas essas hipóteses tem-se realmente a *definição de uma causa*, ou pronunciamento sobre a pretensão que constitui objeto do processo; trata-se rigorosamente de *sentenças* segundo a definição fornecida pelo vigente art. 162, § 1º, do Código de Processo Civil, embora não determinem a extinção de processo algum.

Ao que tudo indica, o § 1º do art. 162 do Código de Processo Civil fora concebido em 1973 apenas à luz do procedimento comum, regido no Livro I do Código (ordinário ou sumário – art. 272). Empenhado em unificar o conceito de sentença, de modo a abranger as de mérito e as terminativas, mostra tal parágrafo que, quando o elaborou, o legislador estava com as vistas postas exclusivamente nesses procedimentos. Repetem-se os casos em que, no trato dos procedimentos especiais, o vocábulo *sentença* não se acomodava nada bem à definição ali lançada – o que evidencia igualmente que o legislador fez suas definições sem atentar a esses procedimentos. O Anteprojeto fora trazido ao público inicialmente incompleto, no ano de 1964, e só mais tarde os procedimentos especiais foram ali incluídos mediante a elaboração de um Livro específico – o que provavelmente explicará o desvio de atenção a que venho aludindo. Do que ficou dito emerge a conclusão, provavelmente estranha aos desígnios do redator do Anteprojeto, de que, já na redação deste e portanto na redação original do Código de Processo Civil, *sentença* não seria apenas o ato tendo por efeito a extinção do processo (com julgamento do mérito ou sem) mas também aquele que, sem pôr fim a este, lhe apreciasse o mérito. Se for assim, a nova definição trazida pela lei de 2005 não alterou tanto as coisas.

153 *substituto processual, substituído, substituir, sucessor, sucedido, sucessão, suceder*

Substituto processual é o sujeito a quem a lei confere qualidade para estar em juízo, em nome próprio, para a defesa de interesses substanciais alheios; é quem, não sendo parte na relação de direito material controvertida, recebe da lei a *legitimatio ad causam* (legitimidade extraordinária – CPC, art. 6º). Exemplo típico é o do cidadão, que a Constituição e a lei ordinária legitimam a vir a juízo postular, em benefício das entidades estatais e paraestatais, sentença de anulação de atos lesivos aos cofres desta e recomposição da situação patrimonial antecedente (*ação popular* – *cfr.* Const., art. 5º, inc. LXXIII e lei 4.717, de 29.6.65); sem ser ele o titular do direito à anulação ou ao reembolso e sem ter qualquer poder de representação da entidade lesada, recebe do direito positivo (e por sabidas razões de ordem política) a legitimidade ativa para tais demandas.[307] Nas demandas visando à *tutela coletiva* o autor que vem a juízo figura como substituto processual de toda uma comunidade ou grupo: ele age em nome próprio mas no interesse dos reais interessados na tutela que vem postular (Ministério Público, associações *etc.*).

> O substituto processual *é parte*, ao contrário do representante, que como ele está em juízo na defesa de interesses substanciais alheios, mas em nome do titular do interesse e não no seu próprio. Quando alguém atua no processo como representante de outrem, *parte* é sempre o representado e não quem o representa.

A partir desse conceito, temos vocábulos e palavreados de sentido correlato, como é o caso da locução *substituição processual*, que designa a atuação daquele que está em juízo na qualida-

---

307. *Cfr.* Dinamarco, *Instituições de direito processual civil*, II, n. 548, pp. 317 ss.; *Execução civil*, n 42, esp. n. 280, pp. 425 ss., texto e nota 90; v. ainda Cintra-Grinover-Dinamarco, *Teoria geral do processo*, n. 191, pp. 319-321; e também Donaldo Armelin, *Legitimidade para agir no direito processual civil brasileiro*, nn. 106-108, pp. 115 ss., evitando falar em *legitimação* extraordinária (fala sempre *legitimidade*) e demonstrando com firmeza que o *direito de conduzir o processo*, da doutrina alemã (*Prozeßführungsrecht*), com ela coincide por inteiro.

de de substituto de outrem; da palavra *substituído*, representativa do titular da relação jurídica material controvertida, que não está em juízo e tem seus direitos ou interesses defendidos pelo substituto; e do verbo *substituir*, equivalente a estar em juízo, em nome próprio, para a defesa de interesse substancial alheio.

O Código de Processo Civil, apesar de empenhado em assimilar a linguagem mais moderna em direito processual, não emprega uma vez sequer tais vocábulos ou locuções no sentido técnico-processual aqui indicado. Ao contrário, chega a induzir em mal-entendido o observador menos preparado, quando, em sentido bastante diferente, emprega a expressão *substituição das partes e dos procuradores* e o fraseado *substituindo o alienante* (v. arts. 41-45, esp. art. 42, § 1º). "Substituição" está aí no sentido comum e processualmente atécnico de *ato de colocar (pessoa ou coisa) no lugar de; trocar*:[308] alguém sai do processo e alguém entra no lugar por ele deixado. Mas esse fenômeno tem o nome técnico de *sucessão*, que pode ser em razão da morte ou de ato *inter vivos*; a sucessão é um dos meios através dos quais uma pessoa se torna parte no processo[309] e não se confunde com a *substituição processual*.[310] Sendo alienada a coisa litigiosa e vindo o adquirente a ocupar no processo o lugar antes ocupado pelo alienante (CPC, art. 42), o fenômeno que ocorre é *sucessão*. Substituição processual haverá exatamente na hipótese oposta, ou seja, quando o adquirente não postular o ingresso na relação ou quando, havendo pretendido fazê-lo, a isso se opuser o adversário (CPC, art. 42, § 1º): não haverá alteração subjetiva alguma na relação processual e o alienante, que até então ali estivera na defesa de direito próprio, passa agora a figurar como substituto processual do adquirente (era um legitimado ordinário e agora, extraordinário).

308. *Cfr. Novo Dicionário Aurélio*, p. 1.343, 2ª col.

309. *Cfr.* Liebman, *Manual de direito processual civil*, I, n. 41, esp. p. 124 trad.; Dinamarco, *Instituições de direito processual civil*, II, n. 533, pp. 285 ss. e *Litisconsórcio*, n. 3.1, p. 22, nota 19.

310. Sobre o tema da legitimidade extraordinária, é clássica a monografia de Garbagnati, *La sostituzione processuale*.

Também no art. 264 o vocábulo *substituições* aparece em sentido comum, para designar o que melhor se expressaria por *alterações subjetivas*, ou mesmo *sucessões*. Também aqui não se cuida da substituição processual. O Código estaria mais coerente com seu destacado espírito didático e rigor técnico-verbal, prestando mais um serviço à cultura processual brasileira, se houvesse apurado também aqui a sua linguagem.

154. sucumbência, honorários da sucumbência, ônus da sucumbência

Sucumbência vem do verbo *sucumbir*, que significa tombar, dobrar-se, perecer, morrer ou, segundo seu emprego comum em processo civil, *ser vencido* (Aurélio). Parte sucumbente é parte vencida e sucumbência é, pois, a própria derrota na causa. Chamam-se *honorários da sucumbência* os honorários advocatícios que o vencido é condenado a pagar ao vencedor (*victus victori* – CPC, art. 20). A partir desses conceitos entende-se, pois, que não é correto dizer simplesmente *sucumbência*, pensando nos *honorários* a serem pagos pelo vencido. Não se diga, p.ex., "a sucumbência neste processo foi muito alta"; o correto é dizer "os honorários da sucumbência neste processo foram muito altos". Insisto: sucumbência é a derrota e não os honorários devidos pelo derrotado.

Fala-se também em *encargos da sucumbência* ou *ônus da sucumbência*, para designar englobadamente os honorários e as despesas processuais que o vencido é condenado a reembolsar ao vencedor (ainda o art. 20). É bastante usual, em acórdãos que dão provimento a uma apelação, o emprego da frase "invertem-se os ônus da sucumbência", para significar que as despesas e honorários serão pagos pela parte que, na instância inferior, havia saído vencedora e agora passou à condição de vencida. Mas, em um rigor de linguagem, é desaconselhável o emprego do vocábulo *ônus* com esse significado. Ônus são imperativos do próprio interesse (clássica definição de Goldschmidt), ou encargos a serem desempenhados pelo sujeito como requisito para obter uma vantagem ou evitar uma desvantagem; não se confundem com as *obrigações*. No curso do processo, as partes têm ônus financeiros; ao fim, o vencido tem obrigações perante o vencedor, pelas despesas e honorários (*supra*, n. 59). Não é correto, pois, falar em uma *inversão dos ônus da sucumbência*, porque a sucumbência gera obrigações e não ônus. Diga-se, em um linguajar mais aceitável, "invertem-se os *encargos* da sucumbência".

155. súmulas, súmulas vinculantes e súmulas impeditivas de recurso

Súmulas são enunciados sintéticos da jurisprudência de um tribunal, nos quais se refletem linhas de decisões reiteradamente tomadas sobre determinados pontos de direito. São *máximas da jurisprudência*, úteis para orientar as partes, advogados e tribunais subordinados, dada a disposição, que o tribunal anuncia ao emiti-las, de prosseguir decidindo conforme o enunciado nelas contido. Foi pioneiro na instituição de súmulas o Supremo Tribunal Federal, que, no distante ano de 1963, sob a liderança histórica do Min. Victor Nunes Leal, passou a incluir na competência do relator o poder de "mandar arquivar o recurso extraordinário ou o agravo de instrumento[311] indicando o correspectivo número da Súmula" (art. 15, inc. IV). Essa foi uma das técnicas idealizadas com o objetivo de buscar soluções para o notório, antigo e angustiante problema da sobrecarga da Corte Suprema brasileira, que no plano doutrinário já fora objeto de preocupações de Alfredo Buzaid na década dos anos *cinqüenta*.[312] Estava nesse momento instituída a Súmula da Jurisprudência Predominante do Supremo Tribunal Federal, que se destinou a favorecer a estabilidade da jurisprudência e, de igual modo, a *simplificar o julgamento das questões mais freqüentes*.[313] Bem depois e havendo dito regimento sido alterado ou substituído mais de uma vez, uma lei especial transportou ao plano legal o que era meramente regimental, ratificando aqueles poderes do relator e dando igual tratamento ao

---

311. Interposto contra decisão denegatória daquele.

312. *Cfr.* "A crise do Supremo Tribunal Federal", esp. n. 16, pp. 144 ss.

313. A Súmula apareceu como *anexo* do Regimento Interno do Supremo Tribunal Federal, em obediência ao disposto no tít. III, cap. XX, conforme emenda aprovada em 28 de agosto de 1963. Palavras da *Explicação preliminar* elaborada pela Comissão de Jurisprudência, da qual participaram os Min. Gonçalves de Oliveira, Victor Nunes Leal e Pedro Chaves.

recurso especial processado no Superior Tribunal de Justiça (lei n. 8.038, de 28.5.90, art. 28, §§ 2º e 3º).[314] Vieram depois as Súmulas de outros tribunais, como a do extinto Tribunal Federal de Recursos e a do Superior Tribunal de Justiça. Hoje (abril de 2009) a Súmula do Supremo Tribunal Federal conta com setecentos e trinta-e-seis enunciados e a do Superior Tribunal de Justiça, com trezentas e setenta-e-seis.

Em sua origem a Súmula não era vinculante, valendo somente como norte para as decisões dos relatores no próprio Supremo Tribunal Federal e também para decisões dos tribunais inferiores – os quais, embora fortemente influenciados pelos enunciados da Súmula do Supremo Tribunal Federal, eram ao menos teoricamente autorizados a decidir contra as decisões sumuladas. Surgiu depois, sempre por conta do empenho em agilizar os serviços judiciários, a idéia das *súmulas vinculantes*. A proposta veio inicialmente do Min. José Paulo Sepúlveda Pertence, então na Presidência do Supremo Tribunal Federal, o qual ergueu àquele tempo a bandeira das decisões vinculantes do próprio Supremo e dos Tribunais Superiores da União. Essa idéia foi recebida com aplausos de entusiasmo e ferozes oposições, até que, no ano de 2004, a emenda constitucional n. 45 incluiu na Constituição Federal o hoje vigente art. 103-A, institucionalizando o sistema de súmulas vinculantes – mas somente para o Supremo Tribunal Federal.

> "O Supremo Tribunal Federal poderá, de ofício ou por provocação, mediante decisão de dois terços dos seus membros, após reiteradas decisões sobre matéria constitucional, aprovar súmula que, a partir de sua publicação na imprensa oficial, terá efeito vinculante em relação aos demais órgãos do Poder Judiciário e à administração pública direta e indireta, nas esferas federal, estadual e municipal, bem como proceder à sua revisão ou cancelamento, na forma estabelecida em lei" (Const., art. 103-A, *caput*).

Dispôs-se também que, justamente porque essas Súmulas *vinculam*, "do ato administrativo ou decisão judicial que contrariar a súmula aplicável ou que indevidamente a aplicar, caberá *reclamação*

---

314. *Cfr.* meu ensaio "O relator, a jurisprudência e os recursos", n. 599, esp. p. 1.101.

ao Supremo Tribunal Federal, que, julgando-a procedente, anulará o ato administrativo ou cassará a decisão judicial reclamada, e determinará que outra seja proferida com ou sem a aplicação da súmula, conforme o caso" (art. 103-A, § 3º).

Sobreveio no ano de 2006 a lei portadora da disciplina infraconstitucional das súmulas vinculantes, a qual dispõe sobre "a edição, a revisão e o cancelamento de enunciado da súmula vinculante pelo Supremo Tribunal Federal" (lei n. 11.417, de 19.12.06). Até ao presente (abril de 2009) o Supremo Tribunal Federal já enunciou catorze súmulas vinculantes.

As *súmulas impeditivas de recursos* foram objeto de uma proposta de emenda constitucional como alternativa à adoção do sistema de súmulas vinculantes, mas essa idéia não foi avante. Aquela proposta não foi avante e esse instituto, tal como de início idealizado, inexiste na ordem brasileira (nem constitucional nem processual). Mas uma lei ulterior veio a criar um mecanismo pelo qual as próprias súmulas ordinárias do Supremo Tribunal Federal (não necessariamente as vinculantes) e as do Superior Tribunal de Justiça acabam por impedir o processamento da apelação, sendo pois, nesse sentido, *impeditivas*. Segundo dispõe o vigente § 1º do art. 518 do Código de Processo Civil, "o juiz não receberá o recurso de apelação quando a sentença estiver em conformidade com súmula do Superior Tribunal de Justiça ou do Supremo Tribunal Federal". Esse dispositivo é complementado pelo § 2º do mesmo artigo, que autoriza o juiz de primeiro grau a rever seu próprio juízo positivo de admissibilidade da apelação à vista das contra-razões do apelado, proferindo então um juízo negativo e assim negando seguimento a esse recurso – seja mediante aplicação do disposto no § 1º, seja em virtude de alguma outra razão de sua inadmissibilidade.

O § 1º do art. 518 do Código de Processo Civil está em consonância com o § 3º de seu art. 475, referente à devolução oficial, segundo o qual "não se aplica o disposto neste artigo quando a sentença estiver fundada em jurisprudência do plenário do Supremo Tribunal Federal ou em súmula deste Tribunal ou do tribunal superior competente". Isso significa que, estando a sentença em conformidade com uma súmula do Supremo Tribunal Federal ou do Superior Tribunal de Justiça, contra ela não caberá apelação pelo vencido nem a remessa oficial a ser determinada pelo juiz.

156. trânsito em julgado

Trânsito em julgado é a passagem de uma sentença ou acórdão do estado de ato ainda sujeito a revisão no âmbito do processo, para o estado de estabilidade, ou imutabilidade, que caracteriza a coisa julgada formal. O vocábulo *trânsito*, que em si mesmo reflete a idéia de *movimento*, é empregado nessa locução com o intuito de designar esse movimento ou passagem. Transitam em julgado, ou *passam em julgado*, não somente as sentenças de mérito quanto as terminativas, que não decidem o mérito, uma vez que estamos somente no campo da coisa julgada formal e não se cogita da estabilidade de efeitos mas da própria sentença como ato do processo. O trânsito em julgado ocorre no momento em que todos os recursos hajam sido exauridos (passa em julgado o último ato decisório – sentença, acórdão ou mesmo ato monocrático do relator, conforme o caso) ou em que termine *in albis* o prazo para um recurso ainda cabível.

157. Tribunais Superiores

Na linguagem da Constituição Federal são *Tribunais Superiores da União* os órgãos máximos das diversas Justiças, a saber: o Tribunal Superior do Trabalho, o Superior Tribunal Eleitoral e o Superior Tribunal Militar, além do Superior Tribunal de Justiça, que não pertence a Justiça alguma mas se sobrepõe à Justiça Federal e às dos Estados e do Distrito Federal em matéria infraconstitucional; nesse linguajar o Supremo Tribunal Federal não se inclui entre os *Tribunais Superiores*, sendo expressiva a redação do art. 92, par., da Constituição Federal, segundo o qual "o Supremo Tribunal Federal e os Tribunais Superiores têm sede na Capital Federal e jurisdição em todo o território nacional". Não-obstante essa clareza, na prática do dia-a-dia é comum o emprego incorreto dessa expressão para designar o Superior Tribunal de Justiça e o Supremo Tribunal Federal.

O Código de Processo Civil, ao traçar a disciplina da devolução de-ofício, ou remessa oficial, estabelece que "também não se aplica o disposto neste artigo quando a sentença estiver fundada em jurisprudência do plenário do Supremo Tribunal Federal ou em súmula deste tribunal ou do tribunal superior competente" (art. 475, § 3º, red. lei n. 10.352, de 26.12.01). *Tribunal superior competente*, em matéria de processo civil, é o Superior Tribunal de Justiça.[315]

158. tutela antecipada *(e não tutela* antecipatória*)*

Tutela jurisdicional antecipada é, no sistema do Código de Processo Civil brasileiro, a proteção que se dá a uma das partes (geralmente o autor) em momento precoce e com apoio em uma cognição superficial. Nos dizeres do art. 273, *caput*, desse Código, ela será outorgada quando existir *prova inequívoca suficiente para convencer o juiz da verossimilhança da alegação da parte* – e a doutrina, interpretando essa redação não muito clara, é pacífica ao entender que ali está a exigência de suficiente probabilidade de existência do direito, ou *fumus boni juris*. Cumulativamente a esse requisito deve configurar-se também (a) uma situação que torne legítimo antecipar, como o "receio de dano irreparável ou de difícil reparação", que outra coisa não é senão o *periculum in mora* (art. 273, inc. I) ou (b) o abuso do direito de defesa ou condutas reveladoras do intuito procrastinatório, pelo réu (inc. II).[316] No primeiro caso antecipa-se para evitar a consumação do mal racionalmente temido; essa é, portanto, uma *tutela de urgência*. No segundo a antecipação tutelar tem escopo e justificativa claramente *sancionatórios*.[317]

Existe ainda uma terceira hipótese de antecipação tutelar, representada pela *incontrovérsia*: "a tutela antecipada também poderá ser concedida quando um ou mais dos pedidos cumulados, ou parcela deles, mostrar-se incontroverso" (CPC, art. 273, § 6º).

315. Os demais tribunais superiores da União são: o Tribunal Superior do Trabalho em matéria trabalhista, o Tribunal Superior Eleitoral em matéria eleitoral e o Superior Tribunal Militar em matéria penal militar.

316. *Cfr.* Dinamarco, *Nova era do processo civil*, nn. 20-48, pp. 46 ss.

317. *Cfr.* Bruno Vasconcelos Carrilho Lopes, *Tutela antecipada sancionatória*, n. 9, p. 55.

Se a incontrovérsia abrangesse todos os pedidos deduzidos na demanda inicial seria o caso de julgar antecipadamente o *meritum causæ*, como manda o art. 330 do Código de Processo Civil (*supra*, n. 90), mas quando algum deles for objeto de controvérsia, o juiz antecipará a tutela quanto ao não-controverso e realizará a instrução quanto aos demais. Essa antecipação não se caracteriza como medida de urgência nem sancionatória[318] mas é, como todas as antecipações, portadora de uma *tutela jurisdicional acelerada*, ou seja, instrumento destinado a produzir, na medida do possível, uma justiça em tempo razoável (Const., art. 5º, inc. XXXVIII).

Sustenta Marinoni que essa parcial antecipação traz em si a natureza de autêntico julgamento do mérito, ou, mais precisamente, de um parcial julgamento antecipado do mérito[319] – com a dupla conseqüência (a) de que o pedido que houver sido objeto de antecipação fica excluído do objeto do processo e sobre ele não mais se pronunciará o juiz na sentença final e (b) de incidir a coisa julgada material sobre a decisão antecipatória, tanto quanto se dá nas hipóteses regidas pelo art. 330 do Código de Processo Civil. Essa posição, posto que consentânea com os anseios por uma justiça mais rápida, é discutível e não conta com a unanimidade dos estudiosos.

Nas hipóteses regidas pelos incs. I e II do art. 273 do Código de Processo Civil antecipa-se integral ou parcialmente a própria tutela jurisdicional pedida na demanda inicial, ou se antecipam, conforme o caso, alguns *efeitos* dessa tutela (art. 273, *caput*). Exemplo: suspender a alienação de um imóvel pertencente à sociedade é antecipar um dos possíveis efeitos da sentença anulatória da assembléia societária onde se deliberou aliená-lo. Isso não é antecipar a própria tutela que constitui objeto do *petitum* inicial, mas um efeito que ela poderá ter. No caso de incontrovérsia quanto a um dos pedidos ou parte de um deles (art. 273, § 6º), a antecipação é sempre *parcial*, porque os demais pedidos não são objeto de incontrovérsia; mas, nesse caso, antecipa-se a própria tutela pedida na inicial (ainda que parcialmente) e não algum de seus efeitos.

318. *Id., ib.*, p. 58.
319. *Cfr. A antecipação de tutela* (6ª ed.), nn. 4.7.6 e 4.7.7, p. 153.

Todas as antecipações tutelares trazem consigo a nota da provisoriedade, porque são concedidas sob a base de uma cognição sumária que depois pode ficar superada pelo resultado da cognição plena. Diz a propósito o art. 273, § 4º, do Código de Processo Civil, que "a tutela antecipada poderá ser revogada ou modificada a qualquer tempo", ou seja, em qualquer momento procedimental. Tanto a decisão que a concede, quanto a que a revoga ou modifica, deve ser suficientemente *motivada*, sob pena de nulidade, como exige a garantia de motivação dos atos jurisdicionais, contida no art. 93, inc. IX, da Constituição Federal.

Ainda grassa muita incerteza e muitos equívocos conceituais se cometem em relação ao confronto entre as medidas antecipatórias de tutela jurisdicional e as *cautelares*. As antecipações fundadas no inc. I do art. 273 do Código de Processo Civil, que constituem notórios remédios neutralizadores da corrosão de direitos, produzida pelo tempo-inimigo (Carnelutti),[320] são com muita freqüência confundidas com as medidas cautelares e, também muito freqüentemente, como tais entendidas por doutrinadores ou tribunais. O § 7º que a *Reforma da Reforma* introduziu no art. 273 do Código de Processo Civil pretendeu minimizar na prática os males dessa confusão, instituindo o que vem sendo denominado *fungibilidade das medidas de urgência* (melhor seria falar em *conversão*). Pelo que ali se dispõe, a errada qualificação da medida por aquele que a postula não prejudica nem impede sua concessão, cuidando o juiz de corrigir o equívoco da parte e atribuir à medida a qualificação jurídica adequada; o juiz concederá a tutela urgente que houver sido pedida, nos limites do *petitum*, nada importando se ela foi pedida a título de cautelar e tinha natureza antecipatória, ou se foi pedida como antecipação de tutela e era, na realidade, cautelar.[321] E, se também o juiz errar, rotulando de cautelar o que é antecipação, ou de antecipação o que não passa de cautelar, isso não trará prejuízo a quem quer que seja nem à efetividade do que houver sido disposto em sua decisão.

---

320. *Cfr. Diritto e processo*, n. 232, esp. p. 354.
321. *Cfr.* minha *Nova era do processo civil*, n. 27, pp. 60 ss.

Há porém uma linha divisória entre essas duas categorias. As *medidas cautelares* visam a dar *apoio ao processo*, aportando-lhe meios externos indispensáveis ou úteis para a consecução de seus objetivos; são hipóteses bem típicas a produção antecipada de prova, com a qual se assegura a preservação de uma fonte probatória que pode deixar de existir (CPC, arts. 846-851), o arresto, destinado a evitar o desaparecimento de bens responsáveis, com vista a sua futura penhora na execução por quantia (arts. 813-821), o seqüestro, mediante o qual se assegura o acesso ao bem especificamente devido (arts. 822-825) *etc.* Nenhuma dessas medidas projeta efeitos fora do processo, nenhuma delas traz em si algum benefício diretamente relacionado com a vida dos litigantes. Já as *antecipações de tutela* são instrumento de *apoio ou proteção* à parte, produzindo efeitos em sua vida comum. Como o próprio nome indica, elas são *antecipações*, consistentes em fazer agora aquilo ou parte daquilo que ordinariamente só depois se faria. Estão na categoria das medidas antecipatórias, p.ex.: a) a sustação de protesto cambiário, consistente em antecipar precisamente esse efeito que poderá ter a sentença a ser proferida em ação declaratória de inexistência da obrigação (ou ação de anulação de título, como, menos propriamente, dizem alguns); b) a já referida suspensão de venda de imóvel de sociedade, como antecipação de um importantíssimo efeito da sentença que possivelmente virá a anular a deliberação assemblear; c) as interdições de atividades, concedidas em ação civil pública como antecipação da tutela final postulada em benefício dos titulares de possíveis direitos referentes ao meio-ambiente ou às relações de consumo; (d) as liminares concedidas em processos possessórios ou de mandado de segurança *etc.* Resumindo: apoio ao bom funcionamento do processo, medidas cautelares; apoio a um dos sujeitos em sua vida exterior ao processo, antecipações tutelares.

Deve ser evitado o emprego da locução *tutela antecipatória*. Comportam essa adjetivação as medidas que antecipam a tutela, não a tutela mesma. Assim como a medida que impõe uma sanção é *sancionatória* e as atividades destinadas a pôr o processo em ordem são *ordinatórias*, assim também é natural que sejam *antecipatórias* as medidas com que juiz antecipa a tutela jurisdicional. E esta, que foi objeto da antecipação, diz-se *antecipada*, não antecipatória.[322]

159. venda, alienação, pagamento, preço, usufruto judicial

Bom apuro terminológico vê-se no trato da execução forçada pelo Código de Processo Civil, onde se repudia o vocábulo *venda* para a designação da imperativa transferência do bem penhorado. São freqüentes e bastante conhecidas as vozes da doutrina moderna no sentido de que se trata de *ato expropriatório* realizado pelo Estado-juiz com fundamento em seu próprio poder (o poder estatal), sendo inadequado qualquer reclamo a conceitos civilistas na busca da natureza dessa alienação forçada; é superada a tese segundo a qual o Estado *venderia* o bem como representante do executado, tanto quanto aquela que diz haver uma expropriação da disponibilidade do bem, seguida de uma *venda* feita pelo Estado, agora na qualidade de titular do poder de dispor (Chiovenda).[323] A *expropriação* do bem penhorado, que caracteriza a execução por quantia certa,[324] está presente nas diversas técnicas de alienação

---

322. *Cfr.* Barbosa Moreira, "Antecipação de tutela: algumas questões controvertidas", n. 1, pp. 77-78.

323. Essas engenhosas construções foram criticadas por Liebman (*Processo de execução*, n. 14, pp. 32 ss. e n. 68, pp. 143 ss.) e o que nelas se vê é o costumeiro assento privatista: apegados à idéia da compra-e-venda como forma de transmissão do domínio, os juristas buscavam nos institutos de direito privado a justificativa para essa transferência que hoje todos sabem ser feita pelo próprio Estado, sem poderes de representação conferidos por quem quer que seja. A propósito, disse há mais de um século Paula Baptista, em uma de suas geniais antecipações das posições doutrinárias que haveriam de difundir-se no século XX: "a arrematação é uma desapropriação forçada, efeito da lei, que representa a justiça social no exercício de seus direitos e no uso de suas forcas para reduzir o condenado à obediência dos julgados; a idéia de que a entrega do ramo representa o consentimento do executado pela interposta pessoa do juiz é uma ficção fútil e pueril" (*Compendio de theoria e prática do processo civil comparado com o commercial*, § 204, nota 1, pp. 286-287).

324. No processo de execução por quantia certa têm-se na realidade *duas expropriações*, a saber: a) expropriação do bem penhorado (expropriação *liqüidativa*), no momento em que ele é alienado ao arrematante ou ao remidor; b) a expropriação do dinheiro arrecadado (expropriação *satisfativa*), quando ele é

do bem, que através dela passa a ter novo titular; é realmente uma expropriação, sem qualquer possibilidade de confusão com o negócio jurídico de compra-e-venda. Foi por isso que o Código preferiu, em vez do vocábulo civilista *venda*, empregar esse vocábulo mais genérico e isento de críticas, que é *alienação*. Ele usa também o verbo *alienar* – art. 658, art. 702, art. 766, inc. IV, art. 785.

Corretamente, fala o Código de Processo Civil em *alienação por iniciativa particular* e não *venda por iniciativa particular* (art. 647, inc. II, e rubrica do art. 685). Também adequado é falar em *carta de alienação* (art. 685-C, § 2º).

Mas houve deslizes. Mais de uma vez emprega o Código Processo Civil certas palavras de conotação nitidamente civilista e notoriamente ligadas ao instituto da compra-e-venda, do qual acertadamente pretendera extremar a expropriação forçada. É o caso do vocábulo *pagamento*, usado nada menos de treze vezes (arts. 624, 649, § 2º, 656, inc. II, 659, *caput* e § 2º, 667, inc. II, 678, par., 692, par., 708, 721, 773, 774, 775), especialmente ao tratar como *pagamento ao credor* os atos satisfativos de direito, tais como a entrega do dinheiro, a adjudicação de bens penhorados e o "usufruto" de bem imóvel ou empresa (art. 708). O pagamento é meio voluntário de extinção das obrigações, ao passo que a satisfação executiva é meio forçado, que o Estado realiza à custa do patrimônio do executado, sem a participação da vontade deste ou até mesmo contra ela.[325] Não é metodologicamente desejável, portanto, que se pense ou fale em uma *execução mediante pagamento*, como resulta dos dispositivos referidos. O Código fala também muitas vezes em *preço*, ao cuidar da soma pecuniária a ser depositada pelo arrematante para obtenção do bem licitado; mas, como *preço* é um dos elementos do contrato de compra-e--venda (*res, pretium, consensus*) e como aqui não se trata de ato negocial de direito privado, seria imperioso não empregar tal vo-

---

entregue ao exeqüente. Tal descoberta deve-se a Garbagnati (*cfr. Il concorso di creditori nel processo di espropriazione*, n. 3, pp. 13-14).

325. *Cfr.* Dinamarco, *Instituições de direito processual civil*, IV, n. 1.326, esp. p. 32; *Execução civil*, n. 54, pp. 99 ss.

cábulo, como fazem os arts. 685-A, 685-C, § 1º, 686, § 3º, 690, *caput* e § 3º, 690-A, par., 691, 692, 694, § 1º, incs. II e V, 695, 701, § 1º, e 1.071, § 2º, do Código de Processo Civil.

O Código merece crítica também pela presença de um instituto com o nome de *usufruto de imóvel ou de empresa* (arts. 716-729), ou *usufruto judicial*. Além da crítica consistente em lembrar que o usufruto, tanto quanto a compra-e-venda, é instituto de direito privado, não se justificando a redução de fenômenos processuais ao esquema privatista, é imperioso perceber também que, mesmo perante este, a solução contida em tais dispositivos melhor se enquadraria na *anticrese*, não no usufruto. É precisamente a preexistência de uma obrigação a razão que justifica a outorga, pelo juiz, do direito de haver o exeqüente os frutos e rendimentos do imóvel ou empresa (CPC, art. 716), o que guarda nítida correspondência com os dispositivos do Código Civil sobre a anticrese (art. 1.506: "pode o devedor, ou outrem por ele, com a entrega do imóvel ao credor, ceder-lhe o direito de perceber, em compensação da dívida, os frutos e rendimentos"). Mais correto é, de todo modo, falar em *penhora e expropriação de frutos e rendimentos*, rebelando-se o processualista ante a fixação de sua lei, que é de direito público, aos esquemas e conceitos privatistas do direito civil.

160. veredicto

Em sentido muito amplo, *veredicto* é uma opinião, conclusão ou julgamento manifestado por qualquer pessoa a respeito de dado tema ou questão. Na linguagem jurídica brasileira esse vocábulo expressa o conjunto das respostas afirmativas ou negativas dos jurados aos quesitos formulados pelo juiz sobre os fatos relevantes para o julgamento (CPP, art. 486). Esse veredicto, ao qual necessariamente se aterá o juiz ao redigir a sentença condenatória ou absolutória, é menos que uma *sentença*, uma vez que se limita a resolver as questões de fato submetidas aos jurados (art. 492). Lembrados esses conceitos, desaconselha-se o emprego do vocábulo *veredicto* em processo civil. Os juízes e tribunais não emitem veredictos; eles proferem *julgamentos* e estes se expressam em *decisões interlocutórias, sentenças* ou *acórdãos*.

161. vista e pedir vista – retirar da pauta

Ter vista dos autos é tê-los consigo para exame, seja com o objetivo de manifestar-se em contraditório (partes), seja de proferir voto (juízes dos tribunais). O juiz determina *vista às partes*, ou ao autor, ou ao réu *etc.*, quando a um destes cabe exprimir argumentação ou formular eventuais pedidos, impugnações esclarecimentos *etc.*, em relação a uma decisão, a um laudo pericial, a uma petição do adversário ou a um documento trazido aos autos (CPC, art. 398). Nos tribunais, *pede vista* um dos integrantes do colegiado quando tem dúvida quanto ao voto a proferir e, para melhor esclarecer-se, sente a necessidade de examinar os autos; no Supremo Tribunal Federal e no Superior Tribunal de Justiça chama-se *voto-vista* esse que o Ministro profere após ter vista dos autos. Na prática judiciária paulista diz-se que o desembargador *pede adiamento*, o que equivale a *pedir vista*. Como é corrente nos colegiados em geral, a vista dos autos a um de seus integrantes não pode ser negada, seja pelo Presidente da Câmara, Turma *etc.*, seja por decisão do próprio colegiado (RISTJ, art. 161, par.). Ao relator é também permitido, sempre por decisão unilateral, *retirar da pauta* um recurso ou processo, caso em que o julgamento só terá início em outra sessão.

162. voto, voto vencido, voto vencedor, voto condutor

Voto é a proposta de julgamento, que cada um dos integrantes de um colegiado profere na sessão de julgamento. Se todos os participantes proferirem votos em sentido coincidente, diz-se que a decisão foi tomada por votação unânime (*v.u.*); em caso contrário, por maioria de votos (*m.v.*). O voto que diverge da maioria chama-se *voto vencido*; e costuma-se chamar *voto vencedor* aquele que acompanha o do relator. Fala-se também em *voto condutor*, especialmente nos casos em que o relator é vencido, sendo *condutor* o voto que, divergindo deste, veio a obter maioria no colegiado. A existência de um voto vencido poderá ser relevante para a admissibilidade dos embargos infringentes (CPC, art. 530), sendo em princípio indispensável que venha a ser declarado pelo prolator, sob pena de não gerar o direito a tal recurso. Exige-se ainda que, além da existência do voto divergente, ocorra também a circunstância de haver a maioria reformado a sentença em grau de apelação ou julgado procedente a ação rescisória (ainda o art. 530 CPC).

Dizem que, em um concurso de ingresso à Magistratura, tantos absurdos disse um candidato no exame oral, que o examinador acabou exclamando: "mas que besteira!". E o candidato respondeu: "besteira porque fui eu quem disse; se fosse Vossa Excelência seria voto vencido".

Segunda Parte
O LATIM NO PROCESSO
(direito atual)

Capítulo III – Aspectos Gerais
Capítulo IV – Palavras e Expressões Latinas

CAPÍTULO III
ASPECTOS GERAIS

163. o emprego adequado de palavras e expressões latinas. 164. palavras e expressões latinas banidas do Código de Processo Civil.

163. o emprego adequado de palavras e expressões latinas

O uso prudente e adequado de palavras e expressões latinas é fator de elegância e riqueza de estilo ou até mesmo, em alguns casos, de precisão vocabular. Dada a influência de Roma na formação do direito dos povos, o direito é talvez o ramo do saber mais intensamente freqüentado pelo uso do latim – e não somente nos países de origem e língua latinas mas também no mundo de raízes anglo-saxônicas. No Brasil são de uso corriqueiro entre os juristas palavras e expressões como *caput, ex officio, ultra petita, causa petendi, initio litis, habeas corpus* e tantas outras. Mas, ao mesmo tempo em que presta bons serviços ao enriquecimento da linguagem, o latim pode também ser elemento de deterioração desta, quando utilizado sem o indispensável conhecimento do significado e grafia correta de palavras latinas; dizem, p.ex., *inaudita altera pars, data vênia* (com acento circunflexo), juíza *a quo, sub examen*.[1] Essas duas vertentes, uma virtuosa e outra perversa, conduzem à utilidade da divulgação do latim, a bem da precisão e riqueza de linguagem. Considerando que ao jurista empenhado em bem escrever é indispensável conhecer suficientemente o latim que emprega em suas peças profissionais, animei-me a compor um elenco de verbetes informativos para o uso dos profissionais do direito. As rubricas incluídas no presente vocabulário

---

1. No trato específico de cada uma dessas frases ou locuções serão esclarecidas as razões pelas quais elas não são corretas.

compõem uma seleção de palavras e expressões latinas de uso mais freqüente, com a consciência de que esse rol não é nem poderia ser exaustivo, sendo praticamente inviável alinhar todas as expressões de que se tem conhecimento e às vezes surgem diante de nós. Limito-me a trazer aquelas que, por um critério pessoal mas tão objetivo quanto possível, me parecem mais dignas de atenção. Nem todas são privativas do direito processual e nem todas têm sequer significado especificamente jurídico; incluo também algumas de emprego mais geral, na medida da utilidade que me pareçam oferecer ao operador do direito.

Para a escolha das palavras e expressões que vim a incluir neste vocabulário, bem como para dissipar minhas próprias dúvidas, vali-me de modo muito especial de duas obras que aconselho vivamente aos leitores, a saber: uma brasileira, de autoria de Paulo Rónai, denominada *Não perca o seu latim*[2] e outra, de Henri Roland e Laurent Boyer, cujo título é *Locutions latines du droit français*. A primeira não é uma obra jurídica e seu autor é um antigo professor de latim, que além dela tem em seu *curriculum* livros de gramática latina e um *Dicionário gramatical latino*; os verbetes ali contidos não são portanto selecionados segundo critérios jurídicos mas sua utilidade é muito grande para todos quantos se preocupem por bem escrever. Os autores da segunda obra referida são antigos professores da Faculdade de Direito da Universidade de Lyon III e os temas que ela contém são eminentemente jurídicos; cada verbete é um verdadeiro estudo, ainda que bastante sintético, do tema versado e, principalmente, de sua inserção no direito romano e no atual. São também sempre muito úteis e esclarecedoras as consultas ao clássico *Frases e curiosi-*

---

2. Na linguagem coloquial, *não perca o seu latim* tem o significado de *não perca tempo com essa argumentação*. Com esse título bem-humorado, o livro de Paulo Rónai é uma conclamação a não desprezar o valor do latim corretamente empregado. Essa expressão é comumente empregada quando se quer dizer que é inútil tentar convencer determinada pessoa com palavras, quando ela já tem um convencimento formado e nada a demoverá. Por exemplo: não perca o seu latim demonstrando que é inconstitucional e anti-isonômica a remessa oficial das causas em que a Fazenda Pública for vencida (CPC, art. 475), porque os tribunais não estão dispostos a alterar sua jurisprudência a respeito.

ASPECTOS GERAIS

dades latinas, de Arthur Rezende, cuja primeira edição já data de bem mais de século.

Mas, acima de tudo, quero ressaltar um trabalho que não está escrito nem publicado e que foram os seis anos de aprendizado de latim no antigo Colégio Estadual e Escola Normal Conselheiro Rodrigues Alves, de minha terra natal, onde recebi lições inesquecíveis de uma preparadíssima, dedicada e muito exigente Mestra, a profa. Maria Prudência de Vasconcellos Rezende (a querida d. Santa), a quem rendo minha homenagem de perene estima e profundo reconhecimento. Muita gratidão também ao prof. José Batista Rios Castellões, o carismático patrono de grande parte dos vestibulandos de minha geração, que com sua cultura e imenso *fair play* nos preparou em seu famoso *cursinho* para enfrentar os rigores do temível prof. Alexandre Correia nos exames vestibulares das Arcadas de São Francisco.

Tive também em mãos outras três obras, que são: uma publicada na Itália, cujo nome é *Regula juris – raccolta di 2000 regole del diritto*, sendo seu autor L. de Mauri; outra, também italiana, de autoria de Paola Mastellaro, denominada *Il libro delle citazioni latine e greche*; e uma terceira, de origem colombiana, escrita por Dario Preciado Agudelo, com o título *Frases latinas del derecho usual*. Essas publicações não são tão úteis quanto as que estão referidas mais acima.

E aconselho: quem não for portador de suficiente domínio da língua latina não se aventure a empregar palavras ou expressões das quais não tenha pleno conhecimento. Consulte dicionários, guias, vocabulários *etc.* e, se não se sentir seguro, é preferível não correr o risco de cometer erros evitáveis. Como infelizmente o ensino do latim foi suprimido das escolas brasileiras por esse movimento massificante e irracional principiado no regime militar e, conseqüentemente, nas atuais gerações poucos são os que têm algum conhecimento da *língua mãe*, é grande o risco de errar. Na dúvida evite o uso do latim incorreto – o qual acaba por ser uma caricatura desfigurante e compromete a seriedade de um bom escrito jurídico.

164. palavras e expressões latinas banidas do Código de Processo Civil

O Código de Processo Civil de 1939 empregava expressões latinas em profusão, ao dizer *de cujus, in limine, causa mortis, a quo, ad quem* etc. Também no projeto que depois se converteu no Código de Processo Civil de 1973 estavam presentes muitas locuções como essas mas foram eliminadas por emendas do relator-geral no Senado, sob o fundamento de que, se o Código vem a estabelecer a obrigatoriedade do *uso do vernáculo* (art. 156), "melhor parece que o próprio Código não contenha expressões a ele estranhas".[3] Foi assim que se substituíram, no texto definitivo, as locuções *exequatur* por *exeqüibilidade* (art. 221), *de cujus* por *falecido* ou por *finado* (arts. 877, § 2º, 1.056, inc. I-II, 1.060, inc. I, 1.152), *ad judicia* (poderes) por *judiciais* (art. 1.182, § 3º), *causa mortis* por *a título de morte* (art. 1.026), *in limine* por *liminarmente* (art. 1.051). No art. 673, § 2º, conseguiu-se uma redação que excluiu a expressão *pro solvendo,* contida no projeto.

Mas pergunto: haverá necessária correlação entre a exigência do uso do vernáculo nos processos e a eliminação de vocábulos e locuções latinas do texto da lei que formula tal exigência? O que o Código quis dispor, com seu art. 156, foi a exclusividade da *língua portuguesa* na redação de petições, termos e pronunciamentos judiciais, bem como nos documentos produzidos nos autos – o que, afinal, é regra intuitiva já considerada existente no regime anterior, ainda que não escrita. E aquele dispositivo encontra apoio no art. 13 da Constituição Federal, segundo o qual "a língua portuguesa é o idioma oficial da República Federativa do Brasil". Mas tais dispositivos não têm sido suficientes, máxime nesta época em que tantos estrangeirismos invadem e violentam nossa linguagem, para evitar o emprego de certas palavras ou locuções como *leasing, factoring, franchising, due process of law, class actions* – as quais bem poderiam ser substituídas por outras do vernáculo. Mal ou bem, queiramos ou não, praticamente fazem parte do vocabulário que em tempos atuais nos cerca. Por

---

3. Palavras da justificativa da emenda n. 61 do relator-geral.

razões muito mais fortes, o disposto no art. 156 não impedirá que continuemos usando no processo aquelas palavras de linhagem muito mais nobre, ligadas à nossa mais lídima tradição cultural e lingüística. Palavras e expressões latinas não constituem estrangeirismos.

Aquelas locuções que vinham com o Anteprojeto eram legítimos fatores de elegância estilística e a preocupação do Código de Processo Civil não chegou ao ponto de se propagar a outros diplomas: ainda hoje vêem-se lá e cá certas palavras e locuções latinas que a doutrina e os tribunais jamais abandonaram. O Código de Defesa do Consumidor emprega, no trato dos limites subjetivos da coisa julgada, as locuções latinas *erga omnes* e *ultra partes;* o Código de Processo Penal fala em *habeas corpus* (e ousaria alguém substituí-la?), *ad quem* (arts. 593, § 3º e 602), *de meritis* (art. 644) *etc.*, que muito bem se harmonizam com a linguagem do jurista. O Código Civil emprega a expressão *ad corpus* (art. 500, § 3º) e também na Constituição Federal se lêem as locuções *habeas corpus* e *habeas data* (art. 5º, incs. LXVIII e LXIX; art. 102, inc. I, letras *d* e *i*; art. 105, inc. I, letra *c*, inc. II, letra *a*). Por que então essa obcecada repulsa do legislador à inclusão do latim no Código de Processo Civil?

Aqui começa o vocabulário latino.

CAPÍTULO IV
PALAVRAS E EXPRESSÕES LATINAS

165. *a contrario sensu.* 166. *a fortiori.* 167. *a posteriori.* 168. *a priori.* 169. *a quo, ad quem.* 170. *ab initio.* 171. *accessio possessionis.* 172. *accessorium sequitur principale.* 173. *actio.* 174. *actio ex empto.* 175. *actio in personam.* 176. *actio in rem.* 177. *actio nata.* 178. *actio quanti minoris.* 179. *actio redhibitoria.* 180. *actor probat actionem.* 181. *ad causam.* 182. *ad corpus.* 183. *ad exitum.* 184. *ad hoc.* 185. *ad impossibilia nemo tenetur.* 186. *ad judicia.* 187. *ad libitum.* 188. *ad mensuram.* 189. *ad nutum.* 190. *ad perpetuam rei memoriam.* 191. *ad quem.* 192. *ad referendum.* 193. *ad solemnitatem.* 194. *ad substantiam.* 194-A. *ad terrorem* 195. *affectio societatis.* 196. *alea jacta est.* 197. *alibi.* 198. *aliud pro alio.* 199. *aliunde.* 200. *allegatio et non probatio quasi non allegatio.* 201. *amicus curiæ.* 202. *an debeatur.* 203. *animus domini.* 204. *animus novandi.* 205. *animus possidendi.* 206. *ars boni et æqui.* 207. *auctoritas rei judicatæ.* 208. *auctoritatis ratione.* 209. *audiatur et altera pars.* 210. *benigna amplianda, odiosa restringenda.* 211. *bonum comune.* 212. *brevi tempore.* 213. *capitis deminutio.* 214. *caput.* 215. *causa petendi.* 216. *cautio judicatum solvi* (ou caução *judicatum solvi*). 217. *cautio pro expensis* (ou caução *pro expensis*). 218. *citra petita.* 219. *cognitio extra ordinem.* 220. *conditio sine qua non,* ou condição *sine qua non.* 221. *considerandum.* 222. *consilium fraudis.* 223. *contra legem.* 224. *Corpus Juris Civilis.* 225. *cum grano salis.* 226. *cum onere suo.* 227. *curriculum vitæ.* 228. *da mihi factum dabo tibi jus* (ou *narra mihi factum dabo tibi jus*). 229. *data venia.* 230. *de cujus.* 231. *de jure condendo.* 232. *de jure condito.* 233. *de lege ferenda.* 234. *de lege lata.* 235. *de meritis.* 236. *de minimis non curet prætor.* 237. *decisum.* 238. *dies a quo.* 239. *dies ad quem.* 240. *dies interpellat pro homine.* 241. *dominus litis.* 242. *dormientibus non succurrit jus.* 243. *dura lex sed lex.* 244. *electa una via non datur regressus ad alteram.* 245. *erga omnes.* 246. *error facti.* 247. *error in judicando.* 248. *error in procedendo.* 249. *error juris.* 250. *etc.* 251. *ex empto.* 252. *ex facto oritur jus.* 253. *ex nunc.* 254. *ex officio.* 255. *ex post facto.* 256. *ex tunc.* 257. *ex vi legis.* 258. *exceptio.* 259. *exceptio litis ingressum impediens.* 260. *exceptio non adimpleti contractus.* 261. *exceptio plurium concubentium.* 262. *exceptio plurium litisconsortium.* 263. *exceptio rei judicatæ.* 264. *exceptio veritatis.* 265. *exceptionis ope.* 266. *exequatur.* 267. *extra legem.* 268. *extra petita.* 269. *extraordinaria cognitio.* 270. *factum principis.* 271. *factum probandum.* 272. *factus infectus fieri nequit.* 273. *facultas agendi.* 274. *falsus procurator.* 275. *fiat justitia pereat mundus.* 276. *forma dat esse rei.* 277. *forum.* 278. *forum delicti commissi.* 279. *forum destinatæ solutionis.* 280. *forum rei sitæ.* 281. *fraus omnia corrumpit.* 282. *fumus boni juris.* 283. *habeas corpus.* 284. *habeas data.* 285. *hic et nunc.* 286. *honeste vivere, alterum non lædere, suum cuique tribuere.* 287. *ibidem.* 288. *ictu oculi.* 289. *id., ib.* 290. *idem.* 291. *in abstracto.* 292. *in albis.* 293. *in articulo mortis.*

294. *in claris cessat interpretatio.* 295. *in concreto.* 296. *in eligendo.* 297. *in executivis.* 298. *in fieri.* 299. *in itinere.* 300. *in jus vocatio.* 301. *in limine.* 302. *in memoriam.* 303. *in negligendo.* 304. *in utilibus.* 305. *in verbis.* 306. *in vigilando.* 307. *inaudita altera parte.* 308. *incidenter tantum.* 309. *infra.* 310. *infra petita.* 311. *initio litis.* 312. *inter alios.* 313. *inter nolentes.* 314. *inter partes.* 315. *inter pauciores ex pluribus.* 316. *inter vivos.* 317. *inter volentes.* 318. *interest rei publicæ.* 319. *intuitu familiæ.* 320. *intuitu personæ.* 321. *inutiliter datur.* 322. *ipsis litteris.* 323. *ipso facto.* 324. *ipso jure.* 325. *iter.* 326. *judex.* 327. *judex judicare debet secundum allegata et probata partium.* 328. *judicatum solvi* (caução *judicatum solvi*). 329. *jura novit curia.* 330. *juris et de jure.* 331. *juris tantum.* 332. *jus.* 333. *jus actionis.* 334. *jus condendum.* 335. *jus conditum.* 336. *jus exceptionis.* 337. *jus gentium.* 338. *jus in persona.* 339. *jus in re.* 340. *jus prælationis.* 341. *jus sanguinis.* 342. *jus soli.* 343. *jus sperniandi.* 344. *lapsus calami.* 345. *lapsus linguæ.* 346. *lato sensu.* 347. *legem habemus.* 348. *legitimatio ad causam.* 349. *legitimatio ad processum.* 350. *lex fori.* 351. *lex loci.* 352. *lex majus dixit quam voluit.* 353. *lex minus dixit quam voluit.* 354. *lex specialis derogat lege generali.* 355. *litis contestatio.* 356. *longa manus.* 357. *longi temporis.* 358. *mandamus.* 359. *manu militari.* 360. *mens legis.* 361. *mens legislatoris.* 362. *meritum causæ.* 363. *minimis non curet prætor* (ou *de minimis non curet prætor*). 364. *modus faciendi.* 365. *mora accipiendi.* 366. *mora creditoris.* 367. *more uxorio.* 368. *mors omnia solvit.* 369. *mortis causa.* 370. *munus.* 371. *mutatis mutandis.* 372. *narra mihi factum dabo tibi jus.* 373. *ne eat judex extra vel ultra petita partium.* 373-A. *ne sutor supra crepidam.* 374. *nemo ad agere cogi potest.* 375. *nemo judex sine actore.* 376. *nomen juris.* 377. *non ædificandi.* 378. *non est inchoandum ab executione.* 379. *non liquet.* 380. *nulla executio sine titulo.* 381. *nullus titulus sine lege.* 382. *numerus clausus.* 383. *o tempora, o mores.* 384. *obiter dictum.* 385. *odiosa restringenda, favorabilia amplianda.* 386. *officium judicis.* 387. *omnis definitio in jure civile periculosa est.* 388. *onus probandi.* 389. *op. cit.* 390. *ordo judiciorum privatorum.* 391. *pacta sunt servanda.* 392. *par condicio creditorum.* 393. *pari passu.* 394. *passim.* 395. *per capita.* 396. *per relationem.* 397. *per saltum.* 398. *periculum in mora.* 399. *peritus peritorum.* 400. *persona grata.* 401. *petitum.* 402. *pleno jure.* 403. *plus.* 404. *plus petitio.* 405. *præclusio maxima.* 406. *præter legem.* 407. *principaliter.* 408. *prior tempore potior jure.* 409. *prius.* 410. *pro domo sua.* 411. *pro expensis.* 412. *pro forma.* 413. *pro labore.* 414. *pro rata.* 415. *pro rata temporis.* 416. *pro societate.* 417. *pro soluto.* 418. *pro solvendo.* 419. *probatio diabolica.* 420. *probatio vincit præsumptionem.* 421. *promotor justitiæ.* 422. *propter rem.* 423. *provocatio ad agendum.* 424. *quanti minoris.* 425. *quantum debeatur.* 426. *querela nullitatis.* 427. *quid debeatur.* 428. *quid inde?* 429. *quid juris?* 430. *quid pro quo.* 431. *quis ipsos custodes custodiet?* 432. *quisquis ex populo.* 433. *quod abundat non nocet.* 434. *quod non est in actis non est in mundo.* 435. *quod plerumque accidit.* 436. *quorum.* 437. *quota litis.* 438. *ratio legis.* 439. *ratione loci.* 440. *ratione materiæ.* 441. *ratione personæ.* 442. *rationis auctoritate.* 443. *rebus sic stantibus.* 444. *rectius.* 445. *reformatio in pejus.* 446. *res derelicta.* 447. *res in judicium deducta.* 448. *res inter alios,* ou *res inter alios acta.* 449. *res judicata aliis non prodest nec nocet.* 450. *res judicata pro veritate habetur.* 451. *res litigiosa.* 452. *res nullius.* 453. *restitutio in integrum.* 454. *secundum allegata et probata.* 455. *secundum eventum litis.* 456. *secundum eventum probationis.* 457. *si et in quantum.* 458. *si vis pacem para bellum.* 459. *sic.* 460. *similia similibus curantur.* 461. *sine qua non.* 462. *societas sceleris.* 463. *solve et repete.* 464. *stare decisis.* 465. *status quo ante.* 466. *stricto*

sensu. 467. *sub examine*. 468. *sub judice*. 469. *sub specie æternitatis*. 470. *sublata causa tollitur effectus*. 471. *summum jus summa injuria*. 472. *superficies solo cedit*. 473. *supra*. 474. *tantum devolutum quantum appellatum*. 475. *tempus regit actum*. 476. *tertium genus*. 477. *tertium non datur*. 478. *testis unus testis nullus*. 479. *thema decidendum*. 480. *thema probandum*. 481. *ubi commoda ibi incommoda*. 482. *ubi lex non distinguit nec nos distinguere debemus*. 483. *ubi lex voluit, dixit, ubi noluit, tacuit*. 484. *ubi societas ibi jus*. 485. *ultima ratio*. 486. *ultimatum*. 487. *ultra partes*. 488. *ultra petita*. 489. *ultra vires hæreditatis*. 490. *ut singuli*. 491. *utile per inutile non vitiatur.* 492. *vacatio legis*. 493. *venire contra factum proprium*. 494. *verbi gratia* ou, abreviadamente, *v.g.* 495. *verbis* ou *in verbis*. 496. *verbo ad verbum*. 497. *vexata quæstio*. 498. *v.g.* 499. *vi clam aut precario*. 500. *vice versa*. 501. *victus victori*. 502. *vis attractiva*. 503. *vox legis*. 504. *vox populi*.

165. a contrario sensu

Em sentido oposto. Essa expressão é empregada quando se afirma que, havendo a lei ditado um preceito com relação a determinada situação de fato, quando a situação for diferente tal preceito não terá aplicação. Exemplo: como o art. 330 do Código de Processo Civil especifica as hipóteses nas quais o juiz é autorizado a julgar antecipadamente o mérito (questões exclusivamente de direito, fatos suscetíveis de prova por documentos, provas já produzidas, efeito da revelia *etc.*), entende-se, *a contrario sensu*, que fora dessas hipóteses o Código proíbe tal antecipação e o juiz tem o dever de proceder à instrução da causa, sob pena de infringir o direito à prova e a própria garantia constitucional do *due process of law*. Se o art. 515, *caput* diz que "a apelação devolverá ao tribunal o conhecimento da matéria impugnada", *a contrario sensu* a matéria não impugnada não se reputa devolvida.

166. a fortiori

Por mais fortes razões. A aplicação dessa idéia deve sempre conduzir ao entendimento de que toda sanção aplicada a determinado fato deve também impor-se aos casos mais graves. Lembro a propósito a pitoresca história contada por Recaséns Siches, do camponês que insistia em embarcar no trem um urso que levava preso à coleira, argumentando que a única proibição existente no local era a de introduzir cães nos vagões, não a de introduzir ursos; mas a *lógica do razoável* impunha o óbvio entendimento de que se um animal menos perigoso era expressamente proibido, *a fortiori* também o era o animal mais perigoso, ou seja, o urso.[1] Se o Código de Processo Civil sanciona de ineficácia a convenção pela qual as partes alteram voluntariamente o ônus da prova quando essa convenção "tornar excessivamente difícil a uma das partes o exercício do direito" (art. 333, par.), *a fortiori* não poderá o juiz, sem transgressão ao *due process of law*, à garantia constitucional da ampla defesa e ao próprio art. 333, par., inc. I, do CPC, que é de aplicação geral, impor com um ato imperativo essa inversão e os males de uma prova extremamente difícil (CDC, art. 6º, inc. VIII – inversão judicial do ônus da prova).

167. a posteriori

Posteriormente, ou simplesmente *depois*. Geralmente é mais fácil fazer avaliação de certos fatos *a posteriori*, ou seja, depois que aconteceram, do que anunciar, antes do acontecimento, as conseqüências que eles poderão ter.

V. também *a priori* e *ex post facto*.

168. a priori

Literalmente significa *anteriormente* e é o contrário de *a posteriori*. Mas a expressão *a priori* significa também, e com mais precisão, *anteriormente à experiência* (Paulo Rónai);[2] uma afirmação apriorística, ou feita *a priori*, é uma afirmação que não se relaciona com casos concretos, não leva em conta as peculiaridades destes e não vem demonstrada pela realização de experiências ou provas. O pedido de exame de um ato administrativo pelo mérito é *a priori* inadmissível (Súmula n. 473-STF) e deve ser rejeitado logo no início do processo independentemente do exame de qualquer outro requisito (indeferimento da petição inicial por impossibilidade jurídica da demanda – CPC, art. 295, inc. I, c/c par., inc. III).

V. também *in abstracto*.

1. *Cfr. Tratado general de filosofía del derecho*, p. 645.
2. *Cfr. Não perca o seu latim*, p. 27.

169. a quo, ad quem[3]

Do qual, ao qual. *A quo* indica origem, início; *ad quem*, destino ou endereçamento. Juízo *a quo* é aquele do qual vem o recurso, ou seja, o órgão prolator do ato decisório recorrido; juízo *ad quem* é o órgão destinatário, aquele ao qual o recurso se endereça. *Dies a quo* é o termo inicial de um prazo, aquele no qual sua fluência tem início (dia de partida); *dies ad quem* é o dia em que termina (dia de chegada).

Quo e *quem* são pronomes empregados no singular e no gênero masculino. Por isso, quando os juízos de origem forem dois ou mais, dir-se-ia em latim *juízos a quibus*; quando se tratar de uma juíza, dir-se-ia *a qua*. Quando se pretende fazer referência aos julgadores de um recurso, no plural, não se dirá *desembargadores ad quem*, mas *ad quos*. É óbvio que o emprego de expressões assim inusitadas pecaria por um caricato preciosismo, beirando o ridículo. Por isso, sem optar por essa arrogância verbal mas também sem cometer erros evitáveis, aconselha-se o emprego de outros modos de expressão, dizendo por exemplo: os juízos de origem, a juíza prolatora da sentença recorrida, os Ministros destinatários do recurso *etc.*

170. ab initio

Desde o início. Anular o processo *ab initio* significa devolver o procedimento ao seu começo, para que tudo se refaça, tornados sem efeito os atos realizados. Na jurisprudência do Superior Tribunal de Justiça, isso acontece com razoável freqüência quando o Ministério Público não é intimado para oficiar nos casos em que deveria, quando falta um litisconsorte necessário, quando há séria dúvida quanto à regularidade da citação *etc.* Mas anular o processo *ab initio* não equivale a extingui-lo, para que outro se inicie. Preserva-se ao menos um ato, a propositura da demanda, para que o processo flua regularmente a partir desse ponto, pelos modos e mediante as providências que não houverem sido realizadas antes daquela anulação.

---

3. O pronome *quem* pronuncia-se como se ali existisse um trema; o som a produzir é, portanto, *qüem*.

171. accessio possessionis

Junção da posse, ou *soma da posse*. É a regra segundo a qual, para o fim de aquisição do domínio por usucapião, o tempo da posse exercida pelo antecessor (autor da herança, alienante da posse) se soma ao da posse exercida pelo possuidor atual (herdeiro, adquirente da posse). Em outras palavras, o sucessor beneficia-se do tempo em que ele próprio houver exercido à posse, somado ao da posse exercida pelo sucedido. Pelo disposto no art. 1.243 do Código Civil, é indispensável que tanto a posse exercida pelo antecessor, quanto pelo possuidor atual, sejam contínuas (ininterruptas) e pacíficas (não contestadas); para efeito de usucapião extraordinário (art. 1.242), também a posse exercida pelo sucedido precisa ter sido de boa-fé e amparada por justo título. "A *accessio possessionis* supõe, evidentemente, o mesmo *animus domini* nos dois possuidores" (Orlando Gomes).[4] Entende-se que, cumprido o *tempus* exigido em lei (com ou sem *accessio temporis*, conforme o caso) e estando presentes os demais requisitos exigidos, o possuidor torna-se dono imediatamente, automaticamente; a sentença que assim reconhece será *meramente declaratória* e não constitutiva, servindo de título para o registro imobiliário (CC, art. 1.241, par.). A conseqüência prática dessa construção é que, se o sujeito perder a posse depois de cumprido todo o *tempus* mas antes de propor a ação de usucapião ou de obter a sentença de procedência desta, mesmo assim o direito de propriedade já estará adquirido e será preservado.[5]

172. accessorium sequitur principale

O acessório segue o principal. Diz-se também *accessorium sequitur suum principale* ou *accessorium cedit principale*. Em direito civil esse brocardo tem pertinência ao trato dos *bens reciprocamente considerados*, onde se fala em bens acessórios em oposição a bens principais (CC, art. 92); fala-se também em direito principal

---

4. *Cfr. Direitos reais*, n. 117, esp. p. 157.
5. *Cfr.* meu ensaio "Usucapião e posse perdida", esp. n. 761, in *Fundamentos do processo civil moderno*, II, pp. 1.334-1.336.

e direitos acessórios (juros *etc.*). Em processo existe a ação principal, cujo juiz é competente para as acessórias, porque *accessorium sequitur principale*. Tal é a disposição contida no art. 108 do Código de Processo Civil, segundo a qual "a ação acessória será proposta perante o juiz competente para a ação principal"; o pedido de condenação por juros vai ao juiz que for competente para processar e julgar a demanda referente ao principal. Também no art. 800 está dito que a ação cautelar preparatória será proposta perante o juízo competente para a principal. Na prática há uma impressão (falsa impressão) de que a ação cautelar preparatória, que é acessória à principal, exerce atração sobre esta, invertendo os termos do brocardo. Na realidade, ao se dizer (como é pacífico) que o juízo da cautelar preparatória é *prevento* em relação à demanda principal, leva-se em conta que a propositura daquela foi feita perante o juízo que de antemão e mediante uma indispensável prospecção já se antevia como competente para esta. Ou seja, primeiro se descobre qual o juízo competente para a ação principal e depois se propõe, perante esse juízo, a cautelar preparatória (*accessorium sequitur principale*); e esse juízo, que foi escolhido justamente porque já era o competente para a ação principal, recebe em sua competência a cautelar e fica a partir daí prevento em relação à principal que se seguirá a esta.[6] É portanto falsa a idéia de uma inversão dos termos do brocardo *accessorium sequitur principale*.

173. actio

Apesar da aparência, em direito essa palavra não se traduz por *ação* porque os romanos do período das *legis actiones* e do formular desconheciam a noção de direito subjetivo e consideravam "o direito à luz da ação";[7] em direito romano, o vocábulo *jus,* que traduzimos por direito, surgiu bem depois que *actio.* O absoluto sincretismo entre os conceitos de direito subjetivo e ação, que hoje nos parecem com tanta clareza distintos, está espelhado na

6. *Cfr.* Dinamarco, *Instituições de direito processual civil*, I, n. 331, esp. p. 648-649.
7. V. Correia & Sciascia, *Manual de direito romano*, § 39, p. 77. V. ainda Giovanni Pugliese, "Azione – diritto romano", esp. n. 5, pp. 27-28 (sobre "a *actio* como *jus*").

clássica e notória fórmula de Celsus: *nihil aliud est actio quam jus quod sibi debeatur, judicio persequendi*.[8] Ter *actio* significava, a um só tempo, ser titular do bem e poder havê-lo pela via do processo. Esse conceito equivale aproximadamente ao que boa parte da doutrina, por influência de Windscheid, denomina *pretensão* (CC, art. 206).

V. também *jus actionis*.

174. actio ex empto

Ação pelo que foi comprado. É a ação destinada (ou o direito) a obter a complementação da área de imóvel adquirido mediante especificação da área, verificando-se depois que o bem não corresponde às medidas indicadas. Em concurso com esse direito e à escolha do comprador, há o direito à redução do preço na proporção da diferença de área (*actio quanti minoris*) e também o direito à resolução do contrato, por via da *actio redhibitoria* (CPC, art. 500).

V. também (a) *ad mensuram*, (b) *actio quanti minoris* e (c) *actio redhibitoria*.

175. actio in personam

Ação sobre a pessoa ou, segundo um linguajar inadequado mas comumente empregado, *ação pessoal* (*supra*, n. 18 – ações pessoais).

V. também *actio in rem*.

176. actio in rem

Ação sobre a coisa ou, segundo um linguajar inadequado mas comumente empregado, *ação real* (*supra*, n. 18 – ações reais).

V. também *actio in personam*.

177. actio nata

Ação nascida. A ação reputa-se *nascida* no momento em que, reunidos os requisitos indispensáveis, ela já poderia ser proposta.

8. D. 44, 7, 51 Cels. 1 Inst. 4, 6, pr.

Essa locução costuma ser empregada no trato da *prescrição*, dizendo-se que esta somente principia a fluir quando todos os pressupostos para a propositura da demanda já estiverem presentes, porque antes seu titular não pode ser considerado um desidioso. O exemplo mais claro é o das obrigações a termo, em relação às quais falta o interesse de agir enquanto não vencerem – inexistindo, antes disso, a *actio nata*.

V. também *dormientibus non succurrit jus*.

178. actio quanti minoris

Ação por quanto é menor.

V. também (a) *actio ex empto*, (b) *actio redhibitoria* e (c) *ad mensuram*.

179. actio redhibitoria

Ação redibitória. É a ação destinada à resolução de contratos em razão de um vício oculto, ou o direito a essa resilição. Exemplo clássico é a *actio redhibitoria* em caso de aquisição de imóvel mediante especificação da área (*ad mensuram*), verificando-se depois que a área é menor que a indicada pelo alienante (CC, art. 500). Mas pode também o adquirente optar pela redução do preço (*actio quanti minoris*) ou pela exigência de complementação da área (*actio ex empto*).

V. também (a) *actio ex empto*, (b) *actio quanti minori* e (c) *ad mensuram*.

180. actor probat actionem

O autor prova a ação ou, mais adequadamente segundo os conhecimentos atuais de direito processual, *o autor prova os fatos alegados em sua demanda*. Tal é a regra explícita ditada pelo art. 333, inc. I, do Código de Processo Civil, pela qual é do autor o ônus da prova quanto aos fatos constitutivos de seu alegado direito. Ao réu incumbe provar os fatos impeditivos, modificativos ou extintivos (art. 333, inc. II). Literalmente, *provar a ação* é uma grande impropriedade, o que deve levar o intérprete a entender tal locução à luz dos conceitos e estruturas do processo civil moderno.

181. ad causam
Para a causa. V. *legitimatio ad causam*.

182. ad corpus
Pelo corpo. Uma compra-e-venda imobiliária é feita *ad corpus* quando o bem vem descrito em suas confrontações e demais características, sem alusão à área compreendida – ou seja, quando ele houver sido "vendido como coisa certa e determinada, tendo sido apenas enunciativa a referência às suas dimensões" (CC, art. 500, § 3º). O oposto de *ad corpus* é *ad mensuram*.

V. também *ad mensuram*.

183. ad exitum
Para o êxito, ou para o caso de obter resultado favorável. Essa é uma expressão muito usada em contratos de prestação de serviços de advocacia (*contratos de honorários*) para designar uma verba, ou um valor, que será devido pelo cliente ao advogado em caso de obter sucesso na causa. Trata-se geralmente de um incentivo a mais ao advogado e, ao mesmo tempo, de um modo de recompensá-lo e fazê-lo compartilhar, ao fim do processo, da alegria do cliente vencedor.

V. também *pro labore* e *quota litis*.

184. ad hoc
Para essa específica finalidade (literalmente, *para isso*). Antigamente nomeava-se um promotor *ad hoc*, à falta de um promotor de justiça na comarca – o que é rigorosamente incompatível com o regime constitucional vigente (exclusividade da ação penal pública – Const., art. 129, inc. I). Um argumento *ad hoc* é um argumento casuístico, lançado segundo as conveniências atuais de quem o utiliza.

> Os anais registram o caso de um juiz que, por pilhéria concertada com o promotor de justiça, nomeou um velho e respeitável oficial de justiça de sua comarca para figurar no júri como réu *ad hoc*. O acusado estava internado no manicômio judiciário e dali não podia sair porque tomado por uma loucura furiosa. Obviamente, o réu *ad*

hoc não chegou a comparecer, porque tudo não passava de uma simples brincadeira sem conseqüência alguma.

185. ad impossibilia nemo tenetur

Ninguém é obrigado ao impossível (literalmente, *às coisas impossíveis*). Essa frase indica os casos em que o titular de uma obrigação de fazer não tem como fazer aquilo a que se obrigara – seja porque o objetivo é em si mesmo inatingível, seja porque está acima das aptidões ou capacidade da pessoa. Seria inútil iniciar uma execução com o objetivo de levar alguém a cumprir, p.ex., uma obrigação de converter metais menos nobres em ouro, porque isso é em si mesmo impossível. Não há como exigir que um cantor que perdeu a voz cumpra a obrigação de realizar um recital a que se comprometera, porque isso lhe é impossível. A solução para impasses como esses pode ser a conversão da obrigação específica em pecúnia (CPC, art. 461, § 1º).

186. ad judicia

Para os processos. Procuração *ad judicia* é procuração para atuar em processos judiciais. Como dispõe o art. 38 do Código de Processo Civil, essa procuração é suficiente para outorgar ao advogado poderes para atuar no foro em geral, ou seja, para realizar todos os atos de postulação inerentes a processos de toda ordem, quer cognitivos, executivos, cautelares, monitórios, incluindo os recursos inerentes a eles. Pode vir restrita a determinado processo ou ser redigida em termos mais amplos. Mas a cláusula *ad judicia* não inclui, por si só, certos poderes especiais – como os de "receber citação inicial, confessar, reconhecer o pedido, transigir, desistir, renunciar ao direito sobre que se funda a ação, receber, dar quitação e firmar compromisso" (CPC, art. 38). O vocábulo *judicia* é o nominativo plural de *judicium*, que significa *processo*; é portanto incorreto dizer *ad juditia*.

187. ad libitum

Segundo sua vontade, ou "a seu bel- prazer" (Paulo Rónai).[9] Expressão não ligada especificamente ao direito, mas que às ve-

---

9. *Cfr. Não perca o seu latim*, p. 21.

zes se emprega para designar atos realizados unilateralmente por um sujeito, segundo sua conveniência ou gosto, ou na medida que desejar. Escrever ou assinar com caneta de tinta preta ou azul é uma escolha que fica *ad libitum* do advogado.

188. ad mensuram

Pela medida. Quando um imóvel é adquirido mediante indicação de medidas, ou área, o adquirente tem o direito de exigir a correspondência entre o bem e a indicação contida na escritura (CC, art.500, *caput*, com a ressalva do § 1º); no caso de a área ser menor, a lei lhe permite optar entre a exigência de complementação (*actio ex empto*), o pedido de abatimento do preço (*actio quanti minoris*) e a resolução do contrato (*actio redhibitoria*).

V. também (a) *actio ex empto*, (b) *actio quanti minori*, (c) *actio redhibitoria* e (d) *ad corpus.*

189. ad nutum

"A um movimento de cabeça" (Paulo Rónai),[10] ou por decisão discricionária e independente de motivação. Ministros de Estado, Secretários de Governo e funcionários de confiança em geral, não concursados e sem o predicado da estabilidade, são demissíveis *ad nutum*. Não o são, todavia, os funcionários nomeados para cargo público mediante concurso.

190. ad perpetuam rei memoriam

Para a perpétua lembrança da coisa. *Vistoria ad perpetuam rei memoriam* é a denominação que antes da vigência do Código de Processo Civil de 1973 se dava à *antecipação da prova pericial* (arts. 849-850) – a qual se admite quando há fundado receio de que, antes do momento regular para a realização dessa prova, desapareça a coisa que constituiria fonte da prova ou os vestígios que interessa colher para o julgamento da causa principal. Ainda hoje é admissível e até elegante o uso dessa expressão, apesar da denominação mais técnica contida no Código.

10. *Op. loc. cit.*

191. ad quem

V. *a quo.*

192. ad referendum

Para ser reapreciado. Nos organismos colegiados, em certa medida tem algum de seus integrantes o poder de emitir decisões *ad referendum*, que depois serão apreciadas pelo órgão e confirmadas ou revogadas segundo a decisão deste.

193. ad solemnitatem

Pela solenidade. Certos negócios jurídicos são necessariamente realizados segundo certas formas predeterminadas, sob pena de invalidade. O Código Civil (art. 104, inc. III), ao condicionar a validade do negócio jurídico à observância da "forma prescrita ou não defesa em lei", abre caminho para as chamadas *provas ad solemnitatem*. Estabelece também o art. 366 do Código de Processo Civil que "quando a lei exigir como substância do ato o instrumento público, nenhuma outra prova, por mais especial que seja, pode suprir-lhe a falta"; mas na realidade não se trata de provas, senão de elementos essenciais ao negócio, porque só é lícito falar em *prova* quando se trata de *convencer* e não de constituir validamente o ato.[11] O contrato de compra-e-venda imobiliária acima de determinado valor é um exemplo, só sendo válido quando realizado por escritura pública (CC, art. 108).

194. ad substantiam

Como substância, ou *para a substância*. V. *ad solemnitatem* e *forma dat esse rei.*

194-A. ad terrorem

Aterrorizante, que incute grande temor. Chama-se *argumento ad terrorem* a oposição feita a uma idéia ou proposta, valendo-se

---

11. *Cfr.* Dinamarco, *Instituições de direito processual civil*, III, n. 781, pp. 44-46.

das piores, mais nefastas e mais improváveis conseqüências que dessa idéia ou proposta poderiam vir. Os que combatem obcecadamente a teoria da relativização da coisa julgada dizem que ela constituiria porta aberta às arbitrariedades judiciais, permitindo que se menosprezc por completo a garantia do *due process of law* e favorecendo uma posição totalitária de opressão dos interesses dos indivíduos em nome da supremacia do Estado. Esse é um típico argumento *ad terrorem*.

195. affectio societatis

Afeição de sociedade, ou afeição social. Nas sociedades de pessoas (não de ações) é de vital importância essa afinidade entre os sócios, revelada particularmente na convergência de propósitos e de métodos, na consideração pessoal, no respeito recíproco *etc.*, sem a qual dificilmente a coesão social poderá perdurar. *Affectio* é um substantivo feminino e daí dizer-se *a affectio societatis* e não *o affectio societatis*. Essa locução não costuma ser usada no plural mas, se o fosse, a forma seria *affectiones societatis*.

V. também *intuitu personœ*.

196. alea jacta est[12]

A sorte está lançada. Frase atribuída ao imperador Júlio Cesar, quando com suas tropas atravessou o Rio Rubicon, contrariando ordens do Senado Romano.[13] Usa-se essa expressão para indicar que uma decisão ou uma providência irrevogável já foi tomada, ou que um risco já foi assumido, nada restando a fazer senão esperar pelos bons resultados. Ex.: tive dúvida entre interpor um recurso de apelação ou de agravo de instrumento, mas agora que já interpus um deles, *alea jacta est* – só me resta esperar que o tribunal o aceite como adequado.

197. alibi

Outro lugar. Em língua portuguesa esse advérbio latino aparece substantivado (álibi) para designar um meio de defesa con-

---

12. Ou *jacta est alea* (forma menos usual).
13. *Cfr.* Paulo Rónai, *Não perca o seu latim*, pp. 22 e 95.

sistente em alegar que, no momento em que dado fato aconteceu, o sujeito estava em outro lugar. Sou citado de uma demanda para reparação de danos causados por um automóvel e provo que, naquele dia e hora, me encontrava em outra cidade ou país (exibindo, p.ex., meu passaporte com o carimbo do país aonde fui) – e esse é um *álibi*. Em tempos recentes, o emprego desse substantivo tem sido deturpado, para indicar qualquer defesa ou justificativa, afastando-se da idéia do *outro lugar*. Uma conhecida canção popular diz: "quando se tem o álibi de ter nascido ávido" (Djavan). Liberdade poética? Talvez. Mas esse emprego é incorreto.

198. **aliud pro alio**

Uma coisa por outra. A dação em pagamento consiste em dar uma coisa em troca de outra. Usa-se também essa locução para se referir à entrega de coisas diferente da devida. Se prometi dar a alguém cem sacas de soja e entreguei cem sacas de trigo, isso significa que dei *aliud pro alio*.

199. **aliunde**

Em outro lugar, *alhures*. Em princípio o título executivo deve indicar todos os elementos da obrigação, faltando a eficácia executiva quando, para acertar o valor desta, é necessário buscar elementos fora dele, ou *aliunde*. Diz-se que, para fins executivos, o que não está no título não está no mundo.

200. **allegatio et non probatio quasi non allegatio**

Alegar e não provar é como não alegar. Essa máxima constitui expressão da *regra de julgamento*, segundo a qual cada uma das partes tem o ônus de provar os fatos de seu interesse, sob pena de os fatos não provados serem havidos por inexistentes para o juiz e para os fins da sentença. A regra de julgamento não está escrita na lei processual, mas é por todos aceita como necessário reflexo da distribuição do ônus probatório entre as partes (CPC, art. 333, incs. I-II). Um fato constitutivo, impeditivo, extintivo ou modificativo do direito do autor, quando alegado mas não provado, é considerado pelo juiz como fato inexistente, ou não ocorrido

– tanto quanto sucederia se a prova houvesse demonstrado que o fato não aconteceu. Mas, pelo *princípio da aquisição*, presente em todos os sistemas processuais de linhagem romano-germânica, não importa se o fato foi provado por aquele a quem incumbia o ônus de prová-lo, ou por iniciativa do juiz ou mesmo pelo próprio adversário; provado que seja, não importa por quem, afasta-se a incidência da regra de julgamento.

V. também (a) *non liquet*, (b) *onus probandi* e (c) *quod non est in actis non est in mundo*.

201. amicus curiæ

Amigo do tribunal. No sistema da *common law* é uma pessoa qualificada pelo saber jurídico, que as Cortes convocam por iniciativa própria com vista a obter luzes sobre temas de sua especialização; atualmente também a Corte Européia de Justiça admite essa figura, assim como, em casos muito específicos, também a Corte de Paris.[14] Na linguagem brasileira, seria lícito dizer que esse *amicus curiæ* é autêntico auxiliar eventual da Justiça, chamado para colaborar com o tribunal e sujeito ao dever de imparcialidade. Dispõe o art. 7º, § 2º, da Lei da Ação Direta de Inconstitucionalidade que "o relator, considerando a relevância da matéria e a representatividade dos postulantes, poderá, por despacho irrecorrível, admitir (...) a manifestação de outros órgãos ou entidades" – sendo esse dispositivo interpretado como responsável pela instituição do *amicus curiæ* em nosso direito (Cássio Scarpinella Bueno).[15] Mas, diferentemente daquele concebido no direito anglo-saxão, na prática dos tribunais brasileiros ele vem sendo tratado como verdadeiro *assistente*, que ingressa no processo com o intuito de ajudar uma das partes (intervenção *ad coadjuvandum*); embora chamado de *amigo*, ele é sempre movido por uma *amizade interessada*.[16]

14. *Cfr.* Henri Roland e Laurent Boyer, *Locutions latines du droit français*, p. 26.

15. *Cfr. Amicus curiae*, introdução, n. 2, esp. p. 6.

16. Feliz expressão de Paolo Bianchi, referida por Athos Gusmão Carneiro, *Intervenção de terceiros*, n. 71-B, esp. p. 151.

Quando a função for exercida por uma mulher dir-se-á igualmente *amicus curiæ* e não *amica curiæ*. O plural de *amicus curiæ* é *amici curiæ* mas essa expressão não é usual. É errado dizer *dois amicus curiæ*.

202. an debeatur

Se é devido. Uma sentença ilíqüida, ou genérica, contém a declaração do *an debeatur* (existência da obrigação) mas nada conclui sobre o *quantum debeatur* e daí a necessidade de ser submetida às atividades consistentes na liqüidação de sentença (CPC, arts. 475-A ss.).

V. também *quantum debeatur* e *quid debeatur*.

203. animus domini

Espírito de dono, ou intenção de ser dono. O *animus domini* é uma indispensável qualificação da posse, para o fim de obter o direito de propriedade por usucapião. Só pode ser beneficiado pelo usucapião aquele que exerce a posse com o "estado de espírito do proprietário", ou seja, com a "intenção de agir por sua própria conta",[17] realizando atos que ordinariamente o dono realizaria (pagando impostos, cuidando do bem como se fosse seu, reparando-o quando necessário *etc.*) e assim projetando exteriormente uma aparência de ser detentor do domínio. Obviamente, é também indispensável a implementação dos demais requisitos, como o *tempus*, aptidão do bem a ser usucapido *etc.* Ao exigir o *animus domini* como requisito para este, fala o Código Civil em "possuir como seu" (art. 1.238).

204. animus novandi

Vontade de novar, ou intenção de novar. Segundo entendimento corriqueiro entre os civilistas, não há novação sem que as partes tenham a precisa intenção de pôr fim a uma relação jurídica, dando vida a uma outra em substituição a ela. Não bastam os elementos objetivos da existência de uma obrigação anterior e

---

17. *Cfr.* Henri Roland e Laurent Boyer, *op. cit.*, p. 29.

criação de uma nova mediante a inserção de um novo elemento; é também indispensável o elemento subjetivo consistente no *animus novandi*. "Não havendo ânimo de novar, expresso ou tácito mas inequívoco, a segunda obrigação confirma simplesmente a primeira" (CC, art. 361).

205. animus possidendi

Vontade de possuir, ou intenção de deter a coisa como se fosse dono, ou seja, exercendo alguns dos poderes inerentes ao domínio – sabendo-se que, na teoria acatada pelo Código Civil brasileiro, posse é a exteriorização do domínio. "Considera-se possuidor todo aquele que tem de fato o exercício, pleno ou não, de algum dos poderes inerentes à propriedade" (CC, art. 1.196). O próprio dono exerce a posse, com *animus possidendi*. Não é o caso dos *fâmulos da posse,* que detêm a coisa em nome de terceiro, como são os caseiros, os motoristas empregados, os bibliotecários (CC, art. 1.198 – Silvio Rodrigues):[18] essas pessoas não são movidas pela intenção de ter a coisa como sua e, quando passam a agir com esse *animus*, podem incorrer no crime de apropriação indébita (CP, art. 168).

206. ars boni et æqui

Arte do bem e da justiça, ou arte do bom e do justo. Tal é a definição do direito segundo o jurista Celsus (primeira metade do século II). A doutrina vacila quanto ao significado do vocábulo *ars* nessa expressão, havendo quem prefira dar a esta a tradução de *sistema do bem e da justiça* (Pugliese).[19]

207. auctoritas rei judicatæ

Autoridade da coisa julgada. Emprega-se essa locução para designar a *coisa julgada material*, ou seja, a imutabilidade dos efeitos da sentença, e não a simples irrecorribilidade, ou a inadmissibilidade de nova decisão da causa no seio de um processo – a

---

18. *Cfr. Direito civil*, V, n. 13, pp. 23-24.
19. *Cfr. Istituzioni di diritto romano*, n. 75.2, p. 188.

qual se conceitua como coisa julgada formal e melhor se qualifica como uma preclusão.[20]

V. também *præclusio maxima* e *res judicata pro veritate habetur*.

208. auctoritatis ratione

Em razão da autoridade. Diz-se de afirmações que em seu benefício contam somente com a autoridade de quem as emitiu, sendo desprovidas, em si mesmas, de suficiente poder de convencimento; são os *argumentos de autoridade*. O contrário é *rationis auctoritate*, que significa *pela autoridade da razão* – afirmações que se sustentam por uma autoridade fundada em seus próprios fundamentos.

V. também *rationis auctoritate*.

209. audiatur et altera pars

Ouça-se também a outra parte. Essa é a expressão do princípio do contraditório, o qual exige, entre outras coisas, que a uma das partes seja sempre dada oportunidade para manifestar-se sobre pedidos formulados, fundamentos aduzidos ou documentos trazidos pela outra. Diferentemente da construção contida na máxima *inaudita altera parte*, aqui o vocábulo *pars* comparece como sujeito da forma verbal *audiatur* (seja ouvida) e, portanto, justifica-se seu emprego no caso nominativo (*pars* e não *parte*). Se as partes a serem ouvidas forem duas ou mais, a expressão em exame apareceria na forma *audiantur et alteræ partes* – mas o emprego de uma locução assim rebuscada e estranha aos usos forenses soaria como arrogante pedantismo.

V. também *inaudita altera parte*.

210. benigna amplianda, odiosa restringenda

As disposições benignas devem ser ampliadas e as repressivas ou restritivas de direitos, restringidas. A imposição de um tributo

---

20. *Cfr.* ainda minhas *Instituições de direito processual civil*, III, nn. 953-955, pp. 303 ss.; mas, negando a assimilação da coisa julgada à preclusão, *cfr.* Maurício Giannico, *A preclusão no direito processual civil brasileiro*, n. 5.5.2, pp. 106-111.

relacionado com determinado fato gerador não comporta qualquer ampliação, porque *odiosa*. Constitui também manifestação desse brocardo o princípio da reserva legal em matéria criminal (Const., art. 5º, inc. XXXIX; CP, art. 1º), não sendo admissível aplicar penas além dos limites estritos da tipificação contida em lei. Esse brocardo serve também como critério destinado a revelar o significado das leis, contratos, sentenças *etc.*; "quando o texto é suscetível de dois sentidos, adote-se aquele do qual possa vir o maior bem ou o menor inconveniente.[21] Diz-se também *odiosa restringenda, favorabilia amplianda* e, em matéria criminal, *pœnalia sunt restringenda*.

V. também *odiosa restringenda, favorabilia amplianda*.

211. bonum comune

Bem comum. Na conceituação do Papa João XXIII, referida por Dalmo de Abreu Dallari, *bem comum* é "o conjunto de todas as condições de vida social, que consintam e favoreçam o desenvolvimento integral da personalidade humana".[22] Na filosofia de São Tomás de Aquino, "bonum comune majus est et divinus quam bonum privatum". Esse é substancialmente um tema de teoria do Estado, que se propaga e deve exercer influência em todos os ramos do direito, especialmente no trato da jurisdição, considerando o compromisso de cada Estado, e portanto também do Estado-juiz, com o *bem comum* de seus integrantes; se todo Estado deve buscar "o bem comum de um certo povo, situado em determinado território",[23] é intuitivo que ele deve fazê-lo ao legislar, ao administrar e também ao exercer a função jurisdicional. "Como escopo-síntese da jurisdição no plano social, pode-se indicar a *justiça*, que é afinal expressão do bem comum".[24]

21. *Cfr.* Carlos Maximiliano, *Hermenêutica e aplicação do direito*, n. 301, p. 202.
22. *Cfr.* Dallari, *Elementos de teoria geral do Estado*, n. 52, p. 94.
23. *Cfr.* Dalmo de Abreu Dallari, *op. loc cit.*, esp. p. 95.
24. *Cfr.* Dinamarco, *A instrumentalidade do processo*, n. 20, esp. p. 186, referindo o pensamento de Luigi Bagolini (*Visioni della giustizia e senso comune*, p. 183).

Essa idéia transparece em precioso estudo doutrinário sobre o tema, no qual se diz que o bem comum "não consiste na simples garantia dos direitos individuais nem no bem do Estado como tal, mas configura uma situação real comunitária imanente ao todo social, justamente compartilhada por todos e sem a qual o gozo e exercício dos direitos individuais se tornam ilusórios ou não têm plena satisfação, sem esquecer que a preservação destes últimos é também uma exigência intrínseca do bem comum".

212. brevi tempore[25]

Em curto tempo, ou *de breve duração*. Há casos em que a prescrição ou a decadência se consuma em prazos breves ou mesmo brevíssimos, falando-se então em *præscriptio brevi tempore*. A rapidez desses prazos não resulta tanto de uma especial vontade de sancionar a inércia do titular do direito, quanto de uma especial presunção de resignação diante de uma situação desfavorável (Roland-Boyer).[26] É o caso do adquirente de coisa móvel, cujo direito de obter a redibição ou abatimento no preço se extingue em trinta dias (CC, art. 445). No Código de Defesa do Consumidor é também de trinta dias o prazo para o consumidor de serviço ou produtos não-duráveis reclamar pelos vícios aparentes ou de fácil constatação (art. 26, inc. I). Na vigência do Código Civil anterior era de dez dias, contados da celebração nupcial, o prazo prescricional da "ação do marido para anular o matrimônio contraído com mulher já deflorada" (art. 178, § 1º); essa disposição, visivelmente associada a valores tido como absolutos no início do século XX, não foi reproduzida pelo Código de 2002.

V. também *longi temporis*.

213. capitis deminutio

Diminuição da pessoa (ou da personalidade). Significa a redução dos direitos ou rebaixamento do *status* de uma pessoa. Mais precisa no direito romano, "em nossos dias essa expressão somente é utilizada *commoditatis causa* para designar, sem preci-

---

25. Nessa locução o substantivo e o adjetivo aparecem no caso ablativo, diferentemente da locução oposta (*longi temporis*), na qual se emprega o genitivo.

26. Cfr. *Locutions latines du droit français*, p. 42.

são, toda diminuição suportada por uma pessoa em sua capacidade, sua função, sua autoridade" etc.[27] Seria uma *capitis deminutio* para um grande ator a imposição de vir ao palco na condição de mero figurante, ou mesmo de coadjuvante; para o Presidente de um Tribunal de Justiça, que é o chefe do Poder Judiciário em seu Estado, sua não-convocação para tomar assento à mesa em uma solenidade promovida pelo Executivo; para o juiz, com infração a sua independência funcional, a determinação, por um órgão superior da Magistratura, no sentido de julgar uma causa de determinada maneira; para o advogado, o encargo de levar intimações às testemunhas que arrolou ou ao próprio constituinte *etc*. Mas a reforma ou anulação da sentença não diminui o juiz, porque isso faz parte da dinâmica do duplo grau de jurisdição.

Deminutio é um vocábulo do gênero feminino, sendo errado adjetivá-lo no masculino. Diga-se *uma capitis deminutio*, não *um capitis deminutio*.

214. caput

Cabeça. O *caput* de um artigo de lei ou cláusula de contrato é a *parte de cima*, onde está a disposição central desejada pelo legislador ou pelos contratantes. Vêm em seguida os incisos ou alíneas, ambos contendo enumerações, e os parágrafos, portadores de disposições complementares, ressalvas *etc*.

O Código Processo Civil, que tanto quis banir por completo as palavras e expressões latinas em seu próprio corpo, agora contém em diversos dispositivos a palavra *caput*, precisamente com esse sentido, que lhe foi imposta pelas leis n. 11.232, de 22 de dezembro de 2005 (arts. 471, par., 475-J, § 4º, 475-L, § 1º, e 475-O, § 2º) e n. 11.382, de 6 de dezembro de 2006 (arts. 649, § 2º, e 651-A, § 2º).

215. causa petendi

Causa de pedir. Trata-se dos *fatos e fundamentos jurídicos do pedido*, que toda petição inicial deve conter, sob pena de inépcia e conseqüente indeferimento (CPC, art. 282, inc. III; art. 295, inc. I, e par., inc. I). Embora tanto os fatos como os fundamentos jurí-

27. *Id., ib.*, p. 43.

dicos integrem a *causa petendi*, somente aqueles são vinculantes para o juiz, ao qual é vedado decidir com fundamento em fatos não narrados (art. 128); mas tem ele plena liberdade para atribuir aos fatos narrados qualificação jurídica diversa da que o autor haja proposto (teoria da substanciação – *da mihi factum dabo tibi jus*). Fundamentos jurídicos não se confundem com fundamentos *legais*, os quais não são sequer exigidos: muito mais que a indicação das disposições da lei que se pretende invocar, importa o enquadramento dos fatos em uma determinada categoria jurídica (dano extracontratual, erro, vícios do negócio jurídico *etc.*). O plural de *causa petendi* é *causæ petendi* (causas de pedir).

216. cautio judicatum solvi *(ou caução judicatum solvi)*

Caução para cumprir o julgado, ou para o cumprimento do julgado. Pode ser exigida como requisito para a concessão de medidas provisórias, quer de natureza cautelar ou antecipatória, quer liminarmente ou não (CPC, arts. 799 e 804). Cauções dessa ordem têm a visível finalidade de reduzir os riscos a que é exposta a parte contra a qual se concede uma medida urgente, qualificando-as a doutrina como *contracautelas*.

217. cautio pro expensis *(ou caução pro expensis)*

Caução pelas despesas. É a garantia (pessoal ou real) que em casos raríssimos se exige ao autor para que possa ter curso a demanda proposta. O único caso na legislação brasileira é o do art. 835 do Código de Processo Civil, segundo o qual "o autor, nacional ou estrangeiro, que residir fora do Brasil ou dele se ausentar na pendência da demanda,[28] prestará, nas ações que intentar, caução suficiente às custas e honorários de advogado da parte contrária, se não tiver no Brasil bens imóveis que lhes assegurem o pagamento". Na Itália, dispositivo análogo foi dado por inconstitucional pela Corte Constitucional (c.p.c., art. 98).[29]

---

28. *Rectius*: do processo.
29. Esse dispositivo exigia a caução a ser prestada pelo autor quando houvesse fundada suspeita de que, sendo vencido, não teria como honrar os encargos da sucumbência.

Cautio é substantivo feminino (diz-se *a cautio pro expensis* e não *o cautio pro expensis*).

V. também *cautio judicatum solvi* (v. *retro*, n. 216).

Na França um dispositivo do *Code civil* dava ao réu o poder de exigir do autor estrangeiro uma caução dessa ordem, como garantia de que responderia pelo valor da condenação em caso de sucumbir (art. 16). Várias convenções diplomáticas foram dispensando tal exigência em relação aos nacionais de certos países, até que uma lei ab-rogou de vez aquela disposição legal.[30]

218. citra petita

Aquém do pedido. Diz-se das sentenças que não apreciam todo o objeto do processo, omitindo-se quanto a algum dos pedidos formulados pelo autor. Sentido diferente tem a locução *infra petita*, que significa *abaixo do pedido* e designa os julgamentos pelos quais ao autor é concedido menos que o pedido (procedência parcial da demanda). A sentença *infra petita* nada tem de irregular, porque o acolhimento parcial da demanda é uma das possibilidades de todo julgamento de mérito, expressamente prevista no art. 459 do Código de Processo Civil. As sentenças *citra petita* são defeituosas, por denegação de justiça (Const., art. 5º, inc. XXXV), mas isso não significa que sejam nulas: aquilo que houver sido regularmente decidido não pode ficar comprometido pela lacuna da sentença quanto ao pedido não julgado. A providência correta, em grau de apelação contra essa sentença, consistirá em mandar que o juiz inferior supra a omissão, preservada a eficácia do que houver sido julgado (aplicando-se também, se for o caso, o disposto no art. 515, § 3º, do Código de Processo Civil). Se o tribunal nada determinar e a omissão não vier a ser suprida, a parte fica livre para repropor o pedido, porque obviamente não pode haver coisa julgada sobre um capítulo inexistente da sentença.[31]

V. também *extra petita, infra petita* e *ultra petita*.

30. *Cfr.* Roland-Boyer *Locutions latines du droit français*, p. 49.
31. *Cfr.* Liebman, *Manuale di diritto processuale civile,* II, n. 271, esp. nota 11, p. 226; Dinamarco, *Instituições de direito processual civil,* III, n. 940, pp. 277 ss.

219. cognitio extra ordinem

Cognição extraordinária. Por essa locução designa-se o terceiro período da história do processo civil romano, implantado a partir do século II DC em substituição ao *ordo judiciorum privatorum*. Superado o período clássico (formular) e com ele o próprio *ordo judiciorum privatorum*, fechou-se o ciclo da jurisdicionalização dos conflitos, passando o próprio *prætor* a decidir a causa, sem outorgá-la a um cidadão privado, como antes (o *judex*); o *prætor* passou a exercer esse poder imperativamente, sem necessidade da prévia aquiescência ou submissão das partes, como ocorria nos períodos precedentes.[32]

V. também *ordo judiciorum privatorum*.

220. conditio sine qua non, *ou condição* sine qua non

Requisito sem cuja ocorrência não se concretiza um direito, uma obrigação *etc.*, ou sem o qual determinado ato ulterior não poderá acontecer. A propositura da demanda é condição *sine qua non* para a formação de um processo (CPC, arts. 2º e 262); a interposição de um recurso, para o julgamento pelo tribunal.

221. considerandum

Essa palavra, que nas praxes contratuais brasileiras se emprega na tradução vernácula (considerando) ou em sua própria forma latina, expressa as razões que levam as partes a contratar, historiando fatos, descrevendo situações presentes, indicando escopos. Literalmente, *considerandum* é "aquilo que se tem em exame" (*id de quo consideretur*). *Considerandum*, que em si mesma é o gerúndio de um verbo latino, é também empregada como substantivo, quando serve para designar as próprias razões enunciadas pelos contratantes – os *consideranda* de um contrato, ou os seus *considerandos*.

222. consilium fraudis

Consenso fraudulento. Essa expressão é comumente empregada com referência ao instituto da fraude contra credores (CC,

---

32. *Cfr.*, entre tantos, Cintra-Grinover-Dinamarco, *Teoria geral do processo*, n. 3, esp. p. 29.

arts. 158-165); para que em ação pauliana possa ser decretada a ineficácia da alienação ou oneração de um bem pelo devedor insolvente, é indispensável que o adquirente tenha conhecimento ou ao menos motivos para não desconhecer a insolvência do alienante. É indispensável, em outras palavras, o *consilium fraudis*, ou fraude bilateral – diferentemente do que ocorre na fraude de execução (CPC, arts. 592, inc. V e 593), para cuja configuração não se exige a participação maliciosa do adquirente.

223. contra legem

Contra a lei. É *contra legem*, p.ex., a exigência de reconhecimento de firma nas procurações judiciais, uma vez que a redação dada ao art. 38 do Código de Processo Civil pela *Reforma* suprimiu as palavras que a exigiam (lei n. 8.952, de 13.12.94). Decretos regulamentadores não podem dispor de modo conflitante com a lei regulada, porque uma disposição assim estaria a transgredir a superioridade hierárquica da lei sobre o decreto; mas há alguma tendência a aceitar, em alguma medida e sob certas circunstâncias, os decretos *prœter legem* – portadores de disposições que vão além daquela contida na lei regulamentada.

V. também *prœter legem*.

224. Corpus Juris Civilis

Corpo do direito civil. Consiste em um conjunto de quatro compilações de normas de direito romano, todas elaboradas por ordem do Imperador Justiniano no século VI e que são as *Institutas*, o *Digesto*, o *Codex* e as *Novelas*.[33]

225. cum grano salis

Com um grão de sal, moderadamente ("com uma pitadinha de sal" ou "com certa ressalva").[34] Empreguem-se expressões latinas

---

33. *Cfr.* Moreira Alves, *Direito romano*, I, n. 39, esp. p. 62, com a informação de que a denominação *Corpus Juris Civis* foi proposta no século XVI pelo romanista francês Dionísio Godofredo, vindo a contar com aceitação geral entre os doutrinadores.

34. *Cfr.* Paulo Rónai, *Não perca o seu latim*, p. 46.

nos escritos forenses, mas *cum grano salis* – ou seja, sem exagerar. Renzo Tosi atribui essa expressão a Plínio, com a curiosa observação de que este a empregara em sentido próprio e não figurado, ao apresentar a receita de um preparado medicinal – e disse então *addito salis grano*, significando *acrescentado um grão de sal*.[35]

226. cum onere suo

Com o seu ônus. Quem adquire um bem por negócio entre vivos, quem se torna titular por sucessão hereditária ou quem o arremata em juízo recebe-o acompanhado dos ônus que eventualmente o gravarem. Se o bem estiver hipotecado, ou se o bem arrematado estiver locado a terceiro, aquele que o herda, compra ou o arremata recebe-o com a hipoteca que o grava ou, no caso de locação, sujeita-se ao contrato de locação incidente sobre ele.[36] Mas há ressalvas a essa regra, como a do art. 8º da Lei de Locações, pelo qual a locação não levada ao registro de títulos e documentos não vincula terceiros.

227. curriculum vitæ

Relatório contendo dados da vida profissional ou da atuação de uma pessoa física ou empresa, geralmente utilizado como apresentação na oferta de serviços, busca de empregos *etc*. O plural, pouco usado, é *curricula vitæ* e a forma vernácula é *currículo*.

228. da mihi factum dabo tibi jus
(ou **narra mihi factum dabo tibi jus***)*

Narra-me o fato e dar-te-ei o direito. Essa máxima expressa o valor que têm as alegações de fato, as quais devem ser captadas pelo juiz e por ele processadas em face das regras jurídicas pertinentes, sem ter a parte o rigoroso ônus de invocá-las expressamente. Se narro fatos que caracterizam uma violência e peço a anulação do negócio jurídico, a circunstância de não haver eu indicado as normas de direito privado atinentes à coação nem dito que pretendia a anulação *por coação* não prejudica minha inicia-

---

35. *Cfr.* Tosi, *Dicionário de sentenças gregas e latinas*, n. 1.775, p. 802.
36. *Cfr.* Liebman, *Processo de execução*, n. 44, esp. p. 106; Dinamarco, *Instituições de direito processual civil*, IV, n. 1.584, pp. 450 ss.

tiva: se os fatos forem provados o juiz anulará o negócio por coação. O que não pode ser omitido é a conseqüência do fato narrado, ou seja, é indispensável indicar precisamente o que se pede. O *petitum* é indispensável em toda postulação endereçada ao Poder Judiciário, quer quando se propõe a demanda inicial, quando se recorre *etc.*

V. também *causa petendi* e *jura novit cúria.*

229. data venia

Dada licença, ou *se me for dada licença*. Desaconselha-se o emprego dessa locução em escritos forenses, porque ninguém precisa pedir licença para formular pedidos ou defesas em juízo, para aduzir fundamentos ou argumentos, para refutar argumentos alheios ou mesmo para fazer críticas respeitosas aos atos judiciais – nem a parte nem muito menos o juiz.

Nessa locução, a palavra *venia* não deve ser grafada com acento circunflexo (*vênia*), simplesmente porque em língua latina não existe acento algum. São deselegantes e chegam a constituir erros grosseiros certos desdobramentos da locução *data venia* que às vezes se vêem em escritos forenses, como *datissima venia* ou *data venia concessa etc.* O melhor é jamais empregar estas nem aquela. Equivalente a *data venia* é a locução *venia concessa* (concedida permissão); também se diz *data maxima venia*. Fala-se de um advogado que usava tanto essas expressões, que ficou conhecido como *Dr. Data Venia*.

230. de cujus

É o autor da herança, ou seja, o falecido, aquele de cujo patrimônio vêm os bens postos em um inventário. O vocábulo *cujus* é forma singular (caso genitivo), cujo plural seria *quorum*, mas não é usual nem seria elegante falar em *de quorum* para designar dois ou mais sujeitos cujos bens estejam sujeitos a um inventário; melhor é dizer, em língua portuguesa, *os autores das heranças.*

O anedotário forense refere o caso de um advogado principiante (naturalmente, não formado pelo Largo de São Francisco) que, na petição inicial de um inventário, disse que "o *de cujus* faleceu no estado de casado e deixou três decujinhos".

231. de jure condendo

Perante o direito constituendo. O mesmo que *de lege ferenda*. V também *jus condendum, de jure condito* e *de lege ferenda*.

232. de jure condito[37]

Perante o direito constituído. O mesmo que *de lege lata*.

V. também (a) *jus conditum*, (b) *de jure condendo* e (c) *de lege lata*.

233. de lege ferenda

Segundo a lei que pode vir a ser posta, ou a ser criada. *De lege ferenda* podemos sustentar a conveniência de eliminar as regras que beneficiam a Fazenda com prazos privilegiadamente maiores ou com o duplo grau obrigatório; mas de *lege lata* temos de nos curvar a essas normas legais de fundo fascista herdadas do Estado Novo getulista (CPC, arts. 188 e 475).

V. também (a) *de lege lata*, (b) *de jure condendo* e (c) *de jure condito*.

234. de lege lata

Segundo a lei posta, ou vigente. V. também (a) *de lege ferenda*, (b) *de jure condendo* e (c) *de jure condito*.

235. de meritis

De mérito. Decide *de meritis* sentença ou acórdão que se pronuncia sobre a pretensão posta na demanda inicial, ou, na linguagem de Carnelutti, sobre a *lide*. É ao menos deselegante dizer *decisão meritória*, porque esse adjetivo serve mais para indicar virtudes e não uma relação com o *meritum causæ*. Ao conceito de sentença *de meritis* opõe-se o de sentença terminativa, que é o ato pelo qual se nega o julgamento do *meritum causæ* (CPC, art. 267 c/c art. 162, § 1º). Na locução em exame o vocábulo *meritis* é

---

37. Pronuncia-se *côndito*.

posto no plural porque no passado dizia-se também *merita causæ*, sendo também *merita* o plural de *meritum*.[38]

V. também *meritum causæ*.

236. de minimis non curet prætor.

V. *minimis non curet prætor*.

237. decisum

Literalmente, *decidido*; mas esse vocábulo é empregado para designar a terceira parte da estrutura da sentença, ou o decisório (CPC, art. 458, inc. III). É no *decisum* que o juiz formula o preceito concreto a vigorar entre as partes – seja pela procedência, improcedência ou procedência parcial da demanda, seja pela inadmissibilidade do julgamento do mérito: uma sentença de mérito será meramente declaratória, constitutiva ou condenatória, conforme a natureza do provimento contido no *decisum*, ou decisório. Somente o *decisum* de uma sentença de mérito é suscetível de ser imutabilizado pela autoridade da coisa julgada material (art. 469, incs. I-III). Vê-se às vezes esse vocábulo empregado como se fosse sinônimo de *sentença* ou mesmo *decisão*, mas esse uso é desaconselhável ao menos a bem da precisão de linguagem. O *decisum* faz parte da sentença mas não se confunde com ela – na qual se incluem também o relatório e a motivação.

238. dies a quo

Dia a partir do qual, ou dia de partida. É o termo inicial dos prazos. O oposto é *dies ad quem*, dia em que o prazo termina (dia de chegada).

V. também *a quo* e *ad quem*.

239. dies ad quem

Dia até ao qual, ou dia de chegada. É o termo final dos prazos. O oposto é *dies a quo*, dia em que o prazo se inicia (dia de partida).

---

38. *Merita* é nominativo plural neutro. E o vocábulo *meritis*, na locução em exame, é ablativo plural neutro. O nominativo singular é *meritum* e o genitivo, *meriti*.

V. também *a quo* e *ad quem*.

240. dies interpellat pro homine

O dia interpela pelo homem. Essa locução aplica-se às obrigações que se tornam exigíveis automaticamente pela chegada do dia previsto para adimplir, sem necessidade de interpelação ou qualquer providência da parte do credor; segundo disposição do Código Civil (art. 397), "o inadimplemento da obrigação positiva e líqüida no seu termo constitui de pleno direito em mora o devedor". Não adimplindo no vencimento, o devedor põe-se desde logo em mora, com as conseqüências desta.

241. dominus litis

Senhor da lide, ou da causa. O Ministério Público, que em alguns casos oficia como mero fiscal da lei (mandado de segurança, ações de estado) ou mesmo assistente do autor ou réu (partes incapazes), em outros comparece como verdadeira parte principal, com legitimidade para agir na qualidade de autor – e, nesses casos, diz-se que ele é *dominus litis* (ação civil pública, ação penal *etc.*).

242. dormientibus non succurit jus

O direito não protege aqueles que dormem. Esse é o dístico legitimador dos institutos jurídicos responsáveis pela extinção de direitos, ações, *pretensões* (CC, art. 189) ou mesmo preclusões temporais. Quem deixa passar o tempo previsto em lei sem exercer os poderes ou faculdades postos a sua disposição nem ativar os meios adequados para a satisfação de seus interesses é considerado um *dormiens* e, como tal, suportará a conseqüência de sua própria inércia.

Pelo direito brasileiro vigente, que nesse ponto se afasta dos principais ordenamentos estrangeiros e também da própria tradição nacional, a prescrição comporta apreciação *ex officio*, do mesmo modo que a decadência; o art. 194 do Código Civil de 2002, que já fora uma inovação em relação ao Código anterior (art. 166), ficou superado pelo novo § 5º do art. 219 do Código de Processo Civil, que outorga esse poder ao juiz (lei n. 11.280, de 16.2.06).

243. dura lex sed lex

A lei é dura mas é a lei. Esse é o lema de um legalismo que, levado a pontos de exagero, poderá conduzir a insuportáveis injustiças. Repudia-se hoje com muita ênfase a interpretação dos textos legais sem atenção aos valores que visam a proteger e aos que estão em jogo em cada caso. Diga-se *dura lex sed lex* somente nos casos em que a aplicação da lei seja realmente adequada e fator de realização da justiça, sem exageros legalistas.

Curiosidade: um antigo *slogan* publicitário dizia, com referência a um conhecido cosmético empregado como fixador de cabelos: *dura lex sed lex, no cabelo só Gumex*.

V. também (a) *fiat justitia pereat mundus* (b) *legem habemus*, (c) *summum jus summa injuria* e (d) *ubi lex non distinguit nec nos distinguere debemus*.

244. electa una via non datur regressus ad alteram[39]

Eleita uma via não se admite o regresso a outra. Essa máxima guarda relação com o sistema romano de tutela aos direitos, no qual a *litis contestatio* celebrada perante o pretor operava a *consumatio actionis*; a *actio*, ou seja, o direito que porventura existisse,[40] deixaria de existir naquele momento e o autor, quando fosse vitorioso na causa, sê-lo-ia por um novo direito, não por aquele que antes tinha. Nesse sistema, compreende-se que, havendo dois modos para a satisfação de um direito, a opção por um deles impediria de modo absoluto o recurso ao outro, porque a *actio* estava extinta e o que naquele processo não se obtivesse não poderia mais ser obtido por modo algum. Hoje, em um quadro sistemático muito diverso daquele, se houver dois direitos concorrentes e o sujeito pedir em juízo a satisfação de um deles

---

39. Ou *electa una via ad alteram non datur regressus*.
40. *Actio* não equivalia ao conceito moderno de ação, porque nos tempos iniciais os romanos não conheciam o *jus*. *Actio* era um conceito sincrético, que reunia elementos do direito subjetivo e da ação e se conceituava como *direito de perseguir em juízo aquilo que nos é devido* A *actio* romana, portanto, "deixa de ser uma palavra pertencente ao processo para tornar-se pertencente ao direito civil substancial" (Correia-Sciascia, *Direito romano*, I, § 39, esp. p. 77); v. Dinamarco, *Fundamentos do processo civil moderno*, I, n. 30, pp. 80 ss.

(p.ex., rescisão do contrato e não a condenação a cumpri-lo), só quando tiver obtido a *satisfação* do direito postulado é que ele ficará privado do outro. Só a *satisfação* de um entre dois direitos concorrentes tem o efeito de extinguir o outro, não a mera propositura de uma demanda (não existe em direito moderno a *consumatio actionis*).[41] Mas o grande peso da máxima *electa una via* ainda influencia os juízes e tribunais brasileiros, que resistem mais do que deviam à evidência de sua inadequação ao sistema moderno de direitos.

V. também *litis contestatio*.

245. erga omnes

Em face de todos. Os direitos reais reputam-se direitos *erga omnes*, impondo-se a todos – diferentemente dos pessoais, que têm um titular passivo determinado. O Código de Defesa do Consumidor define como *erga omnes* a coisa julgada em caso de sentença dada em relação a direitos difusos ou de sentença que julga procedente a ação coletiva relacionada com direitos individuais homogêneos (art. 103, incs. I e III).[42]

V. também *ultra partes*.

246. error facti

Erro de fato. Em sentido amplo, erro de fato é todo desvio de percepção relacionado com a verdade histórica de fatos acontecidos ou não acontecidos, com repercussão em afirmações que, por essa razão, são equivocadas. O juiz erra quanto aos fatos, principalmente, quando aprecia mal a prova. Como é notório, *errores facti* não são suscetíveis de apreciação mediante o recurso extraordinário ou o especial, que se caracterizam como vias adequadas somente para a verificação da correta aplicação do direito objetivo (constitucional ou infraconstitucional – Súmula n. 7-STJ). No sis-

---

41. *Cfr.* meu ensaio "Electa uma via ad alteram non datur regressus", *in Fundamentos do processo civil moderno*, II, nn. 478-487, pp. 907 ss.

42. Mas indago: seria *erga omnes* a autoridade da coisa julgada ou a eficácia substancial direta dessas sentenças? Esse tema nunca foi abordado em profundidade pela doutrina.

tema do Código de Processo Civil, onde o erro de fato é posto como possível fundamento da *ação rescisória* (art. 485, inc. IX), tal vício ocorre "quando a sentença admitir um fato inexistente ou quando considerar inexistente um fato efetivamente ocorrido" art. 485, § 1º) – acrescentando-se que esse fundamento somente poderá ser invocado quando "não tenha havido controvérsia nem pronunciamento judicial sobre o fato" (art. 485, § 2º). Para fins de rescisão de sentença, portanto, erro de fato é somente o resultado de um *cochilo judiciário*, não de uma deliberada tomada de posição, ainda que equivocada, quanto a fatos acontecidos ou não acontecidos.

Há erro de fato, p.ex., quando o juiz declara uma prescrição sem ver que nos autos havia prova de sua interrupção; ou quando decreta um despejo por falta de pagamento sem levar em conta que o réu havia purgado regularmente a mora mediante o depósito do valor dos aluguéis devidos. Mas não haverá erro dessa ordem, capaz de autorizar a ação rescisória, quando o juiz houver expressamente afastado a eficácia de um ato supostamente interruptivo da prescrição; ou quando, por fazer um cálculo errado do prazo para a purga da mora, houver concluído que esta fora intempestiva. Para situações como essa, o remédio é o recurso de apelação.

247. error in judicando

Erro ao julgar, ou erro de julgamento. É o erro cometido pelo juiz no julgamento da causa, ou do mérito (*v.g.*, mediante má apreciação da prova, interpretação equivocada dos textos legais, aplicação de norma inadequada *etc.*). O erro de julgamento pode ser de fato ou de direito.

V. também (a) *error facti,* (b) *error juris* e (c) *error in procedendo.*

248. error in procedendo

Erro ao processar, ou erro de processo. É o erro do juiz quanto à forma, quanto aos atos do procedimento ou, em geral, quanto às exigências de direito processual (sentença não fundamentada, prova indevidamente indeferida, providência omitida no processo *etc.*).

V. também *error in judicando.*

249. error juris

Erro de direito. O juiz erra quanto ao direito quando interpreta mal um texto jurídico, atribuindo-lhe significado que não corresponde à sua *mens*, ou quando nega aplicação de dada norma que na realidade era aplicável ao caso, ou ainda quando aplica norma inaplicável. *Errores juris* podem constituir fundamento para o recurso extraordinário, para o especial ou para a ação rescisória, conforme o caso (Const., arts. 102, inc. III, letra *a*, e 105, inc. III, letra *a*, e CPC, art. 485, inc. V).

250. etc.

E outras coisas. Literalmente, *et cœtera* significa *e o que mais restar*. A partícula *etc.* é empregada com muita freqüência para indicar que a relação de fatos, fundamentos, situações ou direitos, contida em um texto, não é exaustiva e ainda comporta acréscimo de outros fatos, fundamentos, situações ou direitos da mesma ordem, não incluídos no momento. Como na locução *et cœtera* já está contida a preposição *et*, que se traduz por *e*, é incorreto dizer *e etc.* Do mesmo modo, como em princípio não se admite o emprego de vírgula antes da preposição ou conjunção *e*, também é indevido esse emprego antes da partícula *etc.* Diga-se *direitos, faculdades, ônus etc.* Não se diga *direitos, faculdades, ônus, etc.* nem *direitos, faculdades, ônus e etc.*

251. ex empto

Pelo que foi comprado. V. *actio ex empto.*

252. ex facto oritur jus

O direito nasce do fato. O fato do qual nasce o direito é tratado pelo direito processual como *fato constitutivo*, sendo ônus do autor a sua alegação e prova (CPC, art. 282, inc. IV, e art. 333, inc. I). Aos fatos dessa natureza opõem-se os impeditivos, os modificativos e os modificativos, que no processo têm função defensiva e cuja prova incumbe ao réu (art. 333, inc. II).[43] Em

---

43. *Cfr.* Dinamarco, *Instituições de direito processual civil*, II, n. 524, pp. 259 ss.

direito tributário os fatos que dão origem ao crédito fiscal são *fatos geradores*.

253. ex nunc

A partir de agora. Em princípio, as sentenças constitutivas produzem efeitos *ex nunc*, ou seja, a partir do momento em que são dadas ou em que se tornam irrecorríveis, e não desde um certo momento no passado.

V. também *ex tunc*.

254. ex officio

De-ofício. Essa locução designa os atos que o juiz realiza espontaneamente, por força de seu próprio ofício judicial, sem pedido ou qualquer provocação das partes. As nulidades absolutas, as carências de ação, a incompetência absoluta comportam apreciação *ex officio* (*supra*, n. 51).

255. ex post facto

Depois do fato. Muitas vezes é mais fácil avaliar as conseqüências de uma conduta ou de um acontecimento *ex post facto*, ou seja, depois que o fato aconteceu.

256. ex tunc

Desde então, ou desde um certo momento no passado. As sentenças meramente declaratórias e as condenatórias têm geralmente eficácia *ex tunc*, reportando-se a situações preexistentes a elas próprias e atingindo-as como se houvessem sido proferidas no passado.

V. também *ex nunc*.

257. ex vi legis

Por força de lei. As notas promissórias, letras de câmbio, cheque *etc.* têm eficácia executiva *ex vi legis* e não em virtude da vontade das partes – sendo ineficaz uma disposição contratual que outorgasse tal eficácia a determinado negócio jurídico, sem que assim dispusesse uma lei específica.

258. exceptio

Exceção. Na linguagem antiga, de origem no direito romano, *exceptio* é o contraposto de *actio*, significando o direito do réu à rejeição da pretensão do autor do mesmo modo como esta seria o direito a obter o bem por via judiciária; mas em direito moderno, exceção é puramente uma *defesa* e não um direito dessa ordem, assim como a ação não passa do direito a postular e obter uma sentença de mérito, ainda que desfavorável. Assim como o autor exerce a ação, em busca de uma decisão favorável mas que também poderá ser desfavorável, do mesmo modo o réu exerce sua defesa, em busca de uma decisão favorável mas sempre sujeito a receber uma adversa. Tanto quanto o vocábulo *actio*, naquela linguagem tradicional as exceções eram denominadas segundo o conteúdo da defesa (substancial ou processual), falando-se assim em exceção de contrato não cumprido, de litispendência, de coisa julgada.

V. também *actio* e *jus exceptionis*.

259. exceptio litis ingressum impediens

Literalmente, exceção impeditiva do ingresso da lide. Com essa expressão designam-se as preliminares ou *exceções peremptórias*, cujo acolhimento determina a extinção do processo – como é o caso da incompetência internacional, da litispendência, coisa julgada, carência de ação, vício de representação do demandante. Diferentes são as preliminares ou defesas meramente *dilatórias*. Sua eficácia impeditiva do julgamento do mérito é menos intensa que a das *exceptiones litis ingressum impedientes*: quando acolhida uma exceção dilatória o julgamento do mérito fica apenas momentaneamente impedido mas o processo prosseguirá após readaptado com observância dos pressupostos que não estivessem sendo observados. São exemplos a incompetência absoluta ou relativa, a suspeição ou impedimento do juiz, a suspensão do processo *etc.*

260. exceptio non adimpleti contractus

Exceção de contrato não cumprido. Nos contratos bilaterais uma das partes só pode exigir o cumprimento da obrigação assumida pela outra quando ela própria houver cumprido a sua – a não ser nos casos em que a exigibilidade daquela independa do cumprimento desta. Ou, em outras palavras: quando houver sido pactuado que uma das obrigações se tornará exigível antes da outra, ou que o cumprimento de uma delas é condição para que a outra se torne exigível, aquele que devia cumprir em primeiro lugar só pode vir a juízo com o pedido de satisfação de seu direito quando ele próprio houver cumprido a sua parte. Antes disso, sendo inexigível a obrigação do outro contratante, ele carecerá de ação por ausência de interesse-necessidade. Tal é a exceção de contrato não cumprido, regida pelo art. 476 do Código Civil e que em alguns casos se apresenta como *exceptio non recte adimpleti contractus* – ou exceção de contrato não cumprido corretamente.

261. **exceptio plurium concubentium**

Exceção de outros parceiros (ou *concubinos*). Defesa consistente em alegar que a mulher manteve relações sexuais com outros homens e não (ou não só) com aquele ao qual é atribuída a paternidade de seu filho. Essa defesa perdeu força a partir de quando a ciência passou a oferecer meios seguros para a verificação da paternidade (DNA) mas, na medida em que ainda possa ter alguma utilidade, o ônus da prova da pluralidade de parceiros compete a quem suscita a *exceptio plurium concubentium* (CPC, art. 333, II).

262. **exceptio plurium litisconsortium**

Literalmente, "exceção de outros litisconsortes". Defesa consistente em alegar que algum litisconsorte necessário foi omitido no processo, sendo indispensável integrá-lo quando se tratar de litisconsórcio necessário passivo (CPC, art. 47, par.) ou sendo nula a sentença que houver decidido a causa sem a presença de todos. Em caso de litisconsórcio ao mesmo tempo necessário e unitário, a sentença será ineficaz inclusive em face dos sujeitos que houverem participado do processo, não produzindo efeitos ainda quando coberta pela coisa julgada material e mesmo que superado o prazo para propositura da ação rescisória.[44]

---

44. *Cfr.* Dinamarco, *Litisconsórcio*, nn. 64-65, pp. 261 ss.

263. exceptio rei judicatæ

Exceção de coisa julgada. Não existe no atual processo civil brasileiro, como existia no anterior, uma exceção ritual de coisa julgada. Temos hoje somente as exceções de incompetência relativa, suspeição e impedimento do juiz (CPC, arts. 304 ss.); a coisa julgada, como causa impeditiva do julgamento do mérito, comporta alegação na própria contestação do réu (art. 301, inc. VI) e deve ser conhecida pelo juiz, mesmo de-ofício (art. 267, § 3º). Mas a expressão *exceptio rei judicatæ* continua sendo adequada para designar a defesa consistente em invocar a coisa julgada como óbice àquele julgamento (exceção em sentido amplo) ou mesmo o próprio óbice, ou pressuposto negativo do julgamento do mérito.

264. exceptio veritatis

Exceção da verdade. Locução empregada com mais freqüência em direito penal e consistente na alegação de que atos de difamação ou calúnia, ordinariamente qualificados como crimes, no caso correspondem à verdade e portanto não teriam sido criminosos (CPC, arts. 138, § 2º, e 139, par.). Tal defesa poderá também ser relevante fora da esfera penal quando se tratar, p.ex., de pleito de condenação por dano moral e o réu alegar que as ofensas irrogadas ao autor correspondem à verdade.

265. exceptionis ope

Por força de exceção, ou por obra da exceção. Há certas matérias das quais o juiz é proibido de conhecer sem que a parte interessada as alegue, como os vícios do consentimento, as nulidades relativas do processo e, em alguma medida, a incompetência relativa. Tais são as exceções em sentido estrito (de mérito ou não, conforme o caso). Só *exceptionis ope* o juiz conhecerá dos vícios de consentimento como causa de anulabilidade dos negócios jurídicos (e não *ex officio* – CC, art. 177 c/c CPC, art. 128, parte final).

266. exequatur

Execute-se. O substantivo *exequatur*, que é o resultado da substantivação dessa forma verbal, designa as decisões com as quais se manda dar cumprimento a um ato de outro órgão judiciário. Nos termos do art. 105, inc. I, letra *i*, da Constituição Federal, compete originariamente ao Superior Tribunal de Justiça "a concessão de *exequatur* às cartas rogatórias". Esse substantivo equivale a *beneplácito*.[45]

267. extra legem

Fora da lei, ou fora daquilo que ela prevê ou sobre que ela dispõe. Estar fora da lei não significa ser contra a lei, ou *contra legem*. Por exemplo: o art. 3º da Lei de Falências (lei n. 11.101, de 9.2.05) estabelece a competência do foro do principal estabelecimento para a falência e outros processos referentes a empresas em crise, sem dizer que essa competência territorial seja absoluta, mas é do entendimento geral que essa é uma competência absoluta (entendimento formado na vigência do art. 7º da lei anterior). Essa é uma competência absoluta *extra legem*.

Antes da vigência da lei n. 11.232, de 22 de dezembro de 2005, havia também o caso da oferta da ação rescisória pelo art. 485 do Código de Processo Civil, cabendo ela contra *a sentença de mérito* – donde vem a impressão de que somente *sentenças* seriam suscetíveis de rescisão; mas se uma *decisão interlocutória* de pronunciasse sobre um dos pedidos cumulados, julgando-o procedente ou improcedente, também essa decisão interlocutória seria *de mérito* e conseqüentemente comportaria a ação rescisória apesar de não incluída no texto da lei. Estávamos pois diante de uma hipótese extralegal de admissibilidade da ação rescisória.[46] Com a vigência daquela lei, incluindo no conceito de *sentença* todo ato com o qual o juiz se pronuncia sobre o mérito (CPC, art. 162, § 1º, nova redação – *supra*, n. 151), provavelmente esse problema desaparecerá e esse exemplo de uma orientação *extra legem* tenderá a perder razão de ser.

268. extra petita

Fora do pedido. A regra de correspondência entre a demanda e a sentença (CPC, art. 128) impõe que o juiz decida rigorosamente nos limites do que houver sido pedido, sendo-lhe vedado dispor sobre algo não pedido pelo autor ou, se for o caso, pelo recon-

---

45. *Cfr.* Arthur Rezende, *Frases e curiosidades latinas*, n. 1.784, p. 216.
46. *Cfr.* Dinamarco, *Nova era do processo civil*, nn. 145-152, pp. 283 ss.

vinte (art. 460 "objeto diverso do que lhe foi demandado"). Se peço a condenação do réu a entregar determinado bem, não pode o juiz condená-lo a entregar outro ou a abster-se de uma conduta ou a pagar-me uma importância em dinheiro (salvo nos casos de legítima conversão em pecúnia). Essa regra aplica-se também aos recursos e aos tribunais que os julgam, dado o dispositivo segundo o qual o recurso devolve ao órgão superior exclusivamente a matéria impugnada; se peço somente a anulação da sentença, o tribunal não poderá dar provimento a meu recurso para modificar o julgamento do mérito.[47]

V. também (a) *ultra petita*, (b) *citra petita* e (c) *infra petita*.

269. extraordinaria cognitio

Cognição extraordinária. V. *Cognitio extra ordinem* e *ordo judiciorum privatorum*.

270. factum principis

Fato do príncipe. Essa expressão designa os atos imperativos do Estado, que podem interferir nas relações entre particulares ou impedir o cumprimento de deveres ou obrigações, sem que a parte assim impedida de cumprir responda pela omissão. A empresa televisiva que se comprometera a divulgar um grande espetáculo, realizado por artistas famosos e caros, não responde pelo não--cumprimento se houver sido obrigada, naquele mesmo horário previsto em contrato, a transmitir mensagens oficiais do Governo ou propaganda eleitoral oficial gratuita não prevista quando da celebração do contrato.

271. factum probandum

Fato a ser provado, ou fato probando. Em processo civil a prova incide sobre as alegações de fato feitas pelas partes e postas em controvérsia pela parte contrária àquela que as fez; e o conjunto desses *facta probanda* constitui o objeto da prova civil, ou *thema probandum*. Uma das funções da audiência preliminar instituída

---

47. Mas o § 3º do art. 515 abre caminho para algumas exceções a essa regra.

pelo art. 331 do Código de Processo Civil é a fixação dos pontos a serem provados, ou seja, dos *facta probanda* (art. 331,§ 2º).

Há casos em que a prova não incide diretamente sobre o *factum probandum* (fato constitutivo, extintivo *etc.*) mas sobre outros fatos (indícios) dos quais se infere, segundo a lógica daquilo que razoavelmente acontece, a ocorrência daquele que interessa ao julgamento (presunções, máximas de experiência – CPC, art. 335). Provo, p.ex., que paguei a última parcela do preço estipulado em um contrato, sem provar de modo direto que paguei todas as parcelas; mas da prova daquele fato puramente indiciário o juiz é autorizado a inferir que também paguei todas as parcelas anteriores (CC, art. 322).

272. factus infectus fieri nequit

Não é possível haver por não feito aquilo que já foi feito. É impossível dar o acontecido por não-acontecido; o que aconteceu, aconteceu. Assim, p.ex.: se a prescrição foi interrompida pela citação feita em um processo judicial (CC, art. 202, inc. I), sendo válida essa citação e havendo sido promovida por sujeito legitimado e em face de outro também legitimado, o efeito interruptivo já estará consumado e deve preponderar ainda que o processo venha a ser extinto sem julgamento do mérito, porque *factus infectus fieri nequit*; no momento da extinção processual a interrupção da prescrição já era um fato pretérito e consumado, insuscetível de ser apagado da história por um evento ulterior. Outro exemplo: é equivocado dizer que, ao acolher preliminares opostas pelo réu, o juiz *indefere a petição inicial*; se esta já havia sido deferida e o réu citado, não se pode mais retroceder no tempo e indeferir o que havia sido indeferido. O que acontece é que, vendo agora as razões de indeferimento que antes não havia visto, o juiz extinguirá o processo sem julgamento do mérito, p.ex., com fundamento no art. 267, inc. IV, do Código de Processo Civil (falta de pressupostos de constituição e desenvolvimento válido e regular do processo).

273. facultas agendi

Faculdade de agir. Por essa locução se designa o direito de ação em sua acepção mais ampla e menos intensa, que é o simples direito de demandar em juízo. A mera *facultas agendi* não se confunde com a ação no sentido de direito ao provimento jurisdicional: este é condicionado à presença da possibilidade jurídica, do interesse de agir e da legitimidade *ad causam*, enquanto que o direito de endereçar uma pretensão ao Poder Judiciário não está sujeito a condição alguma. Ambos, porém, estão incluídos na *garantia da ação*, oferecida pelo art. 5º, inc. XXXV da Constituição Federal. Ao mandar que o juiz *não despache* a petição inicial sem que o autor comprove haver pago as custas e honorários referentes a processo anterior, extinto sem julgamento de mérito, o art. 268 do Código de Processo Civil pretende bloquear a *facultas agendi* e por isso, quando interpretado literalmente, será inconstitucional; é pois imperioso ler tal dispositivo como portador da norma de que o juiz *indeferirá* a petição inicial, sem poder negar-se a despachá-la. Do contrário, a parte não teria como recorrer ao tribunal, alegando, p.ex., que no caso seria inexigível o pagamento daquelas verbas.

A expressão *facultas agendi* é também empregada na conceituação dos direitos subjetivos (o direito subjetivo seria uma *facultas agendi*), mas esse emprego, conquanto tradicional e intensamente praticado pela doutrina civilista, não espelha a realidade. No plano do direito material, somente os direitos reais (ou apenas o de propriedade) conferem ao titular certas faculdades em relação ao bem (CC, art. 1.228 – usar, gozar, e dispor). Os direitos pessoais não incluem qualquer faculdade do titular a ser exercida sobre o bem.[48] Exercer o direito de ação em busca da satisfação de um direito pessoal (ou de qualquer direito) não é exercer o próprio direito subjetivo material; a ação tem por objeto uma medida jurisdicional e por sujeito passivo o Estado-juiz, sendo lícito seu exercício também por quem não tiver o direito subjetivo afirmado (demanda improcedente). Evitemos, pois, a associação do direito subjetivo material à *facultas agendi*.

48. *Cfr.* Elio Fazzalari, *Note in tema di diritto e processo*, cap. II, n. 12, pp. 86-87; Aldo Attardi, *L'interesse ad agire*, cap. II, n. 90); Garbagnati, *Il concorso di creditori nel processo di espropriazione*, n. 1, p. 10; Salvatore Satta, *L'esecuzione forzata*, n. 14, pp. 38-39; Adriano de Cupis, *I diritti della personalità*, I, n. 5; Ferdinando Mazzarella, *Contributo allo studio del titolo esecutivo*, cap. IV, n. 7, p. 123.

274. falsus procurator

Falso procurador. O art. 37, par., do Código de Processo Civil dá por inexistentes os atos processuais realizados por um falso procurador, ou seja, por advogado que se apresente como procurador de uma parte, realize atos em nome desta e ao fim não exiba a procuração que o habilitaria a tanto. Em doutrina, porém, não é pacífico que tais atos sejam, realmente, sempre inexistentes. José Roberto dos Santos Bedaque demonstra que, se um *falsus procurator* obtém decisão benéfica a alguém que não o constituíra defensor, não se justifica privar essa pessoa dos benefícios obtidos – uma vez que a disposição contida naquele texto legal visa somente a proteger pessoas contra *prejuízos* possivelmente advindos de uma postulação por quem não é procurador (ele se apóia nos arts. 244 e 249, § 2º, do Código de Processo Civil, apontados como *normas superiores*).[49]

275. fiat justitia pereat mundus

Faça-se justiça e pereça o mundo. Essa frase, que era empregada por um soberano europeu como mote da radicalização no cumprimento das leis, aparece hoje em um significado pejorativo, justamente para ironizar aqueles que pretendam radicalizações dessa ordem. O juiz obcecado em cumprir a lei como está escrita, sem se preocupar com as circunstâncias dos casos ou com os males que isso pode causar, é um aplicador da máxima *fiat justitia pereat mundus*. No passado foi proposta a redação *fiat justitia ne pereat mundus*, significando *faça-se justiça para que o mundo não pereça*.[50]

V. também *summum jus summa injuria*.

276. forma dat esse rei

A forma dá substância à coisa. Quando entendido de modo bastante radical, esse brocardo liga-se à idéia de que os atos ju-

---

49. *Cfr. Efetividade do processo e técnica processual*, n. cap. III, n. 8, esp. p. 204.

50. *Cfr.* Arthur Rezende, *Frases e curiosidades latinas*, n. 1.994, p. 240; Paulo Rónai, *Não perca o seu latim*, p. 68.

rídicos dependeriam sempre da forma. Tal pensamento é correto quando se trata de atos sujeitos à forma como requisito para sua própria existência – e tais são os *atos formais*, nos quais a forma é de sua própria essência (*forma ad substantiam*), como o casamento ou o contrato de compra-e-venda de imóvel. Em direito processual, onde ordinariamente prepondera o princípio da liberdade formal (CPC, art. 154), a validade dos atos realizados no processo dependem sim da regularidade formal mas eventuais desvios podem ser superados mediante a obtenção do resultado (ou consumação do escopo) visado pela exigência de forma. É muito claro o art. 154 do Código de Processo Civil ao enunciar que "os atos e termos processuais não dependem de forma determinada senão quando a lei expressamente a exigir, reputando-se válidos os que, realizados de outro modo, lhe preencham a finalidade essencial".

> É emblemático o exemplo da *citação*, cuja validade a lei submete a rigorosas exigências formais, mas que será válida sempre que se patenteie de modo inequívoco a ciência efetivamente chegada ao réu; até mesmo a falta de citação deixa de ser causa de nulidade quando por outros meios idôneos e seguros o réu se manifestar ciente da demanda proposta (CPC, art. 214, § 1º).

277. forum

Foro. Em si mesma essa palavra latina designa, em primeiro lugar, a *praça*, ou lugar no qual os romanos se reuniam para tratar de política, para comerciar, exibir trabalhos de arte. Em seu uso moderno, a versão vernácula *fórum* indica o edifício-sede dos órgãos judiciários de primeiro grau, dizendo-se também *edifício do fórum* (*supra*, n. 78).

Em técnica processual o vocábulo *foro*, que é tradução literal de *forum*, emprega-se na teoria da competência para indicar a área geograficamente destinada ao exercício da jurisdição por um juiz ou por determinados juízes. Em relação às Justiças dos Estados *foro* equivale a *comarca* (*supra*, n. 78). Emprega-se também o vocábulo *forum* em certas expressões latinas, familiares aos operadores do direito processual, referentes a foros especiais.

V. também (a) *forum delicti commissi*, (b) *forum destinatæ solutionis* e (c) *forum rei sitæ*.

278. forum delicti commissi

Local do delito cometido, ou local em que se cometeu o delito. Para as demandas de reparação do dano o Código de Processo Civil institui, como foro especial, aquele em que o ato ilícito houver sido praticado ou em que o fato houver ocorrido (art. 100, inc. V, letra *a*); essa regra vale também "para a ação em que for réu o administrador ou gestor de negócios alheios" (art. 100, inc. V, letra *b*). O vocábulo *delictum* comparece nessa locução com o significado de *ilícito civil*. Mas o art. 100, par., emprega tal vocábulo com a clara intenção de falar em *crime*. Segundo esse dispositivo, o *forum delicti commissi* (ou seja, o lugar do crime) será competente para as demandas indenizatórias, em concurso eletivo com o foro do domicílio do autor; a mesma regra de foros eletivamente concorrentes prepondera em relação aos litígios civis decorrentes de acidentes de veículos. Também para fins de competência internacional do juiz brasileiro o Código de Processo Civil adota a regra do *forum delicti commissi* (art. 88, inc. III).[51]

279. forum destinatæ solutionis

Foro de cumprimento da obrigação. O art. 100, inc. IV, letra *d*, do Código de Processo Civil dita a competência do foro do lugar "onde a obrigação deve ser satisfeita, para a ação em que se lhe exigir o cumprimento". Esse foro especial prepondera também para a ação de consignação em pagamento, que deverá ser proposta "no lugar do pagamento"; e também para a determinação da competência internacional da Justiça brasileira, sendo esta competente, entre outros casos, "quando no Brasil tiver de ser cumprida a obrigação" (art. 88, inc. II).[52]

---

51. *Cfr.* Dinamarco, *Instituições de direito processual civil*, I, n. 141, pp. 351-352 e nn. 268-269, pp. 540 ss.

52. *Id., ib.*, n. 140, p. 351 e n. 266, pp. 537 ss.

280. forum rei sitæ

Foro de situação da coisa. O foro da situação do imóvel é competente para as demandas relativas a esse imóvel e fundada em direitos reais sobre ele. Em sua segunda parte, o art. 95 do Código de Processo Civil dá como absoluta a competência desse foro especial, quando o direito real invocado for de propriedade, vizinhança, servidão ou posse,[53] ou quando o litígio for uma ação de divisão ou demarcação de terras ou nunciação de obra nova. Nos demais casos é relativa, admitindo-se inclusive a eleição de foro (superfície, usufruto, uso, habitação, anticrese e o direito do promissário-comprador de imóvel – CC, art. 1.225). O *forum rei sitæ* é também determinante da competência internacional exclusiva da Justiça brasileira (CPC, art. 89, inc. I).[54]

281. fraus omnia corrumpit

A fraude corrompe tudo. No sistema jurídico brasileiro, de diversos modos a fraude pode comprometer os atos jurídicos ou sua eficácia. É o caso da *fraude contra credores* ou da *fraude de execução*, que são causas de ineficácia dos negócios de transferência ou oneração de bens, os quais continuam a responder pelas obrigações do devedor que os aliena ou onera (CC, arts. 158-165 e CPC, arts. 592, inc. V, e 593). Segundo uma doutrina moderna muito respeitável (relativização da coisa julgada), em caso de fraude muito grave no processo, com conseqüências particularmente perversas no julgamento da causa, a própria garantia constitucional da coisa julgada se afasta, com portas abertas portanto para a reapreciação da causa em outro processo (*supra*, n. 139).

282. fumus boni juris

Fumaça do bom direito. É a aparência de que o demandante tem o direito alegado, suficiente para legitimar a concessão de medidas jurisdicionais aceleradas – quer de natureza cautelar, quer antecipatória. Resolve-se em mera probabilidade, que é

---

53. Posse é direito real?

54. *Cfr.* ainda minhas *Instituições de direito processual civil,* I, n. 143, pp. 352-353 e n. 260, pp. 527 ss.

menos que a certeza subjetiva necessária para decidir o mérito, porém mais que a mera verossimilhança. O art. 273, *caput*, do Código de Processo Civil dá a impressão de exigir mais que essa probabilidade, ao condicionar as antecipações tutelares à existência de uma *prova inequívoca* – mas pacificamente a doutrina e todos os tribunais se satisfazem com a probabilidade. Consiste esta na *preponderância dos motivos convergentes à aceitação de determinada proposição, sobre os motivos divergentes*. Ela é menos que a certeza, porque, lá, os motivos divergentes não ficam afastados, mas apenas suplantados; e mais que a mera verossimilhança, que se caracteriza pelo *equilíbrio* entre motivos convergentes e motivos divergentes.[55] Na prática, o juiz deve raciocinar mais ou menos assim: se eu fosse julgar agora, minha vontade seria julgar procedente a demanda.

V. também *periculum in mora*.

283. habeas corpus

Literalmente, *que tenhas o corpo*, ou que tenhas liberdade sobre o corpo. Remédio constitucional-processual de inspiração inglesa, destinado a assegurar a liberdade corporal da pessoa, ou sua *liberdade de ir e vir*. É cabível "sempre que alguém sofrer ou se achar ameaçado de sofrer violência ou coação em sua liberdade de locomoção, por ilegalidades ou abuso de poder" (Const., art. 5º, inc. LXVIII). É um dos institutos contidos na chamada *jurisdição constitucional das liberdades*.[56]

Consta dos repertórios forenses que em um Estado da Federação foi impetrado um *habeas corpus* visando a remover a constrição exercida por autoridade policial sobre um automóvel. Segundo o advogado impetrante, o veículo estava *preso* e, na sua lógica, se estava preso, o meio hábil a libertá-lo seria o *writ*. Segundo a notícia, o juiz negou-se até mesmo a despachar a impetração. Essa curiosa impetração foi jocosamente batizada de *habeas carrus*.

---

55. *Cfr.* Nicolò Framarino dei Malatesta, *La logica delle prove in materia criminale*, pp. 42 ss.; Dinamarco, *A instrumentalidade do processo*, n. 33, esp. p. 281.

56. *Cfr.* Dinamarco, *Instituições de direito processual civil*, I, n. 12, p. 55 e n. 74, pp. 193 ss.

284. habeas data

Que tenhas os dados. Remédio constitucional-processual destinado a assegurar às pessoas físicas ou jurídicas o conhecimento ou retificação de dados existentes em poder de entidades governamentais ou de caráter público (Const., art. 5º, inc. LXXII); integra, ao lado do mandado de segurança, do *habeas corpus*, da própria ação direta de inconstitucionalidade *etc.*, o arsenal de medidas garantidas pela Constituição Federal conhecido como *jurisdição constitucional das liberdades.*[57] A disciplina infraconstitucional desse instituto, inclusive quanto aos aspectos processuais, está na lei n. 9.507, de 12 de novembro de 1997, a Lei do Habeas Data.

285. hic et nunc

Aqui e agora. Essa expressão é empregada para enfatizar fatos ou situações concretamente existentes, ou para indicar normas de concreta aplicação a determinado caso. "Designa a atualidade e, portanto, a realidade de uma situação de fato, geradora, por esse motivo, de conseqüências jurídicas".[58] P. ex.: sabe-se que o tabaco é substância cancerígena, mas, para que o produtor de cigarros seja condenado a indenizar, é indispensável a prova de que, *hic et nunc* (ou seja, nos casos especificamente colocados diante do juiz), o câncer de uma suposta vítima do cigarro haja sido causado pelo tabagismo.

286. honeste vivere, alterum non lædere, suum cuique tribuere[59]

Viver honestamente, não prejudicar outra pessoa[60] e dar a cada um o que é seu. Tais são os três fundamentais preceitos do direito romano (*jura præcepta*) inerentes à ética jurídica e caracterizadores da *æquitas* (eqüidade, ou *justiça*).[61]

57. *Id., ib.*
58. *Cfr.* Roland-Boyer, *Locutions latines du droit français*, p. 153.
59. Pronuncia-se *tribúere*.
60. Não lesá-la física, patrimonial ou moralmente (Pugliese, *Istituzioni di diritto romano*, n. 75.2, esp. p. 189).
61. *Cfr.* Pugliese, *op. loc. cit.*

287. ibidem

No mesmo lugar. É freqüente, na citação de obras doutrinárias, dizer-se *idem, ibidem* ou simplesmente *id., ib.* – significando *o mesmo e no mesmo lugar* (ou seja, o mesmo autor, na mesma obra).

V. também *idem*.

288. ictu oculi

A um simples olhar (literalmente, *ao movimento do olho*). Se a falsidade de uma assinatura é manifesta e o juiz pode contatá-la *ictu oculi*, não há por que determinar a realização de uma perícia para examinar o documento e concluir sobre sua falsidade ou autenticidade.

289. id., ib.

V. *idem*.

290. idem

O mesmo, ou a mesma coisa. Esse pronome é muito usado, quer em linguagem jurídica, quer comum. P.ex.: umas férias na montanha são agradáveis e na praia, *idem*. Na citação de obras em um livro ou artigo, diz-se *idem*, ou abreviadamente *id.*, para indicar um autor citado logo acima. Também se diz *idem, ibidem*, ou *id., ib.*, para indicar o *autor e a obra antes referidos*.

291. in abstracto

Em abstrato. Ao estabelecer sanções para os atos que prevê, a lei dispõe *in abstracto*, ou seja, sem referência a qualquer caso em particular mas com aplicação sempre que, *in concreto*, ocorram tais fatos. O contrário de *in abstracto* é *in concreto*. A lei dispõe *in abstracto* e a sentença, *in concreto*.

V. também *a priori* e *in concreto*.

292. in albis

Em branco. Diz-se que um prazo decorreu *in albis* quando chegou ao fim sem que fosse praticado o ato para o qual fora instituído. Nesse caso pode ocorrer uma *preclusão temporal*, como quando a parte deixa de recorrer no prazo estabelecido.

293. in articulo mortis

Na iminência da morte. Literalmente, no momento da morte (*at the point of death*, como dizem os juristas norte-americanos). Considera-se nessa situação uma pessoa atacada de mal incurável, ou em fase irreversível, sabendo-se que está em via de morrer. Os atos jurídicos realizados *in articulo mortis* serão válidos enquanto a doença não houver atingido a capacidade de entender e de querer – ou, em outras palavras, o que constitui motivo de nulidade é a privação mental (loucos de todo gênero), não a iminência da morte em si mesma. São conhecidas as figuras da adoção, do testamento e do casamento *in articulo mortis* (casamento nuncupativo – CC, arts. 1.540-1.541).

294. in claris cessat interpretatio

Na claridade cessa a interpretação; sendo claro o texto, não há necessidade de interpretá-lo. Essa máxima é repudiada pela moderna hermenêutica, porque sempre a captação da idéia que o redator quis transmitir mediante o texto é um trabalho intelectual de interpretação. Como símbolos que são, as palavras valem somente pela idéia que sejam capazes de transmitir e, por mais claras que sejam, é invariavelmente necessário chegar, mediante sua correta compreensão, a idéia concebida pelo redator. Por mais simples que seja a interpretação, ou por mais óbvio que seja o significado do texto, a captação desse significado não deixa de ser uma *interpretação*. Além disso, a própria noção de clareza é vaga e aberta ao subjetivismo. O que parece claro a um pode não parecer a outro. Dois intérpretes podem ver *com clareza* dois significados no texto interpretado. "Sin interpretación no hay posibilidad de que exista ningún orden jurídico" (Recaséns Siches).[62]

62. Cfr. *Tratado general de filosofia del derecho*, p. 627.

295. in concreto

Em concreto, com referência ao específico caso em exame. Para a imposição do preceito contido em uma disposição legal é indispensável verificar se, *in concreto*, ocorreram os fatos ali previstos. O contrário de *in concreto* é *in abstracto*.

V. também *in abstracto*.

296. in eligendo

Ao eleger, ao escolher, ou *na escolha*. Culpa *in eligendo* é o fundamento da responsabilidade daquele que encarregou outrem de realizar certos atos ou tarefas e essa pessoa causou dano a terceiro. O banco que remete talões de cheques ao correntista responde perante este pelos danos decorrentes de eventual extravio imputável aos Correios – uma vez que, optando por utilizar os serviços destes, o banco assumiu o risco de sua própria escolha. Esse é também o fundamento do art. 932, inc. III, do Código Civil, pelo qual o empregador responde pelos danos que o empregado causar no exercício de seu trabalho.

V. também *in vigilando*.

297. in executivis

Em sede executiva, ou *na execução*. Há algumas matérias defensivas das quais o juiz não pode conhecer *in executivis*, sendo indispensável que o executado as deduza mediante a *impugnação* (CPC, art. 475-J, § 1º) e matérias que podem ser conhecidas *in executivis* (objeções de pré-executividade).[63]

298. in fieri

"Em via de nascer" (Paulo Rónai)[64] ou *em curso de formação*. Nas tratativas entre dois possíveis contratantes, ou mesmo em um pré-contrato pode-se vislumbrar um negócio jurídico *in fieri*.

---

63. *Cfr.* Dinamarco, *Instituições de direito processual civil*, IV, nn. 1.746 ss., pp. 742 ss.

64. *Cfr. Não perca o seu latim*, p. 89.

299. in itinere

No caminho. No direito da infortunística diz-se que a entidade previdenciária, ou o empregador em certos casos, responde pelos acidentes *in itinere*, sofridos pelo trabalhador – ou seja, pelos acidentes ocorridos no trajeto entre a residência e o posto de trabalho ou vice-versa. E assim é porque se reputa que, quando *in itinere*, o obreiro já está a serviço do patrão, ou realizando uma atividade do interesse deste (o próprio deslocamento).

300. in jus vocatio

Chamamento ao juízo. Nessa locução o vocábulo *jus* está no significado de *juízo*, ou órgão judiciário. Emprega-se modernamente essa expressão para designar a *citação*, ato de comunicação processual realizado por auxiliar da Justiça, pelo qual o réu toma ciência da demanda proposta, fica desde logo integrado à relação processual como parte e é estimulado a vir defender-se. Mas, em direito romano, "a *in jus vocatio* ficava a cargo do autor, que, de acordo com os preceitos contidos na Lei das XII Tábuas, ao encontrar na rua o réu, devia chamá-lo a juízo, empregando termos solenes".[65]

301. in limine

Na entrada, ou no começo. Ao despachar *in limine*, o juiz ordinariamente manda citar o demandado. Decisões concedidas *in limine*, ou seja, logo no início do processo, são decisões *liminares*, justamente porque concedidas no *limiar*, ou na porta de entrada deste. Medidas cautelares ou antecipações de tutela são concedidas, conforme o caso, *in limine* ou em momento ulterior; nem toda cautelar ou antecipação é uma *liminar*.

V. também *initio litis*.

302. in memoriam

Em lembrança, ou *em memória de*. São muito conhecidas no mundo jurídico inúmeras coletâneas de estudos em memória de

65. *Cfr.* Moreira Alves, *Direito romano*, I, n. 124, p. 262.

um autor já falecido (*in memoriam*); quando o homenageado é pessoa viva fala-se *estudos em homenagem*. Memoriam é o substantivo *memoria,* na forma acusativa determinada pela preposição *in*. Em convites de casamento é freqüente a grafia *in memorian*, totalmente errada porque essa terminação (*an*) não existe em latim.

303. in negligendo

Por negligenciar, ou em razão da negligência. Quem omite um ato devido responde pelas conseqüências de sua própria omissão. *Culpa in negligendo* é a culpa decorrente dessa omissão, como a do fornecedor de medicamentos que deixa de informar o consumidor dos efeitos colaterais perversos que o produto pode causar à saúde, respondendo ele, por *culpa in negligendo*, pelos danos que vierem a ser causados. Também o Código Civil estabelece que: "aquele que, por ação ou omissão voluntária, *negligência* ou imprudência, violar direito e causar dano a outrem, ainda que exclusivamente moral, comete ilícito".

304. in utilibus

Naquilo que for útil. As disposições contidas no Código de Defesa do Consumidor aplicam-se aos processos regidos pela Lei da Ação Civil Pública *in utilibus*, ou seja, na medida do que for útil e pertinente; certos conceitos inerentes à teoria dos recursos aplicam-se *in utilibus* à ação rescisória (especialmente a cassação da sentença pelo juízo rescindente e sua substituição pelo rescisório).[66] Fala-se também em coisa julgada *in utilibus*, para designar a coisa julgada que só ocorrerá quando a sentença for favorável aos que não houverem sido partes formais no processo, como os titulares de obrigações solidárias e os consumidores substituídos pelas entidades indicadas nas leis que regem a tutela coletiva – não se impondo a autoridade da sentença que lhes for contrária (direitos individuais homogêneos: CDC, art. 103, inc. III, e §§ 1º e 3º).[67]

---

66. *Cfr*. Flávio Luiz Yarshell, *Ação rescisória*, n. 2, pp. 22 ss. (com ressalvas).
67. *Cfr*. Ada Pellegrini Grinover, nota ao § 5º, n. 2, à 4ª edição brasileira da obra *Eficácia e autoridade da sentença*, de Enrico Tullio Liebman, pp. 111.

305. in verbis

V. *verbis*.

306. in vigilando

Ao vigiar, ou na vigilância. A *culpa in vigilando* é o fundamento da responsabilidade dos pais pelos danos causados a terceiros "pelos filhos menores que estiverem sob sua autoridade e em sua companhia" (CC, art. 932, inc. I).

V. também *in eligendo*.

307. inaudita altera parte

Sem ouvir a outra parte. Sendo postergada a oferta de oportunidade para defesa e exercício do contraditório, diz-se que a decisão é proferida *inaudita altera parte*. Isso se dá com liminares particularmente urgentes, as quais são concedidas antes da citação do demandado e contam com uma legitimidade que vem da premente necessidade de concedê-las instantaneamente, sob pena de ineficácia (CPC, art. 273, § 2º, art. 461, § 3º, art. 804 *etc.*); é preferível postergar o contraditório, a renunciar a uma tutela jurisdicional efetiva e tempestiva.

> Constitui erro bastante grosseiro dizer *inaudita altera pars*, porque essa última palavra é caso nominativo do vocábulo latino *pars*, *partis* e, como todo nominativo, só se emprega quando se trata de designar o sujeito de uma oração. Na locução *inaudita altera parte* todas as palavras estão no caso ablativo (ablativo absoluto). Aos que não tiveram oportunidade de estudar latim e portanto não tenham familiaridade com os conceitos aqui expostos (que pena!), basta saber que não devem jamais dizer *inaudita altera pars*. Também não digam *inaldita altera parte*, o que chega a ser um erro vergonhoso.

V. também *audiatur et altera pars*.

308. incidenter tantum

Só de passagem, ou *só incidentemente*. As afirmações contidas entre os fundamentos da sentença consideram-se feitas *incidenter tantum* e não *principaliter*; não projetam efeitos práticos sobre o litígio ou sobre as relações entre os litigantes e não produzem coisa julgada.

V. também *principaliter.*

309. infra

Abaixo. Além de ser usada isoladamente como oposto de *supra*, essa palavra aparece na locução *infra petita* (v. *infra petita*). Também é utilizada, já em língua portuguesa, na composição de certos substantivos ou adjetivos, como infra-estrutura, infraconstitucional *etc.*

V. também *supra.*

310. infra petita

Abaixo do pedido. V. *citra petita.*

311. initio litis

No início do processo ou, literalmente, *no início da lide.* Essa locução indica os atos realizados logo que o processo tem início – como se dá como as liminares em geral. Mas as liminares só se reputam concedidas *initio litis* quando o juiz as concede no primeiro momento de sua atuação, antes mesmo de ser o réu citado; nessa situação, fala-se também em medidas concedidas *inaudita altera parte*, porque em tal momento o réu ainda não foi citado.

V. também *inaudita altera parte.*

312. inter alios

Entre outros.

V. também *res inter alios acta.*

313. inter nolentes

Literalmente, entre os que não querem, ou entre os que não estão de acordo; *entre litigantes*. Expressão antiga, empregada para designar a jurisdição contenciosa, a qual se exerce entre pessoas em conflito. O oposto é *inter volentes*, que se refere à jurisdição voluntária.

V. também *inter volentes.*

314. inter partes

Entre partes. É natural que em princípio a sentença só possa produzir efeitos e formar coisa julgada *inter partes*, porque só quem foi parte no processo teve oportunidade de participar em contraditório, não sendo legítimo estender efeitos diretos ou autoridade da sentença àqueles que não foram parte (CPC, art. 472). Mas a sentença produz efeitos além das partes do processo em todos os casos de substituição processual e, particularmente, nas ações coletivas (CDC, art. 103, incs. I-III); e, também, quando houver decidido sobre ação referente ao estado das pessoas (CPC, art. 472, parte final).

V. também *erga omnes* e *ultra partes*.

315. inter pauciores ex pluribus

Entre poucos dentre vários. Na teoria do litisconsórcio necessário diz-se que a sentença dada entre determinados sujeitos, sem envolver todos os que seriam indispensáveis na relação processual, é sentença proferida *inter pauciores ex pluribus* e, por isso, nula – ou, conforme o caso, absolutamente ineficaz (litisconsórcio necessário-unitário).[68]

316. inter vivos

Entre vivos. A transmissão da propriedade a título particular dá-se ordinariamente como efeito de negócios *inter vivos*, enquanto que a transmissão a título universal ocorre *mortis causa*, ou seja, em razão da morte (sucessão hereditária).

317. inter volentes

Literalmente, entre os que querem, ou entre os que estão de acordo. Expressão antiga, empregada para designar a jurisdição voluntária, da qual era corrente a afirmação de que se exerce entre pessoas que não estão em conflito. O oposto é *inter nolentes*, que se refere à jurisdição contenciosa.

V. também *inter nolentes*.

---

68. *Cfr*. Dinamarco, *Litisconsórcio*, n. 64,3, esp. p. 270.

318. interest rei publicæ

Interessa à República. Essa expressão é empregada para indicar soluções que, além ou acima de dizerem respeito a determinadas pessoas especificamente (como as partes de um processo), são exigidas em razão de valores sociais ou políticos relevantes; esperam-se, nesses casos, soluções ou decisões judiciárias convergentes ao interesse público. *Interest rei publicæ*, p.ex., que as causas envolvendo imóveis situados no país sejam julgadas exclusivamente por juízes nacionais, sendo esse um caso de competência internacional exclusiva da autoridade judiciária brasileira (CPC, art. 89, inc. I). Quando a lei legitima o Ministério Público a agir ou a intervir, é porque *interest rei publicæ* o zelo por certos interesses públicos, acima do âmbito estrito das esferas de direitos das partes em conflito.

319. intuitu familiæ

Em consideração da família, ou em razão da família. Diz-se que os contratos de locação de imóvel urbano são celebrados *intuitu familiæ*, com a conseqüência de que, faltando o locatário (ou porque morreu, ou porque deixou a família), o vínculo locatício permanece e os membros de seu núcleo familiar prosseguem como locatários, "desde que residentes no imóvel" (Lei das Locações, art. 11, inc. I, e art. 12).

320. intuitu personæ

Em consideração da pessoa, ou em razão da pessoa. O *intuitus personæ* manifesta-se em certos contratos com obrigações personalíssimas, a serem cumpridas por aquele cujas qualidades o outro contratante levou em conta ao contratar. Nas sociedades de pessoas, não de ações, os sócios se unem e criam uma entidade com determinados objetivos, tendo em vista as qualidades de cada um deles, a afinidade entre todos *etc.* e sendo importante a *affectio societatis* que os une.

V. também *affectio societatis*.

321. inutiliter datur

É dado inutilmente. Diz-se dos julgamentos proferidos sem a presença do litisconsorte necessário, em caso de litisconsórcio necessário-unitário. Quando dois ou mais sujeitos são unidos por uma situação jurídica una e indissolúvel (*incindível*), não sendo admissível decidir a respeito da situação de um eles sem decidir também sobre a dos demais, o que ficar decidido sem a presença de todos não poderá ser imposto aos que não vieram ou não foram trazidos ao processo, porque a garantia constitucional do contraditório o impede.[69] Daí a inutilidade do que for decidido, dizendo-se então que, nessas circunstâncias, a sentença *inutiliter datur*.

> *Datur* é a forma passiva do verbo *do, dare*, na terceira pessoa do singular do presente do indicativo; não é um adjetivo. Significa literalmente *é dado*, ou *é dada*. Por isso é equivocado dizer que uma sentença é *inutiliter datur* –isso equivaleria a dizer que ela "é é dada inutilmente". Mas, quando se quer adjetivar o ato judicial, será lícito dizer *sentença inutiliter data* ou *acórdão inutiliter datus*. O plural de *inutiliter datur* é *inutiliter dantur* (são dados inutilmente).

322. ipsis litteris

Com essas próprias palavras, ou *literalmente*. Disse a testemunha *ipsis litteris* que "......".

V. também *verbis*.

323. ipso facto

Por esse mesmo fato, ou por isso mesmo. Ao desistir da apelação interposta está a parte, *ipso facto*, dando causa ao trânsito da sentença em julgado. O autor carecendo de ação, *ipso facto* o processo deve ser extinto. O vencido deixou decorrer o prazo para apelar e, *ipso facto* a sentença passou em julgado. Decorreu o prazo para pagar o valor da condenação e *ipso facto* o débito fica acrescido da multa equivalente a dez por cento do principal (CPC, art. 475-J).

---

69. *Id., ib.*, n. 64.8, esp. p. 288.

324. ipso jure

Pelo próprio direito, ou por força da lei; de pleno direito. Nulidades *ipso jure* são os vícios que por si sós determinam a ineficácia do ato, independentemente de alegação do interessado (nulidades absolutas). A intervenção da União em um processo pendente entre outras partes impõe *ipso jure* a remoção da competência para a Justiça Federal.

325. iter

Caminho, trajeto, itinerário. Fala-se figuradamente no *iter* de um raciocínio, de uma demonstração, de um procedimento, de uma conduta. O *iter* do procedimento sumário é obviamente diverso do *iter* do ordinário. Em direito penal é usual a locução *iter criminis*, para designar os atos que integram uma conduta delituosa típica.

326. judex

Juiz. No processo civil romano do *ordo judiciorum privatorum* o poder de julgar era conferido pelo magistrado romano, o *prætor*, a um cidadão privado, que era o *judex*. Este não era um magistrado, senão um puro *árbitro* – inicialmente da escolha dos próprios litigantes e depois, do *prætor*. A fase do processo que perante ele se realizava, chegando até à sentença, era a fase *apud judicem*.

V. também *ordo judiciorum privatorum*.

327. judex judicare debet secundum allegata[70] et probata partium

O juiz deve julgar segundo as alegações e provas das partes, ou segundo o que houver sido alegado e provado pelas partes. O juiz está adstrito aos fatos alegados pelo autor na demanda, não lhe sendo lícito levar em conta fatos não alegados ou não provados – sendo essa uma inerência do princípio da *correlação entre a sentença e a demanda* (CPC, art. 128 c/c art. 131). Essa vinculação diz respeito exclusivamente aos *fatos* narrados, não

---

70. Ou *adlegata*.

aos fundamentos jurídicos ou ao enquadramento dos fatos em uma determinada categoria jurídico-material. No tocante ao réu e às suas defesas, o juiz pode ir além destas quando o fato impeditivo, modificativo ou extintivo do direito do autor não depender de alegação em defesa. Não pode fazê-lo quando se trata de defesas que a lei especificamente declare dependentes de alegação, ou invocação; essas são as chamadas *exceções de mérito em sentido estrito*, a que alude a parte final do art. 128 do Código de Processo Civil.[71] A prescrição, que era a mais típica das exceções de mérito em sentido estrito, deixou de sê-lo quando no art. 219 do Código de Processo Civil foi introduzido um novo parágrafo mandando que o juiz conheça *ex officio* desse fato extintivo (lei n. 11.280, de 16.2.06).

328. judicatum solvi *(caução* judicatum solvi*)*

V. *cautio judicatum solvi* e *cautio pro expensis*.

329. jura novit curia

O juiz conhece o direito, ou a Corte conhece o direito. Ao formular suas postulações ou defesas, a parte tem o ônus absoluto de alegar os fatos em que se fundam, sob pena de, em princípio, não poderem ser, ou ao menos não serem levados em conta pelo juiz ao decidir. Não têm porém um ônus da mesma intensidade quanto às normas legais aplicáveis ou sobre a interpretação correta dos textos constitucionais ou legais, porque o juiz tem o dever de conhecer bem o direito e aplicá-lo corretamente ainda quando as partes não hajam invocado norma alguma ou hajam invocado uma norma de modo impróprio. Na teoria da *substanciação*, acatada pelo sistema processual brasileiro, o juiz está vinculado aos fatos narrados na petição inicial, não podendo decidir com fundamento em outros, mas é sempre livre para aplicar o direito conforme seu entendimento – porque *jura novit curia*.

Essa regra é mitigada quando se cuida do recurso extraordinário ou do especial, qualificados como *recursos de direito*, bem como

---

71. *Cfr.* Dinamarco, *Instituições de direito processual civil*, III, nn. 940-951, pp. 277 ss.

da ação rescisória por violação a literal disposição de lei (CPC, art. 485, inc. V), nos quais a parte tem o ônus de indicar o preceito constitucional ou legal alegadamente transgredido, para que o tribunal decida sobre a ocorrência ou não de uma infidelidade a ele. Mas, cumprido esse ônus, o tribunal tem plena liberdade para atribuir aos textos da Constituição ou da lei a sua própria interpretação, prevalecendo pois, nesse momento, a máxima *jura novit curia*.

V. também *causa petendi* e *da mihi factum dabo tibi jus*.

330. juris et de jure

De direito e pelo direito. Diz-se das presunções absolutas, ou seja, daquelas que não admitem prova em contrário. É presunção *juris et de juris*, ou absoluta, a de boa-fé do possuidor para fins de usucapião, a qual se impõe quando sua posse adequada sobre o bem já for velha de quinze anos ou mais (usucapião extraordinário – CC, art. 1.238): o legislador *finge*, ou seja, *faz de conta* que nessa situação a boa-fé exista, ainda quando se demonstrasse a má-fé. Assim delineadas, as presunções *juris et de jure* não são elementos de convicção do juiz, mas determinações legais objetivas que não prevalecem inda em caso de prova contrária.

V. também *juris tantum*.

331. juris tantum

Só de direito. Diz-se das presunções relativas, que admitem prova em contrário. A revelia do demandado no processo de conhecimento gera a presunção *juris tantum* de veracidade das alegações de fato trazidas na petição inicial (efeito da revelia, art. 319 CPC), as quais são suscetíveis de serem desfeitas por elementos de convicção eventualmente presentes nos autos. Em caso de obrigação consistente em prestações sucessivas, a prova de pagamento da última parcela faz presumir, até prova em contrário, o pagamento das anteriores (CC, art. 322). Diferentemente das presunções *jure et de jure*, as presunções *juris tantum* inserem-se na teoria da prova e resolvem-se em inversão do ônus probatório. O réu revel tem o ônus de provar que os fatos não aconteceram como o autor narrou; o credor tem o ônus de provar que uma das parcelas não foi paga, embora a última o haja sido.

V. também (a) *juris et de jure*, (b); *probatio vincit præsumptionem* e (c) *quod plerumque accidit.*

332. jus

Direito. Em clássica definição, Celsus conceituou *jus* como *ars boni et æqui*, vacilando a doutrina se nesse contexto *ars* significa *arte*, *técnica* ou, como mais recentemente se vem dizendo, como *sistema* – o sistema normativo conducente à prática do *honeste vivere, alterum non lædere, suum cuique tribuere*. O vocábulo *jus* é a origem do adjetivo *justus* e também de *justitia* (Giovanni Pugliese)[72] e no vocabulário romano não designava os direitos subjetivos, senão a própria ordem jurídica (direito objetivo). No direito romano mais antigo, os direitos subjetivos remontavam ao conceito de *actio*.

V. também *actio* e *honeste vivere, alterum non lædere, suum cuique tribuere*.

333. jus actionis

Direito de ação. O vocábulo *actio*, que nessa expressão aparece na forma *actionis* (caso genitivo), não tinha no direito romano o significado que no direito moderno tem a palavra *ação*, aproximando-se mais do conceito atual de *direito*. Em seu uso atual, porém, *jus actionis* outra coisa não senão a própria *ação*, como hoje a concebemos.

V. também *actio.*

334. jus condendum

Direito constituendo, ou a ser criado. A locução *de jure condendo* é sinônima *de lege ferenda* e, como esta, significa *pelo direito a ser constituído*. O vocábulo *jus*, na locução *jus condendum*, está no caso nominativo, tendo a função sintática de sujeito; *jure* é ablativo, regido pela preposição *de*, e tem a função de complemento.

V. também (a) *jus conditum*, (b) *de jure condendo* e (c) *de lege ferenda*.

---

72. Cfr. *Istituzioni di diritto romano*, n. 75.2, p. 188.

335. jus conditum

Direito constituído, ou direito posto. A locução *de jure condito* significa o mesmo que *de lege lata*.

V. também *jus condendum* e *de lege lata*.

336. jus exceptionis

Direito de exceção. É o contraposto de *jus actionis*

V. também *exceptio*.

337. jus gentium

Direito das gentes, ou direito dos povos. Distingue-se do *jus civile*, que era o "direito exclusivo dos *cives* romanos e somente a eles aplicável" – ao contrário do *jus gentium*, que é "o direito que vale para todos os homens, inclusive para os *peregrini*, os quais, embora sendo súditos do Estado romano, não são *cives*" (Biondo Biondi).[73] . Define-o Vicente Ráo como "sistema de princípios e de normas que, imposto pela consciência geral ou por força de convenções ou tratados e sancionado pelas organizações constituídas entre os povos livres, regula as relações entre as nações, entre estas e as pessoas de nacionalidade diversa, ou entre essas pessoas, atribuindo-lhes uma reciprocidade de direitos e de obrigações e estabelecendo, por esses modos, os meios existenciais e evolucionais da comunhão universal, baseada no reconhecimento dos direitos fundamentais do homem e na segurança e na paz".[74]

"A parte [do ordenamento jurídico] ditada pela *naturalis ratio* com vista a todos os homens é encontrada entre todos os povos e se chama *jus gentium*".[75]

---

73. *Cfr. Istituzioni di diritto romano*, § 17, p. 64.

74. *Cfr. O direito e a vida dos direitos*, I, n. 16, p. 61. V. também Roland-Boyer, *Locutions latines du droit français*, p. 219: "alguns internacionalistas de direito privado falam de um novo *jus gentium* a propósito dos contratos internacionais celebrados entre organismos profissionais, nos quais as partes excluem a aplicação de qualquer lei nacional, para sujeitar suas divergências a um árbitro" *etc*.

75. *Cfr.* Gabrio Lombardi, "Ius gentium", n. 1, p. 381.

338. jus in persona

Direito sobre a pessoa, ou *direito pessoal*. Costuma-se dizer que os direitos subjetivos regidos pelo direito obrigacional (direitos pessoais) não incidem diretamente sobre as coisas mas sobre o titular da obrigação, ou seja, sobre uma pessoa e não sobre um bem. Essa pessoa, sendo titular de uma *obrigação*, é adstrita a uma *prestação* – sendo essa prestação o objeto dos direitos pessoais. Inversamente, os direitos reais (*jura in re*) constituem um vínculo direto entre o titular e o bem, impondo-se *erga omnes* e não tendo um titular passivo definido. Modernamente, porém, essa distinção fundamental vem sendo questionada por muitos processualistas, com a afirmação de que também os direitos pessoais têm por objeto o próprio bem devido, sendo a prestação um *dever* do obrigado e apenas um dos possíveis meios de satisfação – ao lado do cumprimento por terceiro ou por ato do Estado-juiz (execução forçada). A diferença entre um *jus in re* e um *jus in persona* não reside no suposto deslocamento do objeto do direito (do bem para a prestação) mas no caráter absoluto dos direitos reais e sua conseqüente imposição a todos.[76]

> Moreira Alves: na realidade, "os juristas romanos (...) não conheciam esses dois conceitos [*direitos reais e direitos pessoais*] porquanto a distinção, que atualmente fazemos com base neles, os romanos a faziam no plano processual, com a dicotomia *actio in rem-actio in personam* (ação real e ação pessoal)".[77] O sistema romano era de *actiones*, não de *jura*.

V. também *jus in re*.

---

76. *Cfr.* Liebman, *Processo de execução*, n. 17, esp. p. 40; Carnelutti, *Diritto e processo*, n. 178, esp. p. 287; Fazzalari, *Note in tema di diritto e processo*, cap. II, n. 13, p. 89; Attardi, *L'interesse ad agire*, cap. II, n. 6, p. 110; Garbagnati, *Il concorso di creditori nel processo di espropriazione*, n. 1, p. 10, e *La sostituzione processuale nel nuovo codice di procedura civile*, cap. II, n. 12, p. 69; Buzaid, *Do concurso de credores no processo de execução*, n. 11, p. 23; Dinamarco, *Execução civil*, n. 59, pp. 115-117. Contra: José Alberto dos Reis, *Processo de execução*, n. 6, p. 8.

77. *Cfr. Direito romano*, II, n. 190, p. 1.

339. jus in re

Direito sobre a coisa. Direitos sobre as coisa são os direitos reais, os quais não só incidem sobre os bens mas também são absolutos e se impõem *erga omnes*. Entre o titular desses direitos e o bem que lhes constitui objeto não se interpõem direitos de outra pessoa, como se dá nos direitos pessoais.

V. também *jus in persona*.

340. jus prælationis

Direito de preferência, ou de *prelação*.[78] Havendo disputa entre credores sobre o produto da alienação de bem penhorado ou arrecadado, é necessário indagar da preferência de uns créditos sobre outros, segundo uma ordem de classificação. Gozam de preferência, p.ex., os créditos amparados por garantia real (hipoteca, penhor *etc.*) e, em certa medida, aqueles em cujo favor o bem haja sido penhorado em primeiro lugar (CPC, art. 612), os de natureza alimentícia, os salários dos empregados *etc.* A disputa entre credores pode acontecer no incidente de *concurso de preferências* admissível na execução por quantia certa contra devedor solvente (CPC, arts. 711-713), no processo de insolvência civil (arts. 478 ss.) e na falência.

"Concorrendo vários credores, o dinheiro ser-lhes-á distribuído e entregue consoante a ordem das respectivas *prelações*; não havendo título legal à preferência, receberá em primeiro lugar o credor que promoveu a execução, cabendo aos demais concorrentes direito sobre a importância restante, observada a anterioridade de cada penhora" (CPC, art. 711).

V. também *prior tempore potior jure* e *par condicio creditorum*.

341. jus sanguinis[79]

Direito do sangue, ou lei do sangue. Certos países dos quais há grandes surtos de emigração preservam a consistência de seu

---

78. *Prelação* é, em direito, sinônimo de *preferência*. Esses dois vocábulos têm origem comum no verbo latino *fero, fers, tuli, latum, ferre*.

79. Pronuncia-se *sângüinis*.

próprio povo mediante a determinação de que os filhos de nacionais se reputam também cidadãos nacionais ainda quando hajam nascido em território de outro país. É o notório caso da Itália, Espanha e Portugal, que reconhecem cidadania aos filhos de nacionais ainda quando nascidos fora e mesmo, até determinado grau, à descendência desses *oriundi*.[80] O oposto de *jus sanguinis* é *jus soli* (direito do solo), expressão que designa a prevalência do direito do local onde o fato se deu. O filho de pai ou mãe brasileiro, quando nascido no exterior, só será brasileiro nato (a) se um dos genitores estiver a serviço do Brasil ou (b) se estiver ele próprio registrado na repartição brasileira competente ou vier a residir no país e optar, "em qualquer tempo, depois de atingida a maioridade, pela nacionalidade brasileira" (Const., art. 12, inc. I, letras *b* e *c*).

V. também *jus soli*.

342. jus soli

Direito do solo. Essa expressão indica a prevalência do direito do lugar em que a pessoa nasceu, ou no qual certos atos foram praticados. No tocante à nacionalidade, ou cidadania, é antônima de *jus sanguinis*. Diferente é o significado da locução *lex fori*, que indica a lei processual do foro internacional competente; e também da expressão *lex loci*, que indica a lei material do lugar (LINDB, art. 9º).

V. também (a) *jus sanguinis,* (b) *lex fori* e (c) *lex loci*.

343. jus sperniandi

Direito de espernear. Essa locução jocosa, que nunca existiu entre os romanos, é criação dos profissionais do foro brasileiro e faz parte do linguajar informal de advogados, juízes e promotores – jamais em escritos ou peças processuais. Com ela se designa

---

80. Para evitar um erro bastante usual entre brasileiros: *oriundi* é um substantivo masculino plural. O singular é *oriundo* e o feminino, *oriunda* (plural, *oriunde*).

a ampla liberdade das partes para pedir, insistir, tentar soluções difíceis ou provavelmente impossíveis, quando tudo indica que a causa já está perdida. No fundo o *jus sperneandi* é a expressão do princípio constitucional da liberdade das partes (Const., art. 5º, *caput*).[81] Mas, como nenhuma liberdade é em direito infinita ou incondicionada, o excesso no exercício do *jus sperneandi* constitui abuso do processo[82] e a lei o pune com as sanções inerentes à litigância de má-fé (inventar mentiras, recorrer quando já não cabe recurso *etc.* – CPC, art. 17).

344. lapsus calami[83]

Erro de pena. *Calamus* é o caule das plantas e, por extensão, a pena de escrever. Constitui *lapsus calami* o mero equívoco de grafia, sendo manifesta a intenção de dizer coisa diferente da que ficou escrita. Em direito processual o *lapsus calami* pode caracterizar um *erro material*, suscetível de ser corrigido pelo juiz a todo momento, sem o óbice da coisa julgada ou da eficácia preclusiva desta (CPC, art. 463, inc. I).

V. também *lapsus linguæ*.

345. lapsus linguæ

Erro de língua, ou erro na expressão verbal. A pessoa emprega uma palavra, uma expressão ou mesmo uma frase de modo infeliz, sem que corresponda ao pensamento que pretende expressar.

V. também *lapsus calami*.

346. lato sensu

Em sentido lato. Às vezes uma mesma palavra ou expressão comporta dois empregos, aqui com uma extensão ou amplitude maior, ali com extensão menor e portanto maior precisão ou in-

---

81. *Cfr.* Dinamarco, *Instituições de direito processual civil*, I, n. 89, pp. 231 ss.
82. *Cfr.* Helena Najjar Abdo, *O abuso do direito no processo*, n. 6, pp. 30-34.
83. Pronuncia-se *cálami*.

tensidade. Fala-se p.ex. em pós-graduação *lato sensu* para designar cursos que não preenchem todos os requisitos para o mestrado ou para o doutorado, em oposição à graduação *stricto sensu*, que é o próprio mestrado ou doutorado. Na doutrina brasileira surgiu a locução *sentença executiva lato sensu*, para designar as sentenças condenatórias proferidas em um processo que não se extinguirá pela prolação da sentença, mas prosseguirá com a realização dos atos executivos – tudo em um processo só, sem a instauração de um autônomo processo executivo e, portanto, sem nova citação do demandado. Mas, perguntou Barbosa Moreira, se essa é uma sentença executiva *lato sensu*, qual seria a sentença executiva *stricto sensu*?[84]

V. também *stricto sensu*.

347. legem habemus[85]

Temos lei. Expressão empregada para sustentar que uma solução jurídica não pode deixar de ser acatada porque em seu favor existe uma norma positivada no direito. Desagrada a todos a concessão de prazos privilegiados ao Ministério Público e à Fazenda Pública, mas infelizmente devemos nos resignar porque *legem habemus*: assim está disposto no art. 188 do Código de Processo Civil. Às vezes esse é um argumento quase cínico, revelador da supremacia do texto arbitrário de uma lei sobre a razão e o bom-senso.

V. também (a) *dura lex sed lex*, (b) *fiat justitia pereat mundus*, (c) *summum jus summa injuria* e (d) *ubi lex non distinguit nec nos distinguere debemus*.

348. legitimatio ad causam

Legitimidade para a causa. É uma relação entre o sujeito e a causa, ou a situação de um sujeito que, sendo titular de um interesse relacionado com a relação jurídica a ser debatida no processo,

---

84. *Cfr.* "Sentença executiva?", pp. 179-180.
85. Repito aqui e tantas vezes quantas for necessário, que não deve se aventurar ao emprego de palavras ou expressões latinas quem não estiver preparado

recebe da lei a qualidade para atuar em juízo com referência a ela (como demandante ou como demandado). A legitimidade ativa e a passiva referem-se sempre a alguma causa em particular, não se confundindo com a capacidade de estar em juízo, ou legitimidade *ad processum*. Também não se confunde com a própria qualidade de parte, que se obtém mediante a mera inserção em um dos pólos da relação jurídica processual independentemente da legitimidade *ad causam* que o sujeito tenha ou não.[86]

V. também *legitimatio ad processum*.

349. legitimatio ad processum

Literalmente, legitimidade para o processo, ou legitimidade processual. Essa expressão, não muito usual na doutrina mais moderna, equivale à *capacidade para estar em juízo*, a qual, por sua vez, constitui especificação da capacidade de exercício, categoria jurídica bastante desenvolvida no direito privado (CPC, art. 7º c/c CC, art. 5º). Não se confunde com a *capacidade de ser parte*, que é manifestação da personalidade jurídica e todas as pessoas físicas e jurídicas têm (e mais os entes de que trata o art. 12 do Código de Processo Civil); um incapaz não tem *legitimatio ad processum*, ou capacidade de estar em juízo (sendo necessariamente representado ou assistido pelo representante legal), mas tem capacidade de ser parte. Tanto quanto a capacidade de ser parte, porém, a *legitimatio ad processum* "é uma qualidade intrínseca, natural, da pessoa" (Liebman)[87] e não guarda relação alguma com as causas a serem propostas em juízo; difere substancialmente, pois, da legitimidade *ad causam*.

V. também *legitimatio ad causam*.

---

para tanto. Depois de já redigido este tópico, encontro em uma petição essas palavras: *habemus legis*. Se quem as escreveu tivesse a menor noção de latim, certamente saberia que o verbo *habeo, habere* é transitivo direto, que em latim o objeto direto dos verbos vai para o caso acusativo e que o acusativo de *lex* é *legem*, não *legis*. Não sabe, não diga.

86. Tema corriqueiro em direito processual; v., por todos, Dinamarco, *Instituições de direito processual civil*, II, n. 545, pp. 313-314.

87. *Cfr. Manual de direito processual civil*, n. 42, esp. p. 127, trad.

350. lex fori

Literalmente, lei do lugar – ou lei do foro. Essa expressão refere-se à lei *processual* e não à material (*lex loci*). Refere-se exclusivamente à "lei do país no qual o processo se realiza",[88] ou seja, à "lei positiva do Estado, país ou circunscrição de cujo sistema processual o órgão jurisdicional onde a causa foi proposta ou perante o qual a medida postulada é admissível".[89] Estamos, pois, falando da dimensão territorial da lei processual, a qual só se impõe nos limites do território de cada país; os órgão judiciários de cada país só se pautam, quanto ao processo, pela *lex fori*.[90]

V. também (a) *jus sanguinis* e (b) *lex loci.*

351. lex loci

Lei do lugar. A lei do lugar do ato, do contrato, ou do ilícito (*lex loci actus, lex loci contractus, lex loci delictus*), prepondera quanto à regência substancial dos efeitos do ato, do contrato ou do ilícito. Essas são regras de direito internacional privado, de natureza substancial (LICC, art. 9º), que não interferem na questão da lei processual aplicável. Cada órgão judiciário atua exclusivamente segundo as lei processuais de seu país, como decorre do art. 1º do Código de Processo Civil. Mas o lugar em que ocorreu o fato ou se realizou o ato, assim como aquele em que se situa o bem imóvel, interferem na competência internacional do juiz brasileiro (CPC, art. 88, inc. III, e art. 89, inc. I).

V. também *jus sanguinis* e *lex fori.*

352. lex majus dixit quam voluit

A lei disse mais do que quis. O contrário é *lex minus dixit quam voluit*, ou seja, a lei disse menos do que quis. Por exemplo: o Código de Processo Civil disse mais do que queria ao determinar que as medidas cautelares preparatórias perdem eficácia

---

88. *Cfr.* Roland-Boyer, *Locutions latines du droit français*, p. 243.
89. *Cfr. Black's law dictionary*, p. 910 (verbete *lex fori*).
90. *Cfr.* Dinamarco, *Instituições de direito processual civil*, I, n. 33, pp. 93 ss.

quando a demanda principal não for proposta no prazo de trinta dias (arts. 806 e 808, inc. I) – sem especificar que as medidas não--invasivas da esfera de direitos do demandado não estão sujeita a essa regra. A Constituição Federal disse menos do que queria, p.ex., ao estabelecer que "as causas em que a União for autora serão aforadas na seção judiciária onde tiver domicílio a outra parte" (art. 109, § 1º), sendo pacífico que também as autarquias e empresas públicas federais estão sujeitas a essa regra. O reconhecimento de que dado texto disse mais ou disse menos do que pretendia resulta de interpretações sistemáticas ou teleológicas, das quais se extrai que a dimensão do dispositivo não poderia ser aquela que sua redação aparenta.

353. lex minus dixit quam voluit

A lei disse menos do que queria. V. *lex majus dixit quam voluit*.

354. lex specialis derogat lege generali

A lei especial derroga a geral (diz-se também *specialia generalibus derogant*). Como é natural, a derrogação da lei geral pela especial se dá somente na medida estrita da especialidade desta, prevalecendo aquela no tocante às hipóteses não excepcionadas. Exemplo expressivo em processo civil é o das disposições responsáveis pela determinação dos foros especiais (lugar do ato ou fato, situação do imóvel *etc.*), as quais, sendo *leges speciales*, derrogam a regra de competência geral do foro do domicílio do réu (art. 94) em relação às causas ali indicadas; nas demais, prevalece o art. 94, como *lex generalis*. Corolário dessa regra é a de que a lei geral posterior não revoga a lei especial (*lex posterior generalis non derogat legi priori speciali*); essa máxima "prevalece apenas no sentido de não poder o aparecimento da norma ampla causar, só por si, sem mais nada, a queda da autoridade da prescrição especial vigente" (Carlos Maximiliano).[91] Exemplo: as normas especiais do Código de Defesa do Consumidor sobre a responsabilidade objetiva do fornecedor de produtos ou servi-

---

91. *Cfr. Hermenêutica e aplicação do direito*, n. 446-IV, p. 294.

ços não estão derrogadas pela superveniência do Código Civil de 2002, que reafirmou a regra geral da responsabilidade por culpa (arts. 186 e 927).

355. litis contestatio

Litiscontestação. Essa palavra, que não se confunde com a *contestação* do processo civil moderno, indica o ato mediante o qual, especialmente no direito romano formular e no das ações da lei, as partes declaravam aceitar a instauração do processo; na *legis actio sacramento*, dizem os historiadores do direito romano que a litiscontestação se caracterizava como verdadeira *aposta* entre eles, quanto ao resultado final do processo. E, como isso se fazia perante testemunhas (*cum testibus*), esse ato levou o nome de *litis contestatio*. Daí ser incorreto usar o vocábulo *litiscontestação* como equivalente a *contestação* (modalidade de resposta do réu, no processo de conhecimento atual).

356. longa manus

Longa mão. Diz-se que uma pessoa é *longa manus* de outra, quando exerce funções ou realiza atos do interesse desta ou que ordinariamente competiriam a esta – atuando portanto como autêntica extensão dessa outra pessoa. É o caso, *v.g.*, do representante comercial que, agindo segundo as instruções ou poderes recebidos, vincula a pessoa ou empresa que lhe outorgou tais poderes; ou de uma empresa subsidiária de outra, que é uma *longa manus* da empresa-mãe na medida em que desempenha atividades do interesse desta e assume obrigações que a vinculam. Assim também são os oficiais de Justiça, que em alguma medida atuam como *longa manus* do juiz.

Fala-se também em tradição *longa manu* (por mão longa), que é a entrega de um bem, com transmissão da posse, mediante o emprego de algum símbolo – como a entrega das chaves de um edifício simboliza a tradição do próprio edifício.[92]

---

92. *Cfr.* Roland-Boyer, *Locutions latines du droit français*, p. 258.

357. longi temporis[93]

De longo tempo, ou *de longa duração*. Certos direitos sujeitam-se a prescrição em prazo muito longo, em consideração ao valor que lhes dá a ordem jurídica e da conveniência de sua preservação tão duradoura quanto possível, só se extinguindo quando a inércia do titular chegar a um ponto extremo. No Código Civil "a prescrição ocorre em dez anos quando a lei não lhe haja fixado prazo menor" (art. 205). A prescrição aquisitiva dá-se em dez anos em caso de usucapião ordinário (art. 1.242) e em quinze, de extraordinário (art. 1.238). Mais duráveis que os direitos sujeitos a prescrição *longi temporis*, só os imprescritíveis.

V. também *brevi tempore*.

358. mandamus

Literalmente, *nós mandamos*, ou ordenamos. Quando substantivada, essa forma verbal designa um instituto do direito anglo-americano (*writ of mandamus*) que, em linhas gerais, corresponde ao mandado de segurança da experiência brasileira.[94] Muitos, mesmo neste país, empregam *mandamus* como sinônimo de mandado de segurança.

359. manu militari

Com mão militar, ou *mediante o emprego da força*. Em situações extremas o juiz é autorizado a valer-se da força policial, seja para impor a efetivação de suas próprias decisões (arts. 362, 461, § 5º, 579, 662), seja para manter a ordem nas audiências (CPC, art. 445, inc. I); a *polícia das audiências* é uma função que o juiz exerce com fundamento no genérico *poder de polícia* de que são dotadas as autoridades estatais e se justifica pela necessidade de consumar certos objetivos legítimos ainda que mediante algum sacrifício da liberdade das pessoas. Como é natural, a imposição de decisões pela força, ou *manu militari*, deve ser pautada pela

---

93. Nessa locução o substantivo e o adjetivo aparecem no caso genitivo, diferentemente da locução oposta (*brevi tempore*), na qual se emprega o ablativo.

94. *Cfr. Black's law dictionary*, p. 961 (verbete *mandamus*).

moderação, equilíbrio e proporcionalidade, sem prejuízo da energia indispensável em certos casos mas também sem excessos incompatíveis com a garantia constitucional do *due process*.

360. mens legis

Espírito da lei. *Mens legis* é o significado de uma lei, colhido mediante o conhecimento dos objetivo por ela visados, ou dos resultados que ela deve produzir. A determinação da *mens legis* pode servir de apoio para a demonstração de que as palavras contidas na lei não expressam com fidelidade aquilo que ela realmente quer dizer. Nesse ponto a *mens legis* se associa à *ratio legis*, que é a realidade motivadora da edição de uma norma legal: o problema que a lei visa a resolver ou disciplinar é a *ratio legis*, enquanto que a *mens legis* é a intenção de resolver esse problema de dado modo. Não é correto dizer *a mens legis dessa lei*, o que equivaleria dizer *o espírito da lei dessa lei*; diga-se *a mens* dessa lei.

Pelo que está escrito na lei, as medidas cautelares preparatórias perderiam invariavelmente a eficácia sempre que decorridos trinta dias de sua efetivação sem que a ação principal haja sido proposta (CPC, arts. 806 e 808, inc. I); mas o reconhecimento de que a *mens* dessas disposições consiste no empenho em evitar durações intermináveis de situações desfavoráveis impostas ao credor leva a doutrina e os tribunais ao entendimento de que elas só se impõem quando a medida concedida e efetivada for restritiva de direitos – o que não se dá, p.ex., com a produção antecipada de provas ou os protestos e interpelações. Essas mantêm sua eficácia mesmo além daqueles trinta dias.

V. também *mens legislatoris* (*infra*) e *ratio legis* (*infra*, n. 438).

361. mens legislatoris

Espírito do legislador, ou *intenção do legislador*. Há em hermenêutica a generalizada tendência a desprezar as intenções com que o legislador redigiu determinado texto e o pôs na ordem jurídico-positiva do país porque a lei, uma vez posta, desprega-se da vontade de quem a fez e se impõe por si própria. Ainda quando o legislador tenha sido movido por determinada intenção, a criatura se liberta do criador e a lei terá o significado que resultar da interpretação de suas próprias palavras (exegese), do modo como interage com outras disposições (interpretação sistemática), dos objetivos legitimamente buscados por ela (interpretação teleológica) *etc.*

Isso não significa que a *mens legislatoris* seja de total irrelevância, pois há situações em que o conhecimento desta será útil como elemento a ser levado em conta na determinação da *mens legis*. A interpretação histórica inclui passagem pelos antecedentes da lei, inclusive projeto, anteprojeto, exposição de motivos *etc.*, dos quais se pode extrair a *mens legislatoris* e, através do conhecimento desta, melhor compreender a verdadeira *mens legis*.

V. também *mens legis* (*infra*, n. 360) e *ratio legis* (*infra*, n. 438).

362. meritum causæ

Mérito da causa. É a pretensão trazida pela parte ao demandar (quer no processo de conhecimento, executivo ou monitório), com o pedido de sua satisfação por ato do juiz. Na linguagem de Carnelutti, muito reverenciada pelo Código de Processo Civil, *mérito é a lide* (arts. 330 e 468). Julgar o *meritum causæ* é declarar a procedência ou improcedência da demanda (art. 459). Só no processo de conhecimento o juiz julga o mérito, mas também no executivo ou na fase de execução algumas questões de mérito podem ser apreciadas, especialmente quando é oposta a exceção de pré-executividade (*supra*, n. 99).

V. também *de meritis*.

363. minimis non curet prætor
(ou de minimis non curet prætor*)*

O juiz não deve ocupar-se de coisas miúdas. Essa máxima expressa o *princípio da insignificância*, invocado mais freqüentemente em direito penal (crimes de bagatela) mas de aplicação geral em direito. Por exemplo: diferenças mínimas no valor do preparo recursal não devem ser levadas em conta para determinar a deserção. Se uma das partes decair de parte mínima da pretensão, não haverá compensação de honorários da sucumbência

(CPC, art. 21, par.). Outro exemplo expressivo do princípio da insignificância é o da venda de doces ou balas em uma padaria, diretamente a crianças de pouquíssima idade: essa é claramente uma compra-e-venda, mas seria nula por incapacidade absoluta de um dos contratantes?

> "Descabe cogitar de deserção quando, à época, a tabela de custas mostrava-se desatualizada a ponto de não haver moeda própria ao pagamento. A insignificância total do valor devido – doze centavos em setembro de 1991 – torna incongruente asseverar-se a deserção" (STF).[95]

364. modus faciendi

Modo de fazer, ou modo de agir. Essa locução tem emprego tanto na linguagem comum, designando a maneira como certas atividades devem ser desenvolvidas por um pintor, um piloto de aeronave, um cozinheiro *etc.*, quanto na linguagem do processo, para designar os requisitos de modo de algum ato do processo. É lícito, p.ex., falar no *modus faciendi* da citação, da sentença, de um recurso. Em seu significado mais abrangente, o procedimento é o *modus faciendi* do processo.

365. mora accipiendi

Mora em aceitar, ou recusa a receber. Dispondo-se o obrigado a pagar o dinheiro que deve, entregar a coisa certa ou realizar a conduta devida, mas recusando-se o credor a receber, tem-se o que se chama *mora accipiendi*, ou *mora creditoris* (mora do credor). Essa recusa é o fator que confere ao obrigado o interesse de agir para a *ação de consignação em pagamento* (CPC, arts. 890 ss.), a qual é o remédio processual adequado para impor ao credor o recebimento daquilo que lhe é devido, exonerando-se o obrigado (art. 897 *etc.*). Uma das defesas expressamente admitidas pela lei para a contestação do réu-credor nessa ação consiste justamente na alegação de que "não houve recusa ou mora em receber a quantia ou coisa devida", ou seja, de que não houve a

---

95. STF, Pleno, emb. decl. n. 169.349, j. 9.6.99, rel. Marco Aurélio, m.v., *DJU* 22.10.99.

mora accipiendi (art. 896, inc. I); acolhida essa defesa, o processo se extingue sem julgamento de mérito, carecendo o autor de ação por falta de interesse processual (art. 267, inc. VI).

366. mora creditoris

Mora do credor. V. *mora accipiendi*.

367. more uxorio

Com comportamento de esposa, ou como esposa. Um homem e uma mulher convivem *more uxorio* quando seu comportamento em relação um ao outro ou de ambos perante a sociedade é como o de marido e mulher regularmente casados. Na jurisprudência brasileira tradicional, a convivência *more uxorio* era essencial para o reconhecimento dos direitos da companheira em face do companheiro, embora a Súmula n. 382 do Supremo Tribunal Federal proclamasse que "a convivência comum sob o mesmo teto, *more uxorio*, não é indispensável à caracterização do concubinato". O relacionamento entre os companheiros e as aparências exteriores são sim indispensáveis, ou seja, a própria convivência *more uxorio*; dispensável é somente que essa convivência se dê *sob o mesmo teto* – porque, do contrário, qualquer relacionamento com finalidade puramente sexual deveria ser havido como um concubinato. Perante o direito vigente, é lícito continuar exigindo que a *união estável* só possa ser reconhecida quando desenvolvida *more uxorio*, para gerar os direitos assegurados pela Constituição e pela lei.

368. mors omnia solvit

A morte tudo dissolve, ou seja, a morte põe fim a tudo. Em direito usa-se essa expressão para dizer que "a morte dissolve todo vínculo". Mas não é bem assim. É claro que para o morto todo e qualquer vínculo jurídico se extingue mas, salvo nos direitos personalíssimos, pelo fenômeno da *sucessão* outros sujeitos passam a figurar na relação jurídica em continuação a ele. No processo civil a morte da parte dá motivo em primeiro lugar à suspensão processual (CPC, art. 265, inc. I) para que depois os sucessores do falecido possam ingressar na relação processual, tomando eles próprios a iniciativa de se habilitarem (art. 1.056, inc. II) ou sendo citados por iniciativa da parte contrária (art. 1.056, inc. I). A relação processual altera-se nessa medida mas não se extingue. Extinguir-se-á, sim, quando uma das partes falecer e o direito substancial em litígio for personalíssimo e portanto insuscetível de sucessão (CPC, art. 267, inc. IX – ações de separação judicial, de divórcio, anulação de casamento *etc.*).

A admissão de sucessores na posição antes ocupada pelo falecido é *sucessão* e não, como muitas vezes se vê em escritos forenses, *substituição processual* (*supra*, n. 153).

369. mortis causa

Em razão da morte. V. *inter vivos*.

370. munus

Encargo, geralmente público (*munus publicum*), conferido pela lei ou, em concreto, por um ato de autoridade. Enquadram-se nesse conceito o poder familiar (ou pátrio-poder), a tutela, a curatela, a inventariança, o encargo de perito em processos judiciais *etc.* O cumprimento de um *munus* processual é imperativo e indelegável, justamente porque ele vem de uma superior determinação legal ou, de todo modo, estatal. Entram no conceito de *munus publicum*, p.ex., as funções outorgadas ao perito, ao depositário particular e, de modo geral, a todos os auxiliares eventuais da Justiça. Também exercem um *munus*, embora não seja *publicum*, o árbitro, o administrador de sociedades mercantis *etc*. Munus não equivale a *onus*, porque este é um imperativo do próprio interesse e seu descumprimento prejudica somente ao sujeito que o descumpre. O plural de *munus* é *munera* (pronuncia-se *múnera*).

371. mutatis mutandis

Alterado o que precisa ser alterado, ou *feitas as devidas ressalvas*. A forma do depoimento pessoal segue, *mutatis mutandis*, a forma prescrita pela lei para a inquirição de testemunhas (CPC, art. 344). A disciplina dos efeitos da apelação rege também os do recurso ordinário, que, *mutatis mutandis*, realiza a missão daquele recurso nos casos em que é admissível (art. 540). Na ação rescisória têm aplicação, *mutatis mutandis*, os conceitos de cassação e substituição, desenvolvidos na teoria dos recursos (juízo rescindente e juízo rescisório).

372. narra mihi factum dabo tibi jus

Narra-me o fato e dar-te-ei o direito. V. *da mihi factum dabo tibi jus*.

373. ne eat judex extra vel ultra petita partium

Não vá o juiz além ou fora dos pedidos das partes. Essa é a expressão do princípio da correlação entre a sentença e o pedido, devendo aquela ater-se aos limites deste (CPC, art. 128); de modo mais específico, o art. 460 do Código de Processo Civil proíbe o juiz de dar ao autor mais do que pediu, ou coisa diferente da pedida (decisões *ultra petita* ou *extra petita*). Na realidade, a sentença está limitada não somente pelo pedido, mas também pela causa de pedir (fatos narrados) e pelas partes – não sendo lícito decidir para sujeitos não incluídos como tais na relação processual, por outro fundamento ou por objeto diferente do pedido. O juiz é proibido de extrapolar o pedido do autor, não do réu que se defende, simplesmente porque o réu, ao se defender, nada pede de novo e limita-se a pedir que o *petitum* do autor não seja acolhido; o pedido do autor, e somente ele, é que determina o objeto do processo e, portanto, estabelece limites para a decisão judicial. Ressalva-se no entanto o *petitum* formulado em reconvenção, bem como os pedidos contrapostos, que ampliam o objeto do processo e cujos limites também devem ser observados na sentença.[96]

V. também *judex judicare debet secundum allegata et probata partium*.

96. *Cfr.* Dinamarco, *Instituições de direito processual civil*, III, nn. 940-951, pp. 277 ss.

373-A. ne sutor supra crepidam

Não vá o sapateiro acima das sandálias. Ou "cada um no seu ofício". Relata o Pe. Manuel Bernardes, em sua *Nova Floresta*, que um certo pintor (Apeles) expôs uma pintura de sua autoria à porta da residência, à espera de possíveis críticas ou sugestões de aperfeiçoamento. Passou um sapateiro e observou que as sandálias de um dos sujeitos retratados tinham um defeito. O pintor fez a correção nas sandálias e no outro dia o mesmo sapateiro voltou com uma outra crítica, desta vez para censurar o formato das pernas do personagem. Foi quando o pintor lhe respondeu *não vá o sapateiro além das sandálias*, ou seja, não se meta naquilo de que não entende.[97]

374. nemo ad agere cogi potest

Ninguém pode ser obrigado a agir (em juízo). V. *provocatio ad agendum* (*infra*, n. 423).

375. nemo judex sine actore

Ninguém é juiz sem um autor. Esse é o princípio da inércia dos órgãos jurisdicionais (ou princípio da demanda), pelo qual estes são impedidos de exercer a jurisdição de-ofício, ou seja, espontaneamente. No direito positivo brasileiro o princípio da demanda está expresso nos arts. 2º e 262 do Código de Processo Civil, os quais condicionam a formação do processo a uma iniciativa de parte. Expressando a mesma idéia, diz-se em alemão que *wo kein Kläger kein Richter* (onde não há um autor não há um juiz); ainda em latim, diz-se também também *nullo actore nullus judex*.

376. nomen juris

Nome jurídico, ou nome perante o direito. No trato de acontecimentos relevantes para o direito é importante indicá-los pelo nome correto, sob pena de transmitir mal a idéia – ou, em outros dizeres, é preciso reportar-se à categoria jurídica adequada. Referir-se ao *reconhecimento do pedido* como *confissão*, ou dizer

---

97. *Apud* Paulo Rónai, *Não perca o seu Latim*, p. 117.

que o réu *confessou a ação*, é enganar-se quanto ao correto *nomen juris* do ato com o qual o réu se submete à pretensão do autor (CPC, art. 269, inc. II). Mas os erros referentes ao nome adequado não devem conduzir a resultados absurdos ou contrários ao direito, porque mais vale a essência do que a denominação dada pelo juiz ou pela parte. É preciso interpretar com realismo jurídico as palavras mal empregadas, procurando extrair delas, apesar delas, o pensamento que o prolator quis externar. Pela teoria da *substanciação*, que preside a definição da causa de pedir no direito brasileiro (*supra*, n. 215), quem narrar atos de violência e puser em sua demanda o rótulo (*nomen juris*) de *dolo*, nem por isso estará pedindo a anulação do negócio jurídico por dolo, mas por coação. O juiz que diz estar extinguindo o processo em relação a um dos litisconsortes, sem extingui-lo em relação a todos, não está a extinguir processo algum – porque o *nomen juris* do ato que realiza é *exclusão* e não extinção do processo (o qual prossegue com menos sujeitos que antes, mas prossegue).

377. non ædificandi

De não construir. Servidão *non ædificandi* é uma restrição ao uso do solo de um imóvel, consistente na proibição de construir sobre ele ou em limitações quanto a essas construções. Essa servidão é geralmente instituída para a preservação da segurança de tubulações instaladas no sub-solo, as quais poderiam ficar comprometidas pelos alicerces de uma construção, peso do edifício construído *etc*. Também para a segurança do vôo as autoridades aeronáuticas impõem restrições quanto ao gabarito dos edifícios a serem construídos na rota de aterrissagem ou decolagem de aviões.

378. non est inchoandum ab executione

Não se pode começar pela execução, sendo ordinariamente necessário realizar primeiro uma fase de conhecimento, para só depois executar. Mas essa máxima não leva em conta a existência de títulos executivos extrajudiciais, porque, havendo um deles, começa-se sim pela execução, sem a necessidade de qualquer processo ou atividade jurisdicional que a anteceda.

379. non liquet

Não está claro. A garantia constitucional de acesso à justiça, com a promessa de tutela jurisdicional a quem tiver razão, conduz à proibição de sentenças declarando que, por falta da clareza suficiente para julgar (quanto aos fatos e provas, ou mesmo quanto à interpretação jurídica), a causa fica sem julgamento, extinguindo-se o processo sem nada decidir (CPC, art. 126). Isso seria denegação de justiça e descumprimento da função jurisdicional. Se os fatos não estiverem claros apesar de postos em prática todos os meios possíveis para a devida instrução, o juiz aplicará a *regra de julgamento* segundo a qual fatos não provados são fatos inexistentes, concluindo pois contrariamente ao litigante a quem incumbiria o ônus de prová-los (art. 333, incs. I-II). No *mandado de segurança*, quando o juiz declara que falta a liqüidez-e-certeza do direito, a sentença que dá é uma sentença de improcedência, não um *non liquet*; a circunstância de essa sentença não ficar imunizada pela coisa julgada material (LMS, art. 15) não a desnatura nem a transforma em sentença terminativa.

> No anedotário forense fala-se, em tom de pilhéria naturalmente, do hipotético caso do juiz que, por concluir por um *non liquet*, julgou a causa empatada e condenou o escrivão nas custas.

V. também *allegatio et non probatio quasi non allegatio.*

380. nulla executio sine titulo

Não há execução sem título. Sem título executivo, a tutela executiva é inadequada, carecendo o exeqüente de ação por falta do interesse-adequação. Equivocadamente e seguindo um uso vulgar de palavras que têm seu preciso significado técnico, o Código de Processo Civil fala na *ausência de exigibilidade* (requisito da obrigação exeqüenda) quando quer aludir à inexistência do próprio título (arts. 475-L, inc. II, e 741, inc. II).[98]

V. também *nullus titulus sine lege.*

---

98. *Cfr.* ainda Dinamarco, *Instituições de direito processual civil*, IV, nn. 1.420 ss., pp. 180 ss. e n. 1.767, pp. 796-797.

381. nullus titulus sine lege

Não há título sem lei. Essa expressão, que não vem dos romanos mas foi cunhada em tempos modernos, é uma réplica do clássico *nullum crimen sine lege* e expressa a necessidade de um título executivo como tal tipificado em lei, sem o qual a execução não é admissível. Tal é um verdadeiro *princípio da reserva legal* dos títulos executivos, que impõe a tipicidade destes – devendo os títulos ser sempre resultantes de uma definição dada pela lei, sem possibilidade de ampliações por decisão judicial. A tipicidade dos títulos executivos (sentença que reconheça a existência de uma obrigação a ser cumprida, nota promissória, declaração do devedor em instrumento público ou privado *etc.*) não se confunde com os requisitos de certeza e liqüidez da obrigação, os quais não dizem respeito ao título em si mesmo mas à obrigação nele reconhecida (*supra*, n. 34).[99]

> O adjetivo *nullus* aparece no gênero masculino, porque *titulus* é um adjetivo masculino – ao contrário de *crimen*, que é um substantivo neutro e, conseqüentemente, vem qualificado por um adjetivo também no gênero neutro (*nullum*). Por isso é que, embora se diga *nullum crimen*, no tocante ao título diz-se *nullus* e não *nullum*.
>
> V. também (a) *nulla executio sine titulo*, (b) *numerus clausus* e (c) *ubi lex voluit, dixit, ubi noluit, tacuit*.

382. numerus clausus

Número fechado. Há na lei enumerações taxativas, que não comportam ampliação ou extensões, como é o caso das normas penais tipificadoras e do elenco de títulos executivos contido em disposições legais específicas. Não é permitido ao juiz acrescer outros elementos a essas enumerações contidas em *numeri clausi*, sob pena de grave ilegalidade ou mesmo inconstitucionalidade (Const., art. 5º, inc. XXXIX).

> V. também *nullus titulus sine lege* (*supra*).

---

[99] *Cfr.* ainda Dinamarco, *Instituições de direito processual civil*, IV, n. 1.438, pp. 208-210.

383. o tempora, o mores

Ó tempos, ó costumes! Enfática exclamação de Marcus Tullius Cicero, contida nas famosas *catilinárias*. Revoltado com os abusos e descarada corrupção dos governantes da época, especialmente Catilina, o tribuno lançou essa candente exclamação, dizendo ainda, em tom de indagação: *quousque tandem, Catilina, abutere patientia nostra* (até quando, Catilina, abusarás de nossa paciência)? Obviamente, essas frases nada têm a ver com a realidade brasileira atual.

Nos bons tempos em que se aprendia latim no curso ginasial e no colegial, era corrente entre os estudantes a brincadeira consistente em traduzir aquela frase do tribuno romano como "ó tempo das amoras".

384. obiter dictum

Afirmação feita de passagem, geralmente sem interferir no tema em exame ou alterar o que antes fora dito. Fazem mal os tribunais quando, depois de dizerem que dado recurso não merece ser conhecido, passam ao exame do mérito recursal, deixando as partes na dúvida sobre se realmente o resultado foi o não-conhecimento ou o improvimento; se o contexto do acórdão ou voto indicar que as considerações sobre o mérito não passaram de um *obiter dictum*, concluir-se-á que o recurso não foi conhecido, mas essa prática deveria ser empregada com mais cuidado.

Às vezes, de modo intencional os tribunais pronunciam um *obiter dictum,* como se dá, p.ex., quando decidem sobre a competência ou anulam a sentença ou acórdão recorrido mas vão um pouco além para tecer considerações sobre o modo como o mérito deveria ter sido julgado: esses *obiter dicta* intencionais são verdadeiros *recados* que os tribunais mandam ao órgão jurisdicional inferior, tendo sua utilidade na prática. O plural de *obiter dictum* é *obiter dicta*.

V. também *quod abundat non nocet* (*infra*, n. 433).

385. odiosa restringenda, favorabilia amplianda

As disposições odiosas (repressivas, restritivas de direitos) devem ser restringidas e as benéficas, ampliadas.

V. também *benigna amplianda*.

386. officium judicis

Ofício do juiz. Na história da execução civil registra-se a teoria da execução *per officium judicis*, segundo a qual os atos de execução de uma sentença deviam ser desencadeados independentemente de provocação do credor porque isso seria um imperativo dos deveres inerentes à função jurisdicional. Na palavra do mais notório elaborador dessa teoria (Martino de Fano, século XIII), "a execução da sentença pertence ao *officium judicis*, que lhe é atribuído pelo simples fato de haver julgado".[100] Essa idéia, que já em tempos medievais caiu em desuso sem haver permanecido por muito tempo na doutrina e na legislação européias, volta à tona no direito brasileiro com a nova disciplina que a lei n. 11.322, de 22 de dezembro de 2005 pretendeu imprimir à execução por título judicial, ali denominada *cumprimento da sentença*. Foi declarada intenção do legislador agilizar a satisfação dos julgados, querendo que tudo se faça em continuação ao mesmo processo onde houver sido proferida a sentença e sem a formal propositura de uma ação executiva; mas ainda restam muitas dúvidas, porque a própria lei condiciona o desencadeamento das medidas executivas à iniciativa de parte (CPC, art. 475-J, *caput* e § 5º) e também porque não ficou estabelecido se a fluência do prazo de quinze dias para pagar depende de intimação ao obrigado ou ao seu defensor (ainda o art. 475-J, *caput*). De todo modo, é certo que novo processo não existirá e tudo se fará em um processo só (conhecimento e execução).

387. omnis definitio in jure civile periculosa est

Toda definição em direito civil é perigosa (tradução literal), ou toda definição *trazida em lei* é perigosa. Embora houvesse citado essa passagem do Digesto na Exposição de Motivos do Código Processo Civil (D. 50.17.202 – Exp. Mot., n. 8), o prof. Alfredo Buzaid incluiu em seu Anteprojeto várias definições vitais para o sistema, como a de *sentença*, a de *decisão interlocutória*, a de *despacho* (art. 162, §§ 1º a 3º) – e realmente essas definições

---

100. *Cfr.* Liebman, *Embargos do executado*, n. 36, esp. p. 69.

foram bastante imperfeitas.[101] Além disso, foi extremamente didático no traçado do perfil de alguns institutos, como o da conexidade, o da continência, o da litispendência como fator impeditivo do julgamento do mérito (arts. 103, 104 e 301, §§ 1º a 3º).

A definição de *sentença* foi significativamente alterada pela Lei do Cumprimento de Sentença, a qual se viu obrigada a evitar a fórmula então vigente, da sentença como ato que põe fim ao processo (v. CPC, art. 162, § 1º, red. lei n. 11.232, de 22.12.05). Mas também a nova definição é imperfeita e pode dar azo a dúvidas interpretativas com relevantes projeções práticas.

388. onus probandi

Ônus de provar, ou ônus da prova. É o encargo que cada parte tem, de provar os fatos de seu interesse, sob pena de, terminando a instrução sem o esclarecimento de sua ocorrência ou não-ocorrência, aplicar-se a *regra de julgamento* e o fato ser havido por inexistente. Como é notório, o autor tem o *onus probandi* em relação aos fatos constitutivos de seu direito, alegados na petição inicial (CPC, art. 333, inc. I) e o réu, aos fatos impeditivos, extintivos ou modificativos do alegado direito do autor (art. 333, inc. II).

O vocábulo latino *onus* escreve-se sem acento circunflexo, porque inexistem acentos em língua latina. Seu plural é *onera*[102] mas desaconselha-se o emprego dessa forma, por não ser usual e revelar uma indesejável dose de arrogância ou ao menos rebuscamento lingüístico. Quando for necessário construir uma frase no plural, que se fale ou escreva em vernáculo; diga-se, p.ex., são diferentes os ônus probatórios (e não os *onera probandi*) atribuídos ao autor e ao réu.

V. também *allegatio et non probatio quasi non allegatio.*

389. op. cit.

Obra citada (*opus citatum*) ou *na obra citada* (*opere citato*). Também se diz *op. loc. cit.*, com o significado de *obra e lugar citados*. Mas desaconselha-se o emprego sistemático desses modos

---

101. *Cfr.* Dinamarco, *Instituições de direito processual civil*, II, nn. 651-653, pp. 504 ss.

102. Pronuncia-se *ônera*.

de reportar-se a obras já referidas no texto (p.ex.: Liebman, *op. cit.*), porque geram para o leitor a necessidade de voltar páginas atrás, nem sempre com sucesso, em busca da última obra citada, de determinado autor.

390. ordo judiciorum privatorum

Ordem, ou sistema, dos processos privados. Essa clássica locução indica os dois períodos iniciais do direito romano, a saber, o período arcaico do processo *per legis actiones* (das origens até ao século II AC) e o período clássico do processo formular (*per formulas* do século II AC ao século II DC). O processo do *ordo judiciorum privatorum*[103] consistia fundamentalmente na outorga do poder de julgar a um *judex*, cidadão privado a quem o magistrado romano (*prætor*) entregava a causa depois dos procedimentos iniciais pertinentes à fase *in jure* – passando-se com isso à fase *apud judicem* (ou *in judicio*). O *judex* comparecia nesse sistema como autêntico árbitro, inicialmente escolhido pelos próprios litigantes (período das *legis actiones*) e depois, pelo *prætor* (período formular).[104]

> O *ordo judiciorum privatorum* foi um estágio intermediário entre a autotutela e o monopólio estatal do poder de dirimir conflitos (jurisdição), em cujo exercício o Estado romano passou a impor imperativamente os preceitos ditados pelo direito. Quando isso aconteceu estava instaurada a terceira fase do direito romano, que foi a das cognições extraordinárias (*cognitio extra ordinem*).
>
> V. também *cognitio extra ordinem*.

391. pacta sunt servanda

Os pactos devem ser observados, ou *os contratos devem ser cumpridos*. Essa máxima é a expressão da *força obrigatória dos contratos*, que, por disposição de lei, se impõe a partir de quando um proposta é feita por um dos sujeitos e aceita pelo outro, dando-

---

103. O vocábulo latino *ordo, ordinis* é do gênero masculino, não feminino. Logo, diz-se *do ordo judiciorum privatorum* e não *da ordo judiciorum privatorum*.

104. *Cfr.*, por todos, Cintra-Grinover-Dinamarco, *Teoria geral do processo*, n. 3, esp. p. 28.

-se pois o *consensus* (CC, arts. 427 ss.). Essa força obrigatória é o fundamento ético-jurídico da repulsa à generalização dos casos em que, não cumprida uma obrigação específica (fazer, não-fazer), se recorre à conversão em pecúnia (perdas-e-danos): o art. 461, § 1º, do Código de Processo Civil, reserva essa solução para os casos em que o cumprimento *in natura* seja ou se torne impossível, ou nos quais o próprio credor assim prefira. Também a *adjudicação compulsória* de imóveis tem fundamento nessa regra: recusando-se ou omitindo-se o promitente-vendedor em transferir o domínio de um imóvel em cumprimento ao contrato de promessa de compra-e-venda e havendo o promissário-comprador cumprido suas obrigações, uma sentença substitutiva da vontade daquele impõe por si só o resultado sonegado (dec-lei n. 58, de 10.12.37, art. 22; CPC-39, arts. 345 ss., c/c CPC-73, art. 1.218, inc. I).[105]

Código de Processo Civil, art. 466-B: "se aquele que se comprometeu a concluir um contrato não cumprir a obrigação, a outra parte, sendo isso possível e não excluído pelo título, poderá obter uma sentença que produza o mesmo efeito do contrato a ser firmado".

392. par condicio creditorum

Igual condição dos credores. Tal é a regra segundo a qual, nas execuções coletivas (falência, insolvência civil), os credores receberão tratamento igual, ressalvadas as eventuais prelações. Se o ativo arrecadado não for suficiente para satisfazer todos os créditos integralmente (e quase nunca ele o é), o que houver sido arrecadado será objeto de distribuição entre os credores, na proporção dos respectivos créditos – ou seja, sujeitando-se todos ao mesmo índice de redução (moeda falimentar). O princípio *par condicio* exclui que, em caso de insolvência, o credor que em primeiro lugar obtiver a penhora de um bem goze de preferência para a satisfação à custa deste (a regra *prior tempore potior jure* só prevalece enquanto o devedor não for insolvente – CPC, art. 622).

V. também *prior tempore potior jure*.

[105]. *Cfr.* Dinamarco, *Instituições de direito processual civil*, III, n. 925, pp. 257-259.

393. pari passu

No mesmo passo, ou "acompanhando lado a lado".[106] *Pari passu* com as reformas legislativas do processo caminham as dificuldades criadas por elas próprias.

394. passim

Por toda a parte. Essa palavra é bastante empregada por juristas italianos quando querem informar que determinado pensamento de um outro autor está difundido por toda a obra, sem especificar capítulo ou página. Ao se fazer alusão à coisa julgada como imutabilidade da sentença e não como seu efeito, é comum dizer-se: "*cfr.* Liebman, *Eficácia e autoridade da sentença, passim*" – e todos entenderão que essa teoria constitui o núcleo substancial de tal escrito, presente nele do começo ao fim. No Brasil, esse advérbio latino é bem pouco empregado.

395. per capita

Por cabeça, ou por pessoa (p.ex., renda *per capita*). Essa locução, de uso muito corrente no Brasil, literalmente traduzir-se-ia por *por cabeças*, ou *por pessoas* (no plural), porque *capita* é o plural de *caput* (cabeça, pessoa). Na França diz-se, mais corretamente, *per caput*[107] e, na Itália, *pro capite*. Talvez a forma incorreta usual no Brasil seja fruto de influência norte-americana;[108] mas, perante a língua latina, ela é realmente incorreta.

396. per relationem

Por referência, ou *mediante referência*. Diz-se de da motivação de sentença mediante mera referência a outros escritos constantes dos autos, como um parecer do Ministério Público ou mesmo as razões de uma das partes. A prática indiscriminada das motivações *per relationem* pode ser nociva ao cumprimento do dever de motivar, quando por mero comodismo o juiz deixa de

---

106. *Cfr.* Paulo Rónai, *Não perca o seu latim*, p. 132.
107. *Cfr.* Roland-Boyer, *Locutions latines du droit français*, p. 312.
108. *Cfr. Black's Law Dictionary*, p. 1.136, onde está incluído o verbete *pro capita*.

examinar pontos necessários, reportando-se simplesmente a escritos alheios. Isso se dá, p.ex., quando o tribunal, julgando uma apelação, motiva seu acórdão *per relationem* ao dizer simplesmente que confirma a sentença por seus próprios fundamentos; essa motivação é insuficiente quando há pontos que a sentença não haja examinado (p.ex., deixou de manifestar-se sobre a prescrição alegada pelo réu) ou que ela sequer poderia ter examinado (uma preliminar de não-conhecimento do próprio recurso). Mas em dois dispositivos literalmente idênticos (um referente aos juizados cíveis e outro, aos criminais) a Lei das Pequenas Causas abre caminho para essa prática ao dizer que "se a sentença for confirmada pelos próprios fundamentos, a súmula do julgamento servirá de acórdão" (arts. 46, *caput* e 82, § 5º).

397. per saltum

Por salto. Era pacífico, no trato da denunciação da lide no direito brasileiro, que esta só poderia ser feita ao garantidor da parte, não sendo lícito a esta denunciar ao garante de seu garante – ou seja, não podendo ser feitas litisdenunciações *per saltum*. Quem estivesse sob o temor de perder em juízo o bem comprado a outrem poderia denunciar a lide somente àquele de quem o houvesse adquirido e não ao sujeito que o alienara ao seu alienante. Hoje o art. 456 do vigente Código Civil autoriza que, em caso de evicção, seja trazido ao processo, mediante a denunciação da lide, "o alienante imediato ou qualquer dos antecessores" – e, com isso, a litisdenunciação *per saltum* está autorizada. Essa será uma pura regra de direito processual ou terá acima de tudo o efeito jurídico-substancial de impor a responsabilidade civil de todos os precedentes alienantes perante o evicto?

398. periculum in mora

Perigo na demora. É uma das situações que conferem ao sujeito interesse processual em obter medidas jurisdicionais aceleradas, quer cautelares, quer de antecipação tutelar (CPC, arts. 273, inc. I, 799, 813 *etc.*). Consiste na iminência de um mal ou prejuízo, causado ou favorecido pelo correr do tempo (o tempo-inimigo, de que falava Carnelutti), a ser evitado mediante as providências que o juiz determinará. Embora seja inevitável alguma dose de subjetivismo judicial na apreciação do *periculum*, sugere-se que o juiz leve em conta o chamado *juízo do mal maior*, em busca de um legítimo equilíbrio entre as partes – indagando, em cada caso, se o autor sofreria mais se nada fosse feito para conter os males do tempo, ou se sofreria mais o réu em virtude da medida que o autor postula.[109]

V. também *fumus boni juris*

399. peritus peritorum

Perito dos peritos. Diz-se que o juiz é o *peritus peritorum* para realçar que, no exercício de sua prerrogativa de livre convencimento (CPC, art. 131), ele não está adstrito às conclusões sugeridas pelo perito; o juiz é expressamente autorizado a rejeitá-las e formular as suas próprias ou, se não se sentir seguro, determinar a realização de nova perícia, pelo mesmo ou por outro profissional (arts. 436-437).

400. persona grata

Pessoa cara. "Diz-se, em linguagem diplomática, de pessoa bem acolhida pelo governo junto ao qual é acreditada";[110] mas essa expressão é também utilizada em linguagem comum, bem como a expressão oposta (*persona non grata*), para designar pessoas desejadas ou não desejadas em determinado convívio, em uma sociedade, clube *etc*. Um político que traiu seu partido não deveria ser uma *persona grata* entre seus ex-pares.[111]

401. petitum

Pedido. É o objeto do processo, consistente na pretensão trazida pelo demandante e especificado em sua petição inicial (CPC,

---

[109] *Cfr.* Dinamarco, *A Reforma do Código de Processo Civil*, n. 241, pp. 336-338.

[110] *Cfr.* Paulo Rónai, *Não perca o seu latim*, p. 138.

[111] O plural de *persona grata* não é *personas gratas* mas *personæ gratæ*. Não convém todavia usar esse plural, que soa extremamente pernóstico; é preferível mudar o fraseado, expressando a mesma idéia de alguma outra maneira.

art. 282, inc. IV).[112] Julgar procedente a demanda é acolher o pedido; julgá-la improcedente é rejeitá-lo. O *petitum*, contido na demanda inicial do processo, da reconvenção *etc.*, estabelece os limites da sentença possível em favor do autor (CPC, arts. 128 e 459), a qual não poderá versar sobre objeto diferente (*extra petita*) nem conceder a este mais do que houver pedido (*ultra petita*); por outro lado, o juiz tem o dever de decidir sobre *todo o pedido*, em sua ntegralidade, seja para acolhê-lo ou para rejeitá-lo, sob pena de denegação de justiça. Essas mesmas regras valem em relação aos tribunais destinatários de recursos, os quais decidirão nos limites do *petitum recursal* – ou, como está no art. 515, *caput*, do Código de Processo Civil, "nos limites da matéria impugnada".

Petitum, substantivo neutro da segunda declinação, assume no plural a forma *petita*. Existem também os (mal) chamados *pedidos implícitos*, que não são pedidos: há casos em que a lei autoriza o juiz a conceder certas vantagens ao autor, ainda quando ele não as haja postulado (juros legais, correção monetária *etc.*).

V. também (a) *citra petita*, (b) *extra petita* (c) *ultra petita*.

402. pleno jure

De pleno direito. Diz-se que um efeito se produz *pleno jure*, quando para sua concretização a vontade dos sujeitos interessados é irrelevante e desnecessária a manifestação deste. A morte produz *pleno jure* a sucessão nos bens do falecido (CC, art. 1.784); produz também *pleno jure* a suspensão do processo em que o falecido fosse parte, independentemente de qualquer provocação ou mesmo de decisão do juiz mandando suspender (CPC, art. 265, inc. I); certos vícios do negócio jurídico produzem a nulidade *pleno jure* deste, ou sua nulidade absoluta, que o juiz pode e deve conhecer de-ofício (CC, art. 168, par.).

403. plus

Mais. Quando substantivado, o advérbio latino *plus* significa *coisa a mais*, ou *algo a mais*. Diz-se, por exemplo: a garan-

---

112. *Cfr.* Dinamarco, *Fundamentos do processo civil moderno*, I, nn. 118-119, pp. 272 ss.

tia do mandado de segurança (Const., art. 5º, inc. LXIX) é um *plus* em relação à garantia geral de acesso à justiça (art. 5º, inc. XXXV), manifestando uma redobrada preocupação do constituinte pela integridade dos direitos líqüidos-e-certos. Uma gratificação dada espontaneamente pelo empregador é um *plus* na remuneração do empregado. Constitui um erro até hilário dizer *um plus a mais*.

404. plus petitio

Pedido a mais, pedido exagerado. No direito romano, quem pedia mais do que aquilo a que tinha direito não só ficaria sem receber a parte a que não tivesse direito como ainda perderia o crédito que tivesse.[113] No direito brasileiro vigente, "aquele que (...) pedir mais do que lhe for devido ficará obrigado a pagar ao devedor (...) o equivalente do que dele exigir" (CC, art. 940). Essa sanção só terá lugar se o credor tiver agido com má-fé, ou seja, se tiver cobrado a mais com a consciência de que era credor por valor menor.[114] Essa é, como se vê, uma repressão ao abuso do direito de ação. Os tribunais foram muito firmes no sentido de que a condenação do autor pelo equivalente ao excesso dependia de *reconvenção* do réu e que, se esse não reconviesse, teria depois o ônus de instaurar novo processo para cobrar o valor da *plus petitio*; mas hoje inclina-se o Superior Tribunal de Justiça a dispensar a reconvenção, admitindo pois a condenação como resultado da instrução do processo instaurado pelo credor.[115]

> Pelo mesmo art. 940 do Código Civil, quem cobrar em juízo um crédito já pago responderá perante o réu pelo dobro do valor cobrado. Também aqui essa sanção depende da má-fé do autor e também quanto a ela o Superior Tribunal de Justiça vai dispensando a reconvenção.

---

113. *Cfr.* Roland-Boyer, *Locutions latines du droit français,* p. 324.

114. *Cfr.* STJ, 1ª T., REsp n. 697.133, j. 18.10.05, rel. Teori Zavascki, v.u., *DJU* 7.11.05, p. 114.

115. *Cfr.* STJ, 4ª T., REsp n. 229.259, j. 27.5.03, rel. Ruy Rosado de Aguiar, v.u., *DJU* 1.9.03, p. 290 e *RSTJ* 186/399.

405. præclusio maxima

Preclusão máxima. Diz-se que a coisa julgada formal é a preclusão máxima,[116] uma vez que impede qualquer outro julgamento da causa ou de seus fundamentos, no mesmo processo. Preclusão, como conceito geral, é a perda de uma faculdade no processo e, na prática, apresenta-se como a impossibilidade de nova decisão sobre a matéria preclusa. A coisa julgada formal, ao impedir que a sentença venha a ser substituída por outra no processo (recursos *etc.*), vale por uma preclusão geral de toda a matéria posta em julgamento (CPC, art. 467) – daí ser uma *præclusio maxima*.

406. præter legem

Além da lei. V. *contra legem*.

407. principaliter

Em caráter principal. A declaração de existência ou inexistência de um direito, contida na parte decisória da sentença, é emitida *principaliter* e destina-se a reger as relações dos litigantes quanto ao objeto posto em julgamento. Em oposição a essas, há as declarações *incidenter tantum* (feitas só incidentemente), contidas na motivação da sentença; elas são emitidas somente como suporte lógico da conclusão tomada quanto ao objeto do processo no *decisum*, tendo portanto mero valor auxiliar, ou instrumental. O reconhecimento da paternidade em uma ação investigatória é emitido mediante uma declaração *principaliter*, no decisório sentencial; em uma ação de alimentos, esse reconhecimento, ou declaração, é feito *incidenter tantum* (entre os motivos que antecedem a decisão

---

116. Essa tradicional afirmação da doutrina é contestada por Maurício Giannico, o qual, em vitoriosa tese sobre o tema da preclusão, sustenta que os atributos que advêm do fenômeno da coisa julgada seriam diversos daqueles oriundos da preclusão. Em sua opinião, a cadeia de atos processuais se fecharia por meio da ocorrência de cada preclusão singularmente considerada e, ainda que a coisa julgada seja resultado da última preclusão havida no processo – tendo lastro em todas aquelas ocorridas ao longo da marcha processual – cada instituto teria contornos próprios e específicos (*A preclusão no direito processual civil brasileiro*, n. 5.5.2, pp. 109-111).

da causa). Por disposição expressa do Código de Processo Civil, somente as decisões tomadas em via principal ficam cobertas pela coisa julgada, não as que se pronunciam *incidenter tantum* (art. 469, incs. I-II).

V. também *incidenter tantum*.

408. prior tempore potior jure

Primeiro no tempo, mais forte no direito. Aquele que obtém a primeira penhora sobre determinado bem tem prioridade em relação a este, para satisfação de seu direito, sobre outros credores do mesmo devedor que depois venham também a obter penhora sobre o mesmo bem – salvo o caso de insolvência, quando então se procederá à execução coletiva, com as regras inerentes a esta – ou seja, falência ou insolvência civil, conforme o caso (CPC, art. 612).

V. também *par condicio creditorum*.

409. prius

Antes, ou em primeiro lugar. Quando substantivado, esse advérbio indica algo que vem antes, ou uma premissa, um precedente lógico. Diz-se, p.ex.: a competência internacional da autoridade judiciária brasileira é um *prius* em relação à determinação de qual o juiz brasileiro competente – porque, como é natural, se a Justiça brasileira não for competente no plano internacional (CPC, arts. 88-89), não se cogitará de saber qual o foro interno competente, qual o juízo *etc*.

410. pro domo sua

Pela sua casa. Diz-se que o Estado está em juízo *pro domo sua* quando atua na defesa de seu próprio patrimônio, de sua autoridade *etc*. – em suma, quando o interesse defendido tem como titular a própria pessoa jurídica de direito público. Assim é nas execuções fiscais, nas defesas contra ações movidas por contribuinte, nas disputas sobre o preço nas desapropriações *etc*. Quando ele defende os interesses dos integrantes da população, como no caso do Ministério Público (agente estatal) movendo uma ação civil pública, diz-se que ele age *pro societate*. É usual também contrapor os interesses *primários*, que o Estado defendo quando atua *pro societate*, aos interesses *secundários*, objeto de sua atuação *pro domo sua*.

411. pro expensis
Pelas despesas. V. *cautio pro expensis*.

412. pro forma
Por formalidade (literalmente, *pela forma*). Diz-se que um ato é realizado *pro forma* quando o sujeito o realizou somente para cumprir uma formalidade, ou uma exigência legal ou contratual, sem a real intenção de produzir os efeitos que normalmente se esperariam desse ato. Muitos juízes designam e realizam somente *pro forma* a audiência preliminar exigida pelo art. 331 do Código de Processo Civil, fingindo que tentam a conciliação das partes e chegando ao cúmulo de chamar os autos à conclusão para o saneamento do processo – o qual deveria ser feito oralmente na audiência, em diálogo com as partes.

413. pro labore
Pelo trabalho. Essa expressão, de uso bastante generalizado, designa a remuneração devida a um prestador de serviços, pelo trabalho que realiza. Embora não seja muito comum, fala-se em uma remuneração *pro labore facto*, devida quando já realizado o serviço, em oposição a uma outra, *pro labore faciendo*, relacionada com serviços a serem realizados. Recebem *pro labore* os diretores de sociedades anônimas, intelectuais convidados a proferir conferências, médicos cirurgiões *etc.*, bem como os advogados em razão de contratos profissionais. É extremamente comum nos chamados *contratos de honorários* a fixação de uma verba *pro labore*, devida no ato da contratação ou em outros momentos que forem estipulados entre o profissional e o contratante, sem qualquer vinculação ao resultado favorável a ser obtido na causa; mas é também possível que o advogado assuma risco integral na causa, nada recebendo a título de *pro labore* e patrocinando os interesses do cliente pela simples expectativa de, ao fim, receber honorários *ad exitum*.

V. também *ad exitum* e *quota litis*.

414. pro rata

Em proporção, mediante rateio. Na disciplina da solidariedade passiva consta que "o devedor que satisfez a dívida por inteiro tem o direito a exigir de cada um dos co-devedores a sua quota" (CC, art. 283); cada um deles responderá *pro rata* perante o que houver pago, ou seja, na proporção da obrigação que couber a cada um. Também em tema de co-fiança é assim – o valor pago por um dos fiadores será depois repartido entre todos *pro rata*, ou seja, na proporção da obrigação acessória que cada um deles houver assumido. "O fiador que pagar integralmente a dívida fica sub-rogado nos direitos do credor, mas só poderá demandar a cada um dos outros fiadores pelas respectivas quotas", ou seja, o valor será repartido entre todos *pro rata* (CC, art. 831; CPC, art. 80).

V. também *pro rata temporis*.

415. pro rata temporis

Na proporção do tempo. Quando um débito fiscal é parcelado, o pagamento será feito pelo contribuinte com a periodicidade ajustada, repartindo-se o todo (salvo disposição contrária) *pro rata temporis*.

> Por ocasião de um dos *planos* que assolaram a economia brasileira, inventou-se a expressão *pro rata dies*, com a qual se pretendia definir a incidência de índices dia a dia, mas essa expressão foi certamente concebida por alguém que nada sabia de latim. Se queria dizer *na proporção do dia*, que dissesse *pro rata diei*, com o emprego dessa última palavra no caso genitivo e não no nominativo; ou talvez fosse até mais adequado dizer *pro rata dierum*, na proporção dos dias (plural). *Pro rata dies* não faz sentido.

V. também *pro rata*.

416. pro societate

No interesse da sociedade (e não do Governo). V. *pro domo sua*.

417. pro soluto

Como *solução* (de uma dívida), ou como cumprimento de uma obrigação. Quando em um negócio a contraprestação de uma das partes é feita mediante entrega de título para pagamento futuro (nota promissória, cheque), diz-se que a entrega se faz *pro soluto* se as partes houverem convencionado que, mesmo não sendo honrado o título, o negócio permanece; eventuais divergências entre as partes travar-se-ão exclusivamente em torno do débito representado pelo título, sem que, em caso de inadimplemento, o negócio possa ser desfeito. Uma entrega feita *pro soluto* tem o efeito de extinguir, ou *dissolver* o crédito da outra parte. Na hipótese oposta a entrega se reputa *pro solvendo*, ou seja, a higidez e prevalência do negócio dependerá do adimplemento da obrigação representada pelo título.

V. também *pro solvendo*.

418. pro solvendo

Para pagar, ou para extinguir o crédito (no futuro). A entrega de um título para pagamento futuro se dá *pro solvendo* quando por lei ou contrato a permanência do negócio celebrado entre as partes fica na dependência da futura quitação do título.

V. *pro soluto*.

419. probatio diabolica

Prova diabólica. Carnelutti empregava essa expressão para designar as situações em que uma das partes se vê diante de dificuldades enormes, ou mesmo impossibilidade de provar suas alegações. No direito brasileiro é autorizada a inversão do ônus da prova por ato de vontade das partes, mas não ao ponto de "tornar excessivamente difícil a uma parte o exercício do direito" (CPC, art. 333, par., inc. II) – ou seja, não ao ponto obrigá-la a uma *probatio diabolica*. E, se assim é em relação à inversão do ônus da prova por ato livre das próprias partes, com mais fortes razões não será legítima a extremada exacerbação das dificuldades probatórias mediante a inversão *judicial* do ônus probatório, em tese autorizada pelo Código de Defesa do Consumidor (art. 6º, inc. VIII).

420. probatio vincit præsumptionem

A prova vence a presunção. As presunções relativas, que constituem uma técnica de inversão do ônus probatório, cedem diante de prova contrária, ou seja, elas são vencidas por essa prova.

V. também *juris tantum* e *quod plerumque accidi.*

421. promotor justitiæ

Promotor de justiça. Essa locução designa os membros do Ministério Público em geral – quer os próprios promotores de justiça (atuantes em primeiro grau de jurisdição nas Justiças dos Estados), quer os procuradores de justiça (com funções junto aos Tribunais de Justiça), quer os procuradores da República de todos os níveis de carreira ou atuantes perante qualquer das Justiças da União (procuradores da Justiça do Trabalho, da Justiça Eleitoral, da Justiça Militar).

422. propter rem

Em razão da coisa. Essa expressão designa situações em que uma pessoa se reputa devedora ou responsável somente pelo fato de ser proprietária ou de haver adquirido um bem relacionado com determinada obrigação. Quem adquire um bem a um sujeito insolvente, na pendência de um processo em que o devedor já foi citado responde *propter rem* a título de fraude de execução (CPC, art. 592, inc. III, c/c art. 593); *idem*, quem adquire um imóvel hipotecado (responsabilidade sem débito).[117] Quem adquire uma unidade em condomínio é devedor *propter rem* pelos encargos condominiais deixados pelo alienante.[118]

423. provocatio ad agendum

Provocação a agir. Mediante a *provocatio ad agendum* obrigar-se-ia a agir em juízo uma pessoa que faz alegações da exis-

---

117. *Cfr.* Dinamarco, *Instituições de direito processual civil*, IV, n. 1.525, pp. 356-357.
118. *Cfr.* STJ, 4ª T., REsp n. 547.638, j. 10.8.04, rel. Aldir Passarinho Jr., v.u., *DJU* 25.10.04, p. 351.

tência ou inexistência de um direito ou obrigação, sob pena de, não agindo, perder o direito ou suportar a obrigação.[119] Mas o direito moderno repudia essa ação provocatória, cujos objetivos são alcançados pela via da ação meramente declaratória (positiva ou negativa) a ser proposta pelo sujeito que se afirma lesado ou incomodado pelas declarações de outrem. Prevalece, pois, a plena liberdade de agir, sendo hoje reconhecido que *nemo ad agere cogi potest* (ninguém pode ser obrigado a agir em juízo). Essa firme premissa conduz à rigorosa inadmissibilidade de chamar a juízo, pela via da citação ou qualquer outra, o litisconsorte necessário ativo: nos raríssimos casos onde o litisconsórcio ativo for necessário, a recusa a participar priva fatalmente o outro legitimado de postular a tutela jurisdicional.[120]

424. quanti minoris

Por quanto é menor (literalmente, *da quantidade menor*). V. *actio quanti minoris*.

425. quantum debeatur

Quanto é devido (literalmente, *quanto for devido*). Emprega-se essa expressão para designar o valor de uma obrigação quando esta tem por objeto unidades quantificáveis pelo número, peso, área ou extensão. O caso mais corriqueiro são as dívidas pecuniárias, quantificáveis pelo número de unidades monetárias devidas (valor em dinheiro). As condenações genéricas, ou ilíquidas, trazem em si o reconhecimento de que a dívida existe mas não lhe quantificam o valor; por isso sua exeqüibilidade depende de uma liqüidação, a ser feita por arbitramento ou por artigos, mediante a qual se encontrará o *quantum debeatur* (CPC, arts. 475-A-475--H). A existência do direito, em si mesma, é designada pela expressão *an debeatur*, que se traduz por *se é devido*.

V. também *an debeatur* e *quid debeatur*.

---

119. Roland-Boyer, *Locutions latines du droit français*, p. 352.
120. *Cfr.* Dinamarco, *Litisconsórcio*, n. 58, pp. 214 ss.

426. querela nullitatis

Litígio sobre a nulidade ou, literalmente, *querela de nulidade*. Em direito moderno essa locução indica a demanda movida em juízo com vista a obter a anulação de um ato judicial "não dependente de sentença ou em que esta for meramente homologatória" (CPC, art. 486). A *querela nullitatis* do direito comum italiano é um dos antecedentes da ação rescisória, mas não se confunde com ela, inclusive porque nem todas as causas para rescindir uma sentença se ligam à nulidade; entre as hipóteses contidas nos incisos do art. 485 do Código de Processo Civil, várias há que se relacionam ou podem relacionar-se com o *meritum causæ*, como a de dolo de uma parte em detrimento da outra, a de violação a literal disposição de lei, de erro de fato, de descoberta de documento novo (incs. III, V, VII e IX). Essas hipóteses filiam-se a uma outra origem, que foi a *restitutio in integrum*.[121]

V. também *restitutio in integrum* (*infra*, n. 453).

427. quid debeatur

O que é devido (literalmente, *o que for devido*). Trata-se do objeto das obrigações, como uma soma em dinheiro, um determinado imóvel, uma conduta positiva ou negativa (fazer ou não-fazer) *etc.* Sem a determinação do *quid debeatur* uma obrigação não é *certa* e, portanto, não comporta execução forçada (CPC, art. 586). A precisa especificação do *quid debeatur* assume particular relevância no tocante às obrigações específicas, com referência às quais é rigorosamente indispensável individualizar o objeto; nas obrigações por bens quantificáveis (dinheiro *etc.*) indica-se que o objeto serão esses bens, para só depois, em um segundo momento, determinar-lhes a quantidade (*quantum debeatur*).

V. também *an debeatur* e *quantum debeatur.*

---

[121] *Cfr.* Barbosa Moreira, *Comentários ao Código de Processo Civil*, V, n. 66, pp. 101-104.

428. quid inde?

O que então, ou *e daí*? Expressão de dúvida, ou mesmo de desafio, diante de uma afirmação contrária lançada por outra pessoa. Uma das partes trouxe um documento supostamente assinado pelo adversário e contendo a confissão de certos fatos. *Quid inde*, se a assinatura era falsa?

V. também *quid juris*.

429. quid juris?

O que diz o direito a propósito disso? Literalmente, *o que de direito*? "Fórmula interrogativa utilizada quando a solução de um problema não transparece desde logo à leitura dos textos. O jurista, após haver exposto os elementos do problema e indicado as diversas ordens de interesses em jogo, expressa sua hesitação e abre a discussão, declarando ou escrevendo: *quid juris*?"[122] Um exemplo extraído da realidade jurídica brasileira presente: o art. 27 da lei n. 9.868, de 10 de novembro de 1999 (Lei da Ação Direta) investe o Supremo Tribunal Federal do poder de fixar o momento da ineficácia das leis declaradas inconstitucionais mediante o controle concentrado de constitucionalidade (ação direta, ou ADI), mas *quid juris* em relação à inconstitucionalidade reconhecida no controle difuso, ou seja, em recurso extraordinário? Outro exemplo: o art. 800 do Código de Processo Civil autoriza o juiz a conceder medidas cautelares não só na pendência do processo principal mas também antes dele, a título preparatório. *Quid juris* em relação às antecipações de tutela?

V. também *quid inde*.

430. quid pro quo

Confusão, ou confusão generalizada. Literalmente, *isso por aquilo,* ou *uma coisa pela outra*. Usando-se a forma aportuguesada, fala-se, p.ex., nos inúmeros *qüiprocós* instalados na política e na administração do país por um Governo desgovernado.

---

122. Laurent-Boyer, *Locutions latines du droit français*, p. 360.

431. quis[123] ipsos custodes custodiet?

Quem vigiará os próprios vigias? Expressão utilizada com bastante ênfase quando se trata do tema da responsabilidade dos juízes, controle da Magistratura e órgãos encarregados desse controle. Pode valer também para os Tribunais de Contas, que são por definição órgãos de controle das finanças públicas mas freqüentemente vêm a ser questionados. Diz-se também *quis custodes custodiet*?

432. quisquis ex populo

Qualquer do povo. Qualquer pessoa integrante do povo, ou seja, qualquer cidadão (pessoa no gozo dos direitos políticos), é legitimado ativo para a ação popular (Const., art. 5º, inc. LXXIII, e lei n. 4.717, de 29.6.65, art. 1º). A locução *quisquis ex populo* e essas disposições da Constituição e da lei abrangem somente pessoas físicas, não sendo legitimada qualquer pessoa jurídica – porque pessoas jurídicas não são cidadãos e, portanto, não integram o conceito de *povo*. Mas já surgiu na doutrina a opinião de que "a Lei Nacional do Ministério Público ampliou a legitimação à ação popular, atribuída pela Constituição ao cidadão, para estendê-la ao Ministério Público. Mas, na verdade, essa ação civil pública criada pela Lei Nacional do Ministério Público, nada mais é do que uma espécie que pertence ao gênero ação popular" (Ada Pellegrini Grinover).[124] A lei teria o poder de ampliar o âmbito desse remédio de raízes constitucionais? Tenho sustentado que não.[125] Também o Código de Processo Penal contém uma referência a *quisquis ex populo*, consistente na autorização dada a qualquer do povo a prender "quem quer que seja encontrado em flagrante delito". Também se diz *quivis ex populo*.[126]

---

123. Pronuncia-se *qüis*.
124. *Cfr.* "Uma nova modalidade de legitimação à ação popular, possibilidade de conexão, continência e litispendência", n. 1, pp. 23 ss.
125. *Cfr.* Dinamarco, *Fundamentos do processo civil moderno*, I, n. 195, pp. 418-421.
126. *Cfr.* Roland-Boyer, *Locutions latines du droit français*, p. 362.

433. quod abundat non nocet

O que é demais não prejudica. Se tenho dois ou mais fundamentos para uma mesma demanda, ou dois argumentos para concluir por sua improcedência, ou se o juiz tem dois ou mais fundamentos para acolhê-la ou para rejeitá-la, o emprego de um deles não impede que se empreguem os demais. Mas cuidado! O emprego de fundamentos conflitantes pode ser prejudicial. Constitui desvio na aplicação dessa máxima o ingresso do tribunal no mérito de um recurso, depois de haver afirmado que ele não merece conhecimento – p.ex., porque intempestivo. Decisões como essa são responsáveis por incertezas interpretativas que devem ser evitadas. Assim como um medicamento ministrado em doses excessivas pode ser prejudicial ao paciente ou mesmo causar sua morte, também a exagerada aplicação da máxima em exame pode ser letal a direitos. Nesses casos é preciso estar atento a uma outra máxima, em sentido oposto, expressa no ditado popular *tudo que é demais é muito*.

E acrescenta Arthur Rezende em tom maroto, ao fim de seu verbete sobre a frase latina aqui considerada: "por pilhéria: quando *ella* não é nossa...".[127]

V. também *obiter dictum*.

434. quod non est in actis non est in mundo

O que não está nos autos não está no mundo. O juiz deve decidir segundo o que está nos autos e não pode levar em conta sua própria *ciência privada*, ou seja, fatos dos quais tenha conhecimento por outros modos estranhos ao processo. Essa regra está expressa no princípio do *livre convencimento motivado*, pela qual o juiz forma livremente sua convicção quanto aos fatos relevantes para a causa, mas limitadamente aos elementos probatórios contidos nos autos ("o juiz apreciará livremente a prova,

---

127. *Cfr. Frases e curiosidades latinas*, n. 5.678, p. 666; a palavra *ella* está assim grafada porque a obra é muito antiga e as edições mais recentes mantêm a grafia da primeira edição (de 1868).

atendendo aos fatos e circunstâncias constantes dos autos – CPC, art. 131).[128]

> Essa regra não conflita com a do art. 335 do Código de Processo Civil, segundo a qual o juiz aprecia fatos e provas segundo o que ordinariamente acontece. Tal é a consagração das *máximas de experiência*, que devem estar presentes na cultura do juiz e não o autorizam a decidir segundo seu conhecimento pessoal dos próprios fatos concretos dos quais depender o julgamento da causa.[129]

V. também (a) *non liquet*, (b) *onus probandi* e (c) *quod plerumque accidit*.

435. quod plerumque accidit[130]

Aquilo que mais acontece (ou aquilo que ordinariamente acontece). O art. 335 do Código de Processo Civil autoriza o juiz a formar sua convicção levando em conta aquilo que ordinariamente acontece, o que significa *presumir*. Apoiado na observação empírica da relação constante entre duas espécies de acontecimentos e sabendo que um deles ordinariamente ocorre quando o outro tenha ocorrido (*quod plerumque accidit*), o juiz toma por base a concreta ocorrência deste para concluir que também aquele ocorreu. Estamos no campo das *præsumptiones hominis*, ou presunções feitas pelo juiz, as quais são sempre sujeitas à ressalva do direito do adversário a demonstrar que no caso concreto as coisas se passaram de modo diferente e portanto o fato presumido não aconteceu (presunções relativas). O mais clássico exemplo de aplicação do disposto no art. 335 consiste na presunção (sempre relativa) de que, em uma colisão de automóveis, a culpa é daquele que atingiu o outro por trás – porque, segundo as *máximas de experiência* do juiz, quem atinge o outro por trás ordinariamente estava distraído, ou em excesso de velocidade, ou tinha pneus gastos, ou freios inoperantes *etc*. Diz-se também *quod plerumque fit* (literalmente, aquilo que ordinariamente é feito).

---

128. *Cfr.* José Rogério Cruz e Tucci, *A motivação da sentença no processo civil*, cap. V, n. 2.1, p. 102.

129. *Cfr.* Dinamarco, *Instituições de direito processual civil*, III, n. 828, pp. 121 ss.

130. Pronuncia-se *áccidit*.

V. também *juris tantum* e *probatio vincit præsumptionem*.

436. quorum

Literalmente, dos quais. A forma pronominal *quorum*, tomada como substantivo, indica o número mínimo dos integrantes de um órgão colegiado, indispensável para que uma reunião, sessão ou assembléia possa ser realizada (número de presentes) ou para que determinada decisão possa ser tomada (número de votantes em determinado sentido). Assim é nas assembléias das sociedades anônimas, assim nas congregações acadêmicas e assim também no próprio Poder Judiciário: a declaração da constitucionalidade ou inconstitucionalidade de uma lei pela via do controle abstrato (ações diretas) depende sempre do voto de ao menos seis Ministros do Supremo Tribunal Federal (lei n. 9.868, de 10.11.99, art. 23, *caput*) – sendo pois esse o *quorum* para tais declarações. É indiferente dizer *quorum*, empregando o vocábulo latino como ele é, ou *quórum*, em sua forma aportuguesada; mas a forma latina é mais elegante.

437. quota litis

Parte, ou quota, do proveito que a parte obtiver no processo (literalmente, *parte da lide*). A cláusula *quota litis* nos contratos de prestação de serviços de advocacia, também chamada *cláusula quotalícia*, é recebida com muita reserva porque pode encobrir uma ilegítima associação entre o advogado e o cliente, ou constituir indecente abuso perpetrado por aquele a dano deste. Mas, em certa medida, a jurisprudência a aceita.

V. também *ad exitum* e *pro labore*.

438. ratio legis

Razão da lei, ou sua razão de ser. É o motivo, ou conjunto de motivos que levaram o legislador a editar uma norma. As leis vêm ao mundo em virtude da ocorrência de fatos que o legislador, ao menos teoricamente traduzindo o sentimento da nação, quer às vezes estimular, às vezes reprimir ou impedir. A *ratio legis* da vigente disciplina do agravo de instrumento, sendo ele apresentado diretamente ao tribunal (CPC, art. 524) foi a grande quantidade de mandados de segurança impetrados com o objetivo de agregar efeito suspensivo aos agravos então interpostos perante o juízo de primeiro grau. A *ratio legis* do impedimento do juiz para oficiar, p.ex., quando ele próprio ou algum familiar muito próximo for parte (CPC, art. 135), é o risco de comportar-se ele de modo faccioso, contrariando o princípio da imparcialidade, que é vital para o exercício da jurisdição. Mas às vezes a *ratio legis* revela propósitos ilegítimos, como é o caso das inúmeras medidas provisórias com que o Executivo alterou normas processuais com o objetivo de favorecer a Fazenda Nacional.

V. também *mens legis*.

***439*. ratione loci**

Em razão do lugar. Na linguagem mais antiga e menos técnica, era usual classificar as espécies de competência mediante a distinção entre (a) competência *ratione materiæ*, para a qual se leva em conta a natureza jurídico-substancial do fundamento da demanda (fundamento de direito real, de direito de família *etc.*), (b) competência *ratione loci*, estabelecida segundo o lugar onde tem domicílio o réu, onde aconteceu o fato, onde se situa o imóvel *etc.* e (c) competência *ratione personæ*, relacionada com a condição de uma das partes (o Estado em juízo, a mulher na ação de separação *etc.*). Com a evolução da teoria da competência, modernamente se tem a consciência de que ela é determinada em abstrato com referência aos órgãos que exercem a jurisdição e não com referência aos elementos determinantes da competência de cada um deles. Fala-se agora em (a) *competência originária* dos tribunais, referente às causas que devem ser propostas perante esses órgãos judiciários sem antes passar pelos de primeiro grau, (b) *competência de jurisdição*, mediante a qual se distribui o exercício jurisdicional entre as diversas Justiças do país (Federal, Estaduais, do Trabalho *etc.*), (c) *competência territorial*, ou *de foro*, consistente na distribuição de causas entre órgãos judiciários situados nos mais diferentes pontos do território nacional, (d) *competência de juízo*, com a distribuição entre órgãos diferentes entre si, no mesmo foro ou comarca (varas cíveis, varas especializadas), (e) *competência recursal*, com a atribuição do julgamento dos recursos aos diferentes tribunais do país. Nesse quadro de distribuição ordenada do exercício jurisdicional, que hoje conta com aceitação generalizada, os fatores matéria, lugar e pessoa continuam tendo relevância, mas como critérios com base nos quais o legislador distribui a competência entre aqueles órgãos – e não mais como espécies de competência. Assim, o fator *lugar* é relevante para a determinação do foro competente, ou da competência territorial (lugar do domicílio do réu, lugar de cumprimento da obrigação *etc.*). O fator *matéria* é responsável pela competência de cada uma das varas especializadas, situadas no mesmo foro; em associação com o fator lugar, concorre também para a fixação da competência do *forum rei sitæ* (CPC, art. 95). O fator *pessoa* está presente nas normas que fixam a competência da Justiça Federal (Const., art. 109, inc. I – competência dessa Justiça para as causas em que forem partes a União e outros entes federais). O Código de Processo Civil fala ainda em competência em razão da matéria, da hierarquia, do valor e do território (art. 111), certamente em virtude de suas premissas calcadas no esquema lançado por Wach e reproduzido por Chiovenda; mas essa imperfeita classificação apresenta superposições que a comprometem e, sobretudo, é desmentida pelas próprias normas distribuidoras da competência, contidas na Constituição Federal e no Código mesmo. De todo modo, as locuções *ratione materiæ*, *ratione loci* e *ratione personæ* caíram praticamente em desuso entre os doutrinadores.[131]

V. também *ratione materiæ* e *ratione personæ*.

440. ratione materiæ
Em razão da matéria. V. *ratione loci*.

441. ratione personæ
Em razão da pessoa. V. *ratione loci*.

131. *Cfr.*, por todos, Dinamarco, *Instituições de direito processual civil*, I, n. 208, pp. 448-449.

442. rationis auctoritate

Pela autoridade da razão. Diz-se de afirmações que se sustentam por uma autoridade vinda de seus próprios fundamentos, ou seja, afirmações dotadas de suficiente poder de convencimento. O contrário é *auctoritatis ratione*, ou em razão da autoridade – afirmações cuja credibilidade decorre unicamente da autoridade de quem as emitiu.

V. também *auctoritatis ratione*.

443. rebus sic stantibus

Permanecendo assim as coisas, ou *enquanto as coisas assim permanecerem*. O direito reconhece validade a certas disposições negociais ou mesmo sentenças judiciais ressalvadas pela cláusula *rebus sic stantibus*, ou seja, sujeitas à perda de eficácia se e quando certas circunstâncias se alterarem. A sentença que julga procedente a ação de alimentos, projetando efeitos para o futuro, fica sempre sujeita a essa ressalva, entendido que, em caso de alteração nas condições financeiras do alimentante ou do alimentando, o que nela se dispõe se sujeita a possíveis revisões (ação revisional). Mas é equivocada a crença de que tais sentenças não se sujeitam à coisa julgada material, como diz o art. 15 da Lei de Alimentos; a revisão dos alimentos concedida em sentença (ação revisional) é admissível, mas os efeitos do que vier a ser julgado não atingem os alimentos referentes ao tempo passado entre a primeira sentença e a segunda.

> "Diz o art. 15 da Lei de Alimentos, em sua atécnica redação, que 'a decisão judicial sobre alimentos não transita em julgado[132] e pode a qualquer tempo ser revista em face da modificação da situação financeira dos interessados'. Isso significa somente que, *quanto às prestações futuras*, nova declaração pode sobrevir sobre a existência ou valor da obrigação, sempre que a previsão probabilística contida na declaração judicial venha a ser contrariada pelos fatos. Mas, em relação às já vencidas e portanto exigíveis ao tempo da condenação,

---

132. O que significaria não se sujeitar sequer à coisa julgada formal. Absurdo.

a incidência da coisa julgada material é plena e nada tem de peculiar. Mesmo uma *lei nova*, da qual pudesse emanar a inexistência da obrigação, não afetará essa autoridade e sua eficácia limitar-se-á às prestações a vencer após o momento da vigência, não retroativamente (Const., art. 5º, inc. XXXVI)."[133]

444. rectius

Mais corretamente. Esse advérbio latino é empregado quando se referem ou transcrevem pensamentos ou palavras de outrem, fazendo-se em seguida uma retificação. Exemplo: "a chamada coisa julgada administrativa (*rectius*: a inalterabilidade de uma decisão administrativa pela própria Administração) assegura certos direitos ao contribuinte".

445. reformatio in pejus

Reforma para pior. Os tribunais são proibidos de decidir de modo mais gravoso ao recorrente, impondo-lhe solução mais desfavorável que a própria solução contida no ato que foi objeto do recurso. Como todo recurso devolve ao tribunal exclusivamente a *matéria impugnada* (CPC, art. 515, *caput*) e como a parte só é autorizada a impugnar os capítulos de sentença que lhe hajam sido desfavoráveis, segue-se que a devolução operada pela interposição recursal fica sempre limitada aos capítulos desfavoráveis. Se o juiz concede ao autor a reintegração na posse pedida na inicial, mas lhe nega a condenação do réu a ressarcir, apela aquele pedindo ao tribunal somente a procedência do pedido de condenação pecuniária; conseqüentemente, o tribunal ficará investido apenas do poder de decidir a respeito desse segundo capítulo sentencial (sempre o art. 515, *caput*), não lhe sendo lícito prejudicar o recorrente mediante a imposição da improcedência do pedido possessório. Não há *reformatio in pejus*, obviamente, quando também a parte contrária houver recorrido, impugnando o capítulo de sentença que lhe houver sido desfavorável (no exemplo acima, impugnando a procedência da possessória).

133. *Cfr*. Dinamarco, *Instituições de direito processual civil*, III, n. 959, esp. p. 317.

Como o vocábulo latino *reformatio* pertence ao gênero feminino, sua adjetivação também deve ser nesse gênero, dizendo-se p.ex. *a reformatio in pejus,* ou *uma reformatio in pejus* – e não *o reformatio* ou *um reformatio.* O plural é *reformationes* mas é aconselhável evitar esse emprego, que destoa da linguagem usual; diga-se, p.ex., que *ocorreram duas reformas a pior.*

446. res derelicta

Coisa abandonada. São coisas abandonadas aquelas das quais o proprietário se haja voluntariamente desfeito. Em conseqüência do abandono, essas coisas passam a não ter dono, sendo pois havidas como coisas de ninguém (*res nullius*) e podendo ser apropriadas por aquele que as encontrar e delas se apossar. Tal é a aquisição da propriedade pela *ocupação,* regida pelo art. 1.263 do Código Civil. Incluem-se entre as *res derelictæ* os detritos de toda ordem, como o lixo ou tudo quanto seja intencionalmente canalizado ao esgoto de residências, hotéis, indústrias, hospitais, ou que se lance pelas janelas de casas, apartamentos, veículos *etc.*[134]

447. res in judicium deducta

Matéria trazida a juízo, ou ao processo. É representada pelo pedido contido na demanda inicial, na reconvenção *etc.*, coincidindo esse conceito com o de objeto do processo. É sobre este, ou sobre a *res in judicium deducta,* que se pronunciará o juiz na parte decisória da sentença. Diz-se também *res in judicio deducta,* coisa posta no processo.

448. res inter alios, *ou* res inter alios acta

Matéria tratada entre outros. Diz-se que, para determinada pessoa, a sentença dada em processo da qual não foi parte é *res inter alios* e, por essa razão, não pode ter eficácia direta sobre sua esfera de direitos nem impor-se a essa pessoa com autoridade de coisa julgada (CPC, art. 472).

V. também *res judicata aliis non prodest nec nocet.*

---

134. *Cfr.* Roland-Boyer, *Locutions latines du droit français,* p. 379.

449. res judicata aliis non prodest nec nocet

A coisa julgada não favorece nem prejudica outros – ou seja, não favorece nem prejudica aqueles que não houverem sido partes. Tal é a regra da limitação subjetiva da *auctoritas rei judicatæ* (CPC, art. 472), sabendo-se no entanto que a coisa julgada formada em presença do substituto processual vincula o substituído – o qual, embora não seja parte no processo, é parte da relação processual e aquele que o substitui está legitimado por lei a fazê--lo (CPC, art. 6º).

> Garbagnati: "... no art. 2.909 do Código Civil [*equivalente ao nosso art. 472*], a palavra *partes* não está a indicar os sujeitos da chamada relação processual; como bem observou Zanzucchi, ela é usada em um sentido muito diferente, servindo para designar *os sujeitos da relação jurídica litigiosa*".[135]

V. também *res inter alios acta* e *ultra partes*.

450. res judicata pro veritate habetur

A coisa julgada é havida por verdade. Essa locução significa que a coisa julgada material formada sobre uma sentença não pode ser posta em discussão e o que houver sido julgado deve ser respeitado como correto. Mas os rigores da *auctoritas rei judicatæ* são atenuados pela admissibilidade da ação rescisória em certos casos taxativamente enunciados em lei (CPC, art. 485, incs. I-IX) e, em casos superlativamente excepcionais, pela relativização da própria garantia constitucional.[136] Também está completamente desmitificado o antigo pensamento de que "a coisa julgada faz do preto branco e do quadrado, redondo" (*res judicata facit de albo nigrum*); esse é um exagero a ser posto de lado, porque a garantia constitucional da imutabilidade dos efeitos da sentença não tem todo esse poder de contrariar a realidade das coisas e, muito

---

135. *Cfr. La sostituzione processuale nel nuovo codice di procedura civile*, cap. VII, n. 4, pp. 290-291.

136. Tal é a tese da relativização da coisa julgada, nascida em votos do Min. José Delgado, do Superior Tribunal de Justiça (*cfr*: Dinamarco, *Nova era do processo civil*, nn. 111-136, pp. 216 ss.).

menos, o de impor soluções absurdas ou insuportáveis ultrajes a valores de nível mais elevado, também consagrados em sede constitucional.

A coisa julgada estabiliza somente *os efeitos da sentença*, enunciados na parte decisória desta; os fundamentos lançados pelo juiz ou tribunal não ficam cobertos por ela, sendo explícito o Código de Processo Civil na incisiva determinação de que "a verdade dos fatos, estabelecida como fundamento da sentença", não faz coisa julgada (art. 469, inc. II).

V. também *auctoritas rei judicatæ*.

451. res litigiosa

Coisa litigiosa ou, em alguns casos, matéria litigiosa. Essa dualidade semântica constitui projeção do significado ambíguo do vocábulo latino *res*, ora empregado para indicar o objeto de direitos (*res derelicta, res nullius, res publica*), ora a relação jurídica (*res judicata, res inter alios etc.*). Tal ambigüidade tem assento no Código Civil, que fala em *coisa litigiosa* (art. 457) com o mesmo significado de *bens litigiosos* (art. 2.021), mas fala também em *obrigação litigiosa* (art. 344). Diante disso, a regra segundo a qual a citação válida tem o efeito de *tornar litigiosa a coisa* (CPC, art. 219) deve ser entendida como abrangente tanto dos bens que se tornam litigiosos com a citação, quanto das relações jurídicas postas em litígio; nesse sentido é o art. 42 da própria lei processual, que expressamente dispõe para o caso de ser alienada *a coisa ou o direito litigioso*. O art. 5º do Código de Processo Civil alude também, expressamente, à *relação jurídica* que se torna *litigiosa* (art. 5º).[137]

V. também *sub judice*.

452. res nullius

Coisa de ninguém. V. *res derelicta*.

---

137. *Cfr.* Dinamarco, *Instituições de direito processual civil*, II, n. 419, p. 81.

453. restitutio in integrum

Restituição à situação anterior, ou reposição na situação anterior. Esse é um instituto do direito comum italiano destinado ao reexame de sentenças por motivos diferentes das nulidades – porque estas eram apreciadas pela via da *querela nullitatis*.

V. também *querela nullitatis*.

454. secundum allegata et probata

Segundo o alegado e provado, ou segundo as alegações e provas. Diz-se também *justa allegata et probata*, com o mesmo sentido.

V. também *judex judicare debet secundum allegata et probata partium*.

455. secundum eventum litis

Segundo o resultado do processo. Fala-se em coisa julgada *secundum eventum litis* quando a imutabilidade de uma decisão depender do modo como o mérito houver sido julgado – impondo-se a *auctoritas rei judicatæ* em caso de procedência da demanda mas não se impondo quando esta for julgada improcedente, ou vice-versa. A doutrina tradicional é fortemente contrária à eventualidade da coisa julgada, com Liebman à frente,[138] mas o Código de Defesa do Consumidor, contrariando essa severa oposição, instituiu a coisa julgada *secundum eventum litis* com relação às sentenças que julgam ações coletivas envolvendo direitos individuais homogêneos: se procedente a demanda, elas formam coisa julgada *erga omnes* mas, se improcedente, não impedem os interessados de propor suas demandas individuais (art. 103, inc. III, e § 2º).[139]

V. também *secundum eventum probationis*.

---

138. Cfr. *Eficácia e autoridade da sentença*, n. 4, esp. pp. 24-25 trad.

139. Posição defendida ardorosamente por Ada Pellegrini Grinover: *cfr.* nota ao texto "Pluralidade de partes legítimas à impugnação de um único ato", de Enrico Tullio Liebman, *in Eficácia e autoridade da sentença*, pp. 229-239 trad.

456. secundum eventum probationis

Segundo o resultado da prova. Diversos corpos legislativos brasileiros condicionam a ocorrência da coisa julgada, com referência às causas sob sua regência, à inexistência de dúvida do julgador quanto aos fatos relevantes – de modo que, se a improcedência for fundada na insuficiência de provas, a coisa julgada material não se configurará. Assim é no processo do *mandado de segurança*, cuja sentença ficará sim imunizada pela *auctoritas rei judicatæ* quando julgar procedente a impetração, concedendo a ordem, ou quando a julgar improcedente por ser contrária ao direito ou porque a prova haja demonstrado que os fatos não se passaram conforme a narrativa trazida pelo impetrante; mas não haverá coisa julgada material e a demanda poderá ser reproposta, se o juiz tiver negado a segurança por inexistir suficiente certeza quanto aos fatos (falta de direito líqüido-e-certo – interpret. arts. 15-16 LMS).[140] Assim é também na Lei da Ação Popular (art. 18), na Lei da Ação Civil Pública (art. 16) e no Código de Defesa do Consumidor (art. 103, incs. II-III), todos esses diplomas exluindo a *auctoritas rei judicatæ* em caso de improcedência fundada em deficiência probatória.[141]

V. também *secundum eventum litis*.

457. si et in quantum

Se e na medida em que. Essa locução é empregada para indicar uma opinião ou decisão tomada cautelosamente com re-

---

140. O art. 16 da Lei do Mandado de Segurança estabelece que "o pedido de mandado de segurança poderá ser renovado se a decisão denegatória não lhe houver apreciado *o mérito*", mas ela o faz na falsa pressuposição de que não são de mérito as sentenças que negam a segurança por falta de liqüidez-e-certeza. É a essa hipótese que se refere o art. 16 (fala de liqüidez-e-certeza) e não a uma daquelas de extinção do processo sem julgamento do mérito, elencadas no art. 267 do Código de Processo Civil – até porque a inexistência de coisa julgada material sobre tais sentenças é uma regra geral que não precisaria ser explicitada na lei especial.

141. Observando-se que, em caso de improcedência de demanda coletiva referente a direitos individuais homogêneos, em hipótese alguma a sentença ficará coberta pela coisa julgada (v. *secundum eventum litis*).

ferência a uma dada situação, mas com a ressalva de que, se a situação for diferente daquela que fora exposta, ou se vier a ser modificada, o que ficou dito poderá não prevalecer. Ao conceder liminarmente uma medida urgente pleiteada pela parte, mediante uma cognição extremamente sumária, o juiz o faz com a cláusula *si et in quantum* – ou seja, com a implícita ressalva de que, à luz de melhor instrução, sua decisão poderá ser revogada (CPC, art. 273, § 4º, art. 805 *etc.*).

458. si vis pacem para bellum

Se queres a paz, prepara a guerra (ou prepara-te para a guerra). Frase oriunda de um livro escrito no século IV d.C., sendo seu autor Vegécio.[142] Esse é um sábio conselho, ou uma sábia linha de conduta para advogados que assessoram pessoas ou empresas em seus negócios. É sempre muito prudente prever que no futuro poderá surgir algum litígio em torno desses negócios e, diante de previsões dessa ordem, preparar argumentos ou documentação a serem usados quando for necessário. Também a exibição de argumentos ou documentos ao adversário quando algum litígio já está sendo delineado pode ser muito útil como fator de dissuasão, capaz de inibi-lo de litigar em juízo; percebendo que preparei bem a minha guerra, é provável que prefira manter-se em paz comigo.

459. sic

Assim. Esse advérbio latino é empregado quando se transcrevem palavras ou frases portadoras de erros e escritas por outrem, com o cuidado de deixar claro que o erro foi de quem as escreveu, não de quem as transcreve. Esse emprego é também, ordinariamente, carregado de uma pitada de ironia ou crítica, com o objetivo de pôr à mostra o erro alheio. Digo, p.ex., que "o autor pediu uma medida liminar *inaudita altera pars* (*sic*)", com o claro objetivo de evidenciar que o advogado do autor não sabe que o correto é *inaudita altera parte*.

V. também *inaudita altera parte*.

142. *Cfr.* Paulo Rónai, *Não perca o seu latim*, p. 165.

460. similia similibus curantur

Iguais curam-se com iguais. Esse é o lema da *escola homeo-pática*,[143] com o significado de que doses extremamente pequenas do próprio agente causador de um mal podem ser utilizadas no combate ao mesmo mal causado por esse agente. Em direito essa frase comporta emprego diferente, para dizer que remédio que cura um mal cura também os males similares a esse, tendo aplicação como fundamento da *extensão analógica* das normas de direito positivo; se a lei não previu o acontecimento de determinada espécie de fatos, deixando por isso de dedicar-lhe de modo expresso um tratamento jurídico, a *analogia* com outros fatos que a lei prevê autoriza transportar àqueles o que ela dispõe acerca destes. Se os fatos não previstos pela lei forem análogos a fatos previstos, o remédio jurídico aplicável a estes aplicar-se-á legitimamente àqueles.

> A lei não diz expressamente que o autor do pedido de uma antecipação de tutela responde objetivamente pelos prejuízos causados por esta, quando no mérito se verificar que ele não tem o direito que afirma ter. Mas aplica-se a essa hipótese, por estreita analogia, a regra de responsabilidade objetiva estabelecida pelo art. 811 do Código de Processo Civil em relação às medidas cautelares, porque as situações são extremamente similares e *similia similibus curantur*.

461. sine qua non

Sem a qual não. V. *conditio sine qua non*.

462. societas sceleris

Sociedade criminosa, ou sociedade de criminosos. Uma quadrilha é uma *societas sceleris*, mas emprega-se também essa expressão para aludir depreciativamente a um determinado grupo de pessoas, a alguma entidade da qual se tem mau conceito, a um Governo, a um partido político coberto de corrupção *etc.*

---

143. *Id., ib.*, p. 163.

463. solve et repete[144]

Paga e pede de volta. Em diversas situações o direito tributário exige que o contribuinte primeiro pague o tributo exigido para depois reclamar o reembolso se o pagamento houver sido indevido. A locução *repetição do indébito* tem esse significado de pedir o reembolso do que se pagou indevidamente; *repetir* é pedir de volta e não, como na linguagem comum, fazer de novo o que já foi feito. Por isso é errado dizer *pedido de repetição*; diga-se simplesmente *repetição do indébito* ou *pedido de restituição*.

464. stare decisis

Literalmente, *ater-se aos precedentes* (vincular-se a eles). Quando substantivada, essa locução indica o método, inerente ao direito da *common law*, consistente em adotar como norma o modo como um princípio houver sido aplicado em um precedente. Havendo fixado o entendimento na decisão de uma causa, sob certas circunstâncias de fato, daí para o futuro o tribunal adere a ela, de modo que os casos configurados por idênticas circunstâncias serão decididos pelo modo que houver sido fixado.[145]

465. status quo ante

O estado anterior. A sentença constitutiva negativa repõe as partes e suas relações no estado existente antes do ato ou negócio anulado, ou desconstituído (CC, art. 182). Anulado o casamento, as partes retornam ao estado de solteiras, ou seja, ao *status quo ante*. Diz-se também, mais brevemente, *status quo*.

> Jamais se diga *statu quo ante*. O substantivo *status* deve vir assim, no nominativo e não no ablativo, como nessa expressão é empregado o pronome *quo*. O erro em dizer *statu quo ante* é o mesmo que haveria se disséssemos *conditione sine qua non*.

466. stricto sensu

Em sentido estrito. V. *lato sensu*.

---

144. Pronuncia-se *répete*.
145. Cfr. *Black's law dictionary*, verbete *stare decisis*, p. 1.406.

467. sub examine

Sob exame, ou em exame. Essa expressão não é muito usual mas com alguma freqüência se vê o seu mau uso, na forma *sub examen*.[146] Diga-se, p.ex., "o caso *sub examine*" "o caso examinado" e jamais "o caso *sub examen*". Nunca o caso nominativo de um substantivo romano (como *examen*) é regido por uma preposição; a preposição *sub* rege o caso ablativo (*examine*). Do contrário, diríamos também *sub judex*.

468. sub judice

Literalmente, sob o juiz. Diz-se que uma relação jurídica, uma pretensão *etc.* está *sub judice*, ou sob apreciação do juiz,[147] quando a seu respeito pende um processo em juízo, ainda sem julgamento. Em casos assim tem-se a *litigiosidade da coisa*, com as conseqüências estabelecidas na lei substancial e na processual.

V. também *res litigiosa*.

469. sub specie æternitatis

Do ponto-de-vista da eternidade, ou *em termos de eternidade*. Essa expressão é empregada com referência a certas verdades ou dogmas que se dizem eternos e portanto insuscetíveis de mutações ou abandono ao longo do tempo. Mais amplamente, emprega-se também para referir algo de validade universal. O princípio da repartição de funções e da recíproca independência entre os Poderes do Estado obedece sempre ao que dispuser à Constituição de determinado Estado em dado momento histórico, inexistindo uma fórmula de separação de poderes imposta *sub specie æternitatis*. Os títulos executivos em uma ordem jurídico-processual são aqueles que a lei processual do país incluir em seu elenco tipificado, o que varia de país para país e ao longo da história de

---

146. Esse mau uso revela o desconhecimento de que a preposição *sub* rege o caso *ablativo* (*examine*) e jamais o nominativo (*examen*). Repito: quem não conhece o latim não se aventure a usá-lo sem consultar quem o conhece.

147. *Cfr;* Paulo Rónai, *Não perca o seu latim*, p. 167.

cada ordem processual – sendo pois impossível indicar um rol de títulos *sub specie æternitatis*.

470. sublata causa tollitur effectus

Suprimida a causa (está) suprimido o efeito ou "removida a causa desaparece o efeito".[148] Se o processo estava viciado por falta de citação do demandado, o comparecimento deste supre a nulidade e o vício não será declarado (CPC, art. 214, § 1º) porque *sublata causa tollitur effectus*.

471. summum jus summa injuria

O maior direito é a maior injustiça. Essa máxima constitui repúdio à rigidez na interpretação das leis (*dura lex sed lex*), ou à imposição destas em todos os casos previstos, sem qualquer desconto decorrente da valoração ética, moral, política ou econômica dos casos em exame. Esse é o mote do drama *O mercador de Veneza*, que apresenta o personagem Shylock alimentando a pretensão a haver uma parte do corpo de seu devedor, porque assim havia sido ajustado entre ambos para o caso de não honrar este a obrigação assumida.

> Críticos questionam a *medida de justiça* proposta por Shakespeare, o qual (a) fez o credor nada receber, a pretexto da impossibilidade da execução específica, (b) enalteceu uma fraude praticada na representação do devedor e ainda (c) concluiu com a condenação do credor. Pela óptica talvez preconceituosa do romancista, porém, todas essas medidas estariam legitimadas pela premissa consistente no *summum jus summa injuria*.

V. também *fiat justitia pereat mundus* e *dura lex sed lex*.

472. superfícies solo cedit

A superfície cede ao solo, ou seja, ela deve ter o mesmo tratamento jurídico que a lei destina a este. Em direito privado esse brocardo indica que "aquele que semeia, planta ou edifica em terreno próprio com sementes, plantas ou materiais alheios, adquire a propriedade destes" – sem prejuízo do direito do proprietário daqueles a uma indenização (CC, art. 1.254); inversamente,

---

148. *Cfr.* Paulo Rónai, *op. cit.*, p. 167.

"aquele que semeia, planta ou edifica em terreno alheio perde, em proveito do proprietário, as sementes, plantas ou construções" (art. 1.255). No direito brasileiro ficaria sem significado a aplicação literal dessa locução tal qual enunciada (*superficies solo cedit*) simplesmente porque o Código Civil "desconhece o direito de superfície".[149]

473. supra

Acima. O oposto de *supra* é *infra*, ou seja, *abaixo*. Essas duas palavras são empregadas em variadas situações, como *v.g.* quando em uma obra escrita seu autor se reporta a afirmações feitas mais acima ou mais abaixo, dizendo *supra*, n. 4 ou *infra*, n. 36. Diz-se também: o argumento desenvolvido *supra*, para indicar algo que acaba de ser afirmado.

V. também *infra*.

474. tantum devolutum quantum appellatum

Devolve-se tanto quanto se apelou. Essa é a regra dos limites objetivos da apelação e dos recursos em geral, contida no art. 515, *caput*, do Código de Processo Civil, a qual guarda grande similitude com aquela que impede o juiz de decidir além dos limites do pedido (art. 128); assim como um processo não pode conter decisão fora ou além daquilo que foi pedido (*extra vel ultra petitum*), assim também estão os tribunais proibidos de dar ao recurso uma dimensão além da *matéria impugnada* no recurso interposto. A máxima em exame expressa, em outras palavras, a regra da correlação entre o pedido e o decidido, projetada na disciplina dos recursos.

V. também (a) *ne eat judex ultra vel extra petita partium*, (b) *citra petita*, (c) *extra petita* e (d) *ultra petita*.

475. tempus regit actum

O tempo rege o ato. Essa máxima expressa a regra nuclear e básica de direito intertemporal "segundo a qual fatos ocorridos e situações já consumadas no passado não se regem pela lei nova

---

149. *Cfr.* Silvio Rodrigues, *Direito civil*, V, n. 59, esp. p. 101.

que entra em vigor, mas continuam valorados segundo a lei do seu tempo".[150] No direito positivo essa regra aparece mediante o veto constitucional à aplicação retroativa da lei em detrimento da coisa julgada, ato jurídico perfeito ou direito adquirido (Const., art. 5º, inc. XXXVI) – veto esse reafirmado no plano infraconstitucional pelo art. 6º da Lei de Introdução ao Código Civil.

476. tertium genus

Terceiro gênero. É em alguma medida usual, mas indesejável, a invocação de um *tertium genus* quando não se sabe bem qual a natureza de uma coisa, de uma norma jurídica, de um contrato *etc*. Disse-se, no passado, que o direito do trabalho não seria direito público nem direito privado, mas um *tertium genus*; mas ou ele é ramo do direito público, ou do privado, porque *tertium non datur*.

V. também *tertium non datur*.

477. tertium non datur

Não existe um terceiro, ou só existe opção entre duas coisas ou idéias opostas, sem ser possível uma terceira (Paulo Rónai).[151] Determinada norma jurídica será de direito público ou de direito privado – *tertium non datur*.

V. também *tertium genus*.

478. testis unus testis nullus

Uma testemunha, nenhuma testemunha – ou uma testemunha equivale a nenhuma testemunha. Esse brocardo, inerente aos superados sistemas de prova legal, não tem abrigo no processo civil moderno, o qual consagra o poder de livre convencimento do juiz (CPC, art. 131). Sejam quantas forem as testemunhas, o juiz valora os depoimentos pelo poder de convicção que eles tiverem, segundo seu entendimento e sua sensibilidade.[152]

150. *Cfr.* Dinamarco, *Instituições de direito processual civil*, I, n. 36, pp. 99-101.

151. *Cfr. Não perca o seu latim*, p. 172.

152. *Cfr.* Dinamarco, *Instituições de direito processual civil*, III, n. 1.182, p. 637.

479. thema decidendum

Tema a ser decidido. Constitui *thema decidendum*, em processo civil, o próprio objeto do processo, expresso no pedido formulado pelo demandante, ou mesmo as razões centrais trazidas por ele como fundamento daquilo que pede. O *petitum* recebe resposta no decisório da sentença; as razões do autor, na motivação.

480. thema probandum

Tema probando, ou tema a ser provado. V. *factum probandum*.

481. ubi commoda ibi incommoda

Onde há vantagens deve também haver desvantagens (ou onde há rosas há também espinhos). Essa locução expressa a relação de equilíbrio que deve haver entre dois ou mais sujeitos, de modo que cada um arque com certos inconvenientes relacionados com o benefício alcançado, ou pague certos preços por aquilo que obtém.

482. ubi lex non distinguit nec nos distinguere debemus

Onde a lei não distingue, também nós não devemos distinguir. Quando uma lei estabelece a regência de determinada situação, sem fazer distinções, *em princípio* não será lícito ao intérprete criar suas próprias distinções – p.ex., não é lícito dizer que a proibição do exercício da jurisdição *ex officio*, ditada sem restrições nos arts. 2º e 262 do Código de Processo Civil, só se aplique ao processo de conhecimento e não ao executivo, ou cautelar. Mas a regra contida nesse brocardo latino não chega e não pode chegar ao ponto de impedir distinções decorrentes da interpretação sistemática e teleológica da lei. A lei não faz qualquer distinção ou ressalva ao estabelecer que as medidas urgentes concedidas em caráter preparatório perderão eficácia quando não proposta a demanda principal nos trinta dias subseqüentes à efetivação (CPC, arts. 806, 807 e 808, inc. I); mas, apesar de a lei não distinguir, toda a doutrina e os tribunais entendem que medidas não invasivas da esfera de direitos do adversário não estão sujeitas a esse prazo (produção antecipada de provas, interpelações, protestos)

– porque, se não há um sacrifício a direitos do demandado, a demora maior ou menor se mostra irrelevante.

V. também (a) *dura lex sed lex*, (b) *lex majus dixit quam voluit* e (c) *lex minus dixit quam voluit.*

483. ubi lex voluit, dixit, ubi noluit, tacuit

Onde a lei quis, ela disse; onde não quis, silenciou. Frase indicativa de que "a lei pode ser aplicada somente aos casos previstos e não, extensivamente, a todos que lhes sejam análogos",[153] ou que as soluções ou sanções ditadas por uma lei só podem ser aquelas por ela mesma fixadas, não sendo lícito impor outras não explicitadas. Essa máxima deve ser aceita com prudentes ressalvas, porque sua plena aplicação conduziria a deixar na ilegalidade todo raciocínio analógico ou sistemático. Em direito penal, sim, não se punem fatos não tipificados nem se aplicam sanções não expressamente ditadas pela lei (princípio da reserva legal, art. 1º CP). Também os títulos executivos são sujeitos a essa limitação.

V. também *nullus titulus sine lege.*

484. ubi societas ibi jus

Onde há sociedade há o direito. Por menor que seja o grupo de pessoas que de algum modo se relacionam, regras sempre haverá para o convívio entre elas. Cada família, p.ex., tem suas regras de convivência, que brotam espontaneamente do próprio comportamento continuado ou são impostas por aquele que exerce o poder familiar. Os estudantes residentes em uma *república* estabelecem regras referentes ao uso das áreas e instalações comuns, horário de silêncio, divisão de tarefas *etc.* O direito oficial, imposto pelo Estado, não é pois o único ordenamento jurídico existente em uma sociedade.

A locução *ubi societas* era muito familiar aos meus contemporâneos nos bancos acadêmicos do Largo de São Francisco, mercê da insistência com que a empregava o velho prof. José Carlos de Ataliba Nogueira desde as primeiras aulas de teoria geral do Estado.

153. *Cfr.* Paola Mastellaro, *Il libro delle citazione latine e greche*, n. 22.4, p. 52.

485. ultima ratio

Última razão, último argumento ou última medida. A força é a *ultima ratio* dos tiranos. Das mulheres, as lágrimas. De certos governantes que bem conhecemos, a desfaçatez.

486. ultimatum

Último aviso. Vocábulo usado na diplomacia das nações, com o significado de uma exigência posta em termos definitivos, geralmente sujeita a um prazo, e com a declaração de que a resposta negativa ou a omissão em responder será motivo para a guerra.[154] *Ultimatum*, ou sua forma vernácula *ultimato*, significa também, na linguagem comum, um aviso ou exigência de qualquer natureza, acompanhado da ameaça de uma sanção ou represália.

487. ultra partes

Além das partes. O Código de Defesa do Consumidor estabelece que, em princípio, a coisa julgada formada pela sentença dada em matéria de direitos coletivos se propaga *ultra partes* – "mas limitadamente ao grupo, categoria ou classe" (art. 103, inc. II). Isso significa que, ressalvados os casos de improcedência por insuficiência probatória, os efeitos dessa sentença e a *auctoritas rei judicatæ* atingem todos os membros do ente coletivo substituído pelo autor da ação coletiva.

> Conceitualmente, essa colocação do Código de Defesa do Consumidor é ao menos discutível, porque nas ações coletivas o autor é sempre um substituto processual dos sujeitos interessados e, conseqüentemente, estes são partes na relação litigiosa embora não o sejam no processo. Atingir os substituídos não significa, pois, lançar efeitos além das partes.
>
> V. também *erga omnes* e *res judicata aliis non prodest nec nocet*.

488. ultra petita

Além do pedido. A regra de correlação entre a demanda e a sentença (CPC, art. 128) impõe que o juiz decida rigorosamente

---

154. *Cfr.* Roland-Boyer, *Locutions latines du droit français*, p. 435.

nos limites do que houver sido objeto do pedido, sendo-lhe vedado condenar o réu por *quantidade superior* àquela demandada pelo autor (art. 460). Se peço a condenação do réu a pagar cem, não pode o juiz condená-lo a pagar duzentos, ou mesmo cento-e-um. Essa regra aplica-se também aos recursos e aos tribunais que os julgam, dado o dispositivo segundo o qual o recurso devolve ao órgão superior exclusivamente a matéria impugnada; se pedi cem na petição inicial, o juiz concedeu-me somente cinqüenta e apelo pedindo que o tribunal eleve a condenação para setenta, não pode este elevá-lo a cem, ou mesmo a oitenta ou noventa.

V. também (a) *citra petita*, (b) *extra petita*, (c) *infra petita* (d) *tantum devolutum quantum appellatum*.

489. ultra vires hæreditatis

Além das forças da herança. Em direito das sucessões vige a regra segundo a qual ninguém herda um patrimônio negativo, ou seja, nenhum herdeiro pode ser onerado por dívidas superiores ao valor da herança que houver recebido. "A herança responde pelo pagamento das dívidas do vencido; mas, feita a partilha, só respondem os herdeiros, cada qual na proporção da parte que na herança lhe coube" (CC, art. 1.997). Cada herdeiro responde somente nos limites da herança recebida e jamais *ultra vires hæreditatis*.

490. ut singuli

A título individual ou *como indivíduo*. O cidadão atua *ut singuli* quando move uma ação popular (Const., art. 5º, inc. LXXIII) – diferentemente do representante do ente público, que age em nome deste e não em seu próprio nome. Um acionista age em juízo *ut singuli* nos casos em que a lei lhe dá legitimidade extraordinária para defender em juízo os interesses da companhia, não defendidos pelos representantes desta (LSA, arts. 59 e 76); o representante, quando vem a juízo com essa finalidade, não atua *ut singuli*, como indivíduo, mas põe no processo, como parte, o próprio ente coletivo (as chamadas *ações sociais*). O cidadão ou o acionista que atua *uti singuli* é um *substituto processual* (CPC, art. 6º), não um representante.

491. **utile per inutile non vitiatur**

O útil não se contamina pelo inútil, ou *o útil não é viciado pelo inútil*. Esse é o fundamento da regra da *conservação dos atos jurídicos*, segundo a qual o vício existente em uma de suas partes não compromete necessariamente o ato por inteiro; mantêm-se válidas e eficazes as partes independentes que em si mesmas forem regulares. Essa regra está presente na segunda parte do art. 248 do Código de Processo Civil, segundo a qual "a nulidade de uma parte do ato não prejudicará as outras, que dela sejam independentes"; se a sentença contiver dois capítulos autônomos e um deles for nulo, nem por isso se anulará o capítulo não viciado (nulidade parcial da sentença).[155] Diz também o art. 8º da Lei da Arbitragem que "a cláusula compromissória é autônoma em relação ao contrato em que estiver inserta, de tal sorte que a nulidade deste não implica necessariamente a nulidade da cláusula compromissória". E o art. 184 do Código Civil: "a invalidade parcial de um negócio jurídico não o prejudicará na parte válida, se esta for separável".

492. **vacatio legis**

Vacância da lei. Período entre a publicação de uma lei já promulgada e o início de sua vigência. Por disposição do art. 1º da Lei de Introdução ao Código Civil, "salvo disposição contrária, a lei começa a vigorar 45 (quarenta e cinco) dias depois de oficialmente promulgada" – e a disposição contrária pode estar no corpo da própria lei, a qual aumentará sua *vacatio*, reduzi-la-á se assim quiser o legislador, ou mesmo mandará que ela entre em vigor na data da publicação. Não vigente a lei durante a *vacatio*, os atos e relações que ela se destina a reger continuam a ser regidos pela lei anterior, até que a nova entre em vigor. Não é correto dizer *a vacatio legis de uma lei*, porque isso equivaleria a dizer *a vacância de lei de uma lei*; é melhor dizer *a vacatio de uma lei*.

493. **venire contra factum proprium**

Vir contra fato próprio. "A locução *venire contra factum proprium* traduz o exercício de uma posição jurídica em contradição

---

155. *Cfr.* Dinamarco, *Capítulos de sentença*, n. 38, pp. 84-86.

com o comportamento assumido anteriormente pelo exercente. Esse exercício é tido, sem contestação por parte da doutrina que o conhece, como inadmissível".[156] Viria contra fato próprio, p.ex., aquele que recorresse contra a homologação de uma transação da qual houvesse participado com liberdade e consciência; ou aquele que recorresse depois de haver aceito sem ressalvas o que havia sido decidido; esse recurso é inadmissível (art. 503, par.).[157]

Também não está a parte autorizada a pedir ao tribunal uma solução pior para seu próprio direito, do que aquela que já existia no processo. Essa conduta não consistiria autêntico *venire contra factum proprium*, qualificando-se melhor como uma insurgência contra o próprio direito, mas é igualmente inadmissível em direito processual. Não é à-toa que o art. 499 do Código de Processo Civil diz: "o recurso pode ser interposto *pela parte vencida*".

494. verbi gratia *ou, abreviadamente,* v.g.

Por exemplo (literalmente, *pela palavra*). Dá-se o litisconsórcio necessário-unitário, v.g., na ação de anulação de casamento promovida pelo Ministério Público, a qual deve ter no pólo passivo ambos os cônjuges.

495. verbis *ou* in verbis

Nas palavras, ou literalmente. Ao citar determinado autor, determinado acórdão *etc.*, costuma-se dizer, p.ex.: "assim é a lição de Liebman, *verbis*" – passando-se em seguida a transcrever as palavras do autor.

V. também *ipsis litteris*.

496. verbo ad verbum

De palavra a palavra, ou *com todas as palavras*. Certidão *verbo ad verbum* é aquela na qual se transcreve determinado texto in-

---

156. *Cfr.* Menezes Cordeiro, *Da boa fé no direito civil*, § 28, n. 70, p. 742.
157. *Cfr.* Barbosa Moreira, *Comentários ao Código de Processo Civil*, V, nn. 188-191, pp. 346-350.

tegralmente, *da primeira à ultima palavra*. Mas o emprego dessa expressão deixou de ser freqüente a partir da chegada das técnicas de reprodução fotostática (*xerox*), pelas quais nada se transcreve, mas simplesmente se gravam os caracteres do próprio documento em outro papel.

497. vexata quæstio

Questão surrada (literalmente, *questão insistentemente agitada*). Diz-se de temas que freqüentemente vêm à tona em doutrina, nos tribunais, em discussões. P.ex., a *vexata quæstio* da coisa julgada *erga omnes* na tutela referente a direitos individuais homogêneos; a *vexata quæstio* do mandado de segurança contra ato jurisdicional; a *vexata quæestio* da exigência de reconhecimento da firma em procurações judiciais *etc.* Essa expressão é também empregada em sentido pejorativo, ou de desagrado, com o significado de "argumentos acompanhados de longa discussão".[158]

498. v.g.

V. *verbi gratia*.

499. vi clam aut precario

Violentamente, clandestinamente ou precariamente. Essa expressão costuma ser empregada no trato das moléstias à posse (esbulho, turbação, ameaça), as quais constituem meios violentos, clandestinos ou precários pelos quais alguém se apossa de bem possuído por outrem. O possuidor esbulhado tem direito à reintegração na posse; o turbado, à manutenção; o ameaçado, ao interdito proibitório (CC, art. 1.210, *caput*; CPC, arts. 926 e 932).

500. vice versa

Em sentido inverso, ou reciprocamente. Os advogados devem respeito ao juiz e *vice versa*. As provas produzidas por um dos litisconsortes aproveitam ao outro e *vice versa*. Essa expressão está

---

158. *Cfr.* Arthur Rezende, *Frases e curiosidades latinas*, n. 7.073, p. 833.

assimilada à língua portuguesa, grafando-se corretamente com hífen (vice-versa).

501. victus victori

O vencido ao vencedor. Em processo civil o vencido é em princípio condenado a pagar ao vencedor o valor dos honorários do advogado deste, segundo o arbitramento feito pelo juiz (CPC, art. 20, *caput* e §§ 3º e 4º). Essa condenação não se funda em um suposto ilícito cometido pela parte, ao propor uma demanda improcedente ou ao resistir, como réu, a uma demanda procedente. Ela tem simplesmente a finalidade de recompor o patrimônio do vencedor pelos honorários que não haveria despendido se a outra parte não houvesse dado causa ao processo. Daí dizer-se, simplesmente, *victus victori*.

502. vis attractiva

Força de atração. Havendo entre duas ou mais causas uma relação de conexidade ou de continência, o juízo pelo qual flui uma delas reputa-se prevento e conseqüentemente exerce força de atração sobre as demais, para que todas sejam reunidas perante um só juízo, em um só processo. Reputa-se prevento, em caso de causas da competência do mesmo foro, "aquele que despachou em primeiro lugar" (CPC, art. 106) – entendendo a doutrina e os tribunais que, na realidade, essa *vis attractiva* já fica determinada pelo simples ajuizamento da demanda inicial. Quando a competência for de foros diversos, é prevento o juízo perante o qual a citação do réu se houver realizado antes das demais (art. 219). A força de atração de uma causa sobre outra é manifestação do fenômeno processual da *prevenção expansiva*.[159]

503. vox legis

Voz da lei. O juiz deve ser a *voz da lei*, no sentido de que suas decisões devem ser fiéis à vontade do povo, que a lei expressa (ou

---

[159] *Cfr.* ainda minhas *Instituições de direito processual civil,* I, n. 302, pp. 594-595 e n. 328, p. 644.

deveria expressar). Mas a *vox legis* somente será autêntica quando for fiel ao verdadeiro sentido das *disposições* contidas na lei e não necessariamente das *palavras* contidas nesta; esse sentido nem sempre resulta do mero significado gramatical das palavras e frases empregadas no texto, mas da interpretação de palavras e frases em um contexto histórico e sistemático e segundo os objetivos a que a lei visa (interpretação sistemática, teleológica, sociológica, evolutiva *etc.*). Dizer que o juiz é a *vox legis* equivale substancialmente a dizer que ele deve ser também a *vox populi*, atuando como canal de comunicação entre os valores da sociedade em que vive e os casos que julga.[160]

V. também *vox populi*.

504. vox populi

Voz do povo. A lei deve ser a *vox populi*, expressa pelos representantes populares no Poder Legislativo, mas há casos em que a vontade do povo é captada diretamente do próprio povo pela via do *referendum* ou do plebiscito (institutos de democracia direta). E, desgraçadamente, tantas vezes aqueles que foram eleitos para serem representantes do povo atuam como vozes de seus próprios interesses e não do povo que dizem representar; uma lei criada por esses falsos representantes não será, nesses casos, autêntica *vox populi*.

V. também *vox legis*.

---

160. *Cfr.* Dinamarco, *A instrumentalidade do processo*, n. 28.3, esp. pp. 232-233.

BIBLIOGRAFIA

ABBUD, André de Albuquerque Cavalcanti. *As novas reformas do CPC e de outras normas processuais*. Maurício Giannico e Vítor José de Mello Monteiro (Coords.). São Paulo, Saraiva, 2008.

ABDO, Helena Najjar. *O abuso do direito no processo*. São Paulo, Ed. RT, 2007.

ALCALÁ-ZAMORA Y CASTILLO, Niceto. *Cuestiones de terminologia procesal*. México, UNAM, 1972.

_____. *Proceso, autocomposición y autodefensa*. 2ª ed. México, UNAM, 1970.

ALVARO DE OLIVEIRA, Carlos Alberto. *Comentários ao Código de Processo Civil*, vol. VIII, tomo II. 3ª ed. Rio de Janeiro, Forense, 1998 (em coop. com Galeno Lacerda).

AMARAL SANTOS, Moacyr. *Primeiras linhas de direito processual civil*, vol. I. 5ª ed. São Paulo, Saraiva, 1977.

ANDOLINA, Italo. "La cooperazione internazionale nel processo civile", *in Trans-national aspects of procedural law*, vol. I. Milão, Giuffrè, 1998.

ARMELIN, Donaldo. *Legitimidade para agir no direito processual civil brasileiro*. São Paulo, Ed. RT, 1979.

ARRUDA ALVIM WAMBIER, Teresa. *Breves comentários à nova sistemática processual civil*, vol. 2. São Paulo, Ed. RT, 2006 (em coop. com Luiz Rodrigues Wambier e José Miguel Garcia Medina).

ATTARDI, Aldo. *L'interesse ad agire*. Pádua, Cedam, 1958.

BAGOLINI, Luigi. *Visioni della giustizia e senso comune*. 2ª ed. Turim, Giappichelli, 1972.

BARBI, Celso Agrícola. *Comentários ao Código de Processo Civil*. 2ª ed. Rio de Janeiro, Forense, 1981.

_____. *Do mandado de segurança*. 4ª ed. Rio de Janeiro, Forense, 1984.

BARBOSA MOREIRA, José Carlos. "A nova definição de sentença (Lei n. 11.232)", *in Revista Dialética de Direito Processual*, vol. 39. São Paulo, Dialética, 2006.

_____. *Questões prejudiciais e coisa julgada*. Rio de Janeiro, Borsoi, 1967.

_____. "Antecipação de tutela: algumas questões controvertidas", *in Temas de direito processual*, 8ª série. São Paulo, Saraiva, 2004.

_____. "Sentença executiva?", in *Temas de direito processual*, 9ª série. São Paulo, Saraiva, 2007.

_____. "*Eficácia preclusiva da coisa julgada material no sistema do processo civil brasileiro*", in *Temas de direito processual*, 1ª série, 2ª ed. São Paulo, Saraiva, 1977.

_____. *Comentários ao Código de Processo Civil*, vol. V. 13ª ed. Rio de Janeiro, Forense, 2006.

_____. *O novo processo civil brasileiro*. 25ª ed. Rio de Janeiro, Forense, 2007.

BARROS MONTEIRO, Washington de. *Curso de direito civil*. 29ª ed. São Paulo, Saraiva, 1997.

BEDAQUE, José Roberto dos. *Efetividade do processo e técnica processual*. São Paulo, Malheiros Editores, 2006; 3ª ed., 2010.

_____. *Poderes instrutórios do juiz*. São Paulo, Ed. RT, 1991.

_____. *Direito e Processo*. 2ª ed. São Paulo, Malheiros Editores, 1997; 6ª ed., 2011.

BETTI, Emilio. *Diritto processuale civile italiano*. Roma, Foro it., 1936.

_____. "Causa (nel senso di lite processuale)", in *Novissimo digesto italiano*, vol. III. Turim, Utet, 1959.

BIONDI, Biondo. *Istituzioni di diritto romano*. Milão, Giuffrè, 1944.

BLACK, Henry Campbell. *Black's law dictionary*. 6ª ed. St. Paul, West Publ., 1995.

BOCKRATH, Joseph. "Droit constitutionel", in *Droit des États-Unis* (dir. Alain Levasseur). Paris, Dalloz, 1990.

BONDIOLI, Luis Guilherme Aidar. *O novo CPC: a terceira etapa da reforma*. São Paulo, Saraiva, 2006.

BOYER, Laurent. *Locutions latines du droit français*. 4ª ed. Paris, Litec, 1998 (em coop. com Henri Roland).

BÜLOW, Oskar Von. *Die Lehre von den Prozeßeinreden und die Prozeßvoraussetzungen*. Giesen, Ed. Roth, 1868 (trad. de Miguel Angel Rosas Lichtschein: *La teoría de las excepciones procesales y los presupuestos procesales*. Buenos Aires, EJEA, 1964).

BUZAID, Alfredo. *Do agravo de petição no sistema do Código de Processo Civil*. São Paulo, Saraiva, 1956.

_____. "Da apelação *ex officio* no sistema do Código de Processo Civil", in *Estudos de direito*. São Paulo, Saraiva, 1972.

_____. *Do concurso de credores no processo de execução*. São Paulo, Saraiva, 1952.

_____. "A crise do Supremo Tribunal Federal", in *Estudos de direito*. São Paulo, Saraiva, 1972.

CAHALI, Yussef Said. *Honorários advocatícios*. São Paulo, Ed. RT, 1978.

CALAMANDREI, Piero. *Istituzioni di diritto processuale civile secondo il nuovo codice*, vol. I. Pádua, Cedam, 1943.

_____. *Introduzione allo studio sistematico dei provvedimenti cautelari*. Pádua, Cedam, 1936.

CALMON DE PASSOS, José Joaquim. *Do litisconsórcio no Código de Processo Civil*. Salvador, s/edit., 1952.

CARMONA, Carlos Alberto. *Arbitragem e processo: um comentário à lei n. 9.307/96*. 2ª ed. São Paulo, Atlas, 2004.

CARNEIRO, Athos Gusmão. *Intervenção de terceiros*. 13ª ed. São Paulo, Saraiva, 2001.

CARNELUTTI, Francesco. *Lezioni di diritto processuale civile*. Pádua, Cedam, 1929.

_____. *Diritto e processo*. Nápoles, Morano, 1962.

_____. *Lezioni di diritto processuale civile*. Pádua, Cedam, 1929.

_____. *Istituzioni del processo civile italiano*. Roma, Foro it., 1956.

CASTIGLIONE-MARIOTTI. *Vocabolario della lingua latina*. 3ª ed. Roma, Loescher edit., 1996 (reimpr. 2001).

CASTRO, Amílcar de. *Comentários ao Código de Processo Civil*, vol. VIII. São Paulo, Ed. RT, 1974.

CHIOVENDA, Giuseppe. *Principii di diritto processuale civile*. Nápoles, Jovene, 1928.

_____. *Istituzioni di diritto processuale civile*, vol. I. Nápoles, Jovene, 1933.

_____. *La condanna nelle spese giudiziali*. 2ª ed. Roma, Foro it., 1935.

CORREIA, Alexandre. *Manual de direito romano*. 2ª ed. São Paulo, Saraiva, 1953 (em coop. com Gaetano Sciascia).

_____. *Direito romano*, vol. I. São Paulo, Saraiva, 1957.

COUTURE, Eduardo J. *Vocabulario jurídico*. Buenos Aires, Depalma, 1976.

_____. "Revocación de los actos procesales fraudulentos", *in Estudios de derecho procesal civil*, tomo III, 3ª ed. Buenos Aires, LexisNexis-Depalma, 2003.

DALLARI, Dalmo de Abreu. *Elementos de teoria geral do Estado*. 2ª ed. São Paulo, Saraiva, 1973.

DE CUPIS, Adriano. *I diritti della personalità*. 2ª ed. Milão, Giuffrè, 1982.

DELGADO, José Augusto. "Efeitos da coisa julgada e princípios constitucionais", *in Coisa julgada inconstitucional*. Rio de Janeiro, América Jurídica, 2002.

DINAMARCO, Cândido Rangel. *Instituições de direito processual civil*. vol. I, 7ª ed., 2013; vols. II e III, 6ª ed., 2009; vol. IV, 3ª ed., 2009. São Paulo, Malheiros Editores.

_____. *Execução civil*. 8ª ed. São Paulo, Malheiros Editores, 2002.

_____. *Capítulos de sentença*. 6ª ed. São Paulo, Malheiros Editores, 2014.

_____. *A instrumentalidade do processo.* 15ª ed. São Paulo, Malheiros Editores, 2013.

_____. *Direito Processual Civil.* São Paulo, Bushatsky, 1975.

_____. *A reforma do Código de Processo Civil.* 5ª ed. São Paulo, Malheiros Editores, 2001.

_____. *A reforma da reforma.* 6ª ed. São Paulo, Malheiros Editores, 2003.

_____. *Nova era do processo civil.* 4ª ed. São Paulo, Malheiros Editores, 2013.

_____. *Teoria geral do processo.* 30ª ed. São Paulo, Malheiros Editores, 2014.

_____. *Manual dos juizados especiais.* 2ª ed. São Paulo, Malheiros Editores, 2001.

_____. *Litisconsórcio.* 8ª ed. São Paulo, Malheiros Editores, 2009.

_____. *Fundamentos do processo civil brasileiro.* 6ª ed. São Paulo, Malheiros Editores, 2010.

_____. "A formação do moderno processo civil brasileiro", *in Fundamentos do processo civil moderno.*

_____. "Vocabulário de direito processual", *in Fundamentos do processo civil moderno.*

_____. "Suspensão do mandado de segurança pelo presidente do tribunal", *in Fundamentos do processo civil moderno.*

_____. "Electa uma via ad alteram non datur regressus", *in Fundamentos do processo civil moderno.*

_____. "O relator, a jurisprudência e os recursos", *in Fundamentos do processo civil moderno.*

_____. "Usucapião e posse perdida", *in Fundamentos do processo civil moderno.*

_____. "Tempestividade dos recursos", *in Revista dialética de direito processual,* vol. 16, jul./04.

DINAMARCO, Pedro da Silva. *Ação civil pública.* São Paulo, Saraiva, 2001.

FABRÍCIO, Adroaldo Furtado. *Ação declaratória incidental.* Rio de Janeiro, Forense, 1976.

FAZZALARI, Elio. *Note in tema di diritto e processo.* Milão, Giuffrè, 1957.

FERREIRA FILHO, Manoel Gonçalves. *Comentários à Constituição brasileira,* vol. III. São Paulo, Saraiva, 1975.

FUX, Luiz. *Tutela de segurança e tutela da evidência.* São Paulo, Saraiva, 1996.

GARBAGNATI, Edoardo. *Il concorso di creditori nel processo di espropriazione.* Milão, Giuffrè, 1959.

———————. *La sostituzione processuale*. Milão, Giuffrè, 1942.
GARCIA, Gustavo Felipe Barbosa. *Terceira fase da Reforma do Código de Processo Civil*. São Paulo, Método, 2006.
GIANNICO, Maurício. *A preclusão no direito processual civil brasileiro*. 2ª ed. São Paulo, Saraiva, 2007.
GIANZI, Giuseppe. "Evidenza (dir. proc. pen.)", *in Enciclopedia del diritto*, vol. XVI. Milão, Giuffrè, 1957.
GIFIS, Steven H. *Law dictionary*. 3ª ed. Hauppauge, Barron's, 1991.
GOLDSCHMIDT, James. *Principios generales del proceso*. Buenos Aires, EJEA, 1961.
GOMES, Orlando. *Transformações gerais no direito das obrigações*. Rio de Janeiro, Forense, 1967.
———————. *Direitos reais*. 10ª ed. Rio de Janeiro, Forense, 1993.
GOUVÊA, José Roberto Ferreira. *Código de processo civil e legislação processual em vigor*. 41ª ed. São Paulo, Saraiva, 2009 (em coop. com Theotonio Negrão).
GRINOVER, Ada Pellegrini. *Direito processual civil*. São Paulo, Bushatsky, 1974.
———————. *O processo – estudos e pareceres*. São Paulo, DPJ Editora, 2005.
———————. "A tutela jurisdicional dos interesses difusos no direito comparado", *in A tutela dos interesses difusos*. São Paulo, Max Limonad, 1988 (em coop.).
———————. "Uma nova modalidade de legitimação à ação popular, possibilidade de conexão, continência e litispendência", *in Ação civil pública (lei 7.47/85 – reminiscências e reflexões após dez anos de aplicação)*. São Paulo, Ed. RT, 1995.

HITTERS, Juan Carlos. *Revisión de la cosa juzgada*. La Plata, Platense, 1977.
HOLANDA FERREIRA, Aurélio Buarque. *Novo dicionário Aurélio*. 3ª ed. Rio de Janeiro, Nova Fronteira, 1999.

LEITE, Clarisse Frechiani Lara. *Prejudicialidade no processo civil*. São Paulo, Saraiva, 2008.
LENT, Friedrich. *Zivilprozeßrecht*. Munique, 1959 (trad. it. de Edoardo F. Ricci, *Diritto processuale civile tedesco*. Nápoles, Morano, 1962).
———————. *Direito processual civil*. 25ª ed. trad. F. SILVEIRA RAMOS, Coimbra, Almedina, 2002 (continuador Othmar Jauernig).
LIEBMAN, Enrico Tullio. *Manual de direito processual civil*, vol. I, 3ª ed. São Paulo, Malheiros Editores, 2005 (tradução e notas por Cândido Rangel Dinamarco).
———————. *Manuale di diritto processuale civile*, vol. II. 4ª ed. (reimpressão). Milão. Giuffrè, 1984.
———————. *Problemi del processo civile*. Nápoles, Morano, 1962.

_____. *Le opposizioni di merito nel processo d'esecuzione.* Roma, Foro it., 1931 (ver também trad. bras. J. Guimarães Menegale, *Embargos do executado.* São Paulo, Saraiva, 1952).

_____. *Processo de execução.* 4ª ed. São Paulo, Saraiva, 1980 (com notas de Joaquim Munhoz de Mello).

_____. *Estudos sobre o processo civil brasileiro.* São Paulo, Bushatsky, 1976.

_____. *Efficacia ed autorità della sentenza.* Milão, Giuffrè, 1962 (reimpr.).

_____. *Eficácia e autoridade da sentença.* 4ª ed. Rio de Janeiro, Forense, 2006 (tradução e notas por Ada Pellegrini Grinover).

_____. *Corso di diritto processuale civile.* Milão, Giuffrè, 1952.

_____. "Parte o 'capo' di sentenza", in *Rivista di diritto processuale civile.* 1964.

_____. "L'azione nella teoria del diritto processuale civile", in *Problemi del processo civile.*

LOMBARDI, Gabrio. "Ius gentium", in *Novissimo digesto italiano,* vol. IX. Turim, Utet, 1957.

LOPES, Bruno Vasconcelos Carrilho. *Tutela antecipada sancionatória.* São Paulo, Malheiros Editores, 2006.

_____. *Honorários advocatícios no processo civil.* São Paulo, Saraiva, 2008.

_____. "Coisa julgada e justiça das decisões", in Repro 116.

LOPES DA COSTA, Alfredo de Araújo. *Direito processual civil brasileiro,* vol. II, 2ª ed. Rio de Janeiro, Forense, 1959.

LOPES DE SÁ, A. *Dicionário contabilidade.* 9ª ed. São Paulo, Atlas, 1995 (em coop. com A. M. Lopes de Sá).

LOPES DE SÁ, A. M. *Dicionário de contabilidade.* 9ª ed. São Paulo, Atlas, 1995 (em coop. com A. Lopes de Sá).

MACHADO GUIMARÃES, Luiz Macedo Soares. "A instância e a relação processual", in *Estudos de direito processual civil.* Rio de Janeiro-São Paulo, Jurídica e Universitária, 1969.

_____. "Preclusão, coisa julgada, efeito preclusivo", in *Estudos de direito processual.* Rio de Janeiro-São Paulo, Jurídica e Universitária, 1969.

MALATESTA, Nicolò Framarino dei. *La logica delle prove in materia criminal.* Turim, Utet, 1895.

MARINONI, Luiz Guilherme. *A antecipação da tutela.* 3ª ed. São Paulo, Malheiros Editores, 1997; 6ª ed., 2000; 8ª ed., 2004.

MARQUES, José Frederico. *Manual de direito processual civil.* São Paulo, Saraiva, 1975.

_____. *Instituições de direito processual civil*. 3ª ed. Rio de Janeiro, Forense, 1971.

MASTELLARO, Paola. *Il libro delle citazione latine e greche*. Milão, Mondadori, 2006 (reimpr.).

MAURI, L. de. *Regula juris – raccolta di 2000 regole del diritto*. Milão, U. Hoepli, 1954.

MAXIMILIANO, Carlos. *Hermenêutica e aplicação do direito*. 9ª ed. Rio de Janeiro, Forense, 1979.

MAZZARELLA, Ferdinando. *Contributo allo studio del titolo esecutivo*. Milão, Giuffrè, 1965.

MEDINA, José Miguel Garcia. *Breves comentários à nova sistemática processual civil*, vol. 2. São Paulo, Ed. RT, 2006 (em coop. com Luiz Rodrigues Wambier e Teresa Arruda Alvim Wambier).

MEIRELLES, Hely Lopes. *Direito administrativo brasileiro*. 26ª ed. São Paulo, Malheiros Editores, 2001; 40ª ed., 2014.

MENDES, Gilmar Ferreira. *Argüição de descumprimento de preceito fundamental*. São Paulo, Saraiva, 2007.

_____. *Jurisdição constitucional*. 2ª ed. São Paulo, Saraiva, 1998.

MENDONÇA LIMA, Alcides de. *Comentários ao Código de Processo Civil*, vol. VI, 4ª ed. Rio de Janeiro, Forense, 1985.

_____. *Direito processual civil*. São Paulo, Bushatsky, 1977.

_____. *Introdução aos recursos cíveis*. 2ª ed. São Paulo, Ed. RT, 1976.

_____. "A nova terminologia do Código de Processo Civil", *in Revista dos Tribunais* 464, São Paulo, Ed. RT, jun./74.

MENESTRINA, Francesco. *La pregiudiciale nel processo civile*. Milão, Giuffrè, 1963.

MENEZES CORDEIRO, Antonio Manuel da Rocha e. *Da boa-fé no direito civil*. Coimbra, Almedina, 1997.

MONIZ DE ARAGÃO, Egas Dirceu. *Comentários ao Código de Processo Civil*, vol. II, 9ª ed. Rio de Janeiro, Forense, 2000.

MOREIRA ALVES, José Carlos. *Direito romano*. Rio de Janeiro, Forense, 1971.

MORELLI, Gaetano. *Diritto processuale civile internazionale*. 2ª ed. Pádua, Cedam, 1954.

NEGRÃO Theotonio. *Código de processo civil e legislação processual em vigor*. 41ª ed. São Paulo, Saraiva, 2009 (em coop. com José Roberto Ferreira Gouvêa).

NEVES, Celso. *Comentários ao Código de Processo Civil*, vol. VII, 7ª ed. Rio de Janeiro, Forense, 1999.

Novíssimo dicionário de economia. 11ª ed. São Paulo, Best Seller, 2003.

ODERIGO, Mario A. *El lenguaje del proceso*. Buenos Aires, Depalma, 1961.

OLIVEIRA, José Lamartine Corrêa de. *A dupla crise da pessoa jurídica*. São Paulo, Saraiva, 1979.

OTERO, Paulo. *Ensaio sobre o caso julgado inconstitucional*. Lisboa, Lex, 1993.

PONTES DE MIRANDA, Francisco Cavalcanti. *Comentários ao Código de Processo Civil* (de 1973), vol. 10. Rio de Janeiro, Forense, 1974.

_____. *Tratado das ações*. São Paulo, Ed. RT, 1976.

_____. *Comentários ao Código de Processo Civil* (de 1939). 2ª ed. Rio de Janeiro, Forense, 1958-1962.

PAULA BAPTISTA, Francisco de. *Compendio de theoria e prática do processo civil comparado com o commercial*. Rio de Janeiro-Paris, Garnier, 1907.

PEDREIRA, Bulhões. "Responsabilidade civil do diretor de S.A.", *in A Lei das S.A.* Rio de Janeiro, Renovar, 1992.

PERES, Alcides Conejeiro. *Vocabulário do Código de Processo Civil*. Rio de Janeiro, Forense, 1978.

PRECIADO AGUDELO, Dario. *Frases latinas del derecho usual*. Santa Fé de Bogotá, Ediciones Librería del Profesional, 1993.

PUGLIESE, Giovanni. "Azione – diritto romano", *in Novissimo digesto italiano*, vol. II. Turim, Utet, 1957.

_____. *Istituzioni di diritto romano*. 3ª ed. Turim, Giappichelli, 1991.

RÁO, Vicente. *O direito e a vida dos direitos*. São Paulo, Max Limonad, 1952.

RÉCASENS SICHES. Luís. *Tratado general de filosofía del derecho*. 9ª ed. México, Porrúa, 1986.

REDENTI, Enrico. *Diritto processuale civile*. Milão, Giuffrè, 1957.

REIS, José Alberto dos. *Processo de execução*. Coimbra, Coimbra Ed., 1957.

REQUIÃO, Rubens. "Abuso de direito e fraude através da personalidade jurídica", *in RT*, vol. 410.

REZENDE E SILVA, Arthur Vieira de. *Frases e curiosidades latinas*. 4ª ed. Rio de Janeiro, 1952.

RODRIGUES, Dirceu. *Brocardos jurídicos*. 2ª ed. São Paulo, Acadêmica, 1947.

RODRIGUES, Silvio. *Direito civil*. 20ª ed. São Paulo, Saraiva, 1993.

ROLAND, Henri. *Locutions latines du droit français*. 4ª ed. Paris, Litec, 1998 (em coop. com Laurent Boyer).

ROMANO, Santi. *Frammenti di un dizionario giuridico*. Milão, Giuffrè, 1947.

RÓNAI, Paulo. *Não perca o seu latim*. 9ª ed. Rio de Janeiro, Nova Fronteira, 1998.

_____. *Dicionário gramatical latino*. Rio de Janeiro, Nova Fronteira.

ROSA. Eliézer. *Dicionário de processo civil*. 2ª ed. São Paulo, Bushatsky, 1973.

ROSENBERG, Leo. *Tratado de derecho procesal civil*. Buenos Aires, EJEA, 1955.

_____. *Zivilprozeβrecht*. 10ª ed. Munique, Beck'sche, 1959 (continuador Karl Heinz Schwab).

SAMPAIO DÓRIA, Antonio Roberto. *Direito constitucional tributário e "due process of law"*. 2ª ed. Rio de Janeiro, Forense, 1986.

SANDRONI, Paulo. *Novíssimo dicionário de economia*. 11ª ed. São Paulo, Best Seller, 2003.

SATTA, Salvatore. *L'esecuzione forzata*. 4ª ed. Turim, Utet, 1963.

SCARPINELLA BUENO, Cássio. *A nova etapa da Reforma do Código de Processo Civil*. São Paulo, Saraiva, 2006.

_____. *Amicus curiae*. São Paulo, Saraiva, 2006.

SCHÖNKE, Adolf. *Lehrbuch des Zivilprozeβrechts*, 1940 e 1948 (trad. de Prieto-Castro e Fairén, *Derecho procesal civil*. Barcelona, Bosch, 1950).

SCIASCIA, Gaetano. *Manual de direito romano*. 2ª ed. São Paulo, Saraiva, 1953 (em coop. com Alexandre Correia).

SILVA PEREIRA, Caio Mário. *Instituições de direito civil*, vol. III, 11ª ed. Rio de Janeiro, Forense, 2003.

THEODORO JÚNIOR, Humberto. *Processo de Execução*. 20ª ed. São Paulo, Leud, 2000.

_____. "Embargos à execução contra a Fazenda Pública", in *Regularização imobiliária de áreas protegidas*, vol. II. São Paulo, publicação do Centro de Estudos da Procuradoria-Geral do Estado de São Paulo, 1999.

TOSI, Renzo. *Dicionário de sentenças gregas e latinas*. São Paulo, Martins Fontes, 2000.

TOURINHO FILHO, Fernando da Costa. *Processo penal*. 5ª ed. Bauru, Jalovi, 1979.

TUCCI, José Rogério Cruz e. *A motivação da sentença no processo civil*. São Paulo, Saraiva, 1987.

VIDAL, Jane Maria Köhler. "Origem do juizado especial de pequenas causas e seu estágio atual", in *Revista dos Juizados Especiais*, vol. I, Porto Alegre.

VIDIGAL, Luís Eulálio de Bueno. "Do mandado de segurança", in *Direito processual civil*. São Paulo, Saraiva, 1965.

WACH, Adolph. *Handbuch des deutschen Zivilprozeβrechts*. Leipzig, Duncker & Humblot, 1885 (trad. arg. de Tomás A. Branzhaf, *Manual de derecho procesal civil*. Buenos Aires, EJEA, 1977).

Wambier, Luiz Rodrigues. *Breves comentários à nova sistemática processual civil*, vol. 2. São Paulo, Ed. RT, 2006 (em coop. com Teresa Arruda Alvim Wambier e José Miguel Garcia Medina).

Watanabe, Kazuo. *Da cognição no processo civil*. 2ª ed. São Paulo, Central de publicações jurídicas, 1999.

_____. "Filosofia e características básicas do juizado especial de pequenas causas", in *Juizados especiais de pequenas causas*. São Paulo, Ed. RT, 1984.

Yarshell, Flávio Luiz. *Ação rescisória*. São Paulo, Malheiros Editores, 2005.

Zanzucchi, Marco Tullio. *Diritto processuale civile*. 6ª ed. Milão, Giuffrè, 1964 (atualizador Corrado Vocino).

* * *

01076

GRÁFICA PAYM
Tel. (11) 4392-3344
paym@terra.com.br